Lebe der Liebe und liebe das Leben

DER BRIEFWECHSEL VON
CLEMENS BRENTANO
UND
SOPHIE MEREAU

Mit einer Einleitung herausgegeben
von Dagmar von Gersdorff

19. 7. 84
J..

INSEL

Zweite Auflage 1983

Druck: Poeschel & Schulz-Schomburgk, Eschwege
Printed in Germany

LEBE DER LIEBE
UND LIEBE DAS LEBEN

Sophie Mereau
Bleistiftzeichnung von unbekannter Hand

Clemens Brentano
Bleistiftzeichnung von Wilhelm Hensel

»Ein schöner Morgen!
mir ist ganz heiter zu Mut. Überall leichtes Gewölk, das mit dem Licht-Glanz kämpft. –
Und er siegt! möchte mein Leben sein wie dies Bild!
romantisches Gewölk, das in voller Klarheit auffliegt! –
Sei stolz und bescheiden.
Lebe der Liebe und liebe das Leben.«
SOPHIE MEREAU AN CLEMENS BRENTANO, 1799

»Auch habe ich den ganzen Weg an ihre Worte gedacht:
lebe der Liebe und liebe das Leben«
CLEMENS BRENTANO AN SEINE SCHWESTER SOPHIE, 1800

»Ich lebe und liebe –
denn was bleibt dem Leben ohne Liebe? –«
CLEMENS BRENTANO IM »GODWI«, 1800

»Wer das Leben liebt, lebt der Liebe.«
CLEMENS BRENTANO IN »DER SÄNGER«, 1801

»Sollten Sie nicht wissen, was er vom Leben will,
der nur neben Ihnen lebte, und kennen Sie die schönen
Worte nicht, die Sie ihn lehrten, lebe der Liebe
und liebe das Leben, *er will sein Leben*
von Ihnen, um es Ihnen zu geben.«
CLEMENS BRENTANO AN SOPHIE MEREAU, 1801

»Sie sollen nichts als leben und – lieben.«
SOPHIE MEREAU IN »AMANDA UND EDUARD«, 1803

»Grüß die Sonne von uns. Ob sie noch immer so herrlich
strahlt? – wir stehen recht im Schatten, seit sie fern ist . . .
Leb wohl! Liebe die Liebe und lebe dem Leben.«
SOPHIE MEREAU-BRENTANO AN CLEMENS BRENTANO, 1805

EINLEITUNG

I. DER BEGINN
(1798 bis 1800)

An Sophie
Um Euch hat alle Wonne sich gewunden,
Als sich die Liebe schaffend um mich wand,
Tief unter mir ist alle Welt geschwunden,
Seit ich an eines schönen Geistes Hand,
Die Binde von dem Auge losgebunden,
Auf meines Daseins höchster Zinne stand.
Auch wird wohl einst mein krankes Herz gesunden,
Hab ich nur erst die Aussicht wiederfunden.
Clemens Brentano an Sophie Mereau, 1799

Am Ende des Jahres 1798 schreibt der Student Clemens Brentano dem älteren Stiefbruder Franz, seit des Vaters Tod sein Vormund, einen langen, seinen bisherigen Werdegang erklärenden Brief, der aufschlußreich ist, weil darin die Faktoren benannt werden, die sein weiteres Leben bestimmen.

»In der jetzigen Welt kann man nur unter zwei Dingen wählen, man kann entweder ein Mensch oder Bürger werden«, schreibt er. »Ein Bürger werde ich wohl nicht werden, denn es ist mir zur Freude, zum Besitz nichts aus meiner Erziehung geblieben als mein Herz, mein Kopf und die Trümmer meines Charakters. Ich werde ein Mensch werden, und zwar ein zufriedner Mensch.«

Clemens verteidigt in diesem Brief seinen Entschluß, das Medizinstudium abzubrechen. Allerdings lehnt er bei dieser Entscheidung nicht nur eine bürgerlich-konventionelle Profession ab, sondern wird nun überhaupt keinen Beruf erlernen, eine Tatsache, die sich für sein ganzes Leben verhängnisvoll auswirkt und die Rastlosigkeit seines Wesens verstärkt, so daß Sophie ihm später schreibt: »Suchen Sie durch einfache Beschäftigung, Arbeit, körperliche Anstrengung ruhiger zu werden, aber ernstlich und ausdauernd«, und ein andermal: »Glaube mir, Lieber, es ist Krankheit, ich beschwöre Dich, frage einen Arzt, lerne pflügen und Holz sägen, wenn es sein

muß.« (1803) Zwei Monate nach diesem Brief heiratet sie ihn. –
»Ich will nicht Arzt werden, wie mein armer Bruder ein Jurist ist, der alle seine Schönheiten, alle seine Genüsse hat müssen untergehen lassen«, schreibt Clemens dem Bruder, und er könne es auch nicht bei seinen Anlagen, seinem Wissensmangel, der »Disproportion« seiner Kenntnisse. In der Tat hatte der junge Brentano, aufgezogen bei Verwandten und in verschiedenen Schulen unterrichtet, eine nur uneinheitliche Ausbildung erhalten, und das Bemühen des Vaters, ihn nach der Schulzeit zu einem Kaufmann heranzubilden, war gescheitert.

Clemens Maria Wenzeslaus Brentano wurde am 9. September 1778 im Hause seiner Großmutter Sophie La Roche, der vielgelesenen Schriftstellerin und Verfasserin der »Geschichte des Fräulein von Sternheim« in Ehrenbreitstein geboren. Sein Vater, Peter Anton Brentano (1735-1797), hatte aus erster Ehe sechs Kinder. Nach dem Tod seiner Frau heiratete er Maximiliane La Roche (1756-1793), Goethes Jugendfreundin, die in ihrer Ehe mit dem wohlhabenden Frankfurter Kaufmann zwölf Kinder bekam und mit 36 Jahren starb. Clemens war bei ihrem Tod fünfzehn Jahre alt. Er war ihr drittes Kind nach Georg (1775) und Sophie (1776), nach ihm kamen Kunigunde (Gunda, 1780), Christian (1784), Elisabeth (Bettine, 1785), Ludovica (Lulu, 1787) und Magdalena (Meline, 1788). Vier weitere Töchter starben früh.
Clemens war intelligent und vielseitig begabt, aber unkonzentriert und an allem Kaufmännischen völlig desinteressiert. Er besaß schauspielerische, musikalische, alles in allem künstlerische Talente. Sein äußeres Erscheinungsbild bezeugte die italienische Herkunft der Familie Brentano. Er hatte bräunliche Haut, dunkelbraune Augen, den Kopf voller Locken. Von Statur eher klein, war er außerordentlich temperamentvoll und beweglich; der junge Mann, so schildert ihn Charlotte von Ahlefeld, eine Freundin der Sophie Mereau, »war damals schlank wie eine junge Pappel und so gewandt und elastisch, daß er die wunderbarsten Sprünge und Kletterversuche an-

stellte. Wenn er ruhig am Tisch saß, erblickte man ihn einige Augenblicke darauf auf dem Ofen reitend. Dabei waren seine Bewegungen so leise, daß er fast unhörbar einherging und sich regte, weshalb ihm Tieck einmal die Beschuldigung hinwarf, er mache sich ein Vergnügen daraus, die Leute zu beschleichen«.

Welcher Beruf kam für ihn in Frage? Das in Halle begonnene Studium der Cameralwissenschaften – Volkswirtschaft, wie wir heute sagen – hatte ihm nicht gelegen und nichts gebracht. Die Familie bestimmte ihn darauf zum Mediziner. Sein Brief an Franz aber zeigt, daß er in eine andere Richtung tendiert. »Ich habe Dir in meinem letzten Brief gemeldet, daß ich einen Roman schreibe. Laß Dir deswegen nicht bange sein ...« Der Roman heißt »Godwi oder das steinerne Bild der Mutter. Ein verwilderter Roman von Maria.«

Die Berufung zeichnet sich ab. Clemens will, wie er schreibt, »mit den Musen kämpfen«. Woher diese plötzliche Wendung zum Schriftsteller und warum dieser Romantitel? Auch dafür gibt der Brief, dem Bruder vorerst nicht verständlich, die Erklärung.

»Ich habe soviel schon vorgeschritten, daß ich meinen Umgang mit Studenten gänzlich abgebrochen habe und nur des Umgangs einiger jungen, schon vorteilhaft bekannter Gelehrten und der Professoren, der vortrefflichen Dichterin Professor Mereau, die ganz, körperlich und geistig, das Bild unserer verstorbenen Mutter ist, insbesondere genieße. Ich habe bei ihr durch ihre und ihres Mannes Freundschaft den Mittagtisch erhalten und bringe täglich einige Stunden in der Gesellschaft dieses edlen Weibes zu, deren Freundschaft und Zutrauen ich mich zu genießen mit Freuden rühmen kann. Überhaupt verbreitet sich über mein ganzes Dasein, über meine Kräfte, über meine Hoffnungen ein freundliches Licht. Und fest versichert bin ich, wenn Ihr mir nicht in den Weg kömmt, daß ich wo nicht ein großer, doch ein liebenswürdiger, nützlicher Mensch werden werde.«

Bei den »jungen, schon vorteilhaft bekannten Gelehrten« handelt es sich um den Kreis um Friedrich Schlegel; es ist eine

Anzahl gleichgesinnter Literaten, Philosophen, Verleger, Studenten, unter ihnen der dichterisch begabte Medizinstudent August Stephan Winkelmann (1780-1806), Mitarbeiter an Sophie Mereaus Almanachen, Klingemann (1777-1831), Herausgeber der Zeitschrift »Memnon«, in der Brentanos fragmentarische Erzählung »Die Rose« und erste Gedichte erscheinen, der Naturphilosoph Steffens. Die großen Lebensfreundschaften Brentanos nehmen damals in Jena ihren Anfang. Die Gespräche dieses Kreises, ihre Schriften, Kritiken, Diskussionen beeindruckten ihn, eine neue Welt erschloß sich ihm, denn nun entdeckte er seine eigenen dichterischen Fähigkeiten. Angerührt von der Lyrik Tiecks und voller Bewunderung für den glänzenden kritischen Geist des sechs Jahre älteren Friedrich Schlegel, wurde er zum Mitbegründer der »neuen Schule«, der Jenaer Frühromantik.

Brentanos »Godwi« realisiert das von Schlegel proklamierte frühromantische Romanideal der künstlichen Verwirrung und beabsichtigten ›Verwilderung‹, der Widersprüche und spielerischen Vermischung von Stilelementen. Der Titel »Godwi oder das steinerne Bild der Mutter« verweist im Frauenbildnis aus Marmor auf den frühen Tod der unvergessenen eigenen Mutter Maximiliane. Clemens' Briefe an Sophie Mereau bezeugen, wie sehr ihm das Bild der Mutter mit dem der Geliebten verschmolz. »Ich habe sonderbar an Dich gedacht«, schreibt er ihr 1799. »Es war mir, als ging ich mit meiner Schwester in einem Garten (....), in einem Busche stand Dein Bild von Marmor, und ich weinte, es war Dein Denkmal, Du warst Gott sei Dank tot, und ich glaubte drum wieder an einen Himmel, denn Du hattest nicht mit mir Dich vereinigen können, weil Du zu schwach warst«... Aus diesem erlebten Traum mag sich das Romanthema entwickelt haben: er das Kind, sie Geliebte und Mutter. Auch das schöne Gedicht:

O Mutter, halte dein Kindlein warm
Die Welt ist kalt und helle,
Und leg' es sanft in deinen Arm
An deines Herzens Schwelle...

entstand in diesem Geiste.

Friedrich Schlegels Aufruf zum Selbstsein, zur Entfaltung und Entgrenzung der eigenen Subjektivität erschließt ihm, dem bürgerlicher Zwang verhaßt war, eine neue Form der Weltaneignung. Der Entwurf einer kühnen, auf Phantasie, Begeisterung, Naturgefühl basierenden Dichtung findet in ihm den begabtesten Vertreter. Clemens sieht eine neue Zukunft vor sich in der Möglichkeit zur »freien poetischen Existenz«, wie er es später Sophie Mereau gegenüber postuliert. Schlegels »Lucinde« vermittelt ihm die romantische Auffassung der Liebe als Mittelpunkt und Krönung alles Seins. Und in dieser Epoche der Revolutionierung aller geistigen und seelischen Kräfte erfährt Brentano die Bedeutung der Liebe als einer elementaren Gewalt für sein eigenes Leben. Er trifft Sophie Mereau.

Bald nach seiner Immatrikulation, im Sommer 1798, wird Clemens Sophie Mereau kennengelernt haben. Er war nach Jena gekommen, um in der Nähe berühmter Professoren wie Schiller und Fichte, Schelling und Fries, Ritter und Hufeland zu studieren. Durch die Brüder August Wilhelm (1767-1845) und Friedrich Schlegel (1772-1829) und ihre Frauen Caroline Schlegel (1763-1809) und Dorothea Veit (1763-1839) erhielt er Zutritt zum Hause des Juraprofessors Friedrich Ernst Carl Mereau (1765-1825). Hier lernte er Persönlichkeiten kennen wie Herder, Knebel und Voigt, den Indologen Friedrich Majer, die Altphilologen Böttiger und Eichstädt, den Dichter Matthisson (1761-1831), hier fanden gesellige Zusammenkünfte statt, deren Mittelpunkt die Schriftstellerin Sophie Mereau war.

Die Dichterin, »die ganz, körperlich und geistig, das Bild unsrer verstorbenen Mutter ist«, so sagt es der Brief an den Bruder. Es ist das erstemal, daß Clemens Sophie Mereau erwähnt, und der Hinweis, wie sehr sie der Mutter ähnlich sei, liefert den Schlüssel für seine unwandelbare, unerschütterliche Zuneigung, für das Schicksalhafte dieser Begegnung. Das konnte Franz damals nicht ahnen: Clemens Brentano war gerade zwanzig Jahre alt.

»Aufwachende Neigung und Wohlgefallen«, schreibt zu jener

Zeit Sophie Mereau in ihr Tagebuch. »Brief von B. Süße Geständnisse. Feuriges Gefühl und Rührung.«

Als Sophie Mereau den acht Jahre jüngeren Clemens Brentano kennenlernte, war sie selbst bereits eine anerkannte Schriftstellerin. Ihre Gedichte, deren »liebliche Fülle und leichten Schwung« auch ein so kritischer Geist wie Friedrich Schlegel lobte, standen neben den Gedichten Schillers und Goethes. Sie wurde die »Sappho« der neuen Zeit, wurde »Sängerin des Frühlings und der Liebe« genannt. Vulpius, Goethes Schwager, und der Shakespeare-Übersetzer August Wilhelm Schlegel widmeten ihr Gedichte. Herder verfaßte glänzende Rezensionen über ihre Lyrik. Der Grad ihrer Berühmtheit ist ablesbar in der Zeitschrift »Deutschland« von 1796, worin Sophie Mereau zu den beliebtesten deutschen Dichtern gezählt und in eine Reihe mit Matthias Claudius, Goethe, Bürger und Herder gestellt wird. – Dieser Ruhm hat die Zeiten nicht überdauert, heute ist uns der Name Sophie Mereau mehr durch ihre Verbindung mit Clemens Brentano bekannt als durch ihre eigenen Werke. Damals war es umgekehrt: ›die Mereau‹ verhalf dem unbekannten Studenten Brentano zu erster Popularität, als sie seine Erzählung »Der Sänger« in ihre Sammlung »Kalathiskos« aufnahm.

Die Dichterin, bei ihrer Begegnung mit Clemens Brentano achtundzwanzig Jahre alt, wurde ebenso wegen ihres Geistes und ihrer außergewöhnlichen Bildung bewundert, wie sie wegen ihrer Schönheit und Anmut umschwärmt wurde. Sie war klein und zierlich, mit Augen von wechselnd dunklem Blau – »caméléons du ciel« nennt sie verehrend der Herzog von Sachsen-Gotha –, mit Grübchen in den Wangen und dunklen Locken. Die einzige bis heute erhaltene Porträtzeichnung von ihr kann den Charme, der von ihr ausging, kaum wiedergeben. Alle Zeitgenossen, die von ihr berichten, verwenden die Attribute »lieblich«, »anmutig«, »sanft« und schildern ihr gütiges, harmonisches Wesen. »Deine Ansicht des Lebens, Dein unendlicher Frohsinn, Deine Güte und Sanftmut, ich sehe sie immer vor Augen«, schreibt Clemens 1803. Friedrich Carl von Savigny (1779-1861), sein Freund und späterer Schwager, beschreibt ihre einnehmenden, äußerst anziehenden Gesichtszüge. Ein Zeitgenosse aus Jena, späterer Sekretär des Grafen Schimmelmann, Johann Georg Rist, behandelt in seinen »Lebenserinnerungen« von den Persönlichkeiten Jenas neben Goethe nur sie:

»Eine liebliche Erscheinung in jenen Zusammenkünften war die Professorin Mereau, eine reizende kleine Gestalt, zart bis zum Winzigen, voll Grazie und Gefühl ... Damals war sie von allem, was Sinn und Geschmack besaß, hoch gefeiert; wo sie erschien, drängte man sich um sie, und fast um sie allein, ein dichter Schwarm von Bewunderern, die nach einem Wort, einem Lächeln von ihr haschten; ringsumher schlossen noch die Gaffer einen undurchdringlichen Kreis.« »Vorzüglich« und »geistreich« nennt er sie, »Poesie« wurde Sophie Mereau von den Freunden genannt und »Psyche« von Clemens Brentano, der sich heftig in die anziehende, hochgebildete und zudem unglücklich verheiratete Frau verliebte.

Das Bild der Mutter, körperlich und geistig – Clemens Brentano findet in Sophie Mereau sein weibliches Ideal und fühlt sehr bald, daß er ohne sie nicht leben kann: »Zwei Stunden habe ich schon gedacht, ob ich wohl ohne Dich leben könnte, aber Du Arme, es ist wohl nicht möglich.« (August 1799) Er gibt ihr das Porträt seiner Mutter zur Verwahrung, besucht sie fast täglich und ist gefesselt ebenso durch ihre geistige Ausstrahlung wie durch ihren sinnlichen Charme.

Sophie erwidert die Neigung des strahlend schönen, glänzend begabten jungen Mannes, der in ihrer Gesellschaft Lieder dichtet und vorträgt, Gitarre spielt und sie am Piano begleitet. Ihr Tagebuch spiegelt die entstehenden Gefühle, seine Gestalt umgibt sie wachend und träumend, »erste Annäherung der Liebe. Langes süßes Beisammensein«. (6. 1. 1799) Bald aber auch klagt sie über sein sonderbares Benehmen, seine Empfindlichkeit, Reizbarkeit, Eifersucht. Sie erkennt nicht die Dimension seiner Liebe, weiß nicht, daß ihre Zuneigung für ihn existenzbedingend ist. »Während ich mit einer unend-

lichen Sehnsucht nach Dir die Nacht und den Tag mich quäle und Dich zu verlieren fürchte«, schreibt er im Sommer 1799, »hast Du ein Mittagsschläfchen gemacht.« »Wenn ich denke, daß wir füreinander und miteinander leben könnten, da ist das andre Leben all vorbei ...« »Recht gut will ich werden, Sophie, damit Du mich noch mehr liebst.«
Sophie Mereau kann mit einer solchen Unbedingtheit kaum mehr rechnen. Vergangene Freundschaften und ein unbefriedigendes Eheleben hatten ihr viele Enttäuschungen, ja Verzweiflung gebracht. Zu Clemens sagt sie später: »Mein Verhältnis zu Dir ist das erste ganz reine und schöne, das ich je auf Erden gehabt.«

Sophie Friederike Mereau – Sophie Maria nennt sie sich in den Trauungsurkunden – wurde am 28. März 1770 in Altenburg in Thüringen geboren. Ihre Mutter starb, als sie sechzehn war. Ihr Vater, der herzoglich-sächsische Steuerbeamte Gotthelf Schubart, ließ seinen beiden Töchtern Henriette (Jette, geb. 1769) und Sophie eine nach damaligen Begriffen hervorragende Ausbildung in alten und modernen Sprachen, Zeichnen und Musik zukommen. Sophie übersetzte später Romane, Erzählungen und Lyrik aus vier Sprachen; ihre Boccaccio-Übertragung des Romans »Fiametta« wird bis heute nachgedruckt. –
Das schöne junge Mädchen war sehr umworben, am hartnäkkigsten von dem fünf Jahre älteren Jurastudenten Carl Mereau, der die Siebzehnjährige durch ihren Stiefbruder Friedrich Pierer kennengelernt hatte. Seine glühenden Liebesbriefe, wie damals in ihrer Mappe bewahrt und gebündelt, enthüllen eine keineswegs unproblematische Verlobungszeit. Sophie war mit einundzwanzig Jahren Waise geworden und darauf angewiesen, Sicherheit in einer guten Verbindung zu finden. Dennoch sträubt sie sich jahrelang gegen die Ehe. Liest man die in einer altmodisch-barocken Schrift eng beschriebenen Briefe Mereaus, so ahnt man, warum diese Verbindung zum Scheitern verurteilt war. Er übersieht ihr enormes Freiheitsbedürfnis, ist, werbend bis zur Unterwürfigkeit,

immer der Drängende, sie die Zurückweichende, die endlich einwilligt, als er mit Selbstmord droht. Ergeben nennt er sie eine platonische Natur, während Sophie, unbefriedigt und unglücklich, bald nach der Heirat eine enge Beziehung zu einem Medizinstudenten Kipp beginnt. Die erhaltene Korrespondenz mit Kipp erklärt alles, was Sophies Lebensvorstellung ausmacht. Varnhagen von Ense, in dessen Sammlung die Briefe später durch Bettine gelangten, notiert in sein Tagebuch, der Briefwechsel enthalte »Vergötterung und Allberechtigung der Liebe, Mißachtung der Ehe, poetische Anerkennung der Sinnlichkeit, Ringen nach Freiheit, Hinblick auf Frankreich«. Gedanken aus ihren Briefen gehen in Sophie Mereaus Romane ein. Wie in Brentanos »Godwi« wird gelebtes Leben in Dichtung umgestaltet.

Die Ehe mißlingt. Zwar ist Carl Mereau wohl nicht jener brutale Rohling, als den Brentano in seiner Eifersucht ihn schildert. Die Mißverständnisse liegen vielmehr auf beiden Seiten. Zwei Kinder, Gustav und Hulda, 1794 und 1797 geboren, vermögen Sophie das Leben nicht zu verschönen. Ihr einziges Interesse gilt der Dichtung. Hier sieht sie den ihr gemäßen Bereich, nicht als Fluchtort, sondern als die ihr gegebene Form der Daseinsbewältigung: Schreiben, um zu leben.

An Clemens: »Ich habe jetzt wochenlang einer freien, poetischen Stimmung genossen; mancher Reim ist aus meiner Feder geflossen, und manchen glücklichen Nachmittag habe ich in meiner Einsamkeit verlebt, bis bei dem kalten Hauch der Notwendigkeit alle die süßen Blumen meines Herzens erstarrt sind. – Ich kämpfe im Leben einen sonderbaren Kampf ... und ich muß das Ruder ergreifen oder untergehn.« (November 1799)

Später bestätigt sie, daß sie unkreativ nicht leben könnte: »Ja, Du hast mich geweckt, Du hast mir den dichtenden gottliebenden Sinn wieder gegeben, ohne den das Leben mir nur eine unendliche Last ist.« (September 1803): Schreiben, um zu überleben.

Sie will ein »romantisches Dasein« führen, sich in einer

»freien, poetischen Stimmung« dichterisch behaupten. Mit solchen Vorstellungen kommt sie Clemens Brentano besonders nahe. Eine ihrer Erzählungen, »Julie von Arwian«, beruht auf der Vertauschung von Phantasie und Wirklichkeit in solchem Maße, daß die Heldin dem Wahnsinn nahegebracht wird. Dieser Gefahr, eine ersehnte Idealwelt an die Stelle unerwünschter Realität zu setzen, erliegt die Autorin nicht, dazu ist sie zu rational, zu ausgewogen und bewußt. In vielen ihrer Erzählungen geht es ihr gerade darum, die Heldin für ein praktisches und tätiges, ihr gemäßes Leben vorzubereiten (»Elise«, 1800). –

Schreiben heißt für Sophie Mereau, »das gestaltlose Dasein mit der Dichtung Farben zu umspielen«, heißt, schöpferisch und schaffend die Welt zu erneuern. Wie für Novalis, ist für sie der Dichter die höchste menschliche Stufe, »zugleich Lehrer, Wahrsager, Freund der Götter und der Menschen«, wie sie in der vieldiskutierten, fälschlich Brentano zugeschriebenen Wilhelm Meister-Kritik von 1799 erklärt. »Ja, wer hat, wenn du willst, Götter gebildet, uns zu ihnen erhoben, sie zu uns herniedergebracht, als der Dichter?« Sie sieht den Dichter als eigentlichen Vermittler zwischen den Bereichen von Realität und Fiktion. »Der Dichter bedarf einer poetischen Wahrheit – das heißt einen Gegenstand, der in sich nicht widersprechend, aber nicht wirklich ist.« So notiert in ihren meist philosophischen »Betrachtungen«.

Bekannt wurde die einundzwanzigjährige Sophie Schubart, als Schiller ihre Gedichte in der »Thalia« von 1791 veröffentlichte. Schiller wurde ihr Freund, er förderte, korrigierte, ermutigte sie. »Mit vielem Vergnügen«, schreibt er 1795, »las ich Ihre Gedichte. Ich entdeckte darin denselben Geist der Contemplation, der allem aufgedrückt ist, was Sie dichten. Ihre Phantasie liebt zu symbolisieren, und alles, was sich ihr darstellt, als einen Ausdruck von Ideen zu behandeln.«

Der erste Roman der Vierundzwanzigjährigen, »Das Blüthenalter der Empfindung«, stellt den Sieg des reinen Gefühls über alle rationalen Erwägungen dar und fordert die Freiheit des einzelnen gegenüber den Zwängen der Gesellschaft. Freiheit in einem umfassenden Sinne ist ihr Leitwort und Lebensprinzip. In ihrem ersten Gedicht, »Bey Frankreichs Feier des 14. Junius 1790«, begeistert sie sich für die Französische Revolution, die auch in ihrem Roman eine Rolle spielt:

Freiheit adelt! und nach ihr zu ringen
ist der Kräfte jedes Edlen werth –

Das Bewußtsein von Freiheit ist ihr Lebensbedürfnis. »Es ist wahr«, schreibt sie später Clemens, »ein Gefühl ist in mir, ein einziges, welches nicht Dir gehört. Es ist das Gefühl der Freiheit.«

In ihrem Roman siedelt das Liebespaar zum Schluß nach Amerika über – damals, wie auch in Goethes zwei Jahre später erscheinendem »Wilhelm Meister«-Roman, Inbegriff neuer Entwicklungsmöglichkeiten und freier Lebensformen.

Ein zweiter Roman in Briefen, »Amanda und Eduard«, wird 1797 in Schillers »Horen« zuerst teilabgedruckt. Was das Werk literaturhistorisch interessant macht, ist der Wechsel von einer klassizistischen Gestaltungsweise, in der Schillers Moralästhetik verarbeitet wird, zu Darstellungsformen, die der romantischen Weltanschauung entsprechen. In der Art, das Leben als eine Fülle tausendfältiger labyrinthischer Verwirrungen zu betrachten, im Wunsch nach Individualitätsentfaltung und Selbstbestimmung drückt romantischer Geist sich aus, und es ist anzunehmen, daß die Begegnung mit Clemens Brentano während der Abfassung des Buches nicht ohne Einfluß geblieben ist. Das gilt auch für einige in den Roman eingefügte Gedichte:

Der Tag ist verschwunden,
tief schweiget die Nacht,
im Dunkel dort unten
der Hammer nur wacht.

Da klagt eine Flöte
ihr Leid durch die Nacht,
das stets mit der Röte
des Abends erwacht –

Diese Verse erinnern an Brentanos berühmtes Gedicht:

Hör, es klagt die Flöte wieder,
und die alten Brunnen rauschen ...

Im Leben der Sophie Mereau mag der jüngere Brentano eine ähnliche Revolution verursacht haben wie zwanzig Jahre zuvor Goethe im Leben der Charlotte von Stein. Sophie Mereau allerdings war keine Hofdame und fühlte sich keiner Etikette unterworfen. Sie hatte 1796 die Konventionen weiblichen Wohlverhaltens mißachtet und war mit Georg Philipp Schmidt aus Lübeck (1766-1849), Liederdichter und späterem Altonaer Bankdirektor, für vierzehn Tage nach Leipzig, Dessau, Potsdam und Berlin gereist – ein Ereignis, das ihr noch Jahre später vom eifersüchtigen Brentano vorgeworfen wird und das sich als unerhörte Begebenheit im Briefwechsel Schiller-Goethe wiederfindet: »Unsere Dichterin hat vor ein paar Tagen an mich geschrieben und mir ihre Geschichte mit ihrem Mann und Liebhaber gebeichtet«, so an Goethe, der sich nach »der Geschichte der kleinen Schönheit« erkundigt hatte. Schiller berichtet auch über ihre poetischen Fortschritte. »Unsre Freundin Mereau hat in der Tat eine gewisse Innigkeit und selbst zuweilen eine Würde des Empfindens, und eine gewisse Tiefe kann ich ihr auch nicht absprechen. Sie hat sich bloß in einer einsamen Existenz und in einem Widerspruch mit der Welt gebildet.« (17. August 1797)
»Im Widerspruch mit der Welt« – Sophie Mereau litt an diesem Widerspruch. »Ich fand in mir eine Welt, die mich beschäftigte, die ich gern in die Wirklichkeit hinstellen wollte, ein angenehmes Bild für die Zuschauenden! wo ich nur Ruhe von außen brauchte, um auszubilden, was in mir lag! – Das Schicksal gönnte mir diese Ruhe nicht. Es drängte mich in Verhältnisse, wo alles mich peinigt, wo die heitern Bilder, die in mir liegen, nur wie Blumen aus den Trümmern sich hie und da hervorringen, worin meine Weichheit mich festhält. Meine Ruhe ist Traum, meine Freude ist das Lachen der Verzweiflung, meine Harmonien sind einzelne abgerißne Töne, die von fernen Freudensälen durch die Einöde hallen.«

Die Tagebuchaufzeichnungen klingen verzweifelt. Aber Sophie Mereau resignierte nicht. Ihre Ausdauer und Zielstrebigkeit, ihr Mut und die Fähigkeit, Erlebtes dichterisch zu verarbeiten, bewahrten sie vor dem Schicksal anderer Frauen ihrer Epoche. Sie entsagte nicht dem Leben wie Karoline von Günderode, an die Clemens 1804 über Sophie schreibt: »meine Frau ... würde manches Stuben- und Stadtwetter von Ihrer Seele ableiten ...« – »denn ihr Element ist die Freude, und in der Freude ist sie auch wie ein Kind und oft wie ein Engel.« Clemens bewundert Sophies Lebenswillen, ihre Fähigkeit zum Ausgleich, ihren Frohsinn, und er sagt ihr: »keine ist eine Virtuosin im Leben, so wie Du.«

Als Clemens in ihr Leben tritt, hat Sophie neue schriftstellerische Pläne. Sie bereitet eine Ausgabe ihrer verstreut erschienenen Gedichte vor, schreibt für verschiedene Zeitschriften, übersetzt die »Prinzessin von Cleves« für die Göttinger Romanen-Bibliothek, plant vor allem einen eigenen Almanach, den sie auf Rat ihres Freundes Eichstädt »Kalathiskos«, also »Blumenkorb«, nennt. Er enthält auch Arbeiten anderer Autoren. Clemens schreibt für den ersten Band die Erzählung »Der Sänger«, die ihr so sehr gefällt, daß sie ihn schriftlich um weitere Dichtungen bittet, so den »Feuerwerker«, der jedoch ungedruckt blieb. Die Erzählung trägt stark autobiographische Züge: Die Liebe des Sängers zu Sophie wird geschildert. Clemens selbst gibt in der Gestaltung des Helden ein Bild seiner eigenen komplizierten Veranlagung, seiner seelischen Spannung und Exzentrizität.

Sophie Mereau bemerkt die Unausgeglichenheit und Unruhe des jungen Brentano, mit dem sie zusammenkommt zu gemeinsamen Ausflügen, Fahrten zu den Dornburg-Schlössern und nach Oßmannstedt bei Apolda zum alten Wieland, bei dem sie seine Großmutter Sophie La Roche und seine ältere Schwester Sophie kennenlernt. Sie leidet unter seinem bizarren Wesen. »Schreckliche Szenen. Mißverständnisse« ist in ihrem handschriftlich erhaltenen Tagebuch zu lesen. »Nach Dornburg, Brentanos fürchterliche Stimmung. Kränkungen mancherlei Art ...«, so am 18. August 1799, während er ihr

am gleichen Tag im Brief seine Liebe gesteht. – Im Mai 1799 hatte sie ihn fortgeschickt zu ihrer Schwägerin Henriette Pierer-Reichenbach, in deren schöne, achtzehnjährige Schwester Minna sich Clemens verliebte – doch unerwidert und wohl nicht ernsthaft genug, als daß er Sophie Mereau hätte vergessen können. Ihr versucht er zu erklären, warum es ihn zu ihr hinzieht: »weil wir uns sehr früh mit der größesten gehaltvollsten Seite berührt haben.« (Sommer 1799)
Sophies Tagebuch verzeichnet im Dezember 1798 Schlittenfahrten mit Brentano und »Vorlesung seiner Schrift. Beifall. Süße angenehme Rührung«, aber auch »Kälte gegen B. Seine Fassung und Nichtfassung«. – Im Januar empfindet sie »Oede ohne B. zu sprechen« und erwähnt ihre »sonderbare Offenheit gegen ihn«. Der 30. und 31. Januar 1799 verzeichnen »B's zartes Gefühl. Wünsche und Träume. Schmerzliche Freude. Vergessenheit. Pläne«. Wahrscheinlich wurde unter seinem Einfluß damals ihr Plan verstärkt, sich aus der Ehe mit Mereau zu lösen, denn »heftige Szenen mit M.« nehmen zu. – Im März 1799 heißt es: »Ewiges Schwanken zwischen der Wahl einer Zukunft« und »Gespräch mit B. Sein Wahnsinn. Abends B. in schrecklicher Stimmung«. »Glück«. – »Unzufriedenheit, Zweifel an ihm.« »Leidenschaftlich gespannte Gespräche.« Das Tagebuch spiegelt das Auf und Ab der komplizierten Beziehung. Wachsender Unmut auf beiden Seiten. Sophies Zerrissenheit ist erkennbar in einem bisher nicht veröffentlichten Billett. »Wie geht es denn? O! Clemens, Clemens! lieber, schrecklicher, göttlicher, unmenschlicher Clemens! –«
In ihrem letzten Schreiben vom November 1799 nach Frankfurt, wo Clemens sich bei seiner Familie aufhält, steht der Satz, der ihn fortan beschäftigen und begleiten wird: »Sei stolz und bescheiden. Lebe der Liebe und liebe das Leben.«

II. DIE TRENNUNG
(1800 bis 1802)

> Glauben Sie aber nicht, daß ich meinen Anteil an Ihrem Leben aufgebe; Sie werden, wo Sie auch sind, unter meinen Augen handeln, und es wird eine Zeit kommen, wo Sie meine Empfindungen gegen Sie verstehen werden.
>
> SOPHIE MEREAU AN CLEMENS BRENTANO, 1801

»Sie werden nun, hoffe ich, lange nichts von mir hören, und das erste, was Sie wieder hören werden, soll auf jeden Fall ein Ende sein. Adieu!«

So radikal beendet Sophie Mereau im Sommer des Jahres 1800, zwei Jahre nach dem Kennenlernen, die Freundschaft mit Clemens Brentano. Er hatte sie wiederholt gekränkt, schließlich ernsthaft beleidigt, und sie war nicht länger gewillt, sich seinen Launen, Schroffheiten, Eifersüchteleien auszusetzen. Wie tief sie getroffen war, geht aus ihrem 1801 an Clemens' Schwester Gunda gerichteten Brief hervor:

»Was Sie mir von Clemens schreiben, befremdet mich; denn ich dachte mir ihn jetzt ruhig, beschäftigt und leicht. Und warum ist er es nicht? und was begehrt dieser wunderbare Mensch von dem Leben? ... Er hat mich beleidigt, sehr beleidigt; er selbst hat alle Blüten des Vertrauens zwischen uns zerrissen, und ich bin keine Heilige, die alle Beleidigungen gelassen hinnimmt. Dennoch habe ich Sinn für die einzelnen schönen Funken von Güte und Größe in seinem Wesen und nehme Teil an seinem Geschick. Durch Sie will ich gern Nachrichten von ihm hören, aber nur durch Sie allein!«

Clemens antwortet ihr darauf in jenem verzweiflungsvollbittenden Brief (etwa Dezember 1801), der nach allem offen Ausgesprochenen mit dem Satz endet: »So schriebe meine Schwester Kunigunde für mich.«

Bevor es zu dem Bruch kam, hatte Sophie ihn immer wieder gebeten, seine Unruhe, seinen »Dämon« zu bekämpfen:

»Möchte er sein Talent zum Leben ebenfalls zu einem harmonischen Ganzen bilden« –

Offenbar ist der zweiundzwanzigjährige Brentano damals dazu nicht in der Lage. Sein Verhalten ist unberechenbar, sein Wesen unharmonisch, sein Witz spontan, oft spöttisch, und seine Äußerungen häufig so unüberlegt, daß er sich auch beim zweiten Wiedersehen 1803 um ein Haar ihre Freundschaft von neuem verscherzt. Bis dahin allerdings hat Sophie Mereau gelernt, ihn zu verstehen und richtig zu nehmen. Im Jahre 1800 hingegen ist sie ungeduldig und gereizt. Die Unerträglichkeit ihrer ehelichen Misere belastet sie, der plötzliche Tod ihres fünfjährigen Sohnes Gustav macht sie zutiefst unglücklich. In dieser Situation bricht sie den Umgang mit Brentano entschlossen ab.

Die Beziehung zu Clemens war für Sophie ebensosehr Belastung wie Bereicherung. Sie mußte darin die Rolle der Starken, Führenden übernehmen, er ist der Kindliche und Fordernde. Im Briefwechsel übernimmt sie oft den mütterlich-mahnenden Part oder wird, männlich-stark, mit ›Sophus‹ angesprochen. Die Rollenverteilung läßt sich auch offen ablesen in Clemens' schon erwähnter Erzählung »Der Sänger«, die stellenweise so abgefaßt ist, als habe er ihre langen Gespräche und das gegenseitige Verhältnis in dichterische Form gebracht. Er versetzt sich in Sophies Lage, wenn er Julie sagen läßt:

»Oft wenn ich Karl sehr liebe, ziehe ich seine Verdienste um mich in eine stille Erwägung, aber die Freiheit ist mir so eigen wie der Leichtsinn, und ich kann den Gedanken einer Verpflichtung nie lange ertragen ... weil ich dann sehr leicht in Versuchung kommen kann, mich ganz von ihm loszusagen.«

»In meiner Verbindung mit Karl«, so äußert sich Julie-Sophie, »bin ich ohnstreitig der stärkere Teil und habe das Ganze in Händen. Karl gehört nun freilich unter die Extreme.«

Sophie sagt sich tatsächlich von ihm los, noch bevor die Erzählung erschienen ist. »Umgang mit B. gänzlich aufgehoben«, lautet knapp die Entscheidung im Tagebuch.

Clemens hat recht mit der Vermutung, daß Friedrich Schlegel an dem Zerwürfnis nicht unbeteiligt war. Schlegel, der die poetische Begabung Brentanos, die seine eigene bei weitem überragte, nicht erkannte und, während er sich von dem Frankfurter Kaufmannssohn die Promotionskosten bezahlen ließ, eifrig gegen ihn intrigierte, warnte Sophie Mereau vor seinem Umgang. Er war schließlich froh, den Konkurrenten aus der Nähe seiner schönen Freundin, die er in seinen Briefen zärtlich mit »Mein süßes Kind!« anredet, vertrieben zu haben.

Sophie Mereau war inzwischen mit ihrer kleinen Tochter Hulda zu Verwandten nach Camburg gezogen und erwartete dort die Scheidung von Carl Mereau, die am 27. Juli 1801 unter dem Vorsitz Herders vollzogen wurde. Der Entschluß war ihr schwer gefallen. Zwar wollte sie die unwürdige Verbindung »um jeden Preis« lösen – aber der Preis war hoch. Er bedeutete für eine Frau meist den Verlust von Ansehen und gesellschaftlicher Reputation, von Freunden, von Sicherheit. Die in der Scheidungsurkunde ausgehandelten 200 Reichstaler jährlich würden für sie und die Tochter nicht ausreichen.

Sophie Mereau gehört zu den ersten Frauen, die allein und nur im Vertrauen auf die eigenen schriftstellerischen Fähigkeiten den Schritt wagte, sich den Lebensunterhalt selbst zu verdienen. In der Geschichte der weiblichen Autoren wird sie als erste Berufsliteratin bezeichnet. Im Jahre 1803 kann sie Clemens berichten, daß ihre Arbeiten ihr innerhalb eines halben Jahres über 700 Reichstaler einbringen. Davon hat sie offenbar auch noch ihren 15 Jahre jüngeren Bruder Karl, der in Weimar das Gymnasium besuchte und später Arzt wurde, finanziell unterstützt.

Die Zahl der Frauen gerade der gebildeten Schichten, die damals die Ehe lösten, war groß, doch verließen die meisten den sicheren Hort nicht ohne feste Aussicht auf eine neue Verbindung. So war es bei Caroline Schlegel-Schelling, bei Therese Forster-Huber und Dorothea Veit, bei Caroline von Wolzogen und Lulu Jordis, der jüngeren Schwester von Clemens – sie alle Frauen aus Sophies Bekanntenkreis. Clemens erkennt die bedrückende Situation der Frau, an Savigny schreibt er nach dem Tod der geliebten Schwester Sophie im Oktober 1800:

»Sieh, so starb meine Sophie, sie ist erdrückt von der Gesellschaft, so welkt die Mereau einen lebenden Tod.«

Sophie Mereau stand nach Auflösung der Ehe vor der Ungewißheit: »Meine Gegenwart ist eine dumpfe Stille, und die Zukunft steht vor meiner Seele wie eine Wolke ... ich bin im Fegfeuer, der nächste Zustand muß Himmel oder Hölle sein.« (1. Dezember 1801) Es gelang ihr, sich im Sinne der Romantik zu emanzipieren, sie wurde selbständig, unabhängig, frei.

»Im Widerspruch zur Welt« – es gehörte Mut zu diesem Schritt in die Freiheit. Ihre Freundin Charlotte von Ahlefeld (1781-1821), die die Verbindung mit Clemens später loyal unterstützte, hatte diesen Mut nicht. Die erhaltenen, unveröffentlichten Briefe an Sophie geben das Unglück einer an den ungeliebten Mann geketteten Frau wieder. Solche nach konventionellen Übereinkünften geschlossenen Ehen kannte Sophie Mereau genug. In ihrer Umgebung lebten die Frau von Stein, Charlotte von Kalb, Frau von Pogwisch – da waren Luise von Sachsen-Weimar, die Fürstin Gallitzin, die Weimarer Freundin Henriette von Egloffstein, das Ehepaar Creuzer. Ihre eigene Mutter war 23 Jahre jünger als der Vater, und auch Clemens' Mutter Maximiliane war bei ihrer Verheiratung mit dem 21 Jahre älteren Mann nicht nach ihrer Zustimmung gefragt worden.

Frauen in dieser Situation sind häufig Gegenstand der Literatur in jener Epoche. In Sophie Mereaus Roman »Amanda und Eduard« ist die Protagonistin eine junge, unglücklich verheiratete Frau, die um ihre Daseinserfüllung kämpft. Es entsprach der besonderen Situation und dem Engagement der Autorin, in der Frauenfrage Partei zu nehmen. Schon in ihrem ersten Roman findet sich eine Argumentation wie diese: »Wo haben wohl Weiber das Recht, sich unmittelbar des Schutzes der Gesetze erfreuen zu dürfen – sind sie nicht fast allenthalben mehr der Willkühr des Mannes unterworfen? ... werden sie vielmehr nicht bloß *geduldet* als *beschützt*?«

Dennoch stellte Sophie Mereau nicht die Forderung nach »Gleichberechtigung« im heutigen Sinne. Sie geht einen anderen Weg: die Emanzipierung der Frau beruhe auf der Ver-

vollkommnung der ihr eigenen weiblichen Anlagen, durch die die Frau dem Manne überlegen ist. Dazu gehören ihr tiefes Gefühl für die Natur, intuitive Urteilsfähigkeit, unverbildete Gefühlsintensität. Der Mann solle sich bemühen, diese Fähigkeiten in sich auszubilden. »Die Weiber sind von Natur gut und wie sie sein sollen«, steht in den »Betrachtungen«. »Die Männer streben die ruhige Harmonie zu erreichen, die ihnen in der Natur des Weibes als Muster aufgestellt ist.« Im Roman »Amanda und Eduard« sagt der Mann: »Das Weib ist die Seele von Allem. Sie sind die innersten Triebfedern des großen Kunstwerks, alles menschlichen Tuns und Beginnens; wir sind die äußern Räder und natürlich, daß unsere stärkeren Bewegungen immer sichtbar sind, während jene, meist ungesehen und nur dem geschärften Auge bemerkbar wirken.«
Sophie Mereau gehört zu jenen Frauen der Frühromantik, deren Selbstbewußtsein es nachfolgenden Generationen ermöglichte, ihre Rolle in der Gesellschaft zu behaupten. Durch literarische Autoritäten wie sie wurde das Selbstverständnis der gebildeten Frau ab 1800 entscheidend geprägt. Das betrifft auch ihre Arbeiten: bei ihren Übersetzungen ausländischer Literatur ins Deutsche wählt sie bewußt Gestalten mit emanzipatorischem Vorbildcharakter, so bei den Schriften der Madame de Staël und dem Essay über Ninon de Lenclos. Auch in ihren Erzählungen wie »Die Flucht nach der Hauptstadt« (1806) sind es eigenständige Heldinnen, die ihr Leben selbst bestimmen wollen, so wie die Autorin.
Das Leben einer Berufsschriftstellerin zu führen, war problematisch sowohl den Verlegern wie den Kritikern und den Lesern gegenüber. Zwar loben Körner und Wilhelm von Humboldt ihre Arbeiten, und Herders Kritiken sind wohlwollend, aber nur unter der Voraussetzung, daß sie die Grenzen des Weiblich-Schicklichen nicht überschreitet und sich, wie es in der »Allgemeinen Literaturzeitung« von 1801 heißt, »mit besorglicher Weiblichkeit in dem Gebiete ihres Genius hält«. Noch deutlicher wird Herder in den Erfurter Gelehrten Nachrichten: »... woraus aber auch folgt, daß weibliche Gedichte Männern schlechthin und ohne Ausnahme absolute

Meister weder sein können noch sein wollen«, meint er. »Nach so geschiedenen Grenzen der männlichen und weiblichen Poesie blühen die Gedichte der Verfasserin in einem schönen Garten. Sie tritt nie über die Grenzen ihres Geschlechts hinaus, ihre Empfindungen und Empfindnisse... sagt sie aus dem Herzen, mithin weiblich.«
Auch Clemens Brentano macht aus seiner Ablehnung gegenüber Frauen, die schriftstellern, keinen Hehl, und weil Sophie seine Gedichte nicht im Göttinger Musen-Almanach veröffentlichte, schreibt er ihr in witzig-bissigem Ton: »Es ist für ein Weib sehr gefährlich zu dichten, noch gefährlicher einen Musenalmanach herauszugeben«, jedes Wort unterstrichen und verquickt mit Bemerkungen über »Ludwig Tieks Abneigung vor gebildeten Weibern«. (10. Januar 1803)
Sophie Mereaus Gedichte haben das Glück, dem Publikum zu gefallen. Die Verleger bitten um weitere Lieder, die von Reichardt, Zelter und Beethoven vertont werden. Sie kommt der Nachfrage mit kaufmännischem und organisatorischem Geschick nach, wie die erhaltene Korrespondenz mit den Herausgebern beweist, wobei es um Honorar und Bogenpreis, Auflage und Aufmachung geht. Sie übernimmt auch redaktionelle Aufgaben, gibt den Berlinischen Damen-Calender von 1799-1800, den Göttinger Romanen-Calender von 1799-1801, den Göttinger Musen-Almanach von 1803 in eigener Redaktion heraus, neben anderen Arbeiten wie der Übersetzung von Corneilles »Cid«, den Schiller in Weimar aufführen wollte. Am 20. März 1802 schrieb Schiller an Goethe: »Madame Mereau sagte mir, daß sie den Cid des Corneille bearbeite; wir wollen suchen auf diese Arbeit einigen Einfluß zu gewinnen, um womöglich eine Akquisition für das Theater dadurch zu machen.« Es kam aber weder zum Druck noch zur Aufführung des Cid.
Bis zum Herbst 1802 lebte Sophie in der Abgeschiedenheit Camburgs, gelegentlich von Freunden, wie Geißlers aus Gotha, und Mitarbeitern, wie August Winkelmann, der ihr Liebesbriefe sendet, und Vermehren, dem Herausgeber eines Musen-Almanachs, besucht. Ende 1802 zog sie in das kulturell

interessantere Weimar um, wo Freunde wie der Kanzler Friedrich von Müller, Henriette von Egloffstein, Luise von Göchhausen und Amalie von Imhof sie erwarteten, wo Goethe lebte, dem sie mehrere Gedichte widmete.

Brentano aber wollte sie unter keinen Umständen wiedersehen. Wenigstens durch ein dichterisches Produkt fand er sich in einem Buch mit ihr vereint: im Herbst 1802, etwa zur gleichen Zeit, als Goethe ihm den »Ponce de Leon« zurückschickte, erschien das »Taschenbuch für das Jahr 1803. Der Liebe und Freundschaft gewidmet«. Es brachte einen Kupferstich nebst Text zu einer Szene des »Godwi«, Sophie Mereau war mit den Gedichten »Der Fürstenbrunnen bei Jena« und »Haß und Liebe« vertreten. Im übrigen hatten die Monate von Dezember 1801 bis Dezember 1802 keinen Brief, keine Antwort von ihr gebracht. Einer Wiederbegegnung mit dem ebenso leidenschaftlichen wie despotischen Freund ging Sophie Mereau damals konsequent aus dem Wege.

»Sehen *kann* und *will* ich Sie nicht«, schrieb sie. »Warum wollen Sie mich sehen? – Unser Wiedersehen kann nichts Freudiges haben. Sie versprachen einst, meinen Willen zu ehren; tun Sie es jetzt und sehen Sie mich nicht.« – »Glauben Sie aber nicht, daß ich meinen Anteil an Ihrem Leben aufgebe.«

III. DER NEUBEGINN
(Dezember 1802 bis Mai 1803)

Sie wissen, daß ich auch ein Bild von Ihnen besitze, und ich betrachte es zuweilen.
Sagen Sie mir, wer ist der Mann, der es schuf und den ich verehren muß? Mit gütiger Kunst hat er nur den Genius darinnen gezeigt und den Dämon verborgen.
SOPHIE MEREAU AN CLEMENS BRENTANO, 1802

Der Frühling regt die Schwingen
Die Erde sehnet sich
Sie kann nichts wiederbringen
Als dich, du Gute, dich.

Clemens Brentano konnte Sophie Mereau während der ganzen Zeit nicht vergessen, trotz seiner zeitweiligen Liebe zu Minna Reichenbach und Gritha Hundhausen, trotz Bettines Bemühung, ihm Karoline von Günderode (1780-1806) nahezubringen. Er wechselte den Studienort und ging im Mai 1801 mit August Winkelmann nach Göttingen, wo er bei einem Besuch Goethes Achim von Arnim (1781-1831) kennenlernte, den Freund seines Lebens und späteren Mann der Schwester Bettine. Auf ein von Goethe ausgeschriebenes Preisausschreiben hin verfaßte er das Intrigenstück »Ponce de Leon« und beendete, gedrängt von seinem Verleger Wilmans, den zweiten Teil des »Godwi«. Sophie Mereau wird im Roman in der Gestalt der Molly Hodefield dargestellt, »ein schönes, kluges und freies Weib«. Bei der Abfassung des Schlußteils fühlte sich Brentano krank. Die Arbeit geht ihm mühsam von der Hand. An Savigny schreibt er: »Ich bin so müd und leer geworden, so ohne Freude, daß ich mich kaum an das schlechte Ende meines Romans schleppen kann.« – »Nun soll ich schmieren, und edle Gefühle aussprechen, und bin so traurig, so freudenlos –«
Seine Dichtkunst stockt. Er vermißt Sophie. »Es gibt kein

Weib in der Welt zur Liebe als die Mereau, und von ihrem Busen sieht man weiter als vom Kaukasus über das glückliche Arabien ... Ich liebe dies Weib noch immer wie vorher, sie verdient es, obschon ich nicht verdiene, in dieser Liebe mich zu verzehren.« So an die Schwester Gunda. Und an Savigny: »Seit die Mereau von mir gefallen, fürchte ich immer, daß die Welt von mir fällt.«
Er hat keinen anderen Wunsch als den, Sophie von der Richtigkeit eines Wiedersehens zu überzeugen. »Schreibe, Sophie, ich bitte Dich, ach, wenn Du nicht schreibst, so werde ich sehr krank, ob ich es wohl schon bin, ach, so war ich es lange.« (1801) Sie aber reagiert vorsichtig und lehnt ein Wiedersehen selbst dann ab, als er in Weimar auftaucht, um ein Treffen, wenn es sein muß, auch im Beisein des gemeinsamen Freundes Majer (1772-1818), zu erreichen. Ihre kühle Ablehnung wurde mitbestimmt von dem fortgesetzten Intrigieren Friedrich Schlegels und der scharfzüngigen Dorothea Veit.
Wie gedemütigt und traurig Brentano den Jahreswechsel erlebte, schildert er Winkelmann am 2. Januar 1802: »Ich bat sie, sie möge in Majers Gesellschaft mir nur einige Worte gönnen, ganz gleichgültige, damit ich sie im ›Jon‹, der abends gegeben ward, nicht öffentlich zum erstenmale sehen möchte. Das wollte sie nicht ... So stand ich mit unsäglicher Pein im Schauspielhaus, und da sie wegging, begegnete ich ihr vielmal, und im Gedränge der Herausgehenden hielt ich sie einige Sekunden mit inniger, herzlicher Liebe wie einen Engel, den ich nie gesehen, fest in meinen Armen. Wäre mir das Wagenrad des Herrn Kotzebue da über das Herz gegangen, so wäre es wahr, daß ich niederträchtig und selig umgekommen. So steht es.«
Das Jahr 1802 brachte keine Zeile von ihr. Clemens ist einsam und unglücklich. Aus Düsseldorf, wo er im Herbst 1802 das Singspiel ‹Die lustigen Musikanten« verfaßte und durch eine schöne Schauspielerin an Sophie erinnert wurde, schrieb er an seinen Bruder Christian: »Nichts, nichts kann die Erinnerung an die Mereau in mir vernichten. Gott weiß es, ich liebe treu und sterbe treu, freudlos, leidlos. Wenn du sie

siehst, so sehe sie recht an, betrachte sie, sie ist der einzige lebende Punkt meines Lebens, und so ist das Leben von mir getrennt.«
Nun schaltet Christian sich ein, ein Beweis übrigens für die rührende Anhänglichkeit der Brentanogeschwister untereinander, nachdem sich schon Gunda für Clemens verwandt hatte. Christian richtet am 10. Dezember 1802 ein langes, beschwörendes Schreiben an Sophie Mereau.
»Madame! ein Auftrag von meinem Bruder Clemens macht mich so frei, Ihnen zu schreiben. Er ermahnt mich, ihn mit Ruhe und Bescheidenheit auszuführen ...
Wahrheit, Madame, eine grenzenlose, rücksichtslose Wahrheit macht den heiligen Grund seines Charakters; sie wird in ihm bis zu den Gefühlen des Augenblicks laut und löst sich in der innern, tiefen Güte seines Herzens zu einer schönen Reflexion. Wer sie nicht bis dahin verfolgt, wer die Harmonie seines Tuns und Seins nicht hier sucht, nicht hier findet, der verkennt *sie*, der verkennt *ihn*. Er kann die Widersprüche seiner Sprache nicht lösen und erspart sich diese Mühe gar gern und leicht dadurch, daß er ihn für charakterlos oder für leichtsinnig hält. Aber wer es so macht, der irrt, denn sein Charakter ist vielmehr so gewiß, so vollendet, so schön, daß er für die Welt beinah zu zart, beinah zu tief ist. – ...
Von einer Reise, die er in Savignys Gesellschaft am Rhein gemacht hat, ist er in Düsseldorf zurückgeblieben, wo ihn die Galerie und eine Theatertruppe fesselt ... Von einer Schauspielerin dieser Truppe schreibt er mir: ›Was mich besonders ans Theater fesselt, ist die Gestalt und die ganze Manier einer Schauspielerin, die der Mereau bis auf den Kopf ganz gleicht, vortrefflich singt und spielt; ich liebe in ihr noch immer jenen Engel‹ ...
Mehr sage ich nicht; habe ich länger und anders von ihm gesprochen, als Sie es wünschten, so verzeihen Sie mir es, die Schuld ist *mein*, und habe ich nicht recht von ihm gesprochen, so verzeihe er mir es, den ich liebe. Ob er seine Ruhe, sein Leben je wieder erlangen wird, ob er je werden wird, was er nach dem Willen Gottes werden sollte, werden konnte, ob er

alles dieses auf irgendeine Art je noch werden kann, dies zu entscheiden, Madame, bin ich zu jung und zu dumm.
Mit der vollkommensten Achtung
Ihr gehorsamer Diener Christian Brentano.«

Soviel Hartnäckigkeit bestimmte Sophie Mereau nun endlich, Clemens selbst zu antworten. Der Brief vom 12. Dezember 1802 ist ihre erste Reaktion. Er offenbart zugleich die Kenntnis seiner Persönlichkeit, in der sie den »Genius« und den »Dämon«, faszinierend und verwirrend, untrennbar verknüpft sieht. Ihr Brief ist der Auslöser für eine neue Kontaktaufnahme.
Denn nun hält es Clemens nicht länger. In einer Flut engbeschriebener Briefblätter, in Katarakten von Beschwörungen, Versicherungen, Vorwürfen und Bekenntnissen – der erste Brief vom 10. Januar 1803 gleich neunzehn Quartseiten lang –, erkämpft er sich von neuem ihr Entgegenkommen, ihre Zuneigung, ihre Liebe.
Das Unglaubliche geschah. Es gelang Clemens, sie mit Scherz und Ernst, mit der Worte Gewalt von der Unerschütterlichkeit seines Gefühls zu überzeugen, und sie geht auf ihn ein: humorvoll, souverän, beschwichtigend. Ihre Zeilen schließlich: »Ich will Sie sehn – Sie werden mir eine neue Bekanntschaft sein. Wie kann ich wissen, was ich für Sie fühle, da ich Sie nicht mehr kenne? –« versteht Clemens als Aufforderung zur Reise. Er folgt ihr sofort. Ohne sich in Frankfurt überhaupt zu verabschieden, eilt er nach Weimar zu ihr, der »Geliebten, dem verlornen wiedergefundnen Weibe«. Am 14. Mai 1803, nach fast dreijähriger Trennung, sehen Sophie und Clemens sich wieder.
Clemens wohnt bei dem Philosophieprofessor Fries, der durch seine Vermittlung später nach Heidelberg berufen wird. An Savigny schreibt er: »Seit mehreren Tagen scheint sich mein Glück zu befestigen, Sophie wird täglich liebevoller, inniger, einfacher, und liebt mich bald, bald gewiß, wie sie nie liebte. Ich schreibe jetzt täglich ein Lied an sie, ... ich sehe sie alle Tage und wir sind in inniger Vertraulichkeit.«

IV. DAS WIEDERSEHEN
(Mai bis August 1803)

Versteh, mein Kind, versteh,
Ich sage Dir ade,
Mein Herz hast Du gebrochen,
Drum kann es nicht mehr pochen,
Bis ich Dich wieder seh!
CLEMENS BRENTANO AN SOPHIE MEREAU, 1803

Die Monate in Weimar und Jena, die nun folgen, sind erfüllt vom Glück des Wiederfindens. Sophie notiert in ihr Tagebuch: »14ten Mai. Frühling des Gemüts. Großer Wechsel. Blumen, Liebe, Andacht, Leben.« Clemens dichtet wieder, seine Liebesgedichte an Sophie sind dadurch erhalten, daß er sie seiner Schwester Bettine abschrieb, die sie in ihrem »Frühlingskranz«, dem Briefwechsel mit Clemens, 1844 veröffentlichte. – Zu den Versen »Willst Du mir Trost verleihen« merkt er an: »Dies letzte kleine Gedicht, liebe *Bettine*, entstand, weil *unsre Sophie* ... einen kleinen Schmetterling retten wollte, der nachdem er seine Flügel am Licht verbrannt hatte, in ihrem Champagnerglas versank. – Ach Kind! diese Gedichte sind wie die kleinen Johanniswürmchen, die leuchtend hin und wieder fahren.«
Aus Weimar schildert Clemens dem Freund Arnim das wiedergefundene Glück. In seiner Ehrlichkeit gesteht er, daß er und Sophie sich anfangs fremd gegenüberstanden. »Aber ich fand in ihr eine Güte, eine Unschuld, eine Menschlichkeit, die nur die Götter und die Kinder auf der Erde rein erhalten können. Und muß dies Wesen nicht das vortrefflichste sein, das nach grenzenlosem Unglück, verlassen von Gott und der Welt, beschimpft und arm, ein menschenliebendes leichtes, fröhliches Herz erhielt? ... Sie liebt mich, wie ich sie ehedem liebte, und sie ist das einzige Weib, die jener unendlich ähnlich sieht, die ich mit Dichteraugen in ihr gesehen.« »Sie liebt mich so sich selbst vernichtend, daß ich nicht weiß, woher ich alle

den Liebreiz aufbringen soll, den sie in mir findet.« Hier übertreibt er, denn wenn Sophie sich auch mehr und mehr zu ihm hingezogen fühlt, so ist sie doch immer noch so zurückhaltend, daß er sie mahnen, bedrängen, beschwören muß, ihm anzugehören. »Ach Sophie! wenn Du wüßtest, wie ich nach Dir dürste. Sieh, ich wünschte, Du wärst ein Quell, ich würde mich Dir in den Weg legen, und würdest über mich hinschwellen, da würde ich in der Kühlung ertrinken, und Du würdest nicht vermindert durch mich« – »Heute abend halte ich Dich in meinen Armen, und küsse ich Dich, und erfreue Dich, und mache Dir das Leben süß«... und heftiger: »ich verlange, daß Du mein Weib seist auf jedem Wege, den Du willst.« (Juli 1803)

Was ihn trifft und erschreckt, ist ihr Entschluß, nicht wieder zu heiraten. Sophie Mereau will sich nicht ein zweites Mal binden. Sie, die das Leben einer freien Schriftstellerin über Jahre zufrieden geführt hatte, verteidigt ihre Freiheit nun. Ihr bedeutet die Ehe, wie sie in dem Aufsatz »Jugend und Liebe« ausführt, ohnehin nur eine leere äußere Form, die in besseren Zeiten der Menschheit, dem ideal gedachten »Goldenen Zeitalter«, überflüssig war, da Liebende einander ohne die Stütze von Priestern und bürgerlichem Ehrenkodex angehören konnten. Doch ist sie bereit, mit Clemens nach Marburg zu ziehen.

»Lieber Savigny! Ich zeige Ihnen hiermit meine Heirat mit Sophie Mereau – – – nicht an, sondern ab. Wir haben gestern Abend [im] Beisein des Mondes und eines Apfelbaumes entschlossen, uns nicht zu heiraten, aber wir haben uns recht lieb und wollen unsre Liebe auf einen vertraulichen Umgang – das heißt keuschen – beschränken.« (Juli 1803)

Und an Arnim: »Diesen Winter schon wohnt sie in Marburg bei mir, in sechs Wochen erwarte ich sie. Wir sind noch nicht einig, uns zu heiraten. Sie will es nicht, um mich nicht zu beschränken, ich will es, um mich zu befreien, denn Ruhe, Unbemerktheit vor der Welt, Einfachheit ist mein innigstes Bedürfnis.«

Vorläufig, im Glück der Sommermonate, ihrer Nähe und täglichen Gegenwart gibt Clemens sich mit der Aussicht auf ein freies Zusammenleben zufrieden. Er schreibt, liest, musiziert und wandert mit Sophie. Anfang Juli sieht er im neueröffneten Theater von Lauchstädt, wo auch Schiller sich bis zum 14. Juli aufhält, Goethes »Natürliche Tochter« (die »Eugenie«), die am 2. April 1803 uraufgeführt worden war. Dichterische Ideen erfüllen ihn, er plant ein »romantisches Lustspiel«. Sie fahren nach Jena und gehen zu den Orten, an denen sie vor Jahren gemeinsam waren. Erfüllte Träume. Gelebte Liebe.

Sophies Freundin Charlotte von Ahlefeld gibt von Clemens' Aufenthalt in Jena und Weimar einen anschaulichen Bericht. »Ich erinnere mich, daß er, als er zum ersten Mal mein Zimmer betrat, von einem wirklich schönen Fußteppich dort ganz entzückt war. Krokodile, Eidechsen, Pfauen, Paradiesvögel und Blumen von lebhaftestem Farbenglanz, durch Schlangen miteinander verbunden, waren dort in bunter Mischung zusammengewebt, und regten seine Phantasie so auf, daß er alle diese Gegenstände gleich in eine Art von Gedicht brachte, von dem ich sehr bedauerte, daß ich es nicht auf dem Papier festhalten durfte. Er warf sich hierauf auf die Knie und bat alle diese Kreaturen um Vergebung, daß er sie mit Füßen getreten habe« ...

Abends nimmt er an ihren geselligen Zirkeln teil, dabei kommt es zu scherzhaften Streitgesprächen mit dem Bildhauer Friedrich Tieck, der seinen Witz nicht verträgt. »Sophie Mereau hatte alle Anmut und Freundlichkeit nötig, die ihr eigen waren, um alles, was zwischen beiden vorfiel, in den Schranken der Schicklichkeit und des Friedens zu erhalten.

Manchmal gingen wir im Mondschein ins Freie, wo Clemens mit der Gitarre allerlei Späße, die vorgefallen, gleich in Verse brachte und frischweg absang. Auch mischten wir uns vereint in Volksfeste und ländliche Tänze ... und alles drängte sich um ihn her und hörte ihm mit wahrer Lust zu. Zuweilen erzählte er uns Märchen, die er erfand und die wirklich so reizend waren, daß man ihm gerne stundenlang zugehört hätte.«

Frau von Ahlefeld berichtet weiter, daß Clemens es nicht vertrug, wenn Sophie sich schminkte, und zornig wurde, wenn sie ritt – weil er Reiten als unweiblich empfand –, so daß es einmal zu einer heftigen Szene kam. Danach »benahm sie sich gegen ihn mit der zartesten Milde, und er verschlang sie fast mit seinen brennenden Augen«. – An diesem Abend brachte er sie nach Hause und erzählte am andern Tag, »er sei bis den Morgen um 5 Uhr bei ihr geblieben. Er konnte nicht aufhören, ihre Liebenswürdigkeit zu rühmen.

Als ich hierauf Sophie allein sprach, und sie mir die ganze Geschichte erzählte, gestand sie auch, er sei bis zum hellen Morgen bei ihr geblieben, indes könne sie es nicht bereuen, denn diese Nacht sei entscheidend für ihre ganze Zukunft gewesen. Er habe sich ihr feierlich verlobt, und sie ihm dagegen geschworen, sich ganz nach ihm zu richten. Sie war aber so erschüttert von allen diesen Vorgängen, daß sie krank wurde und ein paar Tage nicht ausgehen konnte, wo er sie denn mit der liebevollsten Sorgfalt pflegen half«.

Obgleich er mit dem Bildhauer »im offenen Zungenkrieg lebte«, wie Frau von Ahlefeld berichtet, »fand Tieck seinen Kopf so schön, daß er darauf bestand, ihn zu modellieren. Es schien Clemens zu schmeicheln, und er erbot sich gleich, gehörig zu sitzen, was bei seiner großen Behendigkeit kaum zu erwarten war. Er bat Sophie und mich, ihn bei diesen Sitzungen zu besuchen«.

Die Büste Tiecks wurde ein Meisterwerk. »Tieck hat mich gegriffen aus Deinem Herzen, wie Du mich liebst, wie Du mich neu gebären wirst.« Sophie dichtet daraufhin ein Sonett, das sie in ihrer »Bunten Reihe kleiner Schriften« mit einer Widmung »Der Frau Geheimen Staatsrätin Sophie von La Roche« 1805 veröffentlicht:

Welch süßes Bild erschuf der Künstler hier?
Von welchem milden Himmelsstrich erzeuget?
Nennt keine Inschrift seinen Namen mir,
Da diese holde Lippe ewig schweiget?

Nach Hohem lebt im Auge die Begier,
Begeistrung auf die Stirne niedersteiget,
Um die, nur von der schönen Locken Zier
Geschmücket, noch kein Lorbeerkranz sich beuget.

Ein Dichter ist es. Seine Lippen prangen
Von Lieb' umwebt, mit wundersel'gem Leben,
Die Augen gab ihm sinnend die Romanze,

Und schalkhaft wohnt der Scherz auf seinen Wangen,
Den Namen wird der Ruhm ihm einstens geben,
Das Haupt ihm schmückend mit dem Lorbeerkranze!

Am 22. August 1803 reist Sophie mit Frau von Ahlefeld nach Dresden. Am Tag der Trennung dichtet Clemens:

Brichts nicht in Freud brichts doch in Leid
Bricht es uns alle Beiden
Ach Wiedersehn geht fern und Weit
Und Nahe geht das Scheiden.

Er selber will nach Marburg zurück. An Arnim schreibt er: »Es ist also beschlossen, in einigen Tagen gehe ich nach Marburg zurück, und Sophie wird auch bald ganz dahin ziehen, dort leben und lieben und arbeiten ... Arnim, dies Weib ist unschuldig und fromm wie kein andres. Ihre Liebreize, ihr Lebensmut, ihre Herzensgüte sind so unzählig, daß sie ewig abblühen wird, nie abgeblüht sein. So werde ich dann alle natürlichen Dinge bald haben, die auch Goethe begehrt hat; und wie will ich dichten!«

Ein zehnstrophiges Abschiedsgedicht fand sich auf einem Blatt, auf dem Clemens zunächst ein Gedicht von Sophie Mereau mit dem Titel »Abschied von Dornburg« abgeschrieben und dann die eigenen Verse daruntergesetzt hatte:

So lebe wohl mit allen deinen Freuden,
  Du süßes Tal voll Seligkeit,
Dich, süßes Tal, mit allen deinen Leiden
  Verlasse ich auf lange Zeit.

Aus Marburg schreibt er an Arnim: »Wünsche mir Glück und liebe mich, denn jener wunderliche Kampf in mir um sie ist gelöst, und ich kenne sie so, daß ich mit Ruhe sagen mag, ich habe zuviel erhalten für meine Arbeit im Weinberg, denn sie ist in allem mir angemessen und in Güte und Liebe überschwenglich.«

V. LIEBE
(1803)

Lieben heißt, sich mit allen Dingen
ins Gleichgewicht setzen wollen,
lieben heißt Alles wollen ...
Ich nehme Dich für Alles, ich ziehe
Dich allem vor, ich liebe Dich vor
Allem und für Alles.
CLEMENS BRENTANO AN SOPHIE MEREAU, 1803

»Ich schreibe Dir schon, mein Lieber, und ich habe Dir eigentlich den ganzen Weg über geschrieben, denn ich dachte immer an Dich«, so beginnt Sophie ihren ersten Brief auf der Reise von Weimar nach Dresden. »Ich kann Dir nicht sagen, wie ich für Dich fühle, aber ich glaube, Du hast es begriffen, weil mein Herz so selig ruhig ist.« Sie dichtete ihm während der Fahrt ein vierstrophiges Lied, dessen Refrain: »ja Scheiden und Leiden tut weh« die letzte Zeile des Gedichts, das er ihr zum Abschied gegeben hatte: »und nahe geht das Scheiden« aufnimmt und variiert. Sophie geht auf Clemens ein.
Eine Veränderung hat sich vollzogen. In diesen Reisebriefen steht Sophie Mereau ganz im Banne der intensiv gelebten Monate mit Brentano. Er, dessen Briefe oft voller Klagen waren, daß sie ihn nicht genug liebe, voller Vorwürfe, daß sie in der Öffentlichkeit ihn verleugne, sich ihm nicht zuwende, der ihr schrieb: »ich erschrecke oft darüber, daß die Liebe Dir noch immer etwas Verbotnes scheint«, der zweifelte und sich ihrer unwert fühlte – nun wird er geliebt.
Die Auffassung von der Liebe als dem Grundprinzip des Lebens ist ihnen beiden gemeinsam; bei Brentano wie bei Sophie Mereau wird diese Überzeugung innerhalb ihres dichterischen Werks ganz im Sinne des romantischen Idealismus gestaltet. »Liebe ist der Atem des Universums«, sagt Novalis; sie verleiht dem Augenblick Bestand und dem Leben Unendlichkeit, daß der Mensch sich göttlich und unsterblich fühlen kann

durch Liebe, so beschreibt es Sophie Mereau in ihrem Roman »Amanda und Eduard«: »Ja, sie war es, sie allein, die mich die Sprache der Natur verstehen lehrte und mir das Gefühl einer heiligen überirdischen Begeisterung gab, die mich das Unsterbliche ahnden ließ und mein Gemüt mit frommem Glauben entzündete! – O! wie verschwanden und entblätterten sich alle Resultate des Verstandes, alles Kalte, Gesuchte, was von vielen Moral genannt wird, wie verschwanden sie bei dieser warmen, gläubigen Religion der Liebe, durch die ich mich unsterblich und göttlich fühlte! –« In ihrem Roman entwickelt Sophie Mereau den Kerngedanken der Romantik: »Alles, in und außer mir, ist Übereinstimmung, Hoffnung und *Liebe!* In der ganzen Natur sah ich keinen anderen Zweck, als sie.«

Das, was in ihrem Erstlingswerk »Blüthenalter der Empfindung« der Inhalt, was das Thema vieler Gedichte, das Motto ihres Romans »Sapho und Phaon« ist, wird von Clemens als überindividuelles Phänomen im Roman »Godwi« beschrieben als das, »was unmittelbar aus dem Zentrum unsres Daseins aufflammt«, und spiegelt sich als subjektives Erlebnis in seinen Briefen wider.

»Lieber Savigny, ich habe ein einziges Element, Liebe – meine Freundschaft ist nichts anders –, in dem ich mich frei bewegen kann, in allen andern Atmosphären bin ich ein Fisch auf dem Lande.« (Juli 1800) Und an Sophie Mereau: »denn was ist denn das Heilige, Göttliche in der Liebe anders, als daß in ihr keine Gerechtigkeit ist, sondern nur unendliche Güte und Sanftmut, es ist ja nichts, das sie nicht verzeihen könnte, sie ist der Statthalter Gottes.« (September 1803)

Für Clemens wird Lieben synonym mit Leben, mit Sterben: »O neues Leben, schöner Untergang«, und mit den Worten Tristans fügt er hinzu: »o Lust, zu solchem Verderben ewig wiederkehren!« (Oktober 1803)

Durch die Liebe wird er aber auch zum Dichter. Er spricht von seiner »Lebens- und Kunstlust« und erklärt ihr, daß er, wenn sie ihn liebe, »wohl auch etwas Gutes schreiben könne«. (8./9. Oktober 1803) Sophie empfindet wie er, was sie der

Liebe verdankt und daß sie, dem Leben zugewandt, wieder dichten, ›Lieder singen‹ könne:

Wieder will ich Lieder singen,
Leben, wieder dich verstehn
und auf deinen leichten Schwingen
durch die grünen Täler gehn!

Diese Verse klingen wie eine poetische Erwiderung auf ein Gedicht, das er ihr lange zuvor gewidmet hatte:

Der Frühling regt die Schwingen,
Die Erde sehnet sich,
Sie kann nichts wiederbringen
Als dich, du Gute, dich.

Zum ersten und vielleicht einzigen Mal im Leben von Clemens Brentano findet eine Zwiesprache statt, nimmt sich seiner jemand ganz an und erwidert seine Sehnsüchte, Hoffnungen, Pläne nicht nur, sondern erwidert sie in der ihm angemessenen Weise.

Sophie geht auf ihn ein. Die Lieder und Gedichte, die sie nun in ihre Briefe einstreut, erinnern in nichts mehr an die Dichterin der klassischen Hexameter und Epigramme, der fünfhebigen Jamben wie in den sechs Gesängen der »Serafine« – der Ton hat sich völlig verändert.

Durch Wälder und Felder, dem Tale entlang
o weh,
Da schallt aus dem Grünen des Liebchens Gesang:
Ade –

Die Verse sind liedhaft, anspruchslos, innig. Sie sind wie die Gedichte, die Clemens aus dem Stegreif zur Gitarre sang, die er für die Liedersammlung »Des Knaben Wunderhorn« sammelte. Solche volksliedhaften Töne hatte Sophie Mereau bisher nie gedichtet. Der leichte Stil war ihr so unbekannt, daß Schiller ihr einst zuviel Schwermut in ihren Gedichten vorwarf und sie ihm antwortete, sie habe in der Tat kein Gedicht, »das, wie Sie es wünschten, einer frohen Laune seine Entstehung zu verdanken hätte«. (Juli 1795)

Schwermut und Trauer sind vorbei. »So eilet ihr Tage, mit klingenden Schwingen, / mir schnell den Erwünschten, den

Liebsten zu bringen« dichtet sie. In Erinnerung an den letzten Spaziergang mit Clemens schreibt sie in einem Brief:

Du freundlich Liebesangesicht,
wie bist Du doch so fern!
Dich bringt mir nun kein Tageslicht,
bringt nicht der Abendstern.

Und er darauf in seiner Antwort:

Ach lieber Gott sprich ihr ins Herz,
Sprecht ihr von mir, ihr Sterne,
Dann blickt mein Liebchen Himmelwärts
Und ist mir nicht mehr ferne.

Das ist wie ein Dialog in Gedichtform.

Die Briefe, die Clemens Brentano schreibt, sind mehr als private Mitteilungen, sie sind Teil seiner Dichtkunst. Es kommt vor, daß in Briefen Erlebnisse ›verdichtet‹ und später zu ›Gedichtetem‹ umgeformt werden. In den Briefen drückt sein Wesen sich am unmittelbarsten aus, sie sind Emanationen der »geheimen heiligeren Geschichte meines Herzens«, wie Clemens an den Maler Philipp Otto Runge (1777-1810) schreibt, es sind Bekenntnisse, Selbstbekenntnisse mit tagebuchhaftem Charakter. In Briefen legt er seinen Glauben, sein Bekenntnis zum Leben, auch seine Leiden rückhaltlos dar, für die er schreibend Heilung sucht. In ihrer Mittlerstelle zwischen monomanem Selbstgespräch und ersehntem Dialog haben die Briefe Brentanos sozusagen eine Brückenfunktion: sie retten ihn vor der Wirklichkeit und verbinden doch mit ihr. Durch ihre literarische Form, die die Briefe vieler Romantiker auszeichnet, durch Geist und Witz, religiösen Ernst und kritische Ironie, vor allem durch sein hohes Maß an poetischem Darstellungsvermögen, womit er nicht nur Augenblicke und Stimmungen, sondern seine Vorstellung vom Leben ausspricht und reflektiert, werden Brentanos Briefe zu Aussagen von überindividuellem Rang. Er selbst sah weder seine eigenen noch die Briefe der Freunde als reine Privatsache an, sondern verlangte, daß sie weitergereicht und ausgetauscht würden als ein Teil menschlicher Geselligkeit. Es ist bezeichnend für ihn, daß er zu Sophie, die seine frühen Briefe verbrannt hatte, verzweifelt sagt: »Sie waren alle an Gott, sie waren nicht dein«. (8. Juni 1803) In diesem Sinne sind Brentanos Briefe der echteste und persönlichste Aspekt seines dichterischen Werks. In seinen Briefen wird Poesie ins Leben gebracht, und Leben wird zur Poesie. So schreibt ihm Sophie, die ihn kennt: »Gehe dann leicht und ungebunden über die Erde ... und laß Dir alles zu einem Gedicht werden.« (21. September 1803)

In der Wartezeit von drei Monaten, die Clemens allein in Marburg zubringt, entstehen seine leidenschaftlichsten und innigsten Liebesbriefe an Sophie.

»Du hast alles von mir zu erwarten, ich will Dir alles geben, was ich kann, geben heißt es nicht, ach, es hat keinen Namen, lieben heißt es, küssen, ach, ich bin so brennend verlangend nach Dir, daß die ganze Welt um mich vor Begierde zittert wie die Gegenstände in der Nähe des Feuers.« – »Du wirst in Deinen lieben Armen mir einen Raum vergönnen, den auszufüllen mir endlich eine Gestalt gibt, ein Bett gibst Du dem flüssigen Element, die Untiefe machst Du tief, das Stürmende rasch, das träge, schmerzvoll Drängende zur freien, freudigen Bewegung ... Du bringst das Leben mir.« (Oktober 1803)

In den Gesprächen mit Sophie ist Platz für seine Phantasie und seine Träume. Wie ein Kind verspricht er ihr buchstäblich das Paradies auf Erden – doch wie ein tyrannisches Kind verlangt er auch alles von ihr. Alles, was ihm für sein Leben je fehlte, soll sie ihm geben: Geborgenheit, ein geordnetes häusliches Dasein, Ansporn zur Tätigkeit, innere Ruhe, Inspiration zur Dichtung, Neubeginn. Er entwirft in den Briefen seinen Lebensplan, den er nur mit ihr ausführen kann: »ich versichere Dich, ich werde keine Zeile dichten können, wenn Du mir fern bist« – »ich muß zugrunde gehen ohne Dich. O schließe mich fest an Dein treues, reges, ewig junges Herz, Du einzig geliebtes, unumgängliches Geschöpf, an Dir vorbei geht mir der Weg zur Hölle, mit Dir ist überall der ewge Himmel« – »o Sophie, führe mich ins Leben, führe mich in die Ordnung, gib mir ein Haus, ein Weib, ein Kind, einen Gott.«

Die Bedingungslosigkeit, mit der er sich ihr ausliefert, ist erschreckend und rührend zugleich. Wie er als Mensch genial und naiv zugleich ist, so ist er es in seinen Briefen: Genie und Kind.

Du strahlender Augenhimmel du,
Du taust aus Mutteraugen –

dichtet er, der sich ohne sie schwach, unselbständig, unvollkommen fühlt, der seine Briefe unterschreibt: »Dein glücklicher, durch Dich sehr glücklicher Junge.«

Man fürchtet, daß er sie in vielen Punkten überschätzt und überfordert. »... ich vertraue Dir, denn ich erwarte Hilfe, Liebe und den wohltätigsten, ordnendsten Einfluß von Dir auf mein Leben.« – »In meinem Innern, liebes, gutes Weib, hat Deine Güte, Deine Anhänglichkeit, Deine Nachsicht eine Hoffnung hervorgebracht, welche nur in der moralischsten Verbesserung meines ganzen Wesens um Deinetwillen erfüllt werden kann.« (Oktober 1803)

Andererseits will er sie belehren, so wie sich auch in seinem Verhalten den Schwestern gegenüber ein Drang zu pädagogischen Ratschlägen findet, er will sie bessern und erziehen: »ich bitte Dich, Sophie, verführe Gott, daß er Wunder tut, o werde vortrefflich« – »o Sophie, warum glaubst Du nicht an mich, warum hast Du einen eignen Willen.« (10. September 1803)

Skeptisch macht die Vorstellung, daß er sie umzumodeln, nach seiner Traumvorstellung ändern zu müssen meint. Er hat sich ein Bild von ihr gemacht, dem die tatsächliche, sehr eigenständige Persönlichkeit der Sophie Mereau nicht gerecht werden kann, und in dieser Diskrepanz von Wunschtraum und Realität liegt für ihre Verbindung die große Gefahr. So ist dann auch ein Jahr später seine Enttäuschung zu verstehen, die er Arnim so darstellt, als scheitere er an Sophies kaltem und unpoetischem Wesen, während es vielmehr seine übersteigerten Vorstellungen sind, die sich nicht erfüllen.

Clemens will Sophie heiraten, fast jeder Brief dieser Zeit handelt davon: »Du liebst mich, Du willst mich ruhig, glücklich und ordentlich machen, und wie kannst du das anders, als indem Du meine Gattin, die Mutter meiner Kinder wirst.« (27./28. Oktober 1803)

Ihrer Ablehnung begegnet er mit geschickten Argumenten. Er stellt ihr den in einer Kleinstadt wie Marburg gefährdeten guten Ruf, die Vorwürfe seiner Geschwister, die Lage der Tochter Hulda vor Augen. Sie lehnt ab – »vom Heiraten sprich mir nicht« – und versichert souverän, sie werde alles regeln. In der Tat eine besondere, eigenwillige und für die damaligen Zeiten außerordentlich mutige Frau. Sie hatte gelernt, nicht mehr ›im Widerspruch‹, aber unabhängig von der Welt zu leben. Natürlich mußte sie sich auch fragen, welche Vorteile ihr eine Ehe bringen könnte, ihr, die bisher jahrelang zufrieden in Selbstverantwortung und Freiheit von ihren schriftstellerischen Arbeiten gelebt hatte.

Ihr Vertrauen auf Clemens wird noch einmal auf eine Probe gestellt. Er hatte sich bei Bettine leichtfertig und geschwätzig über sie geäußert: eine Heirat sei nicht vorgesehen, ohnedies werde ihm Sophie durch die ganze Welt nachlaufen. Sophie kamen in Weimar diese Äußerungen zu Ohren, sie ist über die Indiskretion verzweifelt (20. September 1803). Es sind seine ahnungslosen, ebenso liebevollen wie zärtlich-unschuldigen Briefe, die bewirken, daß sie ihm wieder »mit versöhntem, stillem, friedlichem Gemüt« schreibt, weil, wie Clemens sage, nichts sei, »was Liebe nicht vergebe«. Skepsis allerdings bleibt, die Verbindung mit ihm erscheint ihr als ein Risiko: »fest drücke ich beide Augen zu, halte die Hände vor beide Ohren, und so springe ich in den Abgrund – in Deine Arme!« Später, in der Ehe, ist dann sie die Standhafte, Vertrauensvolle, Geduldige, die ihren beruhigenden und harmonisierenden Einfluß zur Stabilisierung der Ehe geltend macht.

Briefe und Gedichte gehen zwischen Weimar und Marburg hin und her. Oft fließen Verse mitten in den Brieftext ein, wird Prosa rhythmisch gegliedert, werden Mitteilungen plötzlich gereimt. Bei Sophie geschieht es vorwiegend dann, wenn sie die direkte Aussage scheut und ihre Gefühle hinter spielerisch Gereimtem verbergen möchte, zuletzt, als sie, halb verschlüsselt, Clemens berichten will, daß sie ein Kind erwartet: »Geheimnisvollstes Wunder so auf Erden, / die Götter tun, / was nie enthüllt, nie kann verborgen werden –/ so rate nun! / denk Schmerz, Lust, Leben, Tod in Einem Wesen / verschlungen ruhn, / denk, daß ein ahndungsvoller Sänger Du gewesen – / errätst Du's nun?« (28. Oktober 1803)

»Clemens, ich werde Dein Weib«, schreibt sie, und er ist auf die Nachricht hin so überrascht, so erschüttert, daß er ihr mit den glücklichsten und zugleich kürzesten Briefen dieser Zeit antwortet. »Heute erhalte ich Deinen Brief, der Dich mir gibt und was ich auf Erden begehrte, ein Kind, diese Botschaft hat mich so wunderbar überrascht, daß ich nicht denken, nicht fühlen kann.« (3. November 1803)

Sophie bereitet ihren Umzug vor. Bis Eisenach kommt ihr Clemens entgegen, auch diesen Schritt wieder mit einem Scherz begleitend: »bis Montag bin ich in Eisen ach! in Eisen, Ketten und Banden«. Sophie nennt es »den Streich ihres Lebens, aus dem Clemens einen Ehemann zu machen«. In Wirklichkeit ist ihr sehr ernst zumute. Die Briefe der Freundin Charlotte von Ahlefeld beweisen, daß sie Rat brauchte, sich ihrer Sache nicht sicher war, und das steht auch in ihrem Brief an Clemens vom 28. Oktober 1803: »Ich werde mit Dir glücklich *sein*, das weiß ich; ob ich es *bleiben* werde, das weiß ich nicht, aber was geht mich die Zukunft an? – Kann ich nicht sterben, eh' ich unglücklich werde? –«

VI. DAS ERSTE EHEJAHR
(1804)

> Meine Liebe, meine ich, müßte Dich umgeben wie ein warmes, weiches Kleid, das Du überall mit Dir trägst und in dem Du Dich wohlbefindest.
> Sophie Mereau-Brentano an Clemens Brentano, 1804

Am 29. November 1803 heiratet »Herr Clemens Brentano aus Frankfurt am Main, privatisierender Gelehrter«, wie es in der Heiratsurkunde heißt, »Frau Professorin Mereau aus Jena«. Die Trauung wird vollzogen von Leonhard Creuzer, einem Vetter des Philosophieprofessors Georg Friedrich Creuzer (1771-1858), mit dem Clemens befreundet ist und den er 1804 mit Karoline von Günderode zusammenbringt. Da Clemens katholisch, Sophie protestantisch ist, kann die Trauung nur in der lutherischen Pfarrkirche von Marburg stattfinden.
Stolz berichtet Clemens seiner Schwester Gunda: »Stelle Dir vor, ich werde ein Weib haben, das sich bis jetzt durch ihr eignes Talent sogar in einem eleganten Wohlstande erhalten hat und mir so keine Nahrungssorgen macht.« Zwar zeigte er sich bisher nicht begeistert von ›weiblicher Schriftstellerei‹, ist aber doch stolz auf Sophies Berühmtheit, ihre Aufträge und Erfolge. Savigny teilt er mit: »In Marburg wollen wir hausen, eine leichte und lose Ehe, eine feste unauflösliche Liebe. Meine Umstände ertragen diese Steigerung meiner Ausgaben; denn Sophie hat bis jetzt sehr elegant gelebt und sich doch ganz selbst erhalten, was sie fortsetzen wird und besser und lieber, da wir ihre geheimen Räte und Rezensenten sein werden.« (24. Juni 1803)
Die äußeren Umstände sind günstig. Zwar verliert Sophie durch die neue Heirat die bei der Scheidung ausgehandelten 200 Reichstaler, aber Clemens bezieht mit 1200 Talern eine ausreichende Summe aus den Zinsen des väterlichen Erbes. Er hat eine Wohnung hoch über der Stadt gemietet und sich in der Zwischenzeit um die Möblierung gekümmert, er verfügt

über eine umfangreiche Bibliothek und bietet Sophie Material zu Übersetzungen und »altdeutsche poetische Manuskripte« zur Überarbeitung an. Beide haben den Plan, gemeinsam etwas zu veröffentlichen.
Die Brentano-Geschwister, die anfangs gegen die Verbindung protestiert hatten, sind freundlich und entgegenkommend. Auch die achtzehnjährige Bettine wird durch Sophies Briefe und ihr gütiges Wesen für sie eingenommen. Clemens besucht die Geschwister Anfang 1804 in Frankfurt im »Goldenen Kopf«, wie sein Elternhaus genannt wird, Sophie begleitete ihn bis Gießen, wie wir dem Januar-Briefwechsel entnehmen. Zwei Brüder von Clemens haben geheiratet: Franz, der Vormund, nahm Antonie von Birkenstock (Toni), Georg im Juli 1803 Marie Schröder zur Frau, die Schwester Gunda heiratete im April 1804 Friedrich von Savigny und zog mit ihm auf sein Gut Trages bei Hanau. Clemens war ebenso enttäuscht über die Wahl Savignys, den er gerne mit seiner Lieblingsschwester Bettine zusammengebracht hätte, wie auch über dessen Weggang aus Marburg. Durch keinen Beruf gebunden, wollte er nun seinerseits die Stadt verlassen, sobald das Kind, das Sophie erwartete, geboren wäre.
Am 11. Mai 1804 kommt ein Sohn zur Welt, dem Clemens voller Glück und in Anhänglichkeit an den »Herzbruder« und Paten Arnim, auch in Anlehnung an dessen Buch »Ariels Offenbarungen«, den Namen Achim Ariel gibt. An den Freund schreibt er:
»In derselben Stunde, da mein Kind, ein Knabe, der am 11. Mai mit großen Schmerzen geboren, mit Deinem Namen belehnt worden ist, kam Dein Brief und machte mir und der Mutter durch diese Zufälligkeit eine größere Freude ... Wenige Tage vor der Niederkunft las ich mit meiner Frau den Ariel, den Dieterich endlich gedruckt hat, im Garten mit großem Entzücken. Sophie gab mir den folgenden Morgen beiliegendes Sonett für Dich, an Dich; es geht ihr von Herzen, und so ist es dann gut.« (23. Mai 1804)
Das Sonett, das Sophie auf Achim von Arnim dichtete, wurde 1805 in ihrer Sammlung »Bunte Reihe kleiner Schriften« ver-

öffentlicht. Es steht unmittelbar vor demjenigen an die Büste Brentanos; so hat Sophie die beiden Freunde durch die Sonette in einem Buch vereint.

An A. von A.

Ich sah das schönste Tal voll Frühlingsleben,
In Blüt und süßen Farben rings entbrennen,
Und eine Herrlichkeit, die nicht zu nennen,
Schien es in ew'ger Jugend zu umschweben.

Kann die Natur wohl Schöneres erstreben,
Als solchen Reiz, dies selige Entbrennen?
Der Frühling ist von Allem, was wir kennen,
Die Lust der Welt, das Göttliche im Leben!

Da las ich, was ein Gott Dir eingegeben,
In dunkler Ahndung, wunderbare Lichter,
Bei tiefem Ernst, erfreuliche Gesichte.

O! dacht' ich, zarte Blüten, glüh'nde Früchte,
Wie seyd ihr hier vereint! Nein! nur der Dichter
Ist Lust der Welt und Göttliches im Leben!

In den Tagen häuslichen Glücks und endlich gewonnener Ruhe schreibt Clemens an Karoline von Günderode einen Brief, in dem er sich als neuer Mensch präsentiert, voller Zukunftspläne und schriftstellerischer Ideen. Der Brief enthält auch die Beschreibung seines kleinen Sohnes, die durch eine seltsame Todesahnung erschreckt: »Mein Kind gefällt mir im ganzen sehr wohl, ... es recht mit allem Apparat zu lieben, wage ich nicht, denn es wäre imstande und packte diese Liebe ein und ginge mit ihr in eine andere Welt.« (2. Juni 1804)
Der Sohn stirbt, kaum sechs Wochen alt, an einer Kinderkrankheit. Clemens ist außer sich.
»Lieber Freund!« so am 28. August 1804 an Arnim, »Da Dein Bild vor mir stand, da ich Dich wiedersah, mußte ich schrecklich weinen. Mein Kind ist nur fünf Wochen alt geworden ... Seit Achim tot ist, auf den ich meine Hoffnung ganz gelehnt

hatte, ist alles Glück von mir gewichen: mein armes Weib kann nicht glücklich mit mir sein.« Es wird ein Schreiben der Klage und Anklage, Sophie enttäusche ihn, sie sei hart und kalt, in »häuslichen Kämpfen« gehe seine schöpferische Kraft unter. Er könne seine Pläne nicht verwirklichen neben einer Frau, die sein Leben zwar verschöne, aber nicht beflügele. »Sie ist ein gutes Kind und eine freundliche Frau, aber ich bin ohne Gehilfe, ohne Mitteilung in meinem poetischen Leben, ich möchte sagen, in meinem poetischen Tod.«

Dem Augenblick lebend, lebt er nun nur dem Schmerz. Alles scheint mit dem Tod des Sohnes zu Ende. In Marburg hält ihn nichts mehr, schon immer war es sein Wunsch, ein Haus am Rhein zu haben, er denkt an Heidelberg. Dem Dichter Tieck gesteht er seine »fürchterliche Unruhe und unerklärbare Mutlosigkeit«, aus der eine Inspirations- und Schaffenskrise wird. Beides, Leben und Kunst, miteinander zu verbinden, sei nicht möglich, schreibt er später an Runge, »da das Leben der Kunst wahrlich verloren ist«.

Im September ziehen Brentanos nach Heidelberg um. Im »Lied von eines Studenten Ankunft in Heidelberg« hat Clemens die Stadt, von der Eichendorff meinte, sie »ist ja selbst eine prächtige Romantik«, bedichtet:

Der Neckar rauscht aus grünen Hallen
Und gibt am Fels ein freudig Schallen,
Die Stadt streckt sich am Fluß hinunter,
Mit viel Geräusch und tönt ganz munter,
Und drüben an grüner Berge Brust,
Ruht groß das Schloß und sieht die Lust...

»Die Natur ist wunderschön, die Menschen froh«, hat er Sophie geschrieben. In Heidelberg wohnen der Homer-Übersetzer Voß und der Theologieprofessor Daub, Creuzer aus Marburg und Fries aus Jena, sie befreunden sich mit dem Arzt Loos und dem Buchhändler Zimmer, in Heidelberg halten sich auch Savigny und Gunda, v. Bostel und der Übersetzer Gries, Freund Sophies aus Jena, Christian und Meline Brentano auf. Eine gute Freundin wird Caroline Rudolphi (1754-1811), Leiterin eines Mädchenpensionats, die nach Sophies Tod für Hulda sorgen wird. Jung-Stilling, Heise und Ludwig Tieck kommen zu Besuch, häufig auch Sophies Bruder Karl. Alles in allem herrscht in Heidelberg ein reges gesellschaftliches Leben vor allem dadurch, daß bedeutende Professoren und Privatdozenten an die aufstrebende Universität geholt werden.

Arnim, der Clemens' Klagebrief ebenso klug und gerecht wie zurechtweisend beantwortet hat, lädt den Freund nach Berlin ein. Clemens erhofft sich viel von dieser Reise: die Rettung aus der Krise. Denn Sophie, schreibt er an Arnim, sei »kummervoll und hart, ihr poetisches Streben, welches nie ein echtes war, ist mit ihrem Leiden und in meiner Nähe zugrund gegangen«.

Die Brentanosche Ehe glich damals keineswegs dem Paradies, das Clemens zuvor ausgemalt hatte. Sophie litt unter einem Mann, der vorwiegend an sich selber dachte, reizbar und bitter war. Sie bedurfte all ihrer »Sanftmut, der Güte und Liebe«, die er zuvor an ihr rühmte, um die Auseinandersetzungen zu überstehen. »Dein Brief«, schreibt sie im Januar, »hat mich beinah krank gemacht; Deine Unruhe ist wie ein feines Gift, das selbst durch das unschuldige Papier ansteckend wird.«

Seine Reisepläne unterstützt sie, um selber Ruhe zu finden. Schon im Januar schrieb sie: »Ich liebe Dich, ich sehne mich oft herzlich nach Deiner Umarmung, doch will ich Dir nicht heucheln, es tut mir wohl, allein zu sein!« Nun, im Oktober, nach allem traurigen Geschehen, schickt sie ihn selber fort zu Arnim, wünscht sich Frieden und einen Freiraum für die unterbrochene Schriftstellerei: »es wär unmöglich, daß ich soviel arbeiten könnte, wenn Du hier wärest.« (November 1804) – Beim Abschied sind sie wieder versöhnt, sprechen von einem zweiten Kind, lieben sich.

Am 27. Oktober 1804 reist Clemens nach Berlin ab. Unterwegs bleibt er ein paar Tage bei Sophies Freundin Henriette Geißler und ihrem Mann in Gotha, wo er sich wohlfühlt, aber – er sehnt sich schon zurück nach Hause. »... ich bin fest entschlossen, in höchstens drei Monaten wieder in Deinen Armen zu liegen, denn ich fühle mich arm und elend ohne Dich«, gesteht er am 9. November, »ach, und in diesem Augenblick möchte ich schon umkehren, aber ich würde mich vor Arnim schämen.« Sophie weiß kaum, was sie davon halten soll. »Soll ich weinend oder lachend auf Deinen letzten Brief antworten? – einen größern Don Quichotte wie Dich trug gewiß nie die prosaische Erde! ... Meine Liebe, meine ich, müßte Dich umgeben wie ein warmes, weiches Kleid« ...

Kaum ist Clemens angekommen bei seinem besten Freund, der ihn erwartet, dichterische Projekte mit ihm besprechen, ihn in Berlin mit seinen Freunden, dem Architekten Schinkel, dem Theologieprofessor Schleiermacher, dem Komponisten Reichardt bekanntmachen, ihn in den Salon der Rahel Levin, zu Ludwig Tieck nach Ziebingen führen will – schon denkt Clemens nur an die Rückfahrt, nur an Sophie. Es ist wieder dieser unerklärliche Geist der Unruhe, der ihn treibt, sein Glück nie da zu suchen, wo er sich gerade befindet. »Die Berge müssen mir ferne liegen, um golden zu sein«, schrieb er einmal an Savigny und fügte in einiger Selbsterkenntnis hinzu: »meine Erwartungen sind immer getäuscht.« Ähnlich vertraute er sich auch seiner Schwester Sophie kurz vor ihrem Tode 1800 an: »Ich liebe alle Menschen freilich etwas zu sehr und bin nie befriedigt, weil ich immer von andern erwartete, was ich mir eigentlich nur selbst geben kann.«

Die Klarsicht verhilft ihm jedoch nicht zur Einsicht. Bei Arnim, von dem er sich Erneuerung seiner Kreativität erhoffte, sehnt er sich zurück nach Sophie, bei der allein er dichten zu können meint. In geradezu paradoxer Umkehrung klagt er, wie zuvor über sie, nun über Arnim: »hier kann ich nichts mit ihm beginnen, denn ich bin wie von Sinnen ohne Dich.« – »Daß ich zu Haus werde arbeiten können, daran zweifle ich nicht, aber daß ich hier nach allen Umständen keine Zeile hervorbringen werde, weiß ich gewiß. Ich muß zu Dir, ich fühle es mit einer Gewalt, die ich nie empfunden habe, keine Ermahnung, keine Überredung, keine Kälte kann mich zurückhalten.« (26. November 1804) Er wundert sich schließlich über sich selbst: »ob es der ewige Wahn ist, der mich treibt«, und nennt sich »behext«, »als hätte ich Tristans Liebestrank getrunken, daß ich nur nach Dir mich sehne«. (20. November 1804)

»Ermahnungen« – in der Tat sind Sophies Briefe voller Ratschläge und Sorge, ja, sie lobt die Entfernung, weil sie ihm nun endlich sagen könne, was sie über ihn denke, »ob ich gleich weiß, daß Du wenigstens ebenso gescheit bist wie ich und alles ebenso gut wissen kannst«. Sie stellt ihm seine Talente und seine eigentliche Berufung vor Augen und beschwert sich über seine Rastlosigkeit: »Ich bitte Dich, lieber Fremdling, komm doch endlich einmal nach Hause, Du bist stets nicht bei Dir ... versuch es nur und komm zu Dir selbst.« (17. November 1804)

»Komm zu Dir selbst« – Sophie Mereau ist eine kluge Frau. In Erkenntnis seines exzessiven Wesens gebraucht sie alle Geduld, Vernunft und alle Liebe, um ihn glücklich zu machen – ihre Lebensaufgabe, wie sie in ihr Tagebuch notiert. »Ich fühle mich sehr glücklich! was man auch sagen und denken mag, der Mensch lebt nur dann, wenn er auf eine ihm angemessene Weise für andre lebt.«

Sie selber benutzt seine Abwesenheit, um endlich ungestört zu schreiben. »Meine Arbeiten rücken fort ... Die Erzählung ist zu Ende, ich habe sie Creuzer vorgelesen, und sie schien ihm sehr zu gefallen.« In der gleichen Zeit äußert sich Creuzer über die vollendeten Arbeiten ›der Mereau‹: »Beides ist ihr, wie ich urteile, wohl gelungen«, schreibt er an Karoline von Günderode.

Auch Clemens scheint Sophies Fähigkeiten nun anzuerkennen. Er hofft, daß sie Arbeiten von Achim von Arnim in ihre Sammlung »Bunte Reihe« aufnimmt, er will ihr »Tristan und Isolde« von Gottfried von Straßburg, das höfische Epos, an dem er am meisten hängt, zur Bearbeitung überlassen, er schreibt: »Deine Muse wird gewiß wieder neue, schönere Zweige treiben als je, denn wer solchen Sinn für das Vortreffliche hat, den wird auch das Vortreffliche wieder lieben.« (26. November 1804) Viel Zeit zum Arbeiten hatte Sophie bisher nicht. Auch in dieser Zeit des Briefwechsels erwartete sie wieder ein Kind.

In der Silvesternacht 1804 kommt Clemens aus Berlin zu Hause an. An Achim von Arnim schreibt er: »Mehrere Tage bin ich nun wieder in meiner Heimat, wo ich liebevoll, ja sozusagen recht verliebt aufgenommen worden bin. – Es war Neujahr, sie wollte zum Schmaus gehen und nahm mit mir vorlieb.« »Sophie«, fügt er noch hinzu, »ist recht liebenswürdig, gütig und leidenschaftlich geworden. Ich kann über nichts klagen.«

VII. ARNIM BEI BRENTANOS (1805)

> Wenn hier ihm nichts mehr war, wenn ich ihm nichts mehr bin, seyn Sie ihm um so mehr und ganz und immer. – Sie haben ihn befangen mit tausend Anklängen, es ist ihm im Gemüte bey Ihrer Nähe, als triebe es ihn zu großer That wie bey großer Musik hinaus ins Freye ...
>
> Achim von Arnim an Sophie Mereau-Brentano, 1805

Das Jahr 1805 wird für Clemens erfreulich: Arnim besucht ihn in Heidelberg, ihr gemeinsames Werk »Des Knaben Wunderhorn« wird vollendet, er nimmt angefangene Dichtungen wieder auf, fühlt sich produktiv, unternimmt schließlich mit Freund und Frau eine Schiffsreise auf dem Rhein – für Clemens der Höhepunkt des Zusammenseins und gemeinsamen Erlebens in der seit Kindertagen vertrauten und geliebten Landschaft.
Das Jahr bringt aber auch einen neuen Schmerz: ein zweites Kind wird geboren und stirbt, wie vor einem Jahr der Sohn, nach kurzer Lebenszeit.

Achim von Arnim hatte noch in Berlin Clemens die Zusicherung gegeben, zusammen mit ihm die schon früher geplante Liedersammlung in Heidelberg vorzubereiten. Im Februar konkretisiert Clemens den Plan, sein Vorschlag an Arnim lautet, »ein wohlfeiles Volksliederbuch zu unternehmen, welches das platte, oft unendlich gemeine Mildheimische Liederbuch unnötig mache ... Es muß so eingerichtet sein, daß kein Alter davon ausgeschlossen ist, es könnten die besseren Volkslieder drinne befestigt und neue hinzugedichtet werden«. Arnim antwortet: »Über das Volksliederbuch, denke ich, sind wir lange einig, nicht ohne Dich und mit keinem andern als Dir möchte ich es herausgeben.«

In den folgenden Wochen teilen sich die Freunde die jeweiligen Fortschritte der Vorarbeiten: Entdecken, Forschen, Kaufen, Sammeln und Aufschreiben alter Lieder, gegenseitig in ihren Briefen mit.
Clemens hatte inzwischen auch seine eigenen begonnenen Dichtungen wieder vorgenommen und setzte die »Romanzen vom Rosenkranz« fort, »ein wirklich wunderbares, erschütterndes Gedicht«, wie er selber sagt. Es wirkte sich positiv aus, daß er mit diesen Projekten voll beschäftigt war. In Berlin schon hatte Arnim erkannt, daß des Freundes Stimmungswechsel und Gereiztheit in der Tatenlosigkeit einen Grund hatte.
»Ich wünschte, auch Clemens hätte ein Geschäft eines Hausvaters«, schreibt er an Sophie, »er sei Lehrer in Heidelberg oder Theaterdichter irgendwo, mit einem Worte, irgendetwas ... Man kann Maler, Bildhauer usw. sein, nie ein Poet, es sei denn, daß man als Gott lebte der Welt, sonst ist nichts unpoetischer in der Welt, als das Leben eines Poeten, deswegen muß der Poet notwendig mit seinem Leben in stetem Widerspruche sein.«
Clemens ergreift keinen Beruf in der Art, wie Arnim es vorschlägt. Später wird diese Ziellosigkeit von Guido Görres, dem Sohn seines Heidelberger Freundes Joseph Görres, verurteilt: »Nicht genötigt, einen bestimmten Beruf im Auge zu behalten und für diesen sich vorzubereiten, lag ihm schon frühe die Versuchung nahe, nur das zu treiben, was ihm eben Vergnügen und Kurzweil gewährte, um es alsbald, wenn die erste Lust verraucht war, mit einem neuen Spielzeug zu vertauschen.«
Im April 1805 fährt Clemens zu den Geschwistern nach Frankfurt, während Sophie einen Umzug innerhalb Heidelbergs in eine schönere Wohnung organisiert. Aus den vierzehn Tagen ihrer Trennung stammen die vorhandenen Briefe. »Guten Morgen, Lieber!« beginnt Sophie, »ich wünsche Dir alle Freude, die ich entbehre, und das ist viel, denn Du bist es ja selbst. Ich weiß nicht, ist es der Frühling oder die Liebe selbst, oder die Entfernung, daß ich recht oft mit süßer Lust

und Wärme an Dich denke.« (13. April 1805) Sie ist jetzt zustimmender und zärtlicher als je zuvor.
Clemens empfindet den Trubel in seinem Elternhaus als »abscheulich«, wünscht, er wäre zu Hause. »Gott grüß Dich im neuen Haus, liebes Weib, und gebe Dir fröhliche Stunden, mit großer Freude kehre ich zu Dir zurück.« (23. April 1805) Er teilt mit, daß sein Singspiel »Die lustigen Musikanten«, das von E. T. A. Hoffmann vertont wurde, in Warschau aufgeführt wird, und endet seinen letzten Frankfurter Brief: »Teures Weib, ich wollte, wir wären wieder beieinander, ich habe Dich so lieb ... und das Kind unterm Herzen weiß auch davon.« – Sophie hatte sich zur Pflege nach der Entbindung Karoline Engelhardt, die Tochter einer Freundin aus Kassel, kommen lassen.
Das Kind wird am 13. Mai geboren, es ist eine Tochter, Joachime soll sie heißen, nach Achim von Arnim, und Elisabetha Claudia Carolina Johanna nach den übrigen Paten, unter ihnen Bettine, Caroline Rudolphi, Friedrich Carl von Savigny. Claudia hieß sie nach Claudine Piautaz (1772-1840), die seit dem Tod von Clemens' Mutter im ›Goldenen Kopf‹ in Frankfurt den Haushalt führte und von den Brentano-Geschwistern sehr verehrt und geliebt wurde. Zum Geburtstag am 19. März 1803 ließ ihr Clemens ein Gedicht drucken.
Arnim, der Ende Mai in Heidelberg eintraf, kam zur Taufe zu spät – aber rechtzeitig zur Beerdigung des Kindes.
»Früher, lieber Savigny, als wir Ihr gütiges schönes Taufgeschenk erhielten«, schreibt der unglückliche Clemens, »ist meinem seligen Kinde ein Scharlachröckchen verehrt worden, das es mit zu Grabe genommen. Es war gesund, sehr gesund, aber es ist nun tot, es ist uns an einer Kinderseuche, am Scharlach in Zeit von einem Tag und Nacht hingestorben. Morgens hatte es ein rotes Fleckchen, mittags eine rote Wange, keinem Arzt schien es gefährlich, abends tranks noch, am Morgen wars ganz tot. Wir sind sehr unglücklich mit unsern Kindern, meine arme Frau hat unendlich gelitten, zwei so hintereinander kommen, weinen und gehn zu sehen, das ist ein traurig Nachsehen, ein trauriges Dableiben.«

Arnims Anwesenheit ist nun ein Trost, die Zusammenstellung und Bearbeitung der Texte für die Liedersammlung eine willkommene Aufgabe. »Des Knaben Wunderhorn« ist ein gemeinschaftliches, der Freundschaft entsprungenes Unternehmen, dessen künstlerische Idee von Brentano stammt. Im August 1805 wurde der Text bei Mohr und Zimmer zum Druck gegeben, im September bereits erschien das Buch (mit der Jahresangabe 1806), das von allen Seiten Lob erntete und von Goethe sehr positiv besprochen wurde.
Clemens war mit Arnim nach Frankfurt gereist und weiter zur Kur nach Wiesbaden, weil er sich krank fühlte. Seine Briefe von dort sind weniger liebevoll als sonst, vielmehr hat das Verhältnis sich umgekehrt: Sophie ist es, die zu ihm reisen will, die sich um ihn sorgt, ihn ihrer Liebe versichert. Clemens' Bericht von Savignys Kind, das zur gleichen Zeit geboren wurde wie seine Tochter, die Klage: »ach du lieber Gott, wenn ich denke, daß mir schon zweimal ein solcher Schatz untergegangen«, macht sie traurig. »Ich fühle einen Schmerz im Herzen, wenn ich es lese, es kränkt mich, daß Du nicht so glücklich wie Savigny bist.« (18. August 1805) Außerdem quälen sie Clemens' Vorwürfe: er hatte die Briefe aus der Zeit ihres Liebesverhältnisses mit Kipp gefunden, empfindet sich noch nachträglich als »betrogen«, und sie erwidert: »Was kann ich für mein armes, voriges Leben?«
Dann aber, als Clemens sich den Kummer von der Seele geschrieben hat, bricht seine Zuneigung hervor wie früher. »Sophie! Wenn Du ein Engel wärst, ich hätte in dem Augenblick Liebe genug, Dich dem lieben Gott abspenstig zu machen, komme, mein ganzes Glück hängt davon ab.« (7. September 1805) Er wird mit ihr und Arnim eine »Reise in den schönsten Teil Deutschlands« machen – eine Rheinreise, schönstes Zusammensein mit Sophie und dem »einzigen Freund«.
Sophie und Arnim treffen rechtzeitig zu seinem 27. Geburtstag in Wiesbaden ein. Arnim wußte, welch große Bedeutung Sophie Mereau von Anbeginn an im Leben Brentanos hatte. Noch bevor er sie persönlich kannte, hatte Clemens dem Freund ihr Bild entworfen, in Berlin sich nur nach ihr zu-

rückgesehnt, so daß Arnim ihr daraufhin schrieb: »Er ist nicht bei mir frohworden, es hat mich wohl gebeugt und verernstet, weil es anders war einst, – wenn hier ihm nichts mehr war, wenn ich ihm nichts mehr bin, sein Sie ihm um so mehr und ganz und immer.« (3. Januar 1805)

Ihr Verhältnis war von Sympathie und gegenseitiger Achtung bestimmt. Sophie schätzte den besten Freund ihres Mannes sehr. Ihm vertraute sie den Druck ihres letzten Manuskripts, die »Fiametta«, an. Der entstandene Briefwechsel zeigt die Beweise ihrer Freundschaft und den Wunsch nach häufigerem Wiedersehen. »So lebe denn wohl, liebe Sonne«, schreibt Sophie in einem bisher unveröffentlichten Brief ohne Datum an Arnim, »und scheine bald wieder in Heidelberg! –« Sie dankt ihm für »das zierliche Gedicht«, das er ihr sandte, und antwortet ebenfalls mit einem Gedicht, worin sie Arnim als Künstler preist: »er war jung und von hoher Gestalt«, heißt es darin, »Da gedacht ich: Gar wohl ist dieses der Himmlischen Einer, / Dieser Stoff ist die Welt, was er berühret, wird Kind.«

Arnim schlägt dem Ehepaar einmal vor, sie sollten ihrer gemeinsamen Interessen wegen »eigentlich beide promovieren, zusammen in Heidelberg Collegia lesen«. Das ist eher scherzhaft gemeint, trifft aber sein Anliegen, die Ehe des unruhigen Freundes gefestigt zu sehen. »Die Ehe ist doch wohl das Wunderbarste auf der Welt«, schreibt der damals vierundzwanzigjährige Arnim, »mich wundert nicht mehr, daß alle Romanen darin schließen, fester kann nichts geschlossen sein.« Diese Überzeugung vertritt er auch in seinem eigenen Leben, als er 1811 Clemens' Schwester Bettine heiratet. An Sophie schreibt Arnim 1805: »Sie sind sehr glücklich, so notwendig ein Dasein dem Ihren verbunden zu haben, es ist herrlich, sein Leben ganz und ungeteilt, ohne Geheimnis und blinde Hoffnung, an eine unendliche Tat zu setzen, das ist Gottes – Freiheit« – »wenn ich Brentano denke, sehe ich in seiner Hand eine andre, die ihn festhält.«

VIII. DAS LETZTE JAHR
(1806)

> Könnte ich Dich aber meiner Träume teilhaftig machen: ich sehe Sophien schier alle zwei oder drei Nächte, sehr liebvoll, schön und heilig, ach so wie in der ersten Liebe!
> CLEMENS BRENTANO AN ACHIM VON ARNIM, 1808

Drei größere Werke erschienen im Jahr 1806 unter dem Namen von Sophie Brentano. Zunächst der zweite Band »Spanische und Italienische Novellen«, eine in Zusammenarbeit von Clemens und Sophie entstandene Übersetzung von Erzählungen einer spanischen Dichterin des 17. Jahrhunderts mit vorwiegend erotischem Inhalt. – Es erschien Sophies Roman »Sapho und Phaon oder der Sturz von Leukate«, ein in Anlehnung an die Antike – Sophie nennt Herodot als Quelle – im Geist des Klassizismus behandeltes, möglicherweise schon in der Weimarer Zeit begonnenes Werk. Die Wahl des Stoffes kann damit zusammenhängen, daß Sophie Mereau von vielen Freunden, von Eichstädt, Friedrich Schlegel und Reichardt, als »die Sappho der neueren Zeit« bezeichnet wurde. Übrigens hinterließ auch Clemens den Entwurf zu einem Singspiel »Sapho und Phaon«. –

Die dritte Neuerscheinung war der Roman »Fiametta« von Boccaccio in der Übertragung von Sophie Brentano. Es ist die Geschichte einer sehr jungen und sehr schönen, verheirateten Frau, die an leidenschaftlicher Liebe zu einem jungen Mann fast zugrunde geht. Clemens empfand die Ähnlichkeit des Themas mit der Vergangenheit Sophies als fatal und wünschte Arnim als den Herausgeber. Auf der Suche nach einem Verleger wendet sich Sophie denn auch an den Freund: »Fiametta will hier zu Ihnen kommen und Sie um Ihren Arm bitten, um in das deutsche Publikum eingeführt zu werden. Sie meint, an Ihrer Seite habe sie mehr Mut, in die Welt einzutreten.« (8. April 1806) Da der Berliner Verleger Reimer jedoch den

Namen Sophie Brentano vorzieht, erscheint es als ihr Werk in einer bis heute nachgedruckten, vorzüglichen Übertragung, über welche Arnim 1807 an Clemens schreibt: »Die Fiametta ist meisterlich von Deiner Frau übersetzt, ich bin oft gemeint gewesen, Italienisch zu lesen.«
Sophies Fleiß – sie schreibt in diesem Jahr außerdem Erzählungen und Übersetzungen für verschiedene Almanache und Journale – ist bewundernswert. Arnim schildert später Bettine, wie Sophie es durchgesetzt habe, an den Vormittagen zur Schriftstellerei frei zu sein. Bewundernswert auch deshalb, weil es viel häuslichen Kummer gab. Sie war mehrfach krank und erlitt Ende 1805 durch unglückliches Aufhängen eines Spiegels eine Fehlgeburt. Clemens klagt Arnim: »Du glaubst nicht, wie mich dieser Fall betrübte; es ist, als liege ein Fluch auf meinem Samen.«
Es war ein Unglück, daß Clemens, der sich stets Kinder wünschte, dessen liebebedürftiges und liebebereites Wesen nach Kindern verlangte, in seiner Ehe mit Sophie keine Kinder bekam. »Habe mich lieb«, schrieb er Sophie, »wenn uns Gott ein Kind erhält, werden wir glücklich sein, ohne Kind ist die Ehe unbegreiflich, mit diesem Segen aber ist sie Gottes Segen selbst.« (August 1805) Arnim berichtet er von Sophies Kummer: »Ich lebe jetzt häuslich sehr ruhig, Sophie ist oft recht liebevoll gegen mich, aber über eine wunderbare Trauer, die sie beim Blick auf ihre Geschichte dann und wann erstarrt, in ihr habe ich keine Gewalt; da ist alle Liebe verloren.«
Im neuen Jahr 1806 scheint sein Wunsch in Erfüllung zu gehen: Sophie erwartet wieder ein Kind. Clemens eröffnet es Arnim im Juli 1806, drei Monate vor der Geburt: »Du bist zum drittenmal mein Pate. Du sollst Dich freuen, was Sophie mich lieb hat und wie gut sie ist. Wir leben in einer wunderschönen, einigen Ehe.«
Den Heidelberger Frühling hatten sie auf ausgedehnten Tageswanderungen genossen, sie hatten eine Wallfahrt zur Kirche von Walldürn gemacht und waren innerhalb Heidelbergs im April zum zweiten Male umgezogen. Nun erwarteten sie Arnim, der nach Heidelberg kommen wollte, um mit Clemens

neues Material zu einem weiteren Band von »Des Knaben Wunderhorn« durchzusehen.
Arnim nahm, im Gegensatz zu Clemens, engagiert an den politischen Ereignissen im Lande teil. Er plante die Herausgabe eines patriotischen Volksblattes mit dem Titel »Der Preuße«. Clemens schreibt ihm: »Deine ganze Nation hat mir eine Ehre weil Du Dich ihrer annimmst«, und warnt ihn: »Werde kein Soldat in einer Zeit, wo es keine gibt ... sei ein Mensch hoch über der Zeit und falle nicht in diesem elenden Streit um Hufen Landes.« Arnim aber fühlte sich dem preußischen Vaterland eng verbunden. Über seinen Brief an Clemens vom 8. September 1806 setzte er die Zeilen: »Wer des Vaterlandes Noth vergißt, den wird Gott auch vergessen in seiner Noth!«
Durch den Ausbruch des Krieges zwischen Preußen und Frankreich wird Deutschland gespalten, die Rheinbundstaaten halten zu Napoleon, während Preußen bei Jena und Auerstedt die entscheidende Schlacht verliert. Arnim folgt der geschlagenen Armee nach Ostpreußen, die Verbindung reißt bis 1807 völlig ab, Clemens und Sophie erwarten ihn vergeblich.
In den Briefen, die Clemens zu dieser Zeit an Sophie schreibt, spielen weder die napoleonischen Kriege noch die Zukunft des Vaterlandes eine Rolle. Die Juni-Post aus Frankfurt behandelt seine Sammlertätigkeit für den zweiten Teil des »Wunderhorn« und berichtet von den Geschwistern, die Sophie herzlich einladen. Er hofft auf ihr Kommen und schreibt in unveränderter Liebe: »Du wirst gewiß ein recht gutes, fröhliches Herz unter dem Deinen tragen, weil Du während dieser Schwangerschaft so gütig und munter bist, ich habe Dich auch recht aus Herzensgrund lieb, mein teures Weib. –«
Und Sophies Briefe an Clemens erweisen, daß die gegenseitige Achtung, Sympathie und Zuneigung während der Ehejahre – entgegen den Klagen, die Clemens in erster Enttäuschung 1804 Arnim mitteilte – erhalten blieben und noch verstärkt wurden durch die wachsende Anerkennung des Partners: »Ich weiß nicht, wie ich das nennen soll, was zuweilen aus Dir spricht«, schreibt sie in ihrem letzten Brief, »aber es mag wohl

etwas Göttliches sein, weil es so viel Gewalt hat.« Solch ein Bekenntnis setzt tiefes Verständnis – und Einverständnis – voraus. Sophie hat die Genialität und Eigentümlichkeit von Clemens erkannt: »Es mag wohl etwas Göttliches sein.« Sie fügt hinzu: »Und wenn es auch in der Erscheinung vorübergehend ist, so weiß ich doch so gewiß, daß es wahr und eigentlich unvergänglich ist, daß ich darauf sterben wollte.«

Der letzte Brief ist vom September. Clemens hatte den Dichter Ludwig Tieck, der acht Tage bei ihm zu Gast war, und den Kunsthistoriker Karl Friedrich von Rumohr nach Frankfurt begleitet, während bei Sophie ihr jüngerer Bruder Karl Schubart, der ein Jahr später zum Arzt promovierte, zu Besuch ist. In Frankfurt spricht man vom Selbstmord der Karoline von Günderode, die sich aus unglücklicher Liebe zu Creuzer das Leben nahm, so schreibt es Clemens seinem Freund Arnim. Sophie aber schildert er das Leben zwischen den Geschwistern in einem freundlichen Licht und erzählt von der kleinen Claudine, Tochter seines Bruders Georg, in Vorfreude auf sein eigenes Kind, das demnächst geboren werden soll. Von Sehnsucht getrieben, fährt er bald darauf zurück zu ihr nach Heidelberg.

Am 31. Oktober 1806, in den frühen Morgenstunden, stirbt Sophie Mereau, sechsunddreißig Jahre alt, an den Folgen einer unglücklichen Entbindung, und auch das Kind, eine Tochter, stirbt bei der schweren Geburt. Clemens ist, als man ihm die Nachricht bringt, vor Schmerz wie von Sinnen.

Friedrich Creuzer berichtet seinem Vetter Leonhard Creuzer, demselben, der Clemens und Sophie drei Jahre zuvor in Marburg getraut hatte:

»... ich kam von zwei Leichnamen zurück, die ich soeben noch in ihrem Frieden ruhen sah. Es ist Brentanos Frau und Kind, mit dem sie diese Nacht im Wochenbett gestorben ist, nachdem sie noch gestern Abend auf dem Schlosse war, heiter wie immer, und abends noch die Wiege besorgend, in der das Neugeborene liegen sollte. Es ist ein ergreifender Anblick, eine Mutter hingestreckt zu sehen vom Tode mit ihrem Säugling, auf einem Bette, festlich geschmückt wie ein Brautbett... Sie ist sanft gestorben und ruht unentstellt und lieblich. Brentano aber ist fürchterlich in seinem Schmerz und fast einem Wahnsinnigen ähnlich.«

Clemens ist völlig verzweifelt. Er weiß nicht, wohin; er, der kein Amt, keine Stellung, keinen Beruf hat, hat nun keinen Ort, keinen Auftrag und kein Ziel. Seine achtzehnjährige Schwester Meline schreibt an Savigny: »der Clemens weint und schreit immer überlaut weh weh o weh, und das zehnmal hintereinander. Er tobt ganz unvernünftig, weiß nicht, was er mit sich und der Hulda anfangen soll.«

In Heidelberg wollte Clemens nicht bleiben, »jede aufgehende Blüte war eine aufbrechende Wunde, jeder Ton ein Schrei nach der Toten«. An Arnim kann er sich nicht wenden, dessen Aufenthaltsort ihm unbekannt ist, der die Post nicht erhält. Viel später, als zwischen ihm und Clemens eine Entfremdung eingetreten ist, wird Arnim zu Görres sagen: »... ich wünschte ihm von ganzer Seele, daß seine erste Frau nicht gestorben wäre; er hat unglaublich viel durch sie verloren.«

In seinem Schmerz wendet sich Brentano an Savigny mit diesem Brief vom November 1806:

»Lieber Savigny!

Mein Weib ist tot, sie liegt mit dem neugebornen Kinde unter der Erde. Ich kenne mich nicht mehr in der Welt, wenn ich laut jammre, so höre ich, daß ich lebe, und erschrecke vor mir, ach allmächtiger Gott, so unendlichen Jammer soll man teilen auf der Erde und soll ihn einsam hinabnehmen, wo die herrlichen Menschen vergehen. Fröhlich, glücklich und gesund war mein Weib, wir gingen aufs Schloß abends um 5 Uhr, wo der elende Gatterer die schönen Bäume fällen ließ, die Sophie aus unserm Fenster so gern ansah; sie bat um unsere geliebteste Linde, die Stricke zogen, der Baum fiel, mit Tränen des Unmuts gingen wir herab. Die Sonne ging herrlich unter, Sophie sah froh hinein, sie war lebendig himmlisch wie ein ewiges Kind, sie sagte, ich sehe so in die Sonne, ich will ein recht herrlich Kind gebären. Sie ging froh nach Haus. Die alte Lassaulx, Görres und Kadi waren bei uns, sie waren den Tag vorher zu Schiff angekommen. Kadi und ich und Sophie

und Mutter Lassaulx rüsteten freudig die Wiege. Mein Weib ordnete freudig unter Wehen alles noch selbst, wir staunten sie an. Mein Weib wollte noch keinen Accoucheur, das Kind hatte eine böse Lage, nach einer Stunde verlangte sie den Accoucheur, ich brachte ihn, keine Gefahr. Um ein Uhr in der Nacht das Kind tot, wodurch weiß Gott. Mein Weib fragt matt nach dem Kind, wehe, wehe, ach, und stirbt wie der Held in der [Schlacht] an der Verblutung. Man ließ mich nicht zu ihr, ich war von Sinnen, habe nicht geredet mit ihr, sie nicht gesehen. Der Morgen kam, Görres hielt mich in den Armen, man brachte mich aus dem Haus, aus der Stadt. Ich bin in Frankfurt, die Rudolphi hat die Hulda zu sich genommen, meine gute treffliche Magd hütet mein Haus. Aus dem Leben bin ich gerissen, alles Begonnene ist zerbrochen, was mir bevorsteht, kann ich nicht lieben, was mir geschehen, ist lauter Jammer. Alles, Alles ist hin, ich bin versteint, ich hatte alles in Sophie wiedergefunden, was ich in ihr liebte, in ihr verlor, was sie war, ach ich war unaussprechlich glücklich! Wohin, wie, wo, ich weiß nichts ...
O Savigny, wäre ich tot, mir wäre besser, mir wäre wohl. Sie waren oft freundlich gegen Sophien, sie war Ihnen sehr gut, nehmen Sie meinen Dank. Ich kann nur an dies Weib denken wie an einen Gott, ich habe in dem letzten Jahr Dinge in ihr begriffen und geliebt, die mich zur tiefsten demütigsten Liebe zwangen. Ach Savigny, ich habe alles verloren, alle Geschichte meines Lebens, alles was mich liebte, trieb und erhielt, ich habe keinen Wunsch als zu sterben.

Ihr Clemens.«

Die Jahre mit Sophie waren die schönsten und glücklichsten seines Lebens. Fortan wird er reisen, mit einem sechzehnjährigen Mädchen eine unselige, überstürzte zweite Ehe eingehen, die kinderlos nach fünf Jahren geschieden wird und ihn nur unglücklicher macht. Nie vergißt er Sophie, die er oft im Traum erblickt, »sehr liebvoll, schön und heilig, ach so wie in der ersten Liebe«. Später schreibt er an Arnim, in Erinnerung an die früheren Zeiten, er fühle sich jetzt unendlich arm.

»Wenn ich sonst so traurig war über den Irrtum und die naseweise Weisheit, die alle Herzen bricht«, schreibt er am 1. Dezember 1808, »so konnte ich die festen Füße Sophiens umarmen, die so rüstig über die gebärende und begrabende Erde hinwandelten. Mit einem Lächeln, mit einem Ernst siegelte sie meine trauerschwankenden Gedanken. Ich sah sie, sie war bei mir, ich hatte sie in den Händen. Mein Leben war wahr, denn ich hatte es wohl gefühlt, daß ich nicht ohne sie leben konnte, und ich konnte den Schmerz ertragen, viele Sonnen untergehn zu sehen. Denn sie mußte mir alles sein: ich hatte sie erlebt und erliebet!«

Dagmar von Gersdorff

1. Clemens Brentano
Büste von Friedrich Tieck, 1803

2. Sophie Mereau
Silhouette mit der Unterschrift:
Madame Mereau in Jena

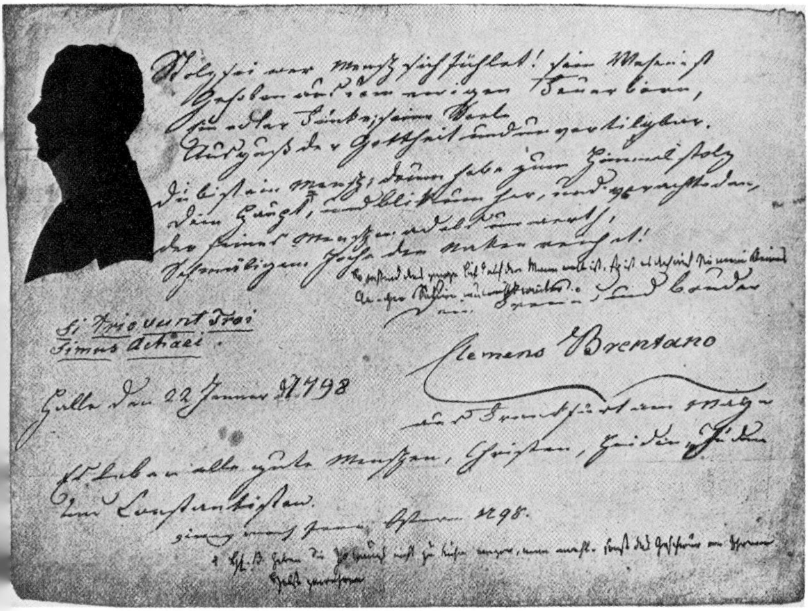

3. Clemens Brentano
Die Silhouette ist die früheste bekannte Darstellung
Brentanos mit Stammbuchversen von seiner Hand, 1798:

Stolz sei wer Mensch sich fühlet! sein Wesen ist
Gehoben aus dem ewigen Feuerborn,
Ein edler Funke; seine Seele
Ausguß der Gottheit und unvertilgbar.

Du bist ein Mensch; drum hebe zum Himmel stolz
Dein Haupt, und blik umher, und verachte den,
Der seines Menschenadels unwerth,
Schmähligem Joche den Naken reichet!

4. Peter Anton Brentano
Der Vater von Clemens Brentano.
Aquarell um 1775

5. Maximiliane Brentano, geb. von La Roche
Die Mutter von Clemens Brentano.
Aquarell um 1775

6. Gunda von Savigny, geb. Brentano
Schwester von Clemens Brentano.
Radierung von Ludwig Emil Grimm, 1808

7. Friedrich Carl von Savigny
Freund und Schwager von Clemens Brentano.
Radierung von Ludwig Emil Grimm, 1815

8. Achim von Arnim
Gemälde von Peter Eduard Ströhling.
Arnims Patengeschenk für Achim Ariel,
Sohn von Clemens und Sophie Brentano, 1804

9. Bettine von Arnim
Schwester von Clemens Brentano.
Jugendbildnis

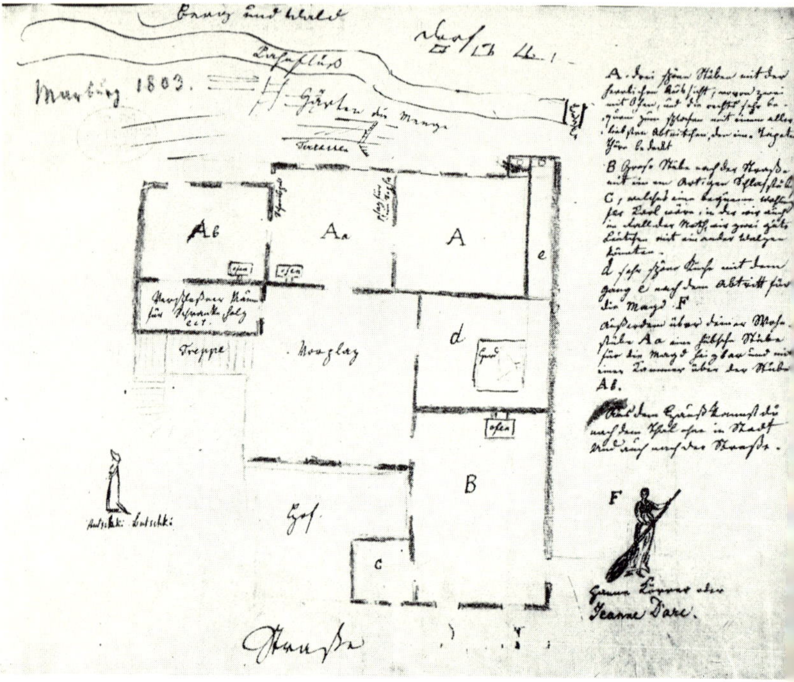

10. SKIZZE VON CLEMENS BRENTANO
Grundriß der ersten gemeinsamen Wohnung
in Marburg, 1803 (s. S. 170)

11. Achim von Arnim
Bleistiftskizze von der Hand Clemens Brentanos

12. Clemens Brentano
Radierung nach einer Zeichnung
von Ludwig Emil Grimm, 1837

DER BRIEFWECHSEL VON CLEMENS BRENTANO UND SOPHIE MEREAU

An Clemens

[Jena, November 1798]

Das Wort: *Güte* wär mir ein liebes Wort für einen Ring.
— Wenn Sie können, so schicken Sie diesen Morgen um 9 Uhr Ihr weibliches Ideal zu mir, damit ich mich bald im Besitz desselben glücklich preisen kann.
Wie geht es denn? – *o! Clemens, Clemens! lieber, schrecklicher* göttlicher, unmenschlicher Clemens! –

An Clemens

[Jena, Dezember 1798]

Mit der artigen N – können Sie nicht fahren; sie war, ohne mein Wissen schon versagt. Wollen Sie aber J – fahren, so bestellen Sie den Schlitten um 1 Uhr und gehen oder schicken Sie diesen Morgen zu ihr. Auch bitte ich Sie es Frister nur bestimmt zu sagen, aber bald; damit er zu Gruners gehen kann. Guten Morgen! Verzeihung wegen der Störung des heiligen Schlafs!

An Clemens

[Jena, den 4. Februar 1799]

Sie sind zu scharfsichtig und ich zu wahr, als daß Sie sich über den Grund meiner gestrigen Bewegung irren könnten. Sie haben nicht meinen Stolz, sondern mein Gefühl beleidigt, und daß Sie dies *konnten*, daß ich dabei fühlte, was ich empfand, dies verbreitet für mich eine große Klarheit über uns beide. Es hat mich ganz unabänderlich bestimmt, eine Idee aus meinem Herzen zu reißen, die, mir selbst unbewußt, dunkel aber innig darinnen lebte. Lassen Sie uns nicht weiter davon sprechen. Alles übrige bleibt unverändert.

An Sophie

[Jena, den 5. Februar 1799]

Denken Sie, in kalten ernsten Stunden, wenn Ihre leiden, Ihre Armut in den Freuden Sie allein beschäftigt doch an mich, reimen Sie die Bruchstücke meiner bessern und unwürdigeren Erscheinung zusammen, fällen Sie ein kaltes strenges Urteil über mich, von keiner Welle meines Schimmers, von keiner Genügsamkeit, keinem Mitleid, keiner Schonung bestochen, bleibt dann noch ein Schatten der Idee die dunkel, aber innig, in der Dämmerung Ihres Herzens lebte, bleibe ich Ihnen dann noch lieb und wert, o so muß ich ein auserwählter sein, in dem sich auch ein kleiner Strahl der Flamme der Göttlichkeit bricht, die so sparsam die Seelen erleuchtet.

Verzeihen Sie daß ich es wage über Dinge mit Ihnen zu sprechen, die nie die nur von Ihnen gefühlt und gesagt werden konnten. Es kann nicht Liebe sein, was ich fühle, oder habe ich sie nie gekannt, mußte ich in der Nähe Ihres Zaubers treten, mußte Ihr Reiz meinen zur Erde gesenkten Blick entfesseln, um in diese Sonne zu schauen, und in mich selbst zurücktaumeln, in der dunkeln Schwermut meines Herzens Erholung vom Glanze zu finden. Es ist ein schreckliches Gefühl zu sprechen, und stumm zu sein, ach glauben Sie immer nur aus Mitleid daß ich Sie liebe, unaussprechlich liebe. Schonung, Genügsamkeit, kein kaltes Urteil, ich bitte um der Göttlichkeit willen, die nur in diesem Gewande den Menschen näher treten kann. O dürfte ich Wahr, ohne Zagen, gewiß mir zuflüstern. Du liebst mich.

An Sophie

Um Euch hat alle Wonne sich gewunden,
Als sich die Liebe schaffend um mich wand,
Tief unter mir ist alle Welt geschwunden,
Seit ich an eines schönen Geistes Hand,
Die Binde von dem Auge losgebunden,
Auf meines Daseins höchster Zinne stand.
Auch wird wohl einst mein krankes Herz gesunden,
Hab ich nur erst die Aussicht wiederfunden. [1799]

An Clemens

[Jena, den 22. Mai 1799]

Ich sende Ihnen hier einen Brief an meine Schwägerin, ein muntres, liebenswürdiges Weib, die ich gebeten habe, Sie mit ihren Schwestern bekannt zu machen. Welch ein bessres Geschenk für Ihre Reise könnte ich Ihnen mitgeben, als die Bekanntschaft ein paar lieber frölicher Menschen und zweier Mädchen, wovon die Eine sehr schön und die andre sehr gut ist? – in 14 Tagen sehen wir uns; ich fühle, daß ich Sie jetzt nicht sehen darf, nicht sehen will, ob ich gleich gestehe, daß es mir nicht ganz leicht ist. – Suchen Sie aber genau zu erfahren, ob jemand wieder von A – zurück ist. – Gute Nacht! – ich trete ans Fenster um den Abendlüften einen Gruß an Sie aufzutragen.

An Sophie

[Jena, 1799]

Es ist sonderbar, daß Menschen, die sich so schätzen, daß sie sich Dinge vertrauen, die sie kaum denken können, über einzelne Züge im Umgange unter einander, sich wundern sich kränken können, ich finde dies in diesem Augenblicke, und ist es von einer Seite Schmeichelei so ist es doch auf der Ihrigen Wahrheit, daß ich es folgendermaßen entwicklen kann. Bei uns beiden ist dies wohl der Fall weil wir uns sehr früh mit der größesten Gehaltvollsten Seite berührt haben. Es ist mir ein beruhigendes Gefühl, daß [Sie] mich so oft falsch beurteilen, und daß Sie mich doch so nahe zu sich stellten, denn nur so wird mir die Hoffnung Ihnen je das volle Licht, die selige Empfindung fremder Größe die sich in uns spiegelt zurückstralen zu können. Wenn Sie wüßten wie mir zu Mute war in der Minute, da ich Sie verließ, wie gerade in dieser Minute ich Sie so liebte, daß ich vor Sie hätte niederknien und beten können. Es tat mir innig weh, wie mir es zu Hause auffiel, daß Sie hätten glauben können, die Worte eines Kindes hätten mich bewegen können, die Handlung eines Kindes zu begehen. – Ach ich bin des seligen Selbstgefühls nicht wert. Augenblicke Sie so zu lieben daß mir es ahndet ich könnte Sie und Ihre Liebe ganz erfüllen, ich könnte Ihnen genug werden, wenn ich den nehmlichen Augenblicke so unwahr in der Erscheinung sein kann, daß ich Ihnen einen Tropfen Kummer mehr in die Fülle hineinträufle.

Ich weiß nicht warum mir es in jenem Augenblicke so zu Mute war, ich weiß nur daß es mir jetzt eben so ist, und daß es mir gestern Nachmittag auch so war, ich zittere dann am ganzen Körper, und kann nicht weiter denken, wenn Sie in solchen Augenblicken freundlich oder kalt gegen mich wären, ich würde sterben. Indem ich dies schreibe, weine ich, und das Herz pocht mir fieberhaft, und das nur weil mich der Gedanke ergriff, daß Sie in dieser Minute vielleicht an mich denken und mich lieben, ist es denn auch sonderbar? daß ich Ihnen dies schreiben kann

Aber ich glaube es ist recht, daß ich es tue, weil ich Sie nicht betrügen will, und ich fasse mich gerade in den Punkten auf, in denen ich beflügelter bin und die Ihnen entwischen könnten. Sie verzeihen daß ich gestern nochmals des Abends zu Ihnen kam, aber ich mußte, es ist ein Drang in mir gewesen Sie zu sehn, Ihnen nah zu sein der wenn ich ihn nur Stundenlang unbefriedigt ließe, in mich Zerrüttung für lange bringen könnte. Ist der Mensch fürs Glück geschaffen, so werde ich alle meine Wünsche erreichen, denn jetzt habe ich Tage voll unsäglicher Pein, oft leide ich nur Ihre Leiden, aber wenn ich mich dabei noch fühle mit der Unersteiglichkeit meiner Hoffnung, wenn ich fühle, daß Sie sich von mir oft entfernen können, dann ist es mehr als ich je verschulden kann, und dann sagt mir mein Herz daß Sie glücklich werden, denn dies allein kann meine Ruhe, mein Genuß werden.

O könnte ich eine Sprache finden, in der ich heilig wäre, die den Menschen Sinn tief unter sich fühlte, um Ihnen sagen zu können, was [ich] unbeschreibbar fühle, wenn ich [an] Sie denke. Ich kann sie nicht fühlen diese Liebe, daß meine Organe dabei in ruhiger, gleichförmiger Wechselwirkung fortleben. Und kaum ist gleich die Zerrüttung in mir, wenn ich meine Sinne allein mit Ihnen beschäftige, der des berauschten, dessen Wohnung ein Erdbeben erschüttert. – Die Menschen müssen wohl vortrefflich sein können, weil Sie vielleicht nur eine Minute lang einen Menschen lieben konnten. Nehmen Sie mein innigen Dank an, daß Sie mir diese Freude, dies Leben gaben. Ich habe einen heiteren Abend genossen, denn ich habe an Sie gedacht, an Sie allein ohne Ihr Elend, an Ihren Wert, mir war wie dem Beter der das Bild des Gottes der seine Fabelhafte Geschichte vergißt und in der Natur in der Gottheit selbst betet.

An Clemens

[Jena, Sommer 1799]

Wenn ich Ihre gestrige eigenmächtige und falsche Deutung meines Schweigens, das Stolz war, vergessen soll, so schwören Sie mir, es fest zu glauben, daß ich nie, mit Niemand, so gewesen bin, wie mit Ihnen; können, wollen Sie das nicht, so – fahre wohl, Herz, Liebe, Leben, Lust –

So wollte ich schreiben, aber ich fühlte, daß es mir auf einmal nicht Ernst war. Das ist eine von den wunderlichen Überraschungen meines eignen Wesens. Ich war sehr unglücklich, seit gestern, auf einmal ist alles verschwunden, ich fühle ein überschwengliches Glück in mir. Ich fühle in der ganzen Welt nichts weiter, als ein Herz, eine Liebe, einen Himmel. Das Herz, das ewig stark und selig schlägt, die Liebe die die getrennten Teile des großen Herzens zusammen führt, der göttliche Himmel mit seinen Freudenwellen, in denen das Herz ruhig und überglücklich untergeht.

Eben erhalte ich Ihren Brief; es ist eine Art von Tod darinnen, doch kein ewiger; Bettinens Brief habe ich noch nicht gelesen. – Ich gehe in diesem Augenblick weg, kommen Sie nicht eher zu mir, bis ich es Ihnen sagen lasse, ich tue es so bald als möglich.

An Sophie

[Jena, den 18./21. August 1799]

Liebe Sophie! es ist kaum recht daß ich Dir heute noch schreibe, da Du heut ohnedies von mir und andern schon so viel bist geliebt worden, aber ich kann nun nicht anders, und zwei Stunden habe ich nun schon auf meinem Sopha gesessen und von Dir geträumt, von Dir gelacht und geweint. Zwei Stunden habe ich schon gedacht, ob ich wohl ohne Dich leben könnte, aber Du arme, es ist wohl nicht möglich, und wenn es wahr ist, daß Du mich liebst ach dann ist es gar nicht möglich. Ich stand an Deinem Wagen als Du ausstiegst, und wollte Dich berühren, um zu sehen, ob Du denn wirklich in der Welt sein könntest, weil Du mich liebst, und ich mich Dir so ganz so aufrichtig gegeben habe, aber Du sahst mich nicht und ich stand doch so dicht neben Dir, es war Dir in dem Augenblick gewiß recht wohl, daß Du so lieblich bist und geliebt, ob gerade von mir, ach nun! das sei gut, weil Du mich nicht sahst. Hättest Du es gewußt wie glücklich Du mir diesen Abend gemacht hattest, hättest Du mich bemerkt oder mir Deine Hand gegeben, Gott hätte gewiß gemacht daß Du mich gesehen hättest, aber – ich bins doch wohl nicht wert. Ich habe wieder recht sehnlich gewünscht daß Du tod sein mögest, und ich auch, denn es ist mir so leid daß Du manches erfuhrst und [es] schmerzt mich so sehr, daß Du nicht weißt, und vielleicht nie wissen wirst, wie es dem Menschen so süß an der Wiege gesungen ist, den ich liebe, und für den ich lebe. Wenn ich denke daß wir für einander, und mit einander leben könnten, da ist das andre Leben all vorbei, und wir müßten es wahrlich im geheimen tun, sonst wär es nicht recht denn die andern alle [würden] sonst sehen wie sie von Gott mißhandelt sind und wie alle ihre Freuden nur Elend sind. Es ist gut Sophie daß Du nicht so geworden bist was Du werden konntest, wäre Deine Geschichte, so wie Du gewesen, sonst hätte ich Dich doch nicht verdient – ach und doch kann ich so weinen daß Du so elend bist, Dein Lächeln sieht aus wie die weiße Rose im Todenkranz und Deine Träne wie die im wütenden Hochzeit[t]anze herabfallende zertretne Perle des Brautkranzes. Ich

habe sonderbar an dich gedacht, auf mein[em] Sopha meine Zither klimperte recht freundlich drein, und ich war so traurig. Es war mir als ging ich mit meiner Schwester in einem Garten der mir gehörte, und sei ein ruhiger ansässiger Mann, in einem Busche stand Dein Bild von Marmor, und ich weinte, es war Dein Denkmal, Du warst Gott sei Dank, tod, und ich glaubte drum wieder an einen Himmel, denn Du hattest nicht mit mir Dich vereinigen können, weil Du zu schwach warst, ich kniete vor das Bild nieder und weinte heftig. Da sagte meine Schwester, du armer du wirst wohl nimmer wieder frohwerden, meine Mutter war auch da und küßte das Bild. Das sah ich alles so lebhaft bei Wachenden Augen daß ich leise an zu weinen fing, nie habe ich so lange und so sanft geweint, meine Tränen stellten sich ein, als sollten sie nicht laut werden um die traurige Wahrheit in meinem Herzen zu wecken. Wie wird das nun sein, wenn ich Dich nun nicht wiedersehe, und Du mich vergißt mit Gewalt vergißt, weil Du sagen wirst, der Arme, ich kann ihm nicht helfen, und kann nur traurig an ihn denken, so wird er mirs gerne verzeihen, wenn ich ihn vergesse, er liebt mich ja so sehr, denn Liebe Du wirst es fühlen wie ich Dich liebe.
Wie wir gestern von der Trisnitz heruntergingen, das werde ich nimmer vergessen, wie Du mir nahe kamst und mir im Gehen, die Hand ein bißchen gabst. Ach, es wird mir unendlich wohl, wenn sich unsre Seelen begegnen, Ich ging so fremd neben Dir her, und sprach von meiner Schwester mit Dir, das einzige was wir vor den Menschen sagen können, was wir beide lieben. In mir, da wars als müßte ich Dich von den Menschen wegstehlen, und mich vor Dich hin knien, und beten wie ich Dich liebe. Da gabst Du mir Deine Hand, das wird Dir Gott belohnen, denn ich kann Dir wahrlich nicht mehr geben Du hast mein ganzes Leben. Recht gut will ich werden Sophie, damit Du mich noch mehr liebst, und damit ich recht elend werden kann, wenn ich Dich nicht erringe, so elend, daß ich dann sterben muß weil ich Dich verdiene. – In Dornburg hast Du mich sehr gekränkt, ich war unsern Pfad gegangen, und hatte so heftig geweint, alles das war vorbei, ach

und ich kenne Dich so gut, es ist leicht etwas für Dich vorbei, seit Du so schrecklich viel verlorst und so wenig Stärke hast etwas zu erringen, ich weiß jedes Wort das Du mir gesagt hast, und Du vergißt sie alle Augenblicke. Ich kann schwören, daß Du einzig und allein mich beschäftigst und es ewig wirst. Nun also, da ich voll Wehmut in Dornburg zitternd zu Dir trat, und Dir sagte daß ich an allen den Orten war, wo Du mich zu lieben schienst, antwortest Du mit einem kalten Blicke, in der kurzen Zeit, das ist nicht möglich. Wahrlich ich möchte wohl glauben daß Du Dich selbst täuschest, und mich nur liebst wenn ich bei Dir bin, und Dir so leidend erscheine. Um Gottes willen wie bist Du – Du würdest erschrecken, wenn Du fühlen könntest, wie mich das alles ruinirt. Während ich mit einer unendlichen Sehnsucht nach Dir die Nacht und den Tag mich quäle, und endlich am Abend weinend um Deinen Hals falle, und Dich zu verlieren fürchte, hast Du ein Mittagsschläfchen gemacht, und ängstlich um das nötige Mitleid besorgt, sagst Du mir denn, ach so werden Sie mir nie einen Beweis Ihrer Liebe geben. Du sprichst das alles so leicht, und hörst das alles so leicht, und weißt nicht, daß Du mein inneres damit zerfleischest, und daß alles was ich Dir sage die letzten Wahrheiten, der letzte Wille eines Menschen ist, der dem Tode seines Glaubens an Hoffnung Deiner Liebe nahe stehet. Am Diensttage Nachmittage sahst Du mich so schrecklich kalt an, als brauchtest Du meine Liebe nicht mehr da Du Deinen Bruder hattest. Du legtest eine Hölle in mir an durch Deine tode Behandlung des Lebens eines Menschen der nun sich ganz verlassen hat, um bei Dir zu sein, und den Du nicht verlassen mußt, weil er Dich allein kennt, und doch so innig liebt. Es war mir so innig wohl wie ich [Dich] bei Ekhard auf dem Sopha im Arm Deines Bruders sah, Du vermiedst meinen Blick, und das schmerzte mich. Sage, was habe ich Dir getan, daß Du meine Augen vermiedst, als Freuden Tränen in ihnen standen, daß ich Dich zum ersten male im Arme eines andern sah, ohne Dein Dasein verachten zu müssen, denn ich verachte das Dasein der verhandelten Liebe, ach verzeihe, ich bin bitter geworden, bitter aus Liebe und Stolz und Ekel. Ich hatte Deine Hand erschlichen hinter dem Rücken Deiner Schwägerin, das war eine der schönsten Szenen meines Lebens, wie die zwei Enden der freundlichen Linie im Chaos einer berauschten Gesellschaft sich liebend berührten, als werde hier ein Schöner Kreis geschlossen ohne daß der stille Mittelpunkt, Dein Bruder, der die Extreme nicht kennt, was davon wußte. Aber der Kreis verschwand bald wie die Ringe einer stillen Wasserfläche, in der sich Leiden spiegeln und in die meine Träne fiel. Du drohtest mir und warst so schrecklich allgemein in Deinen Worten, daß ich Deine Liebe verlor, es wogte in mir der Sturm der gekränkten Liebe, und in Dir der Sturm eines vergnügten Nachmittags, und des schrecklichen Empfindunggemisches, Deiner Jugend und Deiner Gegenwart. Sophie ich kenne Dich so gut, ach es entgeht mir keine Deiner Ursachen mehr, selbst die Deiner Täuschung nicht. Du hängst noch schrecklich am Augenblick, und mit Jammer sehe ich Deine Zukunft sterben. Auch mich sehe ich sterben, so elend war ich noch nie. Wenn Du mich nicht liebtest, wenn Du Dich nur täuschtest, das wäre wohl sehr schrecklich, denke doch dran, jetzt da Du Deinen Bruder in den Armen hast, ob Du mich nur liebst, wenn ich Dir fehle, und ob ich Dir nur dann fehle, wenn Du nichts hast.

In Deinem ganzen Wesen liegt eine Zerrüttung, eine Augenblicklichkeit, ein beständiges Retten mit kleinen Schritten, die mich fürchterlich ängstigt. Wenn Du mich sehen könntest, wie ich gar nichts mehr tun kann, nicht ein mal mehr Zitter spielen, wie mir die Tränen der Hülflosigkeit aus den Augen stürzen wenn ich nur einem freundlichen Wesen in die Augen sehe, ach Du würdest mich auf eine Stunde lieben, und denken, daß ich doch ein guter Mensch sei. Warum, warum! mußt Du jede Freude ermorden, die mir aus Deinen Armen übrigbleibt. Ach warum konntest Du mir vorwerfen, ich sei kalt gegen Dich gewesen, da ich 2 Stunden vorher Deinen Leichtsinn und Deine schreckliche Fähigkeit mich zu vergessen, in Deinen Armen beweinte. Oft zittere ich Dir nur zu schreiben, denn durch Dein Betragen entsteht die Idee in mir, daß alles nur für die Minute ist, und daß ich Dir Dinge sage, die Du belächelst und beweinst so schnell wie das Grübchen in Deinen Wangen verschwindet, und die Träne Deines Auges vertrocknet. Ach Weib mache mich nicht so elend, wage mir alles auf einmal zu sagen, mir zu sagen daß ich Dich vergessen muß wenn ich Dich nicht ewig beweinen soll. Auch in Deinem Umgange mit mir liegt jenes unbestimmte traurige Hinwandeln, oft ist es mir als wagtest Du mich langsam zu Tode zu martern, um nicht zu wagen mir auf einmal meinen Kummer zu reichen. Wie könntest Du denn oft so töricht sprechen, daß ich Dich vergessen werde, bei andern Weibern, wie könntest Du sonst wünschen daß ich andre Weiber lieben sollte. Der Gedanke dieser Möglichkeit kann Dir nicht süß sein, wenn Du mich ⟨nicht⟩ liebst.

An Clemens

[Jena, Ende November 1799]

Es ist ein sonderbares Gefühl, sich auf dem Papier jemand nähern zu wollen, und ich habe Ihre Entfernung nie mehr gefühlt als jetzt da ich Ihnen schreiben will. Ich hasse alle Briefe an vertraute Wesen, ob ich sie gleich um keinen Preis missen möchte. – Ein Brief ist mir immer wie ein Roman, – und ich mag lieber zu wenig als zu viel sagen. Das Papier ist ein so ungetreuer Bote, daß es den Blick, den Ton vergißt, und oft sogar einen falschen Sinn überbringt, – und doch ist selbst der Kampf mit Irrungen besser als die fürchterliche Öde, die kein Ton durchhallt.

Ich habe jezt Wochenlang einer freien, poetischen Stimmung genossen; mancher Reim ist aus meiner Feder geflossen, und manchen glücklichen Nachmittag habe ich in meiner Einsamkeit verlebt, bis bei dem kalten Hauch der Notwendigkeit alle die süßen Blumen meines Herzens erstarrt sind. – Ich kämpfe im Leben einen sonderbaren Kampf. Eine unwiderstehliche Neigung drängt mich, mich ganz der Phantasie hinzugeben, das gestaltlose Dasein mit der Dichtung Farben zu umspielen und unbekümmert um das Nötige nur dem Schönen zu leben. Aber ach! Der Nachen meines Schicksals schwimmt auf keiner spiegelhellen Fläche, wo ich, unbekümmert, mit Mondschein und Sternen spielend, das Ruder hinlegen könnte, indes ein schmeichelndes Lüftchen den Nachen leicht durch die kräuselnden Wellen treibt – durch Klippen und Wirbel, von Stürmen erschüttert schifft er umher, und ich muß das Ruder ergreifen oder untergehn.

Habe ich es Ihnen nicht gesagt als Sie noch bei mir waren, daß ich Ihnen nur wenig schreiben dürfte, wenn ich nicht klagen oder schwärmen wollte? – beides will ich nicht, und ich muß mich daher hüten, die Saite zu berühren, wo alles in mir Klang, Stimme, schmerzhafter Gesang wird – und doch ertönt sie so leicht! –

Der Freund ist krank. Ach! wie unglücklich ist er! – ein ganzes Leben ohne Liebe, und eine öde, verengte Brust. Und alles fremd um ihn, nur Pflicht und Menschlichkeit, wenn er es fühlen kann – und er fühlt es – was muß er leiden!

Ihre Briefe sind mir sehr lieb – am liebsten der letzte. Der Erste enthält einiges, was mir in einer andern Stimmung hätte weh tun können; so zwang es mir ein Lächeln ab. Der zweite spricht freundlich wahr und ruhig zu mir, er ist herzlich wo jener nur witzig ist. – Ihre Schwester ist mir durch Ihre Briefe näher und lieber geworden. Wie freue ich mich, daß Sie beide sich finden! was können Sie sich sein bei Ihrer großen Verschiedenheit!

Ein schöner Morgen! mir ist ganz heiter zu Mut. Überall leichtes Gewölk, das mit dem Licht-Glanz kämpft. – Und er siegt! – möchte mein Leben sein wie dies Bild! romantisches Gewölk das in voller Klarheit auffliegt! –

Sei stolz und bescheiden.

Lebe der Liebe und liebe das Leben.

S. M.

An Clemens

[Jena, Sommer 1800]

Der Dichter des Sängers könnte mich mit der Fortsetzung dieses vorzüglichen Produkts, worin sein schönes Talent zur Poesie harmonisch und zweckmäßig zu einem Ganzen geordnet ist, sehr erfreuen. Möchte er sein Talent zum Leben ebenfalls zu einem harmonischen Ganzen bilden – und weh ihm, wenn er es nicht tut!

An Clemens

[Jena, Juli 1800]

Der ruhige Ton Ihres Briefs bürgt mir für die Ruhe Ihres Gemüts – und mich dünkt ich sehe die niedlichen Hände, die Ihnen jetzt leichte Kränze von Stundenblumen in Ihr Leben flechten und mit niedlicher Sorgfalt die Schroffheiten Ihres Wesens zu ebnen suchen. – Ach! wie anders ist es mit Ihrem Freund! – Kleine heimtückische Zufälle scheinen wie dunkle Gespenster, in allen Ecken auf ihn zu lauern, um sich, wenn er vorüber geht, an ihn zu hängen und ihn zurückzudrängen. – Doch er will nicht klagen. Hat nicht alles sein Ende? und hat er sich nicht seine Gränzen gesetzt? –

Wann das zweite Heft der Schrift erscheinen wird, weiß ich nicht. Hat doch das erste, das schon lange fertig ist, noch nicht die Zeit zur Durchsicht gefunden. Der Verleger ist Frölich in Berlin.

Ich könnte Ihnen manches Scherzhafte sagen, von goldnen Leiern, und lieblichen Sonnets – aber so lange ich noch den Ernst vermisse, hasse ich den Scherz im Leben, der ohne jenen, hohl ist. –

Umarmen Sie mir Karl herzlich; er ist eine von den wenigen Gestalten, die ich ewig am Herzen trage. – Sie werden nun, hoffe ich, lange nichts von mir hören, und das Erste, was Sie wieder hören werden, soll auf jeden Fall ein Ende sein. Adieu!

An Clemens

[Camburg, November 1801]

Zwei von Ihren Briefen haben nicht das Glück mir zu gefallen; der eine ist im Rausch geschrieben aber in einer Art von Rausch, den Sie wahrscheinlicher ein paar schönen Augen als einem Champagnerglas enttrunken haben – und der andre ist so mystisch, fliegend aber nicht beflügelt, geistig aber nicht begeistert. Ihr letzter Brief hat wieder liebe, menschliche, natürliche Züge – und das sind mir die rein poetischen. Aber was mich alles andre vergessen läßt, ist in Ihrem Brief, der Wink von baldigem Wiedersehn. Ich muß es Ihnen sagen, daß dies wohl mit meinen Wünschen aber nicht mit meinen Plänen zusammen stimmt. Plänen? – ja! ich habe welche, die einzigen die ich je haben werde – Das Ziel der Ausführung ist gesteckt; ich weiß daß ich dabei mein Leben wage, aber ist es zu viel, wenn man um zu leben, ein Leben wagt, daß ohne dem kein Leben ist? Mehr sage ich Ihnen nicht, aber da ich jetzt niemand sehe, so würde unser Wiedersehen auffallend sein. Ist es daher notwendig, daß Sie hieher kommen, so kommen Sie auf so kurze Zeit und sehen Sie mich so wenig als möglich.
Auch Ihre Briefe müssen etwas sparsamer werden! – es kostet mir dies zu sagen, denn diese Briefe sind mir lieber als ich selbst geglaubt hätte. Aber ob sie gleich nicht an mich gerichtet sind, so ist doch hier alles leicht auffallend, und dies könnte in den engen Kreis, worinnen man sich hier dreht, leicht zu etwas auffallenden führen.
Was macht der Feuerwerker? – ich hoffe daß Sie ihn mir überlassen und nicht böse werden, wenn ich als ein weiblicher Redacteur vielleicht etwas eigenmächtig damit umgehen sollte. – Auch von den erbetnen Notizen über die neuere italienische Litteratur habe ich nichts von Ihnen erhalten.
Adieu. Dieser Brief kömmt mir so sonderbar trocken vor, daß ich, um ihn zu beleben, an die Stelle des Namens, einen Kuß drücken muß.

An Clemens

[Camburg, den 1. Dezember 1801]

Ihr Brief hat neben dem Vergnügen das er mir gewährt hat, mich auch von einer großen Qual erlöst – von der Angst mein letzter Brief, der lange unterwegs geblieben sein muß, möchte verloren gegangen sein. Bestimmen Sie die Zeit Ihrer Ankunft in drei Wochen von heut an den 1sten December. Ich fürchte und hoffe Sie zu sehen. Wenn Sie dann kommen, so ist es notwendig, daß Sie — dem Freund zuerst einen Besuch machen und ihm sagen, Sie würden nur einige Wochen hier bleiben. Unfehlbar erfahre ich diesen Besuch und dann lädt Sie der vertraute Telegraph um die bekannte Stunde zu mir ein. Mündlich wollen wir abwägen welches von unserm beiderseitigen Interesse das wichtigere ist, oder ob sie sich beide vereinigen lassen, und darnach Ihren Aufenthalt bestimmen. Auch mit dem Feuerwerker hat es bis dahin Zeit.

Meine Gegenwart ist eine dumpfe Stille und die Zukunft steht vor meiner Seele wie eine Wolcke, von der ich nicht weiß, ob sie wohltätigen Schatten oder verheerenden Sturm gebiert – ich bin im Fegfeuer, der nächste Zustand muß Himmel oder Hölle sein. a-dio il mio caro!

An Sophie

[Jena, Dezember 1801]

Nur durch mich wollen Sie etwas von meinem Bruder Clemens hören, wie unglücklich ist nun mein armer Bruder, daß er um so vieles näher bei Ihnen ist, als ich, er ist in Jena, liebt Sie, und vertraut Ihnen, mir ist er auf beide Arten fern, und ich kann Ihm den einzigen Trost nicht verschaffen, daß Sie durch meine unschuldige Vermittlung manchmal seiner gedenken, und sich in Ihrem sanften Sinne sein Bild nach und nach wieder reinigt, damit er seine Ruhe an Ihrer Güte erziehen könne, um zu harren, ob Sie ihm wieder freundlich werden wollen, ehe ihm der Tod freundlich sein wird. Ich habe eine Antwort auf einen Brief, den ich für ihn an Sie schrieb; ich fühle aus dieser Antwort, daß ich nicht bestimmt genug sagte, um was

Clemens Sie bat, eine Bitte, die ich einem unglücklichen, den Sie nicht mehr lieben, nicht abschlagen würde. Die Stelle seines Briefes an mich heißt so »Liebe Schwester, warum klagst Du mir Dein Leid, ich kann Dich nicht trösten, dem kein Trost genügt, die Mereau hat eine einfache schöne Handlung begangen, die sie über alles Urteil, und alle Verläumdungen erhebt, ach, die sie sogar berechtigt, mich auf ewig zu vergessen, und sich keiner der Minuten erinnernd zu erfreuen, in denen sie mich durch Liebe und Sanftmut über alle meine Mängel, ja über die Armut des Lebens erhob, Sie weiß nicht, wie ich sie liebe, und wie ich in selbstischeren Momenten nun an mir verzweiflen muß, ich bin durch ihre eigne Kälte, und die schiefe mißverstandene Güte *der* Menschen, unter deren Händen sie mich in dem schrecklichsten Punkte meines Lebens verließ, auf die Fähigkeit erniedrigt worden, sie sehr zu beleidigen, und glaubte damals gerechter, als grausam gegen mich zu sein – Sieh liebe Schwester, ein solches Leid drückt mich, kannst Du es heben, so lösest Du eine Fessel, die alle meine gute Tätigkeit traurig gefangen hält, und ich kann dann auch Dir und allem Leben, und meinem Talente wieder reichen, was ich schimpflich schuldig bleiben soll, wenn sie wüßte, welch mächtiges Bild von ihr drohend, ewig drohend vor mir steht, und mir immer in jeden guten Willen, in jeden Funken Mut und Freude hinein spricht, lasse das, für dich ist kein Segen mehr, sieh, so war mein Herz, daß Du und die Welt mißhandeltest, ach wenn sie das so sehen könnte, Sie würde mitleidig, und freundlich, mich zu erheben, bitte sie sich zu mir zu wenden, und von mir ruhig zu begehren, was sie mir in betrognen Stunden gab, ich will nichts von ihr, sie hat alles von mir zu begehren, denn ich gab ihr nichts, und sie mir alles, ich würde mich stillen können in meiner stummen Wut gegen mich selbst, wenn sie die Liebe, die sie mir gab, nicht so sehr verachtete, sie wieder zurückzufodern, ich wäre dann arm, aber gelehriger wieder um ihre Güte zu ringen, was ich nicht vermag, da ich traurig in mir um Schätze hergehen muß, die sie mir lieh, und für verschwendet hält, so muß ich in den Reichen Kleidern ihrer Liebe bettlen, bitte

sie, so sehr Du mich lieben kannst, daß sie sich auch freundlich von mir trenne, ich will ihr ja nicht sagen, daß ich dann alles verliere, aber ohne Leben ist doch kein Bedürfnis, und das ist Trost.« – So schrieb Clemens, ich muß Ihnen das nicht deutlich gesagt haben, weil er so sehr traurig Ihre Worte las *»Was will dieser wunderbare Mensch vom Leben?«* und sie nicht verstand, sollten Sie nicht wissen, was er vom Leben will, der nur neben Ihnen lebte, und kennen Sie die schönen Worte nicht, die Sie ihn lehrten, *lebe der Liebe, und liebe das Leben,* er will sein Leben von Ihnen um es Ihnen zu geben.
Sonst ist Clemens ruhiger, und schonender geworden, er kann in Jena sein und alle seine ehmalige Leidenswege, mit Frieden, und einem stillen mutigenden Entzücken, an Ihrem Sieg über Ihr Geschick gehen, er hat in Jena keinen andern Gram als überall empfunden, und nur einmal geträumt, er habe das Haus gekauft, in dem Sie sonst wohnten, habe in jeder Stube ein Licht angesteckt und sei ruhig von einer Türe nach der andern gegangen Sie zu suchen, und als er Sie nicht fand, ging er mit der Idee heraus, Sie müßten wohl schon im Himmel sein, und mauerte alle Öffnungen des Hauses zu, und ließ es weiß anstreichen, als wäre es nicht da, sonst hat er noch gar keine Fantasie gehabt, aber sich immer gedacht nach Camburg könne er nie kommen, in Dornburg würden ihm die Gedanken verschwinden, und er würde den Verstand dort um vieles hingeben müssen, was ihm doch nicht gehören werde. Sonst ist er gut und friedlich, und bittet Sie um ein Wort, daß Sie diesen Brief erhielten und verstanden haben, es würde ihn unendlich schmerzen, keine Silbe zu verdienen, an der ihm so viel erwacht, auch bittet er Sie um das Bild seiner Mutter, wenn Sie es haben sollten, er weiß es nicht bestimmt – sehen darf er Sie wohl nicht? – o sein Sie gütig gegen ihn – darf er sie dann wirklich nicht sehen, die ihn nie verläßt – ich kann mir ihn denken, wie er seine Mutter um des Bildes wegen lieben würde, mit dem Sie ihm einige Worte schrieben, auch fragt er Sie, ob er wieder im Kalathiskos arbeiten darf, ach er hat so ein Herz voll Wunsch und Hoffnung, wenn Sie wieder freundlich würden! Sagen Sie es ihm doch gleich, damit er

nicht länger vergebens ist, wo mit Ihnen aller Reiz entfloh. Sie sind so ernst, so still, und nicht glücklich, Gott walte über die Stunde, die Ihnen diesen Brief meines Bruders bringt, und gebe ihm schnell seinen kleinen Lohn, der ihm so viel sein soll. Ach! die böse Stunde, in der Sie sagten, ich liebe Sie nicht mehr, hat ihn mit allen Martern nicht gezwungen, alles zu vergessen, was Sie vorher sagten, soll dann wahrlich in der bösen Stunde nur Wahrheit sein, und in den guten wohnt nur der Traum in ihnen, Sie sagten einstens zu ihm, ich glaube nicht, daß Sie mir je gleichgültig werden können, hassen würde ich Sie, o wie ist es dann, hassen Sie ihn? und ist keine Hoffnung? wen soll er dann lieben können? wenn Sie ihn hassen müßten, dann kann er mich nicht lieben, und sich nicht, aber Sie, Sie immer, seine Adresse ist bei Fried. Schlegel, o, geben Sie mir den Trost und den Bruder, und ihm einige Worte.
So schriebe meine Schwester Cunigunde für mich.

An Clemens

[Camburg, Dezember 1801]

Es war eine Zeit, wo Sie mir oft und viel von Ihrem innigsten, ganz absichtslosen Wunsch sprachen – den nehmlich, mich befreit und ruhig zu wissen. Dann, sagten Sie, würden alle Schranken niederfallen, die Ihnen das Leben verhüllten, und eine segensvolle Welt würde in Ihnen und durch Sie erschaffen werden.
Ich glaubte an dies Gefühl; ich hielt Sie der schönen Innigkeit fähig, das Unglück eines fremden Wesens so tief zu fühlen, daß wir nur mit der Aufhebung desselben auch uns befreit und lebend fühlen können.
Ist denn dies so, warum klagen Sie? was begehren Sie noch von dem Leben? – Die Zeit ist gekommen, wo das Gemüt derjenigen, die Sie unglücklich sahen, auf ewig Eins mit sich selbst ist, und sich wohl traurig aber nicht mehr elend fühlen kann.
Dies ist die Ansicht für unser Verhältnis. Alles andre vergessen

Sie – vor allem Ihre Liebe, damit ich vielleicht auch Ihren Haß vergessen könne. – Sehen *kann* und *will* ich Sie nicht, und gegen meinen Willen werden Sie mich gewiß auch nicht sehen wollen.
Das schöne Bild Ihrer Mutter können Sie jetzt nicht erhalten; unter andern, mir wichtigen Papiren gab ich es, aus gewissen Gründen, versiegelt meiner Schwester in Verwahrung, und da sie kranck ist, kann sie mir es jezt nicht zurück geben.

An Sophie

[Jena, Dezember 1801]

Meine liebe Freundin!
Muß man vor Ihnen stehen wie ein Bild der Trauer und des tiefen Kummers, um Sie zu rühren. Können Sie einem Menschen, der so tief, und so ewig mit Ihnen verbunden ist, auf 3 Briefe, voll Sehnsucht nicht einmal ein leeres Blättchen mit dem Worte *Ihre Freundin* schicken. Wehe Ihnen wehe mir, wenn Ihre Leiden so groß werden können, daß Sie nicht mehr billig sein können – Sind meine Briefe aufgefangen, veruntreut, oder ist es Ihnen zu traurig mir zu sagen, daß ich Sie nicht mehr sehen Ihnen nicht mehr schreiben Sie nicht mehr lieben soll – Madam! ich leide unendlich unter allen diesen Zweifeln, sein Sie versichert, daß ich nie aufhören werde, Ihnen zu schreiben, bis Sie es verbieten, und auch dann werde ich mich zu nichts in der Welt bestimmen, was mich je hindern könnte, Ihnen irgend eine Ruhe, irgend ein Glück zu erschaffen. Wer in mir Armen die ewige Angst des Verlustes erhalten kann, der ach! der kann auch in andern die Ewigkeit des Glaubens der Möglichkeit des traurigsten Besitzes erhalten, und dies alles Leichtsinn – verflucht seien alle Minuten die der Mensch aus der Folge der Handlung heraustritt. Denn er gebiert mitten in einer ewigen Folge, eine widernatürliche ewig widerstrebende andre Zeit, die alle die Herzen die um ihn leben zerfleischt. –
Ihre Schwester hat drei Briefe von mir. Heute gibt ihr Kestner den dritten, dieser und der von meiner Schwester und daß ihn

Kestner gibt, ist alles mein Wille, denn es ist meine süße Pflicht mich soviel als möglich vor den Zweiflen und der Angst zu sichern, die ein Wesen zernichten, das Ihnen zugehört, weil es Ihnen alles verdankt, weil es Ihnen seine Liebe zu Ihnen verdankt. Daß ich Sie in diesem Briefe Sie nenne, ist keine Kälte, es ist der Fall der denkbaren Möglichkeit, daß ich und Sie in Rücksicht auf mich Ihnen unangenehm sind, daß Sie meine Briefe drücken, und ich bemühe mich deswegen Ihnen die ewig lauten Worte der Vertraulichkeit zu verbergen, bis Sie mir ganz sagen, daß ich nichts mehr gar nichts mehr in der Welt soll – *alors*. Schreibe Sophie ich bitte Dich, ach wenn Du nicht schreibst so werde ich sehr krank, ob ich es wohl schon bin, ach so war ich es lange.

CBre.

An Clemens

[Camburg, Dezember 1801]

Hätten Sie meinen Brief erhalten, so dürfte ich vielleicht hoffen, daß Sie jetzt freier und bestimmter über unser Verhältnis dächten. – Ich erinnerte Sie an jene Zeit, wo mein Unglück Sie so tief zu rühren schien, daß Sie mir oft versicherten, die Erfüllung des, ganz absichtlosen Wunsches, mich in einer andren Lage zu sehn, sei die Bedingung Ihres eignen Glücks und Ihrer freien Tätigkeit. – Dies ist nun geschehen; der Friede in meinem Innern ist wieder hergestellt, und mit meinen Leiden, sollten auch die Schranken verschwunden sein, die Sie von frohen Leben und Wirken zurückhielten. – Oder waren jene Worte ohne Bedeutung? war keine Wahrheit in jenen Momenten?

Sie schreiben mir, daß Sie ein Wesen kennen, dessen Leben an dem Ihrigen hängt – ein solches Wesen müssen Sie lieben, und wenn Sie lieben, sind Sie dann arm, sind Sie beklagenswert? – ach! nur der Haß macht unglücklich!

Warum wollen Sie mich sehn? – unser Wiedersehen kann nichts freudiges haben. Sie versprachen einst, meinen Willen zu ehren; tun Sie es jetzt und sehen Sie mich nicht.

Das Bild Ihrer Mutter, ich schrieb es Ihnen im vorigen Brief, hatte ich unter andern Sachen aus gewissen Gründen, versiegelt meiner Schwester in Camburg anvertraut, und da sie kranck geworden war, konnte ich es jezt nicht zurück erhalten.

An Sophie

Jena, Dezember 1801

Es liegt eine Hexerei in Ihnen und mir, Nichts können Sie mir sagen, was mich tröstet, Nichts was meinem Unglück nicht das Leben nähre, die Liebe ist ein ewiger Baum in meinem Herzen, Sie schneiden kalt die grünen Zweige nieder, die Wunden weinen, und schießen freundlicher, sehnsüchtiger hervor, und mir, o Gott beschied mir kein Wort, das Sie rührt, auch keine Silbe haben Sie für mich gehabt, die mich kränkte, keine die mich erquickte. Sie haben diesen Brief nicht an mich geschrieben, so ist Ihr Herz nicht. Einst, wie schrecklich können Sie dies Wort gebrauchen, schien ich von Ihren Leiden gerührt zu sein, und keine Liebe, war keine Liebe in mir? die ich Jahre lang im Herzen nähre, zu Ihren Füßen nur war Gott in mir, nur dort war mir Schmerz so lieb wie Lust, und stehe ich leer und bloß im Leben, o Sophie, Sie haben mich erfüllt und gekleidet, und alles das, war es ein Spiel in Ihrem Leid? Sie sind nicht so, Sie sind nicht ruhig, wenn Sie so höfliche Briefe an einen Menschen schreiben, dem Sie nicht begegnen wollen, um nicht wahr zu sein. O sollte ich Ihr Leid nicht lieben, da Ihr Leid mich nur erquickte, Ihr Leben meines Elends Bedingnis war, und nun kein Leid in Ihnen, und immer bleibt Ihr Leben, was es mir gewesen. Sie glauben mir nicht, so stehe es für Gott hier, der mir Tränen gibt, durch die ich Sie erblicke, wahrlich seit Sie mich verwandelten, ist keine frohe Minute in mein Herz gekommen, ich habe nur in Tränen gelächelt, und alle Welt ist gestorben, außer Ihnen, seit Sie mich berührten, blind stehe ich, sehe keine Sonne und kein Grün, Ihr Bild nur sehe ich, mit feindlicher Gewalt von mir gewendet, denn es ist nur Gewalt, Sie sind nicht so, nie ist ein treues liebendes Herz so gemißbraucht, als das meine, Sie haben es nicht getan, aber Schlegel hat mich betrogen, und der bezauberte Drache, der ihn mit starrer angebannter Liebe besitzt. – Das Wesen, das ich lieben soll, o ich könnte es, dürfte ich die unglückliche Flamme nähren, die sie gegen die Gesetze verzehrt, dies heilige Kind, es ist meine Schwester Betine, so lange Sie nicht diese Jungfrau kennen, sind Sie nicht glücklich, und sie wird ruhig sein, wenn von mir sich Ihr Haß wendet, und Sie vielleicht hinweggewandt von meinem Aug die Hand mir wieder reichen. Sie glauben alles dieses nicht, o Sophie, träumen Sie es nur, nur einen Traum, für alle meinen Glauben. Ich war nimmer schlecht in meinem Leben, aber durch Verwirrung und Betrug und doch voll Liebe, ein Lebender der kalt mit verbissnem Schmerz die Hand ins Feuer hält, den Brand des ganzen Lebens drin verbrennend, habe ich gelästert, die kalte angeregte Wut hat jenen Brief geschrieben, Schl[egel] hat ihn offen erhalten, wie ein Arzt, und hat mit ihm und seiner Liebe zu mir mein Leben ewig verdammt, da er ihn überreichte, so ging mir auch der Freund im bösen Dienst verloren, kein Ende wird dieses Jammers, mir ist das Los gefallen, mißhandeln Sie mich, Sie doch immer zu lieben, hoffnungslos zu lieben, So wie es jetzt mit Ihnen ist, so wird es auch nicht bleiben, glücklich werden Sie so nimmer, was ich habe ist Ihr, Gott wird mir es wieder geben, das Leben, das ich verstoßen neben Ihnen für Sie lebe. Für keinen Besitz rühre ich die Hände, für keine Liebe habe ich das warme Leben, ich blühe froh und Freude schaffend neben Ihnen auf, und über mein Verzweiflen werden Sie dann lächeln, wie wir über Fablen Lächeln, die von unsrer Geschichte schmerzlich naive Kinderjahre erzählen – o wie wird mir es im Herzen silbern und klingend, wunderbare Worte, ferne Worte die mir nahe sind, so wird es Sophie, und das andre wäre, sterben, vergehen so für Sie, lösen muß sich die Liebe in der Liebe, in Lust oder Tod, und ist nicht Lust in Tod und Tod in Lust – Sie haben mir oft mitten in der Lust ein bißchen ins Herz gestochen, Sie haben einmal gesagt, meine Briefe geben einen Roman, ach Gott, wie weh tat das? und jetzt ist diese Lust zu schreiben, an Sie zu schreiben, all mein Leben, nehmen Sie die

Klänge mit, leerer Luft singe ich nicht mehr, da wehet alle der Schmerz hin in der Unschuldigen Garten, in dem ich, Gott wolle es, wohl noch ruhen darf – auch Karl sehe ich nicht. Liebe Sophie, Gott wie mich dies Wort entzückt, das mir eine Sünde sein soll, o ewig soll ich Gottes Nam vergeblich brauchen, auch in der Hölle ist keine Liebe, mir ists so weh um Dich, ach verzeihe.

An Clemens

[Camburg, Dezember 1801]

Ich werde Sie nicht sehn – denn was soll es *Ihnen* in dieser Stimmung und *mich* zerstört es; aber ich werde Sie sehn und sprechen, wenn Sie ruhiger sind, wenn ich, sicher vor Beleidigungen, frei über mein Verhältnis gegen Sie reden kann und will. Ihren Brief beantworte ich nicht, denn er redet eine unwürdige Sprache, aber ich hoffe, es wird vorüber gehen. Mein Glaube an Ihre bessere Natur steht fest – in dem Glanz Ihres Auges, in Worten die aus der Tiefe des Gemüts kommen, habe ich das Edle wahrgenommen, und es wird Sie ergreifen, Sie werden es darstellen in der eignen Erscheinung, nicht, wie Sie sagen, um mir weh zu tun, um mich zu demütigen, sondern um sich selbst genug zu tun – wie es auf mich wirken wird, bleibt meinen eignem Gefühl überlassen. – Jetzt aber *fodre* ich von Ihnen, daß Sie ruhiger werden und ich kann es fodern, wenn ich an die Wahrheit Ihrer sonstigen Äußerungen glauben soll, wenn ich glauben soll daß Sie je Liebe und Wohlwollen für mich fühlten – denn waren Sie nur verliebt – so können Sie das leicht auf einen andern Gegenstand übertragen.

Leben Sie wohl! – wir sehen uns wieder.

An Clemens

[Camburg, Dezember 1801]

Noch einmal, Clemens, ich kann es nicht gut heißen, daß Sie mich in unsrer jetzigen Stimmung sehen wollen. Bestehen Sie

darauf, so werde ich, was auch außerdem für Gründe dagegen sind, nachgeben, aber nicht mit Überzeugung. – Sie sind zu gereizt; Sie könnten mir leicht Dinge sagen, die ich zum zweitenmal nicht vergeben könnte. – Lassen Sie jetzt einen wohltätigen Schleier zwischen uns fallen, wir werden uns dann milder wieder sehen. – Glauben Sie aber nicht, daß ich meinen Anteil an Ihrem Leben aufgebe; Sie werden, wo Sie auch sind, unter meinen Augen handeln, und es wird eine Zeit kommen, wo Sie meine Empfindungen gegen Sie verstehen werden.
Ihre Vermutung wegen meiner Schwester ist falsch und ich fodere es, daß Sie mir dies glauben; ich kann Unglück ertragen aber nie Ungerechtigkeit. – Auch bitte ich Sie, minder in der Gewalt Ihrer Äußerungen zu sein, und mehr Ihre Äußerungen in Ihrer Gewalt zu haben. – Bei S- ist hievon nicht die Rede, das versteht sich. – Ich hoffe daß ich wieder ruhig an Sie denken darf; es steht in Ihrer Gewalt, sanft und gut auf mich zu wirken – warum wollen Sie mich betrüben? –

An Sophie

[Weimar, den 1. Januar 1802]

Da ich noch ein Kind war, stand ich heute so an der Türe meiner Mutter, wie ich vor diesem Jahre stehe, ich dachte Vieles solle besser werden, und kannte das Böse nicht, ich verdammte mich um Vieles, denn ich bin schon früher schuldig als unschuldig gewesen, ich glaubte, es sei die Erbsünde, und das brach mir das Herz, wenn ich hineintrat an das Bett meiner Mutter, so war ich der letzte, meine Brüder und Schwestern waren alle schon mit der Feierlichkeit Handgemein worden und vertraut, man nannte mich freundlich den Langschläfer, und ich fing an zu weinen, denn ich hatte die ganze Nacht gewacht und Gott angerufen für meine Mutter, und alle meine Wünsche starben in dem stillen Unrecht, ich konnte ihr nicht sagen, wie ich sie liebe, so ist es meinem Herzen immer ergangen, das strenge Taktfeste Treiben des äußerlichen Lebens hat mich immer zurückgedrängt, und ich habe mich nie mit freier Lust in den Wellen bewegt, daß mich die

Mühl Räder nicht zerschmettert hätten. Über all dieser Trauer erhebt sich ein Moment meines Lebens, der mich ewig mit einem wehmütigen Entzücken erfüllt, er hat mir den Himmel erschlossen und mich zu einem unendlichen Streit des freien und meiner eignen Gefangenschaft in mir verzaubert. Dieser Moment ist aus Ihrem Leben, und Sie nennen ihn den verlorensten, soll mich das nicht ewig schmerzen, und ich verdiene diesen Schmerz nicht, der mich in einem lieblosen Leben ewig wach halten will. Ich bin so ruhig, als ich leide und liebe, wenn Ruhe Tod ist, so leide und liebe ich auch über dem Grab, und es ist dann auch keine Ruhe im Tod. O scheuen Sie sich nicht vor mir, sehen Sie mich in Majers Gegenwart, so weh es mir tut, aber lassen Sie mich mit Ihnen reden, ich bin es mir und Ihnen schuldig, und einem Wesen, dem an meinem Frieden das Leben hängt. Es wäre mir schrecklich Sie im Schauspiel zum erstenmal wieder zu sehen.

An Clemens

Weimar d. 12ten December [1802]

Verzeihen Sie, Clemens, daß ich Ihnen dies Bildnis so lange vorenthielt, aber da ich bisher nicht bestimmt wußte, an welchem Ort Sie lebten, so wagte ich nicht, es abzuschicken.

Sie wissen daß ich auch ein Bild von Ihnen besitze, und ich betrachte es zuweilen. Sagen Sie mir, wer ist der Mann, der es schuf, und den ich verehren muß? Mit gütiger Kunst hat er nur den Genius darinnen gezeigt und den Dämon verborgen.

Ich erhielt diesen Sommer einige Lieder mit Ihrem Namen bezeichnet. Sie waren schön; ich erkannte das ausgezeichnete Talent, das jeder in Ihnen anerkennen muß – demohngeachtet bestimmten mich Gründe, die mir wichtig waren, sie nicht in jene Sammlung aufzunehmen.

Eine einzige Bitte habe ich an Sie: Seien Sie ehrlich gegen sich und mich! Sagen Sie einmal, einfach, wahr, und ohne Witz: weshalb beklagen Sie sich über mich? – Aber sagen Sie es *mir*, nicht andern, die mich darum hassen, weil sie für Ihre Poesie keinen Sinn haben.

S. M.

An Sophie

[Marburg, den 10. Januar 1803]

Ich habe nie mehr von Ihnen gehabt, als was Sie mir gaben, und hätte ich je den Verstand besessen, so anzunehmen, daß ich zugleich genommen hätte, so würde ich auch das Talent gehabt haben zu besitzen – Sie nennen mich im Anfange Ihres Briefs Clemens, wenn das von Herzen geht, und nicht der rosenroten Einfassung des geglätteten Papiers gehört, so segne Sie Gott dafür, und lasse Sie von den Lippen irgend eines Mannes, den Sie ehren, die Worte, Liebe Sophie, dafür hören.

Ich hätte nicht von Ihnen erwartet, daß Sie mir je wieder schreiben würden, hätte mir es möglich geschienen, daß Sie meiner gedächten, so würde ich diese Weinachten in Weimar gewesen sein, Sie zu sehen, und Sie zu überzeugen, daß ich Sie ewig werde von meiner Leidenschaft hören lassen, wenn Sie sich gleich nie werden der Gefahr aussetzen, durch eine persönliche Unterhaltung mit mir überzeugt zu werden, daß ich liebenswürdiger bin, als Sie lieben können, daß meine Liebe zu Ihnen unverpflanzt aus ihrer ersten Wurzel fortgewachsen ist, und daß unsre Trennung, obschon sie Herzzerreißende Ungeschicklichkeit der unpedagogischsten liebenswürdigen Frau zur Erfinderin hat, nichts gewesen ist, als die gütige für Ihre Mitwirkung zu galante Hand meines Genius, der meine Liebe zu Ihnen Ihrer ewig tödlichen Gegenwart entziehen wollte, um sie reiner, bildender und unschuldiger glaubend zu machen. – Sie glauben nicht, liebe Sophie, wie viel Freude mir Ihr Brief gemacht, wenn er gleich keinen Inhalt hat, so ist doch ein Fragezeichen drin, und wenn es Ihnen gleich möglich ist, in das Blaue hinein zu fragen, ohne eigentlich etwas wissen zu wollen, so berechtigt es mich doch Ihnen zu schreiben. Auf Ihre Frage selbst zu antworten, oder irgend etwas zu tun, worauf Ihr Brief irgend ein Anspruch machen könnte, halte ich für unnötig, denn Sie selbst wissen wie alle Kinder und Kreuziger nicht, was sie tun, und also auch nicht mehr, was Sie mir geschrieben haben. Sie sind oft zu dem Falle gezwungen worden, des Discurses halber zu reden, des Papieres halber zu schreiben, der Dichterin wegen zu dichten, und so auch wohl des Gedächtnisses wegen sich meiner zu erinnern, – ich habe alle diese Leiden nicht, und erscheine daher so oft unbequem für andere, von denen ich etwas begehre, ohne ihnen eine solche unmittelbare Ursache zu erschaffen – das war auch das retardirende Prinzip in unserm Verhältnis – ich ging mit *Dem* in Ihnen um, über das Sie keine Gewalt hatten, und nur ein Gemüt so gütig und liebend, als ich Gott und meiner Geschichte es danke, konnte *das* in Ihnen finden, da alles was Sie in Ihrer Gewalt hatten, so niedlich parodirend das Bessere in Ihnen persiflirte, daß es platten Männern wohl leicht werden konnte, sich mit Ihnen zu erlustiren, oder ein Gelüsten nach Ihnen zu haben. Ich soll Ihnen ohne Witz sagen, warum ich über Sie klage, ohne Witz? was meinen Sie damit, doch wohl, so recht ehrlich, aufrichtig, kann ich das ohne Witz sein? Und haben Sie für dieses unwitzige Sinn. Ich habe ohne Witz Sie kennen gelernt, ohne Witz an Sie geglaubt, Sie haben ohne Witz sich mit mir eingelassen, und da Sie mit Witz die Sache fort spannen, ward das Peinliche für mich in unserm Umgange geboren, nun stand der Witz in mir, auf den jeder Geliebte resignirt, ohne meinen Willen auf, um Ihrem Witz die Waage zu halten, da mit die Liebe nur mit der Liebe zu tun habe, aber meine Liebe fand keine Erwiderung, in Ihnen war keine Liebe, in jenem Zeitpunkt entstand jene Ihnen Unbegreifliche Melancholie in mir, in der ich Sie oft zärtlich umfaßte, und plötzlich zurückstieß, ich sah daß ich betrogen war, ich wußte es und glaubte es nicht, aber ich litt prophetisch – einer der tiefsten Momente und mir das entscheidende Orakel meines Lebens ist ein Gespräch mit Ihnen, das erste in dem mich zum erstenmal ein ungalanter convulsiver Jammer in Ihrer Gegenwart, liebenswürdige Frau, auf Kosten Ihrer Kälte unterbrach, nun ging mein Witz in Wahnwitz über, und wäre ich weiter mein Herr gewesen, so war hier der Moment für die Kunst in der Liebe, von diesem Punkte aus hätte ich das Ganze unsres Umgangs zu einer ästetischen Gewalttätigkeit über Sie bearbeiten können, ich hatte ja erfahren, daß körperlicher Schmerz Sie rührt, aber eben so sehr ich nur als Stoff eines Gedichts und nicht als Dichter je vortrefflich sein werde, ebensowenig konnte ich damals meine Erfahrung der noch empfänglichen Punkte Ihres Wesens zum Mittel machen, Sie zu überwältigen, nur die Menge, nicht die Gattung meiner Erscheinung bezwang Sie manchmal, und ich kenne eine Stunde noch deutlich, in der Sie mir sagten, ich tue Ihnen nicht die rechte Gewalt an, und darum liebten Sie mich nicht? – Von allem diesen wissen Sie nichts mehr, und das ist nicht zu verwundern, da Sie sich das ganze Jahr mit Dingen beschäftigen, zu denen Sie keinen eigentlichen Beruf haben, und das eigentlich Merkwürdige Wesentliche in Ihnen, durch die Hinsicht auf das Zufällige (Poesie) bei der dazu nötigen Anstrengung verloren gegangen ist, ja sogar im Organ. Der Wahnwitz hat nur die Mehrheit der Stimmen gegen sich, indem er sich selbst zu sehr multiplizirt, und sein Objekt zusammen zieht, so wird er den sogenannten Klugen zu fürchterlich, als daß sie seine Göttlichkeit anerkennen sollten. Ich aber ehre ihn unendlich, ich gäbe gern mein bisheriges vernünftiges Leben, ja meine ganze Zukunft um die Stunden, da ich mich dem Wahnsinn in Ihrer Liebe ergab. Ich war unendlich glücklich, als ich Nachts weinend an Ihrer Haustüre saß, ich habe noch ein Stückchen Brod, von dem Sie einen Bissen gegessen haben, und können Sie es glauben, es ist mein Abendmahl, an dem Jahrtage, da ich Sie zum erstenmale sah, da ich Sie zum erstenmal küßte, und da Sie mir sagten: *ich liebe Sie nicht mehr*, überdenke ich immer mein Leben, und meine Erlösung, und dann esse ich einige Brodsamen dieses Abendmahls zu Deiner Gedächtnis. – Pfui spotte meiner nicht, spotte meiner nicht, damit ich nicht an meiner Seligkeit verzweifle, denn nur darin weicht Dein Leiden von dem des Gekreuzigten ab, daß Du den guten Schächer wie den bösen behandelt hast, aber ich gehe doch in das Reich Deines Vaters ein, und sollte ich darum Gottes Schwiegersohn werden müssen. – Ich erschrecke, liebe Freundin, über meine Abweichung, verzeihen Sie, daß ich Ihre Ruhe störte, die mir selbst so erquickend sein soll, die all meiner Liebe das Maul stopfen soll, wie ich selbst einstens die Ehre hatte, Ihnen zu sagen. Daß Sie mit meinen schwachen poetischen Versuchen nicht ganz unzufrieden sind, soll mir eine Anspornung sein, meine Verse künftiger, noch artiger vornen anzufangen und hinten zu endigen, wie auch zu reimen, welches doch immer wenigstens in der Endsilbe den Zeilen, die sich reimen, einige Ähnlichkeit gibt, und wie Gern sahe ich diese geringen Versuche, Ihnen zu sagen, in Reimen zu sagen, daß ich Sie liebe, nicht im Göttinger Musenallmanach, denn meine Liebe, meine Wünsche, und meine Hoffnungen singt keine Allmanachsmuse. Auch finde ich dadurch, daß Sie diese Lieder nicht aufgenommen haben, in Ihnen eine bewußtlose Fortsetzung der Form unsers ehemaligen Verhältnisses – Sie werden sich erinnern, daß ich wenn ich Sie in Gesellschaft sah immer stumm und traurig war, Sie haben also recht getan, meine Lieder wegzulassen, die mit ihrer bescheidnen Liebe bei den Terzinen im dritten Sonnette eines gewissen *Rienzi* doch den kürzern würden gezogen haben. Von diesem *Rienzi* verspreche ich mir viel für die deutsche Poesie, wenn er nur erst im Leben seine keusche Unbeholfenheit, mit der eitlen Frechheit seiner Poesie verwechselt hat. Außerdem sind noch einige andre Lieder in dieser Versammlung, die mir fatal sind, z. B. die *Ilm* von A., ich kann mich nicht enthalten dieses Lied für eine Stichelei auf das Grab meiner Schwester in Osmanstädt zu halten, und alle Privatsachen sind mir unausstehlich in Reimen, hätte meine Gute Schwester gewußt, daß man von Ihr in Musenallmanachen singen würde, sie wäre gewiß nicht gestorben. Sie haben unstreitig diese etwas holperichte Canzone nicht ganz verstanden, sonst würden Sie gewiß bei den resp. Erben der Verstorbenen angefragt haben, ob Sie die Metamorphosirenden Zumutungen, welche man Ihr in jenem Gedicht macht, nicht als unsre Katholische Religion beeinträchtigend, und als sehr naseweis in Hinsicht der Zucht und Bescheidenheit der Toden würde gerichtlich verboten haben. – Literarische Plagiate, o würden sie doch immer gestraft, wie es dem Bernhard in diesem Allmanach erging, der in dem Gedichte Der Abschied einen Beichtspiegel des guten Winkelmanns gestohlen hat, ich habe ihn immer gebeten, seine Gedichte nicht jedermann lesen zu lassen, da haben wirs nun, da hat ihm einer Etwas gestohlen, was unter die geheimsten Anstalten seines Herzens gehört, da guckt nun jeder hinter die Coulissen, und sieht wie er hinten in einem Kasten Französische Freiheit, und Armenanstalten eingesperrt hat, um Donnerwetter zu machen, seinen Vater selig hat er an Stricken aufgehängt und braucht ihn als Hamlets Geist, meine Schwester (de mortuis non nisi bonum) selig hat er ausgestopft und braucht sie als Ophelia, bei Gott ausgestopft, sonst würde sich Er After-Hamlet in allen seinen Gedichten, und reimweise ausgeschwatzten Lebensleiden, ihr nicht so ungestraft zwischen die Beine legen, wenn er Ihre Teure Person, liebe Mereau, zur Komödie in der Komödie braucht, aber hier wird nicht wie im Meister der Geist von einem Fremden gespielt werden, ich werde nächstens Laertes sein, und seiner Poesie, wie seinem Hamlet sterbend die Lebenslichter putzen. Auch vor einer Ohrfeige von meiner verstorbnen Schwester halte ich ihn nicht ganz sicher, seit ich in einer spanischen Chronik las, daß ein frecher Jude, der den einbalsamirten Geharnischt in einer Kapelle auf einen Stuhl gesetzten Leichnam des Cid am Bart zupfte, vor Schrecken in Ohnmacht fiel, da der Leichnam das Schwerd gegen ihn zog, dieser Jude ward getauft, in dem man Wasser über ihn goß um ihn zu erwecken, und ist gleich drauf Katholisch geworden, darauf hat nun auch Winkelmann gerechte Ansprüche, die ich ihm um soweniger streitig machen will, als die Katholische Religion, für die jetzigen Versemachern, ein wahrer Zieh- und Milchbrunnen ist, Kindlein herauszuholen, und sie zu taufen. – Mit diesen Gedichten zugleich konnten meine Lieder nicht leben, wie gütig also, daß sie weg blieben, o es ist mir liebe Freundin, als hätten Sie Gesellschaft bitten müssen, und hatten mir gesagt, kommen Sie nicht, lieber Brentano, und hätten mir dann eine einsame vertrauliche Stunde zur Entschädigung angewiesen. Doch über jenen Allmanach fortzufahren, ich hatte gehofft, unter Ihren Auspizien würde etwas besseres zustande kommen. *Es ist für ein Weib sehr gefährlich zu dichten, noch gefährlicher einen Musenallmanach herauszugeben,* unter mehreren Dissertationen die ich auf dem Tapete habe wäre dies eine, die Sie besonders interessiren könnte, die andern würden davon handlen, inwiefern kann ein Weib ein Kaffeehaus ohne ihrer Ehre zu schaden, halten oder frequentiren, inwiefern sind weibliche Bediente auf Akademien zur Bildung der Studenten notwendig, inwiefern darf ein gesittetes Weib Kutschiren, reiten, ect. Einige Gedanken über eine Balbires Witwe in Fritzlar, deren Töchter Raseurs geworden sind, nebst einer Abhandlung über Madame Rodde, ehemalige Göttinger Doctor Philosophiae. Apologie einer Grotesktänzerin, und

Gedanken über das Sittliche in den Schriften aller Weiber, nebst Beweis, daß alle auf die Frau von Laroche bei dem Frieden zu Lüneville reduzirt werden dürften, welche mit Pension aussterben könnte, nachfolgend ein indemnisations Vorschlag bei den vermittelnden Mächten, für den dabei verlornen Ruhm, und den Schaden, den die Poesie dabei haben würde. Ob die gleichzeitige Ankunft der Dorothea Veitin nunmehrige Schlegelin mit der medizeischen Venus in Paris Allegorisch zu nehmen sei? ein[e] Preisfrage aus der neuen poetischen Schule, nebst einer Abhandlung ob der Veitstanz überhaupt allegorisch, oder prophetisch zu nehmen sei. Beide letztere Abhandlungen in Hinsicht einiger Ideen meines Freundes Achim von Arnim –. Dann käme noch eine psychologische Darstellung von Ludwig Tieks Abneigung vor Gebildeten Weibern und mehreres andere, das Ganze als Anfang zur Gynäologie bei Herrn Oehmike in Berlin gedruckt, nebst einer Wissenschaftsleere der Kochkunst von Görres in Koblenz, eine Poesie und Religion der Kochkunst nach Novalis, und dann die Kunst Kinder zu bekommen, nebst einigen Theorien der Hebammenkunst in Sonnetten, Kanzonen, und Balladen von Bernhard Vermehren, das ganze mit verkleinerten Kupfern nach Gemälden der größten Meister, welche die Madonna und die Niederkunft in Bethlehem behandelten, dieses ist der Inhalt eines Taschenbuchs für unglücklich Liebende, und liebende Unglückliche, das ich in der Arbeit habe, und vollenden werde, sobald ich von meiner Reise in die Schweiz zu Madame Stael und Frau von Krüdener zurückkomme. – Verzeihen Sie meinen Mutwill, ich werde alle Tage kindischer, und wenn Sie über alles das nicht lächeln, so haben Sie mich nie recht gekannt, und es ist dann hohe Zeit wieder Bekanntschaft mit mir zu machen. Sie können sich nicht vorstellen, wie mutwillig ich geworden bin, und wie komisch mir die letzte feierliche Schriftsteller Epoche in Deutschland erscheint, und finden Sie es nicht selbst sehr lustig, wenn ein paar Menschen sich ins Ohr flüstern »dort die kleine ist die Verfasserin von Gedichten erster Band, dort, das ist die Verfasserin der Agneß von Lilien, und sehen Sie die schmale das

ist die Schwester von Lesbos«, und der andre sperrt das Maul auf, und guckt wie ein Kind nach dem Wahren Fleisch und Blut in der Hostie – ich habe mir in der letzten Zeit immer ein großes Vergnügen daraus gemacht auf meinen kleinen Reisen, alle wunderlichen Fremde die mir begegneten, diesem oder jenen für die inkognito reisende Frau von Wolzogen, oder Fr. v. Imhof, oder S. Mereau, oder Tochter der Madam Gottsched oder Madam Veit auszugeben, eben so viele Schand Pauls, Schillers, Falks ect. habe ich so kreirt, und mich königlich dabei erlustirt, ich selbst gab mich meistens für das Kind der Liebe eines ungarischen Starosten und der Frau von Laroche oder des bekannten Philadelphia mit einer melancholisch gewordenen Tochter Nikolais aus. – – – – – –[1]
Sehen Sie, liebe Freundin, wie ehrlich ich bin, alles was da ausgestrichen ist, war mir nicht aus dem Herzen, und nicht aus dem Mutwill geflossen, vielleicht nicht so ungezogen, vielleicht ungezogner, als das Vorhergehende, ich weiß nichts davon, als daß es mir nicht ernst war. Mein Scherz über die Schriftstellereien der Weiber kränkt Sie gewiß nicht, ich habe nie den mindesten Autorenstolz in Ihnen bemerkt, und Sie haben mir ja schon so vieles verziehen, soll ich nicht ein Sünder werden, weil Sie Verzeihung zum einzigen Verhältnisse zu mir haben werden lassen. Ich weiß nicht warum, aber es gibt Dinge, die nicht eigentlich häßlich sind, von denen ich aber immer die Blicke wenden muß, wenn ich sie bei meinen Freunden erblicke. Als Sie mich noch liebten, da erschrak ich immer, wenn ich etwas Gedruktes von Ihnen sah, und nichts war mir quälender, als etwas von Ihnen zu lesen, nicht als wenn es mir zu schlecht sei, oder gut genug, nein es kam mir so unnatürlich vor, daß Etwas, was Sie sagten, schlecht genug, und gut genug sein könne, so mit dem bleiernen Buchstaben fest genagelt zu werden, jedes Format schien mir ein Gedicht von Ihnen komisch oder pitoiabel zu machen, ja das Gedicht selbst mache sich komisch oder bedaurenswert, und so

[1] Von Clemens Brentano sechs Zeilen ausgestrichen.

auch Sie, noch immer geht es mir so, da Sie mich nicht mehr lieben. Seit ich Sie liebe, ist das Zufällige Willenlose im Menschen, und alles was Gott ihm gegeben hat, mir so unendlich rührend und herzergreifend geworden, daß mich oft die Krumme Nase eines Menschen mehr reizt sein Freund zu sein, als seine Wissenschaft, ich fand immer alles was man von Ihnen sprach, so albern, und was Sie von sich wissen, so abgeschmackt, denn ich sah in Ihrem Umgange stets der Begattung Ihrer schönen Behaglichkeit mit dem nächsten Umstande zu, und wie Sie dann schmerzlos bewußtlos ein himmlisches Kind gebaren, das ich heimlich in meinem Liebesbunde taufte, und in meinem Herzen ohne Ihr Wissen auferzog. Wenn ich vertraulich stumm neben Ihnen auf dem Sopha saß, so ließ ich mein Aug über Ihre Gestalt hinlaufen und suchte mir den Sehwinkel aus, der Ihnen am meisten schmeichelte, und Ihre einzelnen Häßlichkeiten verbarg, denn Sie sollten ja das Schönste werden, das mir werden konnte, ich sollte Sie ewig lieben, weil Sie es nur von mir verdienten, oder sogar von mir verdienten, denn keiner weiß, und von keinem wird gewußt, ob er ins Leben hinein geflucht oder gesegnet ist. So sah ich Sie von dem Punkte an, von dem Sie meiner Liebe ein Ganzes, und ein Eigentum der Phantasie wurden; oft lächelte ich stillschweigend Ihrer Ohnmacht, wenn Ihr Wille sich regte, und Sie durch irgend eine Bewegung Ihres Leibes oder Ihrer Seele reizend werden wollten, und ergötzte mich stumm an dem Siege des unerkannten Gottes in Ihnen, aber sehr traurig ward ich, wenn Ihr Bestreben Liebreizend zu sein, heftiger ward, denn dann erkannte ich die Verschiedenen schlechten Schulen, durch die Sie von Ihrer Geschichte geführt worden waren, und in solchen Momenten wünschte ich, Sie wären tot, damit der schlechte Stil zu Grund gehe, und das Göttliche gerettet sei. Mein Umgang mit Ihnen fiel bei mir grade in den Moment, in dem sich meine ganze Anlage zu Leben vereinigte, und die Constitution meines Lebens bildete, von dieser haben Sie nie etwas erfahren sollen, und dürfen, denn, wenn gleich der Gott die Pflanzen wachsen läßt, so sieht er doch eben nicht zu, wie sie wachsen, und bemerkt die besonders, die ihm heilig sind, und mit denen er soll geehrt werden, das hieße, in der Allwissenheit auch die Anlage zur Allbegierlichkeit, zum Heißhunger voraussetzen. In Ihnen war zu derselben Zeit der Moment der Reformation, ich hoffte dies nur durch eine Verwandlung, Sie wollten es durch eine Umarbeitung, wer aber sollte diese unternehmen, obschon Sie viel mit einem schlechten Schriftsteller, Herrn Fr. Schlegel, umgingen, so schien er Ihnen doch auch zu schlecht, um sich Ihm zur Bearbeitung zu geben, aber grade gut genug, mich bei ihm zu deponiren, bis auf bessere Zeiten, aber es kamen nur schlechtere, und Herr Fr. Sch[legel] benutzte mich so lange, als es mir gefiel, und bis ich ihm schrieb, und mit Urkunden belegte, daß er in meinen Augen so ziemlich ein Schuft sei. – Bei Ihrer Umarbeitung gingen Sie recht historisch zu Werk. Die Gebildeten in Ihnen hatten längst an den heiligen Bildern gezweifelt, und nur aus Heuchelei, und Ihre Weiber, aus Histerie gebetet, Sie liebten mich schon lange nicht mehr, schon seit Sie sich von Jugend an andern Geistern, und Gespenstern ergeben hatten, aber zu bösen Künsten bedarf man auch des Heiligen, und das opferte Ihnen meine Liebe gern. Mein Umgang mit Ihnen, war er nicht der ewige Jesus am Ölberge, der seine bittern Leiden voraussieht, und dem der Engel so oft den Kelch der Stärkung reicht? Der Pöpel in Ihnen fing an, und können Sie sich eine gemeinere Bilderstürmerei denken, als in Jener Stunde, da Sie mich mit Ihren schönen Füßen traten, da Sie mich von sich stießen – ich rede nicht weiter hie von, denn wenn Ihnen jene Stunde nicht selbst eine der schmutzigsten Ihres Leben ist, so verdienen Sie nicht, daß ich Sie darum mißhandle. – Hier nun liegt der ganze dreißigjährige Krieg, den ich nicht zu schildern wage. – Sie sind nun reformirt, und nach meiner Einsicht ist zwar das äußerliche Übel Ihres Lebens gehoben, aber leider nur durch eine Art moralischer Haushaltungskunst, die Sie selbst erfunden haben, und so sind Sie denn gänzlich von sich selbst unterjocht, das freie, genialische, der unendliche Liebreiz in Ihnen, die Misterie Ihres Leibes und Ihrer Seele, sind regulirt, sind eine sogenannte Vernünftige Religion geworden, die kein Teufel verstehen kann, weil sie an keinen

Teufel glaubt; Ich finde jede ideelle Anstalt abgeschmackt. Wie die Reduktion des Pfundes auf zwölf Lot nichts großes ist, so ist es etwas pitoiables seinen Kharakter auf zwölf Prinzipien reduziren zu können, so ist jene Religion nur eine Polizei Anstalt, die sich auf Gebote zurückführt, so ist der Kharakter, der sich auf Erfahrungen baut, das Haushaltungsbuch eines Helden, der als General quittirt, und den Lorbeer an die Bratensauce legt, das Unendliche streckt sich nach der Decke. – Sind Sie ruhig? – Desto schlimmer – Sind Sie ruhig? weil Sie vollkommen sind, weil Sie die Welt verstehen, weil Sie so dichten, wie Sie eine Dichterin sich dichtend denken können – wohl nicht – Sie sind ruhig, weil Sie resignirt haben, weil Sie dem Spektakel ein Ende gemacht haben, Sie haben nicht das erste Reine Bild Ihrer Selbst hervorgebracht, Sie haben die Verstümmelung nur grade so gut, und so schlecht ergänzt, als Sie konnten, und sind zufrieden, wenn Sie der Gallerieinspektor unter den andern stehen läßt, und wenn der Schüler gerührt vor Ihnen steht, und die Stümpereien ihn wie ein Ganzes rühren, so bleiben Sie kalt, und nennen ihn keinen Lügner, Aber daß ich ewig vor Sie hintrete, und ängstlich einigen Zügen des ersten Werks nachspüre, daß mich ein Zug am Nacken, an der Brust, an der Hüfte rühren, daß ich dem Bilde das Haupt abschlagen, und das gipserne Gewand vom Schoß reißen möchte, daß mich die schlechte *Restauration* empört, und ich mich ewig an dem kleinen Reste des Ächten begeistern kann, daß ich Sie liebe, wie Sie sind, und Sie hasse, wie Sie sich hingestellt haben, das erkennen Sie nicht, weil Sie eine schlechte Künstlerin sind, die über ein herrliches Werk hergefallen ist, über sich selbst. Sie sollten schön sein und wollten es werden, und haben sich honett gemacht, was man so nennt; Die Geschichte wäre folgende, eine Antike wird durch einen neugriechischen Juden von einem Bauer gekauft, der Jude, um sie besser zu transportiren, schlägt sie in Stükken, er handelt mit altem Eisen, und bedient sich des tauglichsten Teils, seine Nägel grade drauf zu schlagen, eines andern sein Messer drauf zu wetzen, und ärgert sich auch dann und wann, daß er nicht lieber einen gewöhnlichen Schleifstein gekauft habe, einige durchreisende Engländer sehen zufällig die schönen Trümmer, so niedrig angewendet, sie akkordiren auch wohl mit dem Juden, aber er haßt die Christen, und vermutet in seinem Schleifstein etwa gar das Bild eines ihrer Götter, und so gehn die Dilettanten weiter, der Zulauf wird größer, der Jude sieht die geschonteren Reste sich zu einer Art Erwerb und Ehre werden, und er prahlt wohl selbst damit, den Kopf überläßt er auch wohl einem, und dieser ist immer ein Ganzes – die Göttin will plötzlich, durch irgend eines jungen Philologen oder Künstlers Gebete aufgeweckt, sich retten, aber du Gott, wie viel Tausend Jahre liegen zwischen jenem Bilde und der neuen Göttin, Psyche von Madame Mereau restaurirt? Daß wir die Gedichte der Sapho verloren haben, ist uns ja rührender, als Sophies rührendstes Gedicht – Was Madam Mereau, oder Psyche wie sie jetzt lebt, von ihrer früheren Hülle, da eine schöne Zeit war, bei dem Juden vorfindet, belegt sie mit Arrest, und er tritt ihr Sie selbst ab, nach einigen gerichtlichen Vergleichen – nun wird Psyche wieder lebendig werden – aber leider ist Psyche, seitdem sie jenen Aufenthalt in der Nacktheit des schönen Bildes verlor, schamhaft geworden, sie hat ein Erziehungsinstitut angelegt, sie macht auf die Gesellschaft honnetter Leute Anspruch. Und in dem sie sich mit den alten Heiligtümern wieder vermählt, entsteht die raisonnable Frau, die mir solche Briefchen schreibt, und die mir gute Lehren gibt, die mir etwa den Rat gibt, zu ackern, um meine Gesundheit aus der Erde kommen zu sehn, ich soll auf ihr Rezept, meinen edlen Schmerz um das Schöne in die Erde säen, daß gelbe Rüben draus wachsen, die ich zur Ehre Gottes verzehren kann – Sie wissen vielleicht nicht, Liebe Freundin, daß gelbe Rüben unsrer ganzen Familie zu wider sind. So lassen Sie mich dann ewig fort lieben, und betrauern, denn da ich Sie zuerst bei dem jüdischen Nagelschmidt sah, erwachte meine Ansicht der Kunst, der Liebe und des Lebens zuerst – jene Trümmer waren meine Psyche, die Restaurirte Psyche ist jener Trümmer Untergang, und besser für das Leben, wären sie von der Erde wieder verschluckt worden. Ich habe Sinn für die Kunst, und da ich jene Bruchstücke sah, und die Liebe in mir erwachte, so dachte ich durch die schaffende Liebe im Gedanken das Bild wieder ganz zu machen, da ich im Marmor nicht schaffen kann, das verstand die moderne Psyche nicht, sie meinte, ich sei ein Fantast, wenn ich das Verlorne Herz, den Verlornen Kopf anbetete, den sie nie gesehen hatte, daß mir der neue Kopf, das neue Herz noch trauriger ist, kann sie auch nicht begreifen, doch ist es wohl leicht zu begreifen; daß mir es beschwerlicher ist, einen Kopf da hinzudenken, wo eine Maske im Wege steht, als wo der schöne Hals meinen Gedanken entgegen kommt wie der Stengel der Blumenkrone, und diese dem Lichte –

Verzeihen Sie diesen Fleck, es ist nur Dinte. –

Ich höre hier auf zu schreiben, gute Nacht! –

Gestern Abend habe ich im Bette wieder einmal in den Memoiren der Hipolyt Clairon gelesen, und bin mit unendlicher Erbitterung gegen diese Französin eingeschlafen, hier ließ sich wohl finden, worin wir nicht harmoniren, Sie kennen das Buch unstreitig, und ich glaube, es muß Sie sogar einige Male hingerissen haben. Alles, was *Clairon* von sich selbst sagt ist niederträchtig edel, was Sie von andern sagt, ist umgekehrt – Größere Antipathie habe ich nie gegen *confessionen* gehabt, eine so entsetzliche Maschinerie von breiten Reflexionen, eine so zusammengesetzte Vorrichtung von Grundsätzen, um eine Pariser Schauspielerin zu sein, die ihrem Leibe kein Vergnügen versagt, und doch immer so tugendhaft wie eine Großmutter sein will. Ihren ersten Liebhaber, der gestorben ist, o den verstehe ich. Das Ende mit dem Markgraf von Anspach ist nun gar fatal, ich gäbe wahrlich dem ein gutes Trinkgeld, der mir beweisen könne, er habe sie bei ihm im Bette ertappt, denn wie sie mit der Markgräfin spricht, welche eine Art von Sodbrennen empfindet, sollte man glauben, die Pariser Schauspielerin wäre meine Großmutter. Das Unangenehme vermehrt sich mir in dem Buche dadurch, daß das ganze Wesen dieser Frau mich immer an die falsche Richtung von Sophiens Geist erinnert, doch ihr Stoff war nicht so schlecht, und sie starb. Auch Sie, liebe Freundin, gucken in sofern Sie mit genugsamen Prinzipien versehen sind, oft aus der *Clairon* heraus, denn ich glaube, daß alles, was man sich von schiefer Tugend anschaffen muß, sich bei ihr im schönsten Geschmack finden läßt, und sie detaillirt Viertelellen weiß. – Doch genug von der Liverei der Tugend. – Ich habe Ihnen schon gar viel geschrieben, wie ich bemerke, und bin immer noch nicht fertig, etwas freut mich an dem Briefe, nach dem ich ihn ganz durchgelesen, und Sie sollen sich auch dran erfreuen, es ist meine Freimütigkeit, und mein lächerlicher Wahn, als säße ich noch, wie Ihr Begünstigter, zu Ihren Füßen, und dürfe alles sagen – Doch Sie können mir ja nichts mehr nehmen, geben wollen Sie mir nichts mehr, und das, wozu Sie sich vielleicht entschlössen, davon würde ich eben so wenig mein Leben fristen können, als der arme S, der Liebhaber der Clairon. Also lassen Sie mich lustig fort sprechen, und ich kann mir immer noch denken, daß Ihnen ein so langer Brief, den Ihnen ein armer Schelm schreibt, so verliebt in Sie, als jemals, so ohne allen Anspruch auf Antwort, als ein Korespondent der kleinen Mereau, einige Minuten Unterhaltung gewährt. – Sie sehen manchmal mein Bild an, was sehen Sie denn dran an, das bild gleicht mir noch immer, nur bin ich etwas ernster, und mein Bart ist etwas stärker – Sie sehen nur den Genius, und nicht den Dämon drin – *quand on parle du loup, on en voit la queu,* sehn Sie denn nicht den Zipfel des polnischen Mantels, das ist ja der Pferdefuß –, sonst wäre in Ihrem Briefelchen nichts aufzulösen. Ich habe mich ein Viertel Jahr in Düsseldorf aufgehalten, wo mich nicht sowohl die Gallerie, als die Gestalt einer kleinen Frau festhielt, die Ihnen mehr ähnlich ist, als irgend ein Weib, aber auch bloß für das Aug, denn wenn Sie ihr innres auftut, so ist sie ein recht gemeines verworfenes Frauenzimmerlein. Sie ist Aktrize und Sängerin, beides in einem so schönen Grade von Vollkommenheit, daß Unzelmann und Jagemann vor ihr kaum hervortreten, da ich mich in Düsseldorf sehr mit dem Schauspiel beschäftigte, konnte ich ihr durch öffentliches Lob, daß sie im hohen Grade verdiente, einigemal schmeicheln, und sie forderte mich auf, sie zu besuchen, ich war nie bei ihr, und habe sie kaum gesprochen, denn ich wollte mir die schönste Täuschung nicht nehmen, Sie liebe Mereau, täglich in einem andern Bilde vor mir zu sehen. So hatte ich Sie ein Vierteljahr lang alle Wochen fünf Abende vor meinem Augenglas, so liebte ich Sie ungestört von ihren Remarquen und Precautionen, ich war unaussprechlich glücklich, morgens saß ich einsam auf der Gallerie, wo ich vergebens ein Bild suchte, das Sie aussprach, ich fand nur Savigny in Rafaels Johannes, meine Mutter, und Mienchen von Günterode in Guido Renis und Dolcis Madonnen, mit denen ging ich ohngestört um, dann saß ich auf meinem einsamen Stübchen, und arbeitete eine kleine Oper aus, und ein rührendes Drama, »Die Schauspielerin und der Liebende«, in dem die Schauspielerin die Rolle der Geliebten spielt, da sie aber ein gemeines Wort spricht, wird der Liebende Wahnsinnig, aus Zweifel ob sie die Geliebte oder die Schauspielerin wirklich sei, und ermordet sie, da verwandelt sie sich in die Geliebte ect. – Sie verstehen schon. Abends saß ich dann in einem Winkel des Theaters, und hatte Sie vor Augen. – Ich hätte mich mit meiner Schauspielerin recht ergötzen können, wäre ich nicht einstens von Ihnen geliebt worden, o das ist fatal, daß Sie mir allen Genuß vergiftet haben, ohne mich je genießen zu lassen. So saß ich langweilt auf meiner Stube und dachte an Sie, und zerriß träumend ein Billet der kleinen Aktrize, das mich einlud, Ihrer an zwei mutwilligen Brüstchen zu vergessen. Ich kann mich immer noch nicht entschließen, meine wunderliche Begierde nach Ihnen, schöne Frau, in einem allgemeinern Genusse Ihres Geschlechts zu ertränken, meine Unschuld brennt mich täglich mehr, und verdirbt mir meine Studien, durch ewige Gestalten, ich weiß nicht, ob ich versuchen soll wollüstige Bücher zu schreiben, oder ob ich soll lüderlich werden, damit ich Ruhe vor dem finde, was mir, nach dem Sie mich nicht mehr lieben, nie zur Bildung und dem höchsten Lebenszweck werden kann, was mir nur eine schmähliche Last, ein Langweiliger Kampf wird. O hätte die kleine Aktrize Ihnen nicht so geglichen, und hätte man mir nicht verraten, daß sie unfruchtbar ist! – Werden Sie denn noch immer nicht alt, ach in einigen Monaten bin ich 25 Jahr alt, und der Besitzer meines Vermögens, was wird aus mir werden? Werden Sie denn noch immer nicht alt? Sind Sie noch immer so reizend? Werden Sie ewig in Weimar sitzen bleiben, und Majer wird er Ihnen ewig von des Gottes verlornem Hammer vordichten, und von den indischen Göttern, was im Asiatischen Magazin steht, verhält sich zu einem guten Gastmahl, wie wohlriechendes Wasser, womit man sich nach Tisch den Mund ausspült. Nicht wahr, liebe schöne Frau, Sie werden Ihr Leben ganz exemplarisch beschließen – o das ist verdammt, so ist keine Hoffnung

Kaum hörst Du auf, so fang ich an,
Dich erst recht zu vermissen,
Ich habe ein Gelübd getan,
Kein Andres Weib zu küssen.

Gewaltig regt es sich in mir,
Zu leben und zu lieben,
O süße Frau wär ich bei Dir,
Ich wollt' Dich nicht betrüben.

Du letzter Preis von Lieb und Lust,
Wie konnte ich Dich quälen,
Ach hätt' ich jemals was gewußt,
Wie könnt' ich dann erzählen.

Die Lippe schließt der Liebe Kuß,
Ich hab ihn nie empfangen,
Es rühmt sich nur der Überdruß,
Es seufzt nur das Verlangen.

Kaum hörst Du auf, so fang ich an,
Versäumnis muß ich büßen,
O wandelte die Lust mich an
Ein andres Weib zu küssen.

Mein Kuß ist jung, mein Kuß ist alt,
Ich küss' mit weisen Listen,
Es würde Liebe und Gewalt
Die Untreu Dir nicht fristen.

So lebe wohl, verzeihe Dir!
Die keusche Bahn zu wandlen,
Ich lebe wohl, verzeihe mir,
Im Traum Dich zu – mißhandlen.

Adieu liebe, liebe Sophie vergiß mich nicht, o wüßtest Du wie ich liebe, Dich und so unglücklich, daß ich die seltsamsten, traurigsten Künste anwenden muß, mich zu betrügen, und zu glauben ich hielte Dich in meinen Armen, ach wenn ich Dich sehen könnte, küssen könnte, könnte – könnte.

Ewig Dein treuer
armer unbegreiflicher
Clemens.

An Clemens

[Weimar, etwa 20. Januar 1803]

Ihr Brief, junger Mann, hat mir Veranlassung zu mannigfaltigen *reflexionen* gegeben. Ich muß auf der einen Seite Ihren Scharfsinn bewundern, obgleich ich auf der andern Ihren strafbaren Mutwillen beseufzen muß, der freilich Ihrer Jugend zuzuschreiben ist. – Ich danke Ihnen, daß Sie mir Gerechtigkeit widerfahren lassen, und meinen Carakter anerkennen. Ja, es ist wahr, daß ich ein ganz andres Wesen geworden bin, das immer streng nach Grundsätzen handelt, und alles Unwillkührliche verabscheut. Sonst freilich, lieber Himmel! – gab es viele Augenblicke, wo mir das Unwillkührliche im Menschen als das einzig Göttliche erschien, ja ich hatte sogar Momente der Begeisterung, wo ich mich mit unsichtbaren Mächten auf das innigste verbunden fühlte. Schwärmerei! Nein, jetzt geht mir der Verstand über Alles, und ich würde mich schämen, etwas zu glauben, was ich nicht begreifen könnte. Ein paar Jahre können freilich viel zur Reife unsers Geistes beitragen und es war auch hohe Zeit, wie Sie, lieber, junger Freund, auch zu fühlen scheinen, da Sie mich an mein Alter erinnern. Ehedem hatte ich freilich den Wahn, die Jahre bestimmten das Alter gar nicht; das läge nur im Gemüt, und es gäbe Menschen die alt gebohren würden, und Andre, die jung stürben, sie möchten noch so lange leben.

Was Sie mir über die weiblichen Schriftsteller, und ins besondre, über meine geringen Versuche, sagen, hat mich recht ergriffen, ja erbaut. Gewiß ziemt es sich eigentlich gar nicht für unser Geschlecht und nur die außerordentliche Großmut der Männer hat diesen Unfug so lange gelassen zusehen können. Ich würde recht zittern wegen einiger Arbeiten, die leider! schon unter der Presse sind, wenn ich nicht in dem Gedanken an ihre Unbedeutsamkeit und Unschädlichkeit einigen Trost fände. Aber für die Zukunft werde ich wenigstens mit Versemachen meine Zeit nicht mehr verschwenden, und wenn ich mich ja genötigt sehen sollte, zu schreiben, so gute moralische, oder Kochbücher zu verfertigen suchen. Und wer weiß, ob Ihr gelehrtes Werk, auf dessen Erscheinung Sie mich gütigst aufmerksam gemacht haben, mich nicht ganz und gar bestimmt, die Feder auf immer mit der Nadel zu vertauschen.
Ich bin entschlossen, für jetzt noch in Weimar zu bleiben. Lieber Himmel! sonst wußte ich gar nicht, was: einen Entschluß fassen, heißt, ja ich dachte oft, jeder Entschluß sei Sünde, und nur Eingebungen müßte man folgen. Wie ridicul! Und können Sie denken, daß mich noch vor kurzem ein solcher Moment überrascht hat? – ich hatte einen Traum, worin mein Vater mir erschien – aber nein! das hieße Ihren Witz zu viel Waffen gegen mich in die Hand geben!
Die Memoiren der Clairon hatte ich noch nicht gelesen, aber da mich Ihr Brief sehr begierig darnach gemacht hatte, wußte ich sie mir bald von einem meiner litterarischen Freunde zu verschaffen. Zu meiner großen Beschämung wollten sie mir aber gar nicht gefallen, ja sie kamen mir ordentlich pedantisch und langweilig vor. Indes habe ich alle Mühe angewandt, mich recht hinein zu studiren, und mit den Prinzipien der Verfasserin vertraut zu werden, so daß es mir endlich gelungen ist, sie ganz vortrefflich zu finden. – Über Ihren Einfall, sich mit H. von S – zu vergleichen, habe ich recht lächeln müssen. Das ist so einer von Ihren witzigen Einfällen! – im Grund ist es Ihnen recht wohl, indes Sie dabei andre aufs bitterste beleidigen. Gleichwohl verlangen Sie beklagt zu werden,

bloß um zuletzt über die andern zu schimpfen, sie mögen es tun oder nicht.
Ich hätte Ihnen noch mancherlei zu schreiben, aber ich sehe mit Erstaunen die enorme Länge dieses Briefs, bitte Sie deshalb um Verzeihung und bin mit ausgezeichneter Hochachtung

Ihre Dienerin

Sophie Friedericke Mereau geb. Schubart.

Sollten Sie mir wieder schreiben, Clemens, so verlange ich, daß Sie mir die artigsten Sachen schreiben, die übrigens gar nicht wahr zu sein brauchen. Ihre Wahrheiten sagen Sie nur Ihrer Geliebten, die ich, wie Sie selbst sagen, gar nicht kenne; aber da meine Persönlichkeit, die Sie gar nie geliebt haben, und gar nicht genug herab zu setzen wissen, doch Ihre Briefe lesen muß, so ist es billig daß Sie ihr entweder gar keine, oder angenehme Briefe schreiben. Sie nennen mich Psiche – warum das verstehe ich nicht, das kümmert mich auch nicht, aber der Name gefällt mir. Denn ich leugne nicht, daß, obgleich ich jetzt auf der Welt kein andres Leiden habe, als daß es einen Winter gibt, und daß ich nicht schön bin, doch – aber was geht das *Sie* an? – Leben Sie wohl, Clemens.

An Sophie

[Marburg, Februar 1803]

Liebe Sophie!
Nichts hat mich auf eine rührendere Art im Leben überrascht, als Ihr gütiger freundlicher Brief, ich darf Ihnen noch schreiben, Sie denken noch an mich, Sie haben mir geantwortet, Sie hatten keine Ursache dazu, ich hatte es nicht verdient, nicht verdienen wollen, sollten Sie meinen vorigen Brief verstanden haben, sollten Sie bemerkt haben, daß Leidenschaft, die sich selbst ehrt, die nicht mehr zudringlich sein will, die sich im innern verhöhnt, und mißverstanden wähnt, daß diese Leidenschaft solche Briefe schreiben kann, ach dieser Wahn ist zu süß! Sie haben meinen Brief nicht verstanden, Sie wollten

sich nur an mir rächen, indem Sie ruhig und freundlich mich mit scherzhaften Reden strafen, weil ich Sie beleidigt habe – und ich nehme Ihre Rüge mit Demut an, ist mir doch selbst das Gefühl eine Wollust, daß ich Sie noch beleidigen kann, wenn ich Sie noch beleidigen konnte, so kann ich noch büßen, so können Sie noch strafen, ach! und Sie können ja nur verzeihen, Sie können ja nicht strafen, Sophie! wenn es möglich wäre, wenn es möglich wäre! Sie hätten mich nur lieben gelehrt – und wenn Sie mir auch verzeihen, so will ich selbst büßen, ich will nicht länger mehr vor Ihnen schweigen, daß ich Sie noch liebe, daß ich Sie ewig lieben werde, ich will es Ihnen von neuem versichern, Sie sollen es mir von neuem nicht glauben, ich will wieder alle die Wunden aufreißen, ich will wieder elend werden, o liebe Sophie, wolle mir verzeihen, lasse mich wieder büßen, lasse mich wieder die süßen Schmerzen leiden, mit unendlichem Durst unerquickt vergebens Linderung von Dir zu erflehen, lasse mich wieder ein Bettler werden, der sich in Deinem Anblicke berauscht, und in Deinem Geize verschmachtet. Es ist mir nicht möglich, Ihnen heute auf Ihren Brief mehr zu antworten, es ist heute kein Festtag, kein Freudentag, diese wenigen Zeilen, die mein volles Herz ergießt verschmähen Sie sie nicht, sie seien den gütigen Göttern der Versöhnung eine Libation, und ich will mich vorbereiten, beten, alles Gute in meiner Seele versammlen, alle Denkmäler der Rührung, alle schöne fromme Minuten meines Lebens will ich zusammen rufen um Ihren Brief selbst zu beantworten, o gütiger Gott, wenn uns deine Hülfe am fernsten scheint, am Abgrund, in der Verzweiflung faßt uns ein Engel, o gütiger Gott, du bist allgegenwärtig, du bist in mir und in ihr, o laß dich von mir anbeten in ihr, wo du so menschlich, so göttlich freundlich erscheinst, o wolle handlen in mir, daß sie mich erkenne, daß sie mir vergebe, daß sie mir wieder lebendig, ja das Leben wird. Lebe wohl liebe, liebe Sophie, nur eine kleine Gunst gebe mir, sehe meinem nächsten Brief freundlich entgegen, und nehme ihn ohne Vorurteil in Deine Liebe Hände, Gott segne Dich –

Clemens.

O liebe, gute Sophie, ich habe gelogen, es ist heut ein Festtag, es ist ein Freudetag, ich muß Dir schreiben, gleich, ich will heute Nacht nicht zu Bette gehn, und immer immer fortschreiben, ich kann meine Hoffnung, meine Sehnsucht nicht teilen, ich will glücklich sein heute Nacht, o das Leben ist so ungetreu, vielleicht nimmst Du mir bald meinen frohen Wahn, jetzt glaube ich noch so fest, jetzt muß ich Alles sagen. Du liebst nur den Verstand, ach wenn mir die Liebe den Verstand nicht genommen hätte! Wenn ich so einsam mit Dir heutenacht spreche, wenn ich nur den Verstand nicht verliere; Aber ich will mich zusammen nehmen, ich will so kalt, so kalt sein, als säße ich bei Dir. O daß ich nicht bei Dir bin, das Schreiben fällt schwer, um ein einziges Wort kann ich meine Hoffnung sterben sehn, ich kann zu kühn sein, kann Dich nicht um Verzeihung bitten. Da ich noch um Dich war, da hast Du mich einen Blick gelehrt, den Du vielleicht wieder vergessen hast, ich kann kaum auf das Papier sehen, immer schlage ich die Augen so in die Höhe, als säße ich zu Deinen Füßen, und empfinde eine unendliche Seligkeit, aber ich finde Dich nicht; Ich will mich auf die Erde setzen, so bin ich Dir näher; es ist wunderbar, liebe Sophie, welche ewige Gesetze die kleinsten Handlungen, die in meinem Umgang mit Dir ihren Ursprung haben, meiner Natur geworden sind, wenn ich mich zur Erde setze, so bin ich weichherzig gerührt und ein kleines Kind – ich fühle es, liebe Sophie, ich fühle es mit Tränen, wir haben uns beiden Unrecht getan, ich fühle es, daß ich Dich liebe, und daß Du nicht ewig mit mir zürnen wirst, o könnte ich Dich rauben, und an dem Drachenfels am Rheine Dir eine Hütte bauen, und Dein Feld bauen, o könnte ich Dich zwischen den beiden freudigen Ufern hinauf und hinabfahren. Es ist eine freie poetische Existens möglich, die fern von dem Abendtheuer ist, und fern, von dem Häuslichen Tod, ich kenne diese Existens, ich lebe sie, aber ich bin einsam, und kein Mensch lebt mit dem ich freudig teilen mag, Leib und Leben, und Gedanken; o wirf mir nicht mehr vor, daß ein Dämon mich bewohne, der mir alle Ruhe nehme, o rate mir nicht mehr zu ackern und zu pflügen, um ruhig zu werden, ich kann nur Dein Feld bauen, nur in Dir liegen meine Schätze begraben, und mein Frieden, Sophie, lehre mich Dich verdienen, du selbst sollst ja reicher durch mich werden, ich will mich Dir ja ganz hingeben, wahrlich die Liebe ist keine Gabe, die Liebe ist ein göttlicher Wucher, diesen Wucher hast Du nie gekannt, Du traust der Liebe nicht, aber ich traue ihr ewig, ich glaube wieder an Dich, ich hoffe auf Dich, ich begehre Alles von Dir. Wir sind nun beide ruhig, wir sind frei, und ungebunden, bin ich nicht wert, um Dich zu werben, da Du glücklich und ruhig bist, da ich es wert war, da Du unglücklich warst, wie magst Du mich verdammen, den armen unerfahrnen durch Dein Leid und seine Lust zerdrückten Knaben. Unter reinem freien Himmel laß mich, mich Dir nähern, und verdamme mich dann. Liebe Sophie, die alte Zeit ist vorüber und aller Schmerz, es gibt nur eine Zukunft, ich liebe Sie, ich liebe Dich, o sei eins mit dieser Zukunft, störe den neuen Frühling nicht in mir, und Dir, gönne einmal mir noch mich Dir zu nähern, Dich einmal noch zu lieben. Ich kann heute nicht weiter schreiben, mein Glück, die bunte Seifenblase, in der freudig mein Leben widerstrahlt, ich will sie nicht in meinen Händen brechen sehn, gute Nacht, Du Engel, Du gütiger Engel, o schreibe gleich nur wenige Worte, nimm Alles, oder Gib.

An Clemens

[Weimar, März 1803]

Der zurückgekehrte Winter

Blaue Räume, lindes Wehen
ferne Träume, Wiedersehen,
Frühlingsdüfte, süßes Wähnen,
laue Lüfte, leises Sehnen.

Laue Lüfte, leises Sehnen,
doch der Winter kehret wieder,

Frühlingsdüfte, süßes Wähnen
tödten seine starren Glieder.

Tödten seine starren Glieder;
eingehüllt in kalte Flocken,
denn der Winter kehrte wieder,
muß der Erde Leben stocken.

Muß der Erde Leben stocken,
so mit eisigem Gefieder,
eingehüllt in kalte Flocken,
kehret die Erinnrung wieder.

Kehret die Erinnrung wieder,
laue Lüfte, leises Sehnen,
sinken sterbend vor ihr nieder,
Frühlingsdüfte, süßes Wähnen.

Es ist nicht unmöglich, daß wir uns wieder sehen; *hier* in Weimar aber niemals. Überlassen Sie es dem Schicksal oder Ihrer Gottheit, wenn Sie eine anerkennen.

An Sophie

Marburg den 18. Merz 1803

Liebe Freundin!
Die Art, mit der Sie abzubrechen pflegen, ist bloß durch das Mir nichts, Dir nichts überraschend, und ist bloß leidlich, weil man schwören kann, wenn man Sie gesehen, daß Sie die Sache wenigstens über einem schönen Knie brechen. Leichtsinnig sind Sie in allen Arten, nur selten so leichtsinnig, einzugestehn, daß Sie sich da gar nicht der Zweideutigkeit scheuen, wo das Glück des andern an bestimmten ruhigen Worten hängt. Auf das Recht Sie zu richtern habe ich Verzicht getan, seit ich Sie liebe, wenn Sie mich liebten, wenn ich Sie besäße, (wenn Sie mich kennten, heißt das) dann würden Sie mir selbst eingestehn, daß ich unfähig bin, Ihnen Unrecht anzutun, und daß nur ich Sie lieben kann. Ob ich es verdiene, von Ihnen geliebt zu

werden, davon ist bei mir keine Rede mehr, seit ich mich und Sie begriffen habe, ja die Art, wie ich Ihren letzten Brief gelesen habe, wäre wohl schon entscheidend für dieses Verdienst. Sie ermahnen mich immer zur Ruhe, zum Vernünftig sein, liebe Sophie, Sie haben noch vor kurzem mir ordentlich bange machen wollen mit Ihrer Versicherung, daß Sie selbst so vernünftig geworden seien, Sie erklären mich immer für fantastisch, und werfen mir poetische Selbsttäuschungen vor, ich habe alle diese Vorwürfe nie emfunden, und Ihnen nur deswegen nie erwidert, weil ich sie Ihnen nicht mit dem entschuldigenden Prädikat – poetisch – zurückzugeben wagte, ohne Ihnen Unwahrheit zu sagen. Wären Sie gerecht, Sie hätten mir schon längst geschrieben: »mein lieber Clemens, wenn ich gleich Ihnen, weder klar und deutlich und wahr schreibe, noch erscheine, so meine ich es doch sehr gut mit Ihnen, und freue mich recht, daß Sie mir auf meine ungeschickten Briefe, so vernünftig antworten, auch verzeihe ich es Ihnen recht von Herzen, daß Sie so sehr nach meiner artigen Gegenwart verlangen, denn ich fühle, wie wehe es Ihnen tun muß, wenn Sie mir so aus vollem treuen Herzen schreiben, und ich Ihnen dann über Berg und Tal herüber nur so ein unbegreifliches tausendeutiges Mäulchen mache.« Ach du lieber Himmel, hätten Sie Ihre Orakelhaft grausame Undeutlichkeit, gegen mich nur nicht in Versen, und zwar in der alten neuen Art ausgeübt, wo man Alles hinter sich und vor sich lesen kann, um hinten Nichts und vornen Nichts zu finden. Ich bin so erbittert auf dieses Silbenmaß, das mir durch seine unseligen Wiederholungen nur wiederholt, wie Sie mir gar nichts zu sagen haben, so erbittert bin ich, daß ich in diesem Silbenmaß eine Satire auf meine Beharrlichkeit schreiben will, ich will mich in diesem Silbenmaße auslachen, daß ich gar nicht aufhören kann, Sie zu lieben, Sie mögen sich auch anstellen, wie Sie wollen. Aber ernstlich, liebe Sophie, fühlen Sie denn gar kein Unrecht, mir so unbestimmt zu sagen, ich soll harren, und nicht harren, ich soll glauben, und nicht glauben – Ich versichere Sie so wahr, als ich meinen Hut wie ehemals unter einen Stuhl legen, und zu Ihnen hingehen und Ihnen die Hand küssen würde, wenn ich Sie wiedersähe, nein das ist nicht wahr genug, so ruhig könnte ich nicht sein, ich würde viel ruhiger sein, ich würde gar den Hut nicht ab tun, ich würde in die Stube treten und an den Boden sehn, ich würde weinen, und lachen, ach ich könnte Dich nicht ansehen, liebe Sophie, bis Du gelacht hättest, und gesprochen »nun wie geht es ihm, närrischer Brentano, unkluger Brentano? Was ist das für eine Art eine schöne Wittwe zu besuchen, er ist ja ganz verwildert, wunderlicher Mensch, man muß ihn wieder erziehen«. Sage, liebe Sophie, glaubst Du wohl, daß ich ein Wort reden könnte, wenn ich Dich wiedersähe? Du lieber Himmel, wenn ich Dich wiedersehe! Doch ich glaube, ich wollte Ihnen etwas versichern, also, so wahr, als ich hier vor lauter Freude bei dem Gedanken des Wiedersehns vergessen habe, wie wahr es ist, so wahr liebe ich Dich noch immer gar herzlich, und so gewiß werde ich Ihnen gefallen, so gewiß werden Sie mich recht artig, und liebenswürdig finden, wenn Sie mich wieder sehen. Wenn Sie nur eine Wette mir mir eingehen wollten, liebe Sophie, ich will allen meinen Bewerbungen um Sie auf immer und ewig entsagen, wenn ich Ihnen nicht lieb recht lieb werde, wenn Sie mich wiedersehen wollen. Ich muß mich wohl sehr verbessert haben, denn alle meine Geschwister achten und lieben mich, und ich bin zum Richter aller ihrer Herzens Angelegenheiten geworden, ich habe eine so moralische Korrespondens mit meinen Schwestern, wie ein kleiner Beichtvater, ach und was meinem Glücke die Krone aufsetzt, es ist Betinens Liebe, ein Geschöpf, Sophie, Sie würden sich selbst bei ihr vergessen können, einen solchen Engel hat Göthe noch nicht gedacht, Sie haben Sophien gekannt, wenn Sie Betinen kennten, Sie würden aufhören zu dichten, zu tändlen, zu sehnen, Sie würden ruhig werden, und zum erstenmal lieben. Dies Mädchen, Sophie, ist mein, mein allein, und wenn ich gut bin, so bin ich es, um ihr zu gleichen, um ihre Liebe, und ihren süßen Vorwurf, daß sie alles durch mich sei, zu verdienen. Die verstorbne Sophie verhält sich zu ihr, wie die prächtigen Gemächer der M de Bonaparte zum Frühling, wie ein Flitterfächer zur Sonne. Aber, liebe Freundin, sie ist meine Schwester, ach und wie verdiente sie, die Ihrige zu werden. Erschrecken Sie nicht, spotten Sie nicht, ich verstehe es in dem bürgerlichsten Sinne, sie ist schön, Sie sind schön, so wären Sie schöne Schwestern *belles soeurs*. In allem diesem liegt ein einfacher gut zu verstehender Verstand, ich bin ein sehr natürlicher Mensch, und rede von natürlichen Dingen, und wünsche zu besitzen, was ich mich zu befriedigen, zu beglücken getraue. Sophie, reden Sie so vernünftig mit mir, wie ich mit Ihnen, geben Sie mir eine Hoffnung, wie sie einem vernünftigen Manne gebührt, schreiben Sie mir, wie ein Weib, das ich ehren soll, und dem ich meine Treue anvertrauen kann, o schreiben Sie mir nicht mehr so undeutlich geziert, und hinhaltend. Ich fühle, was ich mir schuldig bin, wenn ich Sie nicht als ein Tor, sondern als ein denkender kluger Mann lieben soll, machen Sie mich nicht zum Laffen, und wenn Sie mich gleich nie wieder lieben zu müssen hoffen, wenn Sie gleich sich fest einbilden, ich würde nie der Mühe wert sein, daß Sie meiner begehrten, so behandeln Sie doch den Menschen, der Sie in den Mittelpunkt seines besten Lebens stellt, würdiger, Sie haben Gelegenheit dazu, denn er ehrt sich selbst, und zwar um Ihrentwillen. Sie halten es für nicht unmöglich, daß ich Sie wiedersehe, aber in Weimar nie, wo dann, wie? ich soll einer Gottheit vertrauen, wenn ich eine anerkenne, – ist das eine Phrase? so ist es eine, wo ein wahres ernstes Wort hingehört hätte, denn mir ist es wahr und ernst zu Mute gewesen, da ich Sie fragte. – Eine Gottheit? wollen Sie diese Gottheit sein? so werden Sie Mensch, und erlösen Sie mich, ich habe keine Gottheit im Leben, als Wahrheit, einfachen Sinn, Güte, Menschenverstand, und so viel Poesie, als man hat, wenn das in Ihnen liegt, so sind Sie es gewesen, die ich einstens ahndete, und deren liebster frömster Diener ich jetzt bin, sind Sie dies nicht, so waren Sie ein Götze, und jenes lebt in mir. Liebe Sophie sein Sie verständiger, nennen Sie verständig sein nicht eine trockne ärmliche Mäßigung in der Lebenslust, nennen Sie verständig sein, klar sein, billig sein, deutlich sein, herrschen durch wahre harmonische Ausbildung der Empfindung und der Rede, nennen Sie Verständig sein, Ihrem treuen lieben Clemens hübsch deutlich, und gütig antworten, und ihm einen Bescheid geben, was Sie von ihm dulden und nicht dulden.

C. B.

Wenn Sie mich mit einer Antwort erfreuen wollen, so schreiben Sie mir nach Frankfurt, ich höre so eben, daß Betine nicht wohl ist, und da will ich sie heilen – aber erfreuen – erfreuen mit der Antwort – liebe Sophie.

An Clemens

[Weimar, April 1803]

Ich will Sie sehn – Sie werden mir eine neue Bekanntschaft sein. Wie kann ich wissen, was ich für Sie fühle, da ich Sie nicht mehr kenne? – Fern sei der täuschende Eindruck der Ferne, der Einbildung, des betrügerischen Buchstabens! – den wahren, lebendigen Eindruck der Gegenwart begehre ich – er mag entscheiden!

Es ist nötig, daß ich jetzt eine kleine Reise tue – so bald ich zurückgekehrt bin, werde ich Ihnen bestimmt schreiben, wenn und wie ich Sie zu sehen wünsche. Schreiben Sie mir unterdessen, w o mein nächster Brief Sie findet.

S.

An Clemens

[Weimar, April 1803]

Ich habe Ihr Bild betrachtet, Ihr glückliches Bild! – Mögen Sie diesem Bilde wieder ähnlich werden, wenn Sie jetzt der nicht mehr sind, den diese sanft begeisterten Züge darstellen!

Ich habe gebetet, daß der Fluch, welcher auf Ihrer unglücklichen Familie zu ruhen scheint – denn da Sophie nicht glücklich war, wer ist berechtigt, sich so zu nennen? – nicht länger auf Ihnen ruhe, und ich glaube an mein Gebet.

Gebrauchen Sie die einfachsten, natürlichsten Mittel den Dämon namenloser Unruhe zu verbannen, der in Ihnen, nicht

außer Ihnen wohnt. Sie haben viel Talente; aber viel Talente ohne Willenskraft gleichen einem zarten, Blütenbeladenen Zweig ohne Stütze, den seine Zierde selbst nur tiefer herab zieht. Talente können Ehrfurcht für sich selbst einflößen, aber keine Achtung.
Suchen Sie durch einfache Beschäftigung, Arbeit, körperliche Anstrengung, ruhiger zu werden; aber ernstlich und ausdauernd. Ich f o d r e es von Ihnen. Sie haben mich selbst dazu berechtigt, und es wird also nun für Sie Pflicht es zu tun.
Sie erhalten hier ein wohlbekanntes Buch und einen Zettel, den ich Ihnen schrieb, eh ich Ihren Brief erhielt.

An Sophie

[Frankfurt, April 1803]

Ich glaube kaum Ihrem Briefe, so überraschend ist mir sein Inhalt, sprechen läßt sich hierüber nichts mehr, Gott gebe, daß wir uns so sehen, wie wir es wünschen, daß wir uns lieben, wie wir es verdienen, liebe Frau, ich bin sehr begierig auf mich und Sie, bei dieser Zusammenkunft, eins nur begehre ich, sein Sie nicht geputzt wenn wir uns wieder sehen, Sie waren es da wir uns trennten, sein Sie nicht von der Stunde unterrichtet, Sie waren es damals. Ach wie werden Sie sein? Ihren Briefen, Ihren Schriften gleichen Sie nicht; Etwas betrübt mich manchmal, Betine liebt Sie nicht, aber sie wird es, wenn Sie nur dieses Kind durch mich kennen lernen, so haben Sie mir vieles zu danken, und ich kann nie Ihr Schuldner werden. Daß Betine Sie nicht liebt, mag wohl daher kommen, daß sie eine so wunderbare Liebe zu mir hat, die nicht begreifen konnte, wie Sie sich je von mir wenden konnten, aber sie ist zu unschuldig, um irgend eine Notwendigkeit, als die mich zu lieben, begreifen zu können. Ich möchte Ihnen noch Vieles von mir sagen, wie ich mich verändert habe, aber ich will mir nicht vorgreifen; und ist es denn auch gewiß wahr, bin ich denn auch wirklich verändert? Das kann ich nicht wissen, ich kann nur wissen, daß ich Jahre lang ohne Sie war, daß ich Sie wiedersehen soll, und was ich vor Ihnen sein werde, das bin ich geworden; o Sein Sie auch geworden, was Sie vor mir sein werden, sein Sie redlich – Liebe Sophie, Sie sind in Ihrem Leben viel mit genug schlechten Menschen umgegangen, Vieles ist Ihnen ganz unbekannt, und das Meiste davon besitze ich. –.

Was Ihre Schriftstellerei betrifft, auch in der Hinsicht will ich Ihnen vieles raten, was Ihnen lieb sein wird, und wenn Sie es nicht unter die glücklichsten Stundes Ihres Lebens zählen werden, mich wiedergesehen zu haben, so soll es Ihnen doch eine nützliche angenehme Erinnerung werden. Sie sollen alles von mir wissen, was ich je für und gegen Sie empfand, o machen Sie mich nicht irre, sein Sie wahr, ungeschmückt, und recht ehrlich, adieu auf Wiedersehen liebe Seele

Dein

Clemens.

Wenn Sie mir wiederschreiben, so adressiren Sie den Brief an Betine Brentano, sie weiß immer allein, wo ich bin. Schreiben Sie mir bestimmt wo und wann ich Sie sehen kann, damit ich Ihnen antworte, ob es ganz möglich wie Sie es wünschen, eins vor Allem, ich sehe Sie nicht in Gegenwart eines Andern, was mich betrifft, so ist mir dies gleich, ich würde vor allen Menschen Ihnen sagen, was ich Ihnen in der vertraulichsten Einsamkeit sagen möchte, aber ich fürchte vor Andern werden Sie anders gegen mich sein, wenn Sie sich zu einem ähnlichen Selbstvertrauen erheben können, so sehen Sie mich in jeder Gesellschaft, in der Gesellschaft eines Weibes, das Sie lieben, aber welche verdient es? Adieu, adieu Du Engel.

An Clemens

[Weimar, Anfang Mai 1803]

Ihr letzter Brief enthält sehr vieles was mir mißfällt; er ist sonderbarerweise, vertraulich und trocken, zuversichtlich und argwöhnisch zugleich: wie können Sie zweifeln, daß ich ehrlich gegen Sie sein werde, da ich so ganz ohne Plan, ohne Absicht bin? – O! Clemens, lassen Sie unser Wiedersehen einfach, kindlich und lieber ganz bedeutungslos als unnatürlich sein! – Jetzt, da es geschehen soll, zittre ich Sie zu sehen, und doch wünsche ich es törich[t]erweise. Nun – so geschehe es denn ohne alle Vorbereitung! Kommen Sie nach Weimar; vom 25ten Mai bis 4ten Junii bin ich gewiß hier; später aber kann ich nicht dafür stehen. Lassen Sie mir ihre Ankunft wissen, und erwarten Sie meine Antwort. Wahrscheinlich bleiben Sie nur sehr kurze Zeit hier, doch wünsche ich daß Sie eine, mir sehr liebe Frau, kennen lernen. – Adieu, adieu! – o! wie lebe ich Sie zu sehen!

Vergessen Sie nicht, mir Ihr neues Buch, das ich angezeigt fand, mitzubringen.

An Sophie

[Jena, den 10. Mai 1803]

Liebe Freundin!

Ich bin seit zwei Tagen in Jena, und glaube Ihnen Rechenschaft schuldig zu sein, warum ich einen Ort wieder betrete, an dem wir Beide sehr unglücklich waren, einer der treusten Freunde von mir, Wrangl geht nach Rußland zurück, ich wollte ihn noch einmal recht lieben, und versuchen, ob ich es ihm unmöglich machen könne, mich ganz zu verlieren, und wir sind schon einig, er liebt mich so, daß er wiederkömmt und bei mir bleibt. Da ich Ihren letzten gütigen Brief erhielt, in dem Sie mir versprachen, daß ich Sie sehen soll, war ich im Begriff zu Arnim nach Paris zu gehen, ich habe sogleich auf diese Reise Verzicht getan, und bitte Sie nun recht herzlich, mich armen Jungen nicht zu vergessen, ich habe bis jetzt umsonst auf Ihre nähere Antwort geharrt, sollten Sie Ihre gütige Gesinnung für mich wieder verändert haben, so verhelen Sie mir es nicht, für neue Schmerzen, neue Freuden ist keine Stelle in meinem Herzen, Sie haben Freude und Schmerz in mir erschaffen, Beide stehen fest in mir, ich habe sie gebildet, es ist ein schöner Schmerz, eine schöne Freude, die sind ewig, und außer der Gewalt des Menschen. Wenn es Ihnen möglich ist, liebe Sophie, die Erfüllung Ihres Versprechens, mit meinem Hiersein zu verbinden, so wäre mir das ach! wie lieb, wollen Sie aber nicht, so bescheide ich mich gern Ihrem Willen, nur trösten Sie mich mit einigen Worten, denn liebe Sophie, so fremd bin ich Ihrem Herzen doch wohl nicht geworden, daß Sie nicht fühlen sollten, es müsse mir recht wehe tun, Sie so nahe zu wissen, und zu hören, Sie wollten mich nicht sehen. Ich bin weder keck noch demütig, sonst würde ich Sie überraschen, oder Sie anflehen, ich bin bescheiden genug, es Ihnen nicht zu verargen, wenn Sie mich nicht sehen wollen, und stolz genug, zu fühlen, daß Sie uns Beiden vielleicht dadurch

Unrecht tun. Sie werden täglich von so vielen gleichgültigen Menschen besucht, Ihre Magd geht bei Ihnen aus und ein, sein Sie einfach, lassen Sie mich eben so ruhig Ihre Treppe hinaufsteigen, Sie grüßen, ich will Ihnen nicht sagen, daß ich jener bin, der Ihrem Herzen einstens nah war, können Sie wieder eine vertraulichere Empfindung für mich gewinnen, so wollen wir uns anblicken wie Menschen, die sich einstens schon vertraut waren, die nicht mehr wissen, wo sie sich geliebt, und ihr unbegreifliches Wiedersehen sich durch einen frommen Glauben an Ewigkeit freundlich erklären, liebe Sophie, treu bin ich, treu wie Gold, schonen Sie meiner nicht, sagen Sie mir, komme, oder bleibe weg, meine Seele ist doch bei Ihnen, und Sie werden mich nie verlieren können. Wie kann es Sie stören? mich in Weimar zu sehen, wo ich nirgends keinen Schritt hin tun werde, als zu Ihnen, und von Ihnen zurück hierher, mich kennen wenige Menschen in Weimar, wer wird mich unbedeutenden Menschen bemerken, und noch eins – frei wie Sie sind, Ihre eigne Richterin, warum wollen Sie mich nicht sehen, – schämen Sie sich meiner? O dann will ich Sie nicht sehen, nicht lieben, denn wahrlich keiner soll durch mich Ihnen gegenüber stehen, den Sie nicht ehren dürfen, liebe Sophie, so schreiben Sie mir denn sogleich bestimmt, was Sie begehren, und wollen Sie mich sehen, so bestimmen Sie fest den Tag, und Ihre Wohnung, ich bitte Sie recht herzlich, ich will Sie gewiß recht erfreuen, ob mich Hulda wohl noch kennen wird, ob Du mich noch kennen wirst?

Dein
Clemens

bei Doktor Fries in Jena.

An Sophie

[zum 15. Mai 1803]

Am Sophientag

Süßer Mai du Quell des Lebens
Bist so süßer Blumen voll
Liebe sucht auch nicht vergebens
Wem sie Kränze winden soll

Süßer Mai, mit Blumen Glocken
Läutest du das Fest mir ein
Ich bekränze ihre Locken,
Will ein frommer Gast auch sein

Süßer Mai, zum Liebesmahle
Trägst du Blumen Kelche ein
Blüten Säulen stehn im Saale
Drüber wölbt sich Sonnenschein

Süßer Mai, in deinen Kelchen
Küssen fromme Biene[n] sich
Aber unter allen welchen
Hast du eingefüllt für mich!

Süßer Mai! du bringest nieder
Blume, Blüte, Sonnenschein,
Daß ich wisse, wem die Lieder,
Wem das Herz, das Leben weihn.

Clemens.

An Sophie

[zweite Hälfte Mai 1803]

Ich danke Dir für die gute Meinung, mir heitzen zu lassen, übrigens kann ich nicht hier unten bleiben, und Du mußt mich nur oben dulden, denn ich bin innerlich tief betrübt, wenn Du diesem meinem Schmerz nur einige Achtung wiederfahren lassen kannst, so ist mir halb geholfen, ich bin, wie die

Reben im Bierlande, sie weinen auch, aber geben keinen Wein. Wenn ich meinen Caffe getrunken habe, bin ich wieder bei Dir, hätte ich irgend einen andern Menschen, an den ich etwas fodern könnte, ich würde abwechseln, um Dir die Mühe mich zu sehen zu erleichtern, aber so bin ich bloß auf Dich angewiesen und mein Herz, und diese Beide tun mir weh. Habe einiges Mitleid mit mir.

An Sophie

[Weimar, Anfang Juni 1803]

Ich bin heute so reich an Friede und Liebe zu Ihnen gekommen, und so bettelarm haben Sie mich gehen lassen, nicht einmal Ihre Lippen haben Sie mir gegeben, Sie hätten mich nicht so sollen gehen lassen, denn gestehen Sie aufrichtig, woran soll ich glauben lernen, daß Sie noch lieben können, als daran, daß Sie küssen können. Sie haben keine Schonung für mich, ich habe Ihnen oft erklärt, wie fürchterlich die leere ewig ungelöste Spannung, in die Sie mich setzen, meine Gesundheit untergräbt, ich fühle die Folgen meines Umgangs mit Ihnen zerrüttender für meine *männliche* Seele und meinen *männlichen* Leib, als hätte ich mit sechs unersättlichen Weibern im engsten Sinne des Worts in der Tat gelebt. Ich kann nicht besser nicht lieber nicht klüger nicht angenehmer sein, als ich es bei Ihnen bin, denn ich fühle leider zu oft, daß ich nackt neben Ihnen stehe, wenn mich Ihre Hand mit kalten Schlägen trifft, oder ich den Harnisch umwerfen muß, ohne Sie verletzen zu dürfen, denn Sie sind ein Weib, die die Rechte Ihres Geschlechts noch geltend machen mag. – Sie haben gesagt, wir seien *verschroben*, ich habe Ihnen solche Sachen auf ewig vergeben, aber ich fühle deutlich, daß ich Sie nicht lieben kann, wenn Sie mich nicht achten können, ich verlange daher, daß Sie sich deutlich gegen mich erklären, daß Sie aufhören zu träumen, daß Sie nicht länger lieber an die Erde sehen, als in meine Augen, wenn Sie mich lieben können. Das bedeutungslose Spiel von redender Kälte und stummer Zärtlichkeit betrübte mich, machte mich verzweifeln und wenn ich fühle was ich tauge, was ich soll auf Erden, was ich können werde, wenn ich mein Verhältnis zu Gott und der Kunst recht begreife, so erbittert es mich. Darum liebe Sophie, nehmen Sie sich zusammen, ergeben Sie sich mir, oder stehen Sie so vortrefflich vor mir, daß ich mich Ihnen ohne mich zu mißhandeln ergeben kann. Gute Nacht liebes Kind, das hat nicht der Clemens geschrieben, das alles nicht, es hat es der beste Freund des Clemens geschrieben, der Dich so fruchtlos liebt.

– Das habe ich gestern Abend geschrieben, ich war kalt und ernst, jetzt bin ich müd und krank, denn Du hast mich die ganze Nacht nicht schlafen lassen, und hieltst mich in unerfreulicher Störung, ich bin nun müde und schwach, und würde Dir den Brief nicht schicken, wenn ich nicht fürchtete dadurch unwahr zu sein. Ich verlange von Ihnen, daß Sie mich heute sprechen, daß dies Gespräch entscheidend sei, denn Sie selbst mögen wohl fühlen, daß die Art, in der Sie mit mir umgehen, für mich nicht irgend eine Gattung der Vergnüglichkeiten mit sich führt, die den Jüngling an einen unbedingten Zeitlosen Verkehr mit den Weibern zu binden pflegen. Ich hoffe, liebes Weib, so stark wird Dein Gedächtnis sein, daß Du Dich wenigstens einiger Artigkeiten erinnerst, die Du von Ungefehr etwa mir entwickelt hast, um dieser Artigkeiten willen schone meiner, und sei menschlich, ich muß Dich heute sehen, sonst wird es ein verdammter Tag, Du mußt mich sehen, und wäre es auch bloß um mir auf eine minder tödliche Art zu sagen, als je, ich *liebe Sie nicht mehr*, ach Sophie, wann wirst Du aufhören können, mir das zu sagen. Ich bitte Dich um alles in der Welt, Sophie, wisse, was Du willst, und bedenke, daß alle Liebe ein Ende haben kann, denn man kann Sich das Leben nehmen, wozu ich zwar keinen Lüsten habe, und eben des wegen, weil ich nicht sterben will, drum will ich auch nicht so jämmerlich leben. Ich schicke Dir Betinens Brief nochmals, Du sollst ihn nochmals lesen, sie besinnt sich auf einen solchen Brief nicht so lange, als Du oft ob Du mich küssen sollst oder nicht, ob Du mich sehen sollst, oder nicht. O liebe, liebe Sophie, wie gehst Du in aller Unschuld schlecht mit mir um, denn wahrlich Du kannst nichts dazu, es ist – doch ich erinnere mich schmerzlich, wie oft ich alles dieses gesprochen, und geklagt, Gott kann mich nicht verdammen, wenn ich an den Wert meiner Worte bei Dir nicht mehr glaube, so sage ich dann das Letzte. Ich liebe Dich, ich werde von Dir gepeinigt durch Trägheit, und Kälte, denn wahrlich Du bist fleißiger mit Hans und Kunz zu tanzen oder diskuriren, als mich zu lieben, liebe mich wieder, und peinige mich nicht mehr.

An Clemens

[Weimar, Anfang Juni 1803]

Voigts wollen heute zu mir kommen; es würde mir lieb sein, wenn Sie und Majer auch kommen wollen und noch lieber, wenn Sie etwas vorzulesen mitbringen, denn ich bin entsetzlich stumm und dumm.

An Sophie

[Weimar, Anfang Juni 1803]

Liebe Sophie

Karl ist schon fort nach Camburg gewesen, ich schicke Ihnen daher das Gold wieder, da ich nicht weiß, wie es zu ihm gelangen kann. Denken Sie manchmal an mich auf Ihren Spazierwegen, und sein Sie barmherzig, gehen Sie bald wieder nach Weimar, ich vertraure sonst, am Abend, da ich Sie noch einmal sah, da waren Sie so freundlich, daß ich beinah fest versichert war, Sie liebten mich, ich verdiene es gewiß liebe, ich verdiene noch mehr, ich verdiene Alles, ich verdiene, [daß Sie] aus Liebe zu mir wieder glücklich werden, und daß Sie nicht wieder traurig werden, wenn ich in Betinens Brief schreibe, was Sie alles verloren haben, Sie haben Alles verloren, aber mich nicht, und das soll Sie für Alles trösten, und setzest Du nicht das Leben ein, wie kann dann das Leben gewonnen sein.

Dein

Clemens.

An Sophie

[Jena, Anfang Juni 1803]

Liebe Sophie!

Sie haben mir, da ich Sie zuletzt sah, so freundlich gesagt, Sie wollten hier an mich denken, ja stellen Sie sich vor, Sie waren so kühn, mir zu versichern, Sie würden sich nach mir sehnen, und ich glaubte es Ihnen, und war so glücklich. Auf diesen Glauben gründe ich diese Zeilen, sie sollen Sie erfreuen, sie sollen Sie rühren, wenn Sie auch gar nichts wollen, o liebe Sophie, übe das Vergeltungsrecht aus, freue Dich an diesem Briefchen, wie ich mich erfreute, wenn ich Deine Gestalt bei Vermehren am Fenster sah, ich habe von Zehn bis Zwei Uhr dem Hause gegenüber gesessen, und einigemal Deine Stimme gehört, daß Du diese Äußerung meiner Liebe nicht begreifst, und vielleicht deswegen nicht würdigst, habe ich früher schon in schmerzlichen Lehrjahren beweint, und doch Sophie liebe ich Dich nie mehr, als in solchen Minuten, ich liebe Dich dann, als seist Du mein durch Gott, und ich müßte Dir nahe stehn, damit doch einer nicht fern sei, der Alles um Dich wagt, der Dich liebt, der Dich erkennt, der das Höchste und Beste in dir liebt, von dem die andern Alle nichts wissen, denen es verliehen ist, dem Flitter zu erliegen. Hast Du mich erkannt, als ich vor Dir her gelaufen war, um Dir zu begegnen, Eingehüllt und bang ging ich an Dir vorüber, aber ich hatte mir von dem Verstande die Hände binden lassen, sonst hätte ich Dich in die Arme gefaßt, und wäre mit Dir fort gelaufen. Montag gehe ich wieder nach Weimar, ich bitte Dich, beweise mir meine Seligkeit, o komme bald zurück, ach wenn ich erst einmal wieder ganz ohne Zweifel bin, dann bin ich wieder ein Kind, und voll Mut, dann wirst Du mich recht lieben, und Alles, Alles um mich vergessen können. Sieh, liebe, es ist doch so natürlich, daß Du nach mir verlangst, wenn Du mich liebst, so natürlich, daß ich an Dir verzweiflen muß, und gar traurig werden werde, wenn Du länger hier verweilst, als Du mir versprochen hast. Ich will Dich recht gut unterhalten in Weimar, ich will schöne Sachen lesen, Arnims Briefe, Betinens Briefe, viele Lieder, und Geschichten, und der Gräfin will ich gefallen und allen Menschen, die Du liebst, Sophie, wärst Du ein naschhaftes Kind, ich wollte mich dann ruiniren in Zukerbrod. Stelle Dir vor, wie betrübt ich lebe in Weimar, wenn Du nicht da bist, da sitze ich ganz allein auf der Welt, und noch alleiner, als gegen Vermehrens Haus über, da ist keine Musik und kein Tanz, ach und Du bist auch nicht da. Liebe Seele, o verstehe mich, liebe mich, es ist um Deinetwillen, meinetwillen, des Lebens willen, es ist Gottes Wille. Dein

CB.

An Sophie

[Weimar, etwa 8. Juni 1803]

Liebe Sophie!
Binde doch meine Papiere zusammen, lege Betinens Brief dazu und ihr Bild, ich bin einsam, und ohne Trost, wenn Arnims Briefe und dies Bild nicht bei mir sind. Ich muß etwas im armen Heinrich ausstreichen, was nicht vor die Menschen, wie Sie jetzt sind, darf gebracht werden, ach es stand auch in jenen Briefen, die Du, die das Feuer nicht verbrannt hat, und wenn ich das nicht ausstreiche, und geheim halte, auf ewig, bis ich es Gott wiederbringen kann, der mir es gegeben hat, mir allein aus unendlicher Liebe, um die ich hier auf Erden leiden muß und gerne leiden will, wenn ich das je wieder ausspreche, was Betinen so an mich bannt, und mich an Sie, so muß auch dieses gute Buch zu Grunde gehn. – Ich habe an Savigny geschrieben, wie Du es wünschtest, aber am Ende des Briefs ward ich bewegt, wie nie, und meine letzten Worte waren, ich wiederhole sie, denn ich habe kein Hehl vor Dir; ach Savigny, Arnim und Betine! ach wärt ihr bei mir, wer wird mich ermorden, wer wird mich begraben, wer wird mit mir sterben, und wer um mich weinen! Sophie ich habe eine schreckliche Nacht gehabt, o hättest Du die Briefe nicht verbrannt, Sie waren alle an Gott, sie waren nicht Dein, Du hast die Gebete vernichtet, und hast mir die Zunge ausgerissen, ach ich hätte ja unter seinem freien Himmel beten können, wenn Du gleich meinen Tempel, und sein Ebendbild in ihm, Dich in Dir zerstört hast,

Mich treffen alle Schläge, kein Kuß küßt mich, ich verstehe das Schicksal, ich werde zu kämpfen wissen, und zu unterliegen. O Sophie! Du mußt vieles vergessen Vieles erlernen, die Kunst ist lang, das Leben klein, wer nicht unter freigebigen Gestirnen geboren ist, der muß viel vergessen, viel erlernen, o Sophie verstehe diese Worte, vernichte sie nicht, wie jene Briefe, ich fühle, daß ich nicht wahr gegen Dich bin, wenn ich Dir verschweige, was mich allein durch Dich beglücken kann, ach und ohne Dich ist mir kein Glück. Lieben mußt Du mich, lieben, unendlich lieben, wie Du nie geliebt, stumm mußt Du werden, fühlen mußt Du, was Deine Zunge nicht sprechen kann, alles mußt Du um mich aufopfern können, ringen und streben mußt Du nach mir, wie ich nach Dir, Betinens Herz mußt Du gewinnen, Sie muß Dich mir geben, Sie muß Dich lieben, wie mich, ach Sophie, was wollen wir anfangen, daß Du so wirst, sage, weißt Du gar noch nicht, wie Du es machen wirst, fühlst Du nicht, ob Gott wieder in Dein Herz steigt, der Dich verließ, da Du aufhörtest, jungfräulich zu sein, o bete recht zu Gott, vertraue auf Gott, er verläßt keinen Menschen, er hat mich auch nicht verlassen, da Du mich verließt. O welche Qual auf Erden, o wie göttlich ist die Erschaffung, wie teuflisch die Zerstörung, wie freudig wird der Himmel sein, Sophie, erschaffe Dich mir wieder, erbaue meinen Tempel wieder, daß ich Gott wieder lieben kann, ach Du wirst mich wohl nie recht lieben, Du willst wohl nicht leben, Du willst Dir nur die Zeit vertreiben, aber die Zeit ist ewig, der Tod ist ewig, ewig sterben, ewig kämpfen, ewig lieben, ewig Siegen, ach und dann die Ruhe, und der Friede, in Betinens Brief steht auch geschrieben, von diesem Frieden, ich bitte Dich Sophie, verführe Gott, daß er Wunder tut, o werde vortrefflich, fülle Dein Herz wieder überschwenglich an, nur das Überschwengliche kann erschaffen, nur im Überschwenglichen ist der Genuß und die Arbeit, und das Werk, und die Ruhe. Ich liebe Dich, sei stolz darauf, ach daß ich Dich liebe, es ist mir die Hoffnung, daß alles verlorne in Dir wieder gefunden wird, daß alle die Krämer aus dem Tempel werden vertrieben werden, so knüpfe Dein Vertrauen an diese Liebe, und an die Güte des Himmels, ich verzweifle allein nicht an Dir, weil ich Dich liebe, weil ich Dich so liebe, wie Betine lieben kann, und woran ein solches Leben angewiesen ist, wie das meine, das kann nie verderben, Sophie, ich schwöre Dir, wenn Du mich verlierst, so bist Du zu Grunde gegangen, o halte mich fest ohne alle Liebeskünste, halte mich fest, wie das Auge das Licht hält, und das Licht das Leben,

Clemens.

An Sophie

Weimar, Mitte Juni 1803

Hier die Puppe für Hulden, welche dies ungezogne Mädchen mir gestern Abend erst so schnöd anzunehmen versagt hat, ich wünsche, daß Sie ihr die selbe nur unter der Bedingung geben, artiger gegen mich und Sie zu [sein], und daß Sie sie ihr zur Strafe eine Zeitlang entziehen, wenn Sie nicht artig ist. Verzeihen Sie mir diesen Detail, der Mensch lebt nur im Ganzen wenn er im Detaille nicht stirbt. Die Heirat meines Bruders fällt mir vom Himmel herab, ich kenne das Mädchen nicht, daß Gundel mitreist, stimmt nicht für unsre Pläne, ich hoffe aber nun Betinen dort hin zu gewinnen, und Lotten, was im Ganzen besser ist. Was macht Ihre Leidenschaft, Ihre Aufopferung, liebes Weib, Sie setzen mich so sehr in Verwunderung, daß ich da stehe ganz verwundrungsvoll und weiß nicht, was ich denken soll, aber lieben – wen? Dich –

An Sophie

Weimar, Juni 1803

Liebe Liebe Sophie!

Erschrick nicht, daß ich wieder schreibe, es ist nichts Trauriges in diesem Briefe, es ist ja nur Liebe, lauter Liebe, ich bin krank, und kein Mensch auf Erden kann helfen, als Du, ach wenn Du mich so recht lieben könntest, wer könnte mich dann krank machen. Heute habe ich nun auch keinen Menschen gesehen, Majer ist nach Jena, ich habe mich auf die Erde gesetzt an den Ofen, so sitzt Betine immer, und da habe ich Deinen Brief gelesen und immer gelesen, und auch ein bißchen geweint, daß selbst Betine mich nicht trösten könnte, darüber habe ich geweint, daß Du, D u es allein bist, und es nicht verstehen kannst; über den Tränen und der ewigen heftigen Begierde nach Dir, Dir in allem Verstande, nach Deiner Seele, Deinem Jammer, Deiner Freude, nach Deinem Leichtsinn, Deiner Schwermut, ach nach Dir, und laß es mich zum erstenmale aussprechen, was meine Augen vielleicht auszusprechen zu ernst sind, o wie ich mich ziere! wie ich mich schäme! wäre ich eine Nonne, die Du verführen könntest, mir könnte das Herz nicht so pochen, ich zittre, und bebe doch, und soll nicht reden, ich habe alle Bande mit dem Leben gebrochen um Dich, und mich soll ewig die Scheu kindlicher Zucht martern. Im armen Heinrich da steht es geschrieben »wir liebten uns, und da hatten wir auch kein Hehl mehr vor einander.« Ach Sophie! wenn Du wüßtest, wie ich nach Dir dürste, Sieh, ich wünschte Du wärest ein Quell, ich würde mich Dir in den Weg legen, und würdest über mich hinschwellen, da würde ich in der Kühlung ertrinken, und Du würdest nicht vermindert durch mich, und kenntest mich nicht, und flössest Deiner Wege, mir, mir, dem armen glühenden Herzen wäre dann geholfen.

Liebe Seele, lieber Leib, liebe Sophie, o eines nur glaube nicht von mir, glaube nicht, daß ich frech sei, ich habe, was Du vielleicht vergessen hast, nur vier mal von solchen Dingen mit Dir geredet, und nie war es mein Wille, die Natur hat es immer gewollt, einmal war es in großen Schmerzen, da saßt Du auf dem Tisch in Jena, und ich bat Dich mit Beben, Du solltest keine Kinder mehr durch Mereau haben, da bat ich für Dich, das zweitemal da lag ich im Walde in Deinem Schoß, Du hattest mich viel geküßt, und ich war unersättlich geworden, und bat Dich, Du solltest mich Dein Herz küssen lassen, da wardst Du ernst und versagtest mir es, o schon in der Minute habe ich Dich darum geehrt, Sophie, ich habe nie Stolz genug besessen, zu glauben, ich sei der Mann, den Du gern umarmtest, aber ich war auch stets zu unschuldig zu glauben, es habe ein andrer mehr über Deine Zucht vermocht, als ich, ach und selbst meine Marter hast Du Dir schon frühe zum höchsten Reize erwählt, es war Deine Zucht, Deine Treue gegen Deinen Mann, den Du doch nicht liebtest, das drittemal, daß ich von solchen Dingen mit Dir sprach, war in der Verzweiflung, es war, da du mich verstießest, da sprach ich zu Dir: ob Du mir Deinen Leib für alle das Elend um Dich nicht geben wolltest, wenn Du ja doch mit Mereau bliebst, so wolle ich wiederkommen und wir wollten schlecht sein, weißt Du noch, was Du sagtest, ach Du warst auch in der Verzweiflung, Du sagtest, ja –, und letzt, da ich von Fr. Schlegel sprach, da war es [das] viertemal, sonst nie, gewiß nie, ich fühle die Gewalt zu sehr, die mich zwingt, ich weiß wohl, was ich Dir sage, denn jedes Wort zersprengt mein Herz, verbrennt meine Zunge. O Sophie, ich werde bald nicht mehr reden, nicht mehr dichten, man kann nicht sagen, was man fühlt, verachte mich nicht, verschmähe mein Ungestümen nicht, es ist ja so jungfräulich, o sei nicht weniger wert, als ich, verzeihe mir diese Worte, die ich mir selbst verziehen. Ich habe einmal Dich gesehen, so sehe ich Dich vielleicht nicht wieder, es war vorgestern, ich machte Dich aufmerksam darauf, da sahst Du mich an, wie die Liebe, und da habe ich es begriffen, da hast Du es gestanden und kannst nie mehr es läugnen, daß ich unendlich glücklich durch Dich sein werde, ach wie selig war ich durch diesen Blick, denn ich fühlte auch, daß ich ihn verdient hätte. Sieh ich verlange ja nichts von Dir, dessen Du Dich schämen müßtest, ich verlange, daß Du mein Weib seist, auf jedem Wege, den Du willst, aber entsage mir nicht so ruhig, wie Dein Brief, das schmerzt und macht mutlos. Deinen Brief verstehe ich ganz, Dein Herz verstehe ich ganz, und ich will das meinige mit einem Messer strafen, wenn es Dir nicht bald deutlicher wird, o Du mein Herz, poche nicht so, ach Sophie ich bin krank, ich muß weinen, wie ein kleines Kind nach Dir, und da habe ich so ein verdammtes Zucken in den Nerven dabei, so brennend und taub, ich kann es nicht beschreiben, aber ich will mich zu Bette legen, vielleicht wird es besser.

Morgen sehe ich Dich ja vielleicht, ach morgen willst Du mich ja vielleicht sehen, o Gott warum hast Du mich nicht schön erschaffen, damit sie mich lieber sieht, o warum sehe ich so ernst, so leidend aus, und kann Sie nicht erfreuen, kannst Du dich denn gar nicht an meinen Anblick gewöhnen, liebe Sophie, nur Du hast mich gelehrt, mit allem an mir unzufrieden zu sein, ich werde nie erschwingen können, was Dir genügt, o sei gütig, verlange nicht mehr, als mich, ich will ja gütig sein, und artig, wie keiner, auch das Bestreben kann ja einnehmend werden. Noch mals liebe Sophie, bitte ich Dich herzlich, denke durch einzelne Worte dieses Briefs nicht schlecht von mir, wenn Du diesen Brief nicht für den Brief eines liebenden Jünglings hältst, der das Herz eines Kindes hat, dann

Versteh mein Kind Versteh
Ich sage Dir Ade
Mein Herz hast Du gebrochen,
Drum kann es nicht mehr pochen,
Bis ich Dich wieder seh!

Gestern Abend hast Du zu mir gesagt *»o Sie können hier umwenden«*, darüber habe ich nun auch noch weinen müssen, sei doch liebreicher gegen mich. –
Im armen Heinrich steht auch *»alles was man in der Liebe tut*, ist *heilig«*. drum bitte ich Dich herzlich, verspotte meinen Brief nicht, ich habe ihn nochmals gelesen, ich schrieb ihn gestern, aber was ist Gestern? seit ich Dich liebe, sind alle Gestern verloren, alle Heut Sehnsucht, und alle werden zu Gestern werden. Ich bin wieder ruhiger, aber spotte nicht über meinen Brief, es wäre mir schrecklicher, als Dich ganz zu verlieren, wenn Du Deine Ehrfurcht vor meiner Zucht verlörest. Ich will ja gar keine Erklärung über diesen Brief, nur verändre Deine Freundlichkeit darum nicht gegen mich, Gott hat Dir etwas verliehen, was er keinem Wesen auf der Erde gegeben, selbst der Natur und der Kunst nicht, o mißbrauche diese Macht nicht, Du hast eine Macht über mich, Du kannst mich zum Tugendhelden, und zum Schurken machen, Tugend und Laster kannst Du mir geben, o sehe auf Deine Arbeit,

wisse, was Du tust, lasse mich nicht verderben, um Betinens willen nicht, Sie ist außer Gott das Höchste, was der Mensch lieben kann, und sie ist mein, wenn ich Dir sie zeige, so hast Du Alles von mir erhalten, mehr habe ich nicht.

An Sophie

[Weimar, Juli 1803]

Ich bitte Sie um ein Ja! oder Nein! ob man wohl heute zur Gr[äfin] gehen kann. Guten Morgen.

FM.[1]

Ich habe gestern einen Abend zugebracht im Park, der in der Geselligkeit das war, was Sie mir dort in der Liebe gewesen, so wohl ist es mir lange nicht geworden, im Mondschein saß ich unter Freundlichen Menschen, und war mir selbst ein Fremdling aus einer unendlich bessern Welt, alle Menschen haben sich an mir und meinem frommen und milden Gesang herzlich erfreut, aber ich wußte nichts von allen den Menschen, ich habe mit meinem eignen Herzen vor den andern laut in der geheimsten Vertraulichkeit gelebt, und war so liebend gegen mich, daß ich allen lieb erschien, ach wenn Du mich nur recht lieben wolltest, so recht innig, wie ich es noch kaum selbst, wie es nur Betine versucht hat, wahrhaftig ich kann die Menschen glücklich machen, so werde denn wieder recht ein Mensch. Heute nach Tisch bringe ich Ihnen den sanften, lieben, scheuen Stoll. Heute Abend halte ich Dich in meinen Armen, und küsse Dich, und erfreue Dich, und mache Dir das Leben süß, und lese Dir noch einige Briefe von Betinen, die ich gefunden habe, und laufe von Dir wieder in den Park, und singe den Leuten, viel kindischer und glücklicher noch als gestern, denn gestern hast Du mich nicht geküßt, gestern hast Du allerlei närrische Reminiszensen von jeher gehabt, morgen Früh um drei Uhr fahre ich mit Genz und

[1] Handschrift von Friedrich Majer.

Stoll nach Lauchstedt und sehe die Eugenie, und komme wieder, habe Dich wieder, küsse Dich wieder, o Sophie tue die Augen auf, liebe mich, sehr, sehr liebe mich, vergiß das Leben, vergiß daß Du eine artige Frau bist, Herz habe, Arme habe, Lippen habe für mich allein, trinke mich aus, so lange ich schäume, dann kannst Du Dich im reinen Kelche mit Freuden spieglen, denn Du wirst neu lebendig, schön und verjüngt sein, wenn Du Dich in mir berauscht hast, o lasse mich nicht stehen, wenn Du den Schaum zerrinnen läßt, und in mich blickst, so bist Du nüchtern, so siehst Du Dich ungenesen, mit den Wunden Deines vorigen Lebens geschlagen in mir, und trauerst, o Sophie trinke, trinke, werde gesund, mache mich gesund.

An Sophie

[Weimar, Juli 1803]

Si vous aimez de me voir aujourdhui, comme on aime toujours de voir ce qu'on aime, faitez me le dire avant midi, parceque Maier ne dine pas chez moi, je vais aller al' *Erbprinz*, si je ne vous verrez pas, je serois tout seul et *betrüblich*. Je ne viendrai pas avec Maier chez la Comtesse, il me repugne, de me presenter par la *Heerstraße*, chez votre amie, et il me flatte plus, d'avoir un Droit de la voir, un peu de plus, qu'un autre, parcequelle ce dit votre amie, et de ne pourtant pas la voir, qu'il me serois agreable, de la voir, comme chaque autre homme. Ce billet est en francois, parce que vous saves, ce que je veux en allemand, c'est toi, toi, ame de ma vie, belle ame, ama, a moi, aime, amant, mama!

An Sophie

[Weimar, 21. Juli 1803]

Geben Sie mir doch den alten Roman ein wenig bis der alte Sprachmeister fort ist. Übrigens sei zu tausendmalen gegrüßt, Du göttliche Orthodea, ich habe wieder wunderliche Briefschaften erhalten, von Savigny, und der Laroche, ich werde so sehen, ob Du mich recht liebst, denn ich werde nechstens ungestaltet sein, da ich mich nun schon drein ergeben habe mir einen Buckel zu lachen.

Clemens.

An Sophie

[Weimar, Juli 1803]

Es hat mir leid getan, Dich nicht zu finden, und auch keine Nachricht von Dir, und das Alles von Deiner mürrischen Magd so ins Gesicht geworfen, warum weiß ich nicht einmal wo Du bist? Warum läßt Du mich umsonst laufen, ich habe nie eine niederträchtigere Empfindung, als wenn mich eine freche Magd von der Tür meiner Geliebten weist, wenn Du nach Hause kömmst, so lasse mir es sagen, ich warte bis es dämmert, dann komme ich, und sehe ob Du Licht hast. –

An Sophie

[Weimar, Juli 1803]

Ich scheue mich beinahe an Dich zu schreiben, Du bist befangen und hast kein Vertrauen zu mir, und glaubst ich sei bald so, bald so, Du hast viele Briefe von mir, und viele Worte, ich habe sie alle in tiefer Bewegung geschrieben, und geredet, Du liest sie ruhig, sie sind Dir angenehm oder nicht, Du läßt mich reden, bitten, flehen, ich habe Dich dran gewöhnt, Du gibst mir keine Antwort, sitzt von mir gewendet, und meine Augen die Dich suchen, sehen Deinen Rücken, Du kannst zum Fenster hinaus sehen, mich fremd nennen, in der armen Stunde, um die ich den langen Tag zu vergiften suche, ich soll solche Tage vergessen – was soll ich? ich fühle, was ich soll, treu soll ich sein, und wahr, und vertraulich, – o was wirst Du sollen? Wenn ich glauben soll daß Du mich lieben kannst, so sehe nicht lieber an die Erde als in meine Augen, ich bin nicht schön, aber auch nicht schrecklich, und rede mit mir, vertraue Dich mir, spricht Dein Herz aus, Deine Zweifel, Deine Wünsche, wenn Du das nicht kannst, o Sophie, es ist ein Irrtum von Dir, Du liebst mich nicht recht, wie könntest Du sonst wagen nun zu denken, ich sei bös, ich bin gerecht, Du bist nicht kalt, Du bist nur verkältet, verzeihe mir meine Reden, ich meinte es ja so ehrlich, und will nie wieder Dir ein Lied schreiben, wie heut, ich will alle die Vertraulichkeiten, die Du mir gibst, annehmen, ohne zu denken, Du räumest mir ein Recht ein, und hebe ich Dein Strumpfband auf (hony soit qui mal y pense). Tue Du umgekehrt, oder wie Du willst, ich schäme mich oft, daß mich manchmal solche Fesslen drücken, da ich doch im Herzen die ewge Freiheit trage, liebe Sophie gehe um mit mir, wie Du willst.

An Sophie

[Weimar, Juli 1803]

Ich habe nicht geschlafen, ich habe weinend den Morgen kommen sehen, es war Betine die über die Dächer zu mir stieg, mich zu trösten, aber sie hat mich nicht getröstet, in dieser Minute erhalte ich ihre Briefe, und das Zusammentreffen meiner Worte und ihrer Ankunft erschüttert mich heftig. Ich komme zu Dir noch vor Tisch, ich kann nicht mehr schreiben, ich fühle mich unendlich einsam, O Sophie hilf mir, o um Gotteswillen werde ein Engel und hilf mir, fürchte Dich nicht vor mir, ich werde ganz stille bei Dir sein, aber ich muß mit Dir reden, und weinen, o wer weinen könnte, in meinem Gehirne, da ist ein Krebs. O Sophie, was willst Du mir geben, damit ich mehr habe als mein Feind, mehr als meine Liebe, ich schwöre Dir, wenn Du mir wieder sagst, ich liebe Dich nicht, so erwürge ich Dich und mich, denn ich sterbe ja dran, es vergiftet mich ja, ist das dann nicht die Liebe, die Du gibst, doch ich will ein Mann sein, ich bin ruhig, o um Gotteswillen laß mich zu Dir kommen, ich werde so freundlich sein, wie ein Engel, Meine Seele ist ein biegsames Kind, ich liebe meine Seele, sie ist die Seele eines Engels, Betinens Seele, und ich will sie göttlich erhalten.

Clemens.

An Sophie

[Weimar, Juli 1803]

Ich bin ein wenig krank, liebe Seele, aber doch noch gesund genug, eine hinlängliche Armee Deiner Feinde im Falle der Not tod zu schlagen. Im Ganzen bin ich sehr betrübet in den Teilen. Deine schöne Sorge richtet mich gewissermaßen auf, meine schöne Sorge aber richtet mich gewissermaßen hin. – Da ich gestern vor Deiner Tür war, da lag der gestirnte Himmel über der Erde, und ich war die Erde, und vergaß Dich, ich war glückselig, und erinnerte mich eines alten Bundes, den ich oft erneute, und gestern wieder, da ich Deine Liebe zu besitzen glaubte, war ich bei Jena Abends auf einen Berg gestiegen, und des Nachts dort geblieben, da lernte ich die Sterne kennen, und sie liebten mich, da Du mich verstoßen hattest, blieben sie mir treu. Da ich über Betinens Geschick verzweifelnd einstens in der Nacht von Ofenbach ging, waren die Sterne sehr ruhig, ich öffnete Rock und Weste, und nahm Halsbinde und Hut ab, und sang ein helles Lied, und ward ruhig, so auch habe ich gestern gefühlt, was ich soll auf Erden, und die Sterne haben mich getröstet, Sophie, die Sterne sind wie Betine so bedeutungsvoll, sie lieben mich, und sollten sie sich selbst zerstören, sie werden mich glücklich machen. Da ich an den Brunnen am Zuchthaus kam, sah ich ein Mädchen auf mich zu gehn, mich ergriff eine große Angst und dann eine sehr ernsthafte Freude, ich blieb stehen, das Mädchen auch, dann ging sie zurück, ich auch. Wenn es eine Hure war, so habe ich sie wahrhaftig für die Unschuld gehalten, und warum soll auch gar nichts Gutes an so ein Wesen kommen, närrisch ist es, daß ich einigemal die Lippen bewegte, ihr Betine zuzurufen, aber ich konnte nicht sprechen. Sonst habe ich gut geschlafen, und bin ganz so gestimmt, wie damals, als wir von Dornburg abfuhren, sehr mild. Ich habe noch eine große Bitte an Dich, sei mir im Ganzen liebreicher, sanfter und vertraulicher, ohne Scherz, ohne Neckerei, und mache den Bund mit mir, etwas sparsamer in unseren jetzigen Liebkosungen zu sein, sie haben kein End, sie haben keine Sättigung und doch alle das zerstörende des Heißhungers, den Mann vernichtet so etwas mehr als der völlige Genuß, denn er ist die gehemmte Tätigkeit, doch liebes Kind muß dies Entsagen einen Ersatz haben, sonst werde ich gar betrübt, lasse mich Dich liebevoller ruhiger, aufmerksamer, anhänglicher an mich sehen, und schminke Dich nicht mehr, doch wir wollen das Gott überlassen, Vertrau mir, vertrau Gott, sei ein Kind, aber ohne Falsche Wangen, ich will Dich mit meinen Augen schminken, in meinem Herzen sollst Du jung sein, so fliehe dann die andern, sie sehn Dich verblüht, und verwelkt. Dein

Clemens.

An Sophie

Weimar, Juli 1803

Trinke Dir keinen Rausch, und sei nicht zu lustig, denke, daß ich nicht bei Dir bin. Gestern Abend war ich recht betrübt, Du bist doch in der Liebe lange nicht so wohltätig als Betine, die würde sich bei [der] Ahl[efeld] nicht so in einen Winkel gesetzt haben, daß ich hätte ferne von ihr sein müssen, die hätte das nicht ausgehalten, sie wäre stolz gewesen, vor allen Leuten hätte sie sich zu mir gesetzt, auch wäre sie nicht so lustig nach Haus gegangen, und hätte mich hinterdrein gehen lassen, auch wäre es ihr unmöglich gewesen so froh ihrer Türe hineinzuschlupfen, ohne mir vorher wenigstens die Hand zu reichen, ich weiß nicht, aber solche Vernachlässigungen sind es, die mich schwer verwunden. Ich schwöre Dir, liebe, so lange Du nicht öffentlich vor allen Menschen mit mir einsam zu sein verstehst, und so lange Dir dies nicht eine rechte Wollust ist, so lange liebst Du mich nicht, ich erschrecke oft darüber, daß die Liebe Dir noch immer Etwas Verbotnes scheint, es ist mir oft, als stehe ein Gespenst Deines Mannes vor Dir, und erlahme solche Vortrefflichkeit in Dir, Du kennst mich nicht Sophie, rühre Dich, ich bitte Dich um Gottes willen, um Betinens willen.

An Sophie

[Weimar, Juli 1803]

Dieser Zettel ist nichts als ein Kind der Ungeduld von dem ungedultigsten Kinde, er soll Dir nichts sagen, als was Du weißt, und glaubst, und hoffst und liebst, daß ich Dich liebe, ganz närrisch liebe, ich habe die ganze Nacht von Dir geträumt, ein solcher Traum ist eine wunderbar schöne Insel der Liebe, worauf wir zwei Robinsone sind, wenn aber der Tag anbricht, so verschlingt sie das Weltmeer der Liebe, ich weiß auch nicht mehr, was ich träumte, denn ich träume nun wieder wachend von Dir und nur von Dir. O ich werde einen Vogel abrichten, einen schönen bunten Vogel, der Dir den ganzen Tag singt, freue Dich traut Lieb, Dich liebt er so herzlich, Lieb, Lieb, Lieb, o Du mein! Ach ich kenne mich nicht mehr, mein ganzes Leben ist verwandelt, eine Menge Flammen, die ich eingekerkert in der Tiefe schlagen über meinem Haupte zusammen, nächstens sollst Du mich mit glühenden Locken sehen, eine Menge Quellen die mein Innres fesselte, brachen ihre Bande, und strömen durch meine Adern, mein Blut wird ein Kastalischer Quell und mein Herz taumelt, es pocht nicht mehr, bald, bald werde ich singen, wie keiner vorher, es ist eine goldne Zeit entstanden, o münze diese Zeit, Sophie, dann sind wir unendlich reich, o mache Dir ein Halsband und Ringe und einen Gürtel daraus, denn alles irdische werde ich einst an Dir zerbrechen, lege solchen ewigen Schmuck an, einen Talisman gegen alle Zerstörung –

Ja es ist wahr, es ist möglich, Du liebst mich, (in diesem Augenblick erhalte ich Dein eignes Geständnis) Gott! welche Begegnung! Du antwortest mir, ehe ich Dich anredete, es ist das erstemal, es ist Gott gelungen, Du bist in die Ordnung eingegangen, Du liebst mich, wie ich und Betine lieben.

Dein Clemens.

Wie Wunderbar ist es, daß Du mir in demselben Augenblick schriebst, Du weißt nicht, wie mich das rührt, solches Herrliches zusammentreffen ist der wahre Beweis, daß ein Zustand wahr und lebendig ist, daß er ewig ist, und daß Gott sich hineinmischt.

An Sophie

[Weimar, Juli 1803]

Liebes, gütiges Weib, ich will heute zu Oberweimar essen, ich habe es dem Pfarrer schon so lange versprochen, und er hat mich heute nun zum drittenmale gebeten, schicke mir doch Deine Guitarre, daß ich dem Menschen eine Freude machen kann. Soll ich Dich heute sehen, ach ich möchte Dich immer sehen, wie Du mir gestern den Schlüssel herabwarfst, das ist nun das zweitemal, daß Du mir etwas vom Fenster herabwirfst, weißt Du – in Jena das Schnupftuch – ich war schon auf dem Wege nach Jena zu gehen, und dort zu schlafen, denn in der ganzen Stadt war alles zu Bette, nur die Liebe meine Liebe, Deine Liebe, die liebste Liebe wachte noch, kennst Du mich noch Sophie, nach solcher Vertraulichkeit, wenn Du wüßtest, wie schön, wie allmächtig schwach Du bist, in meinen Armen so ergeben, so gebend, Du könntest noch besser verstehen, wie ich so kühn bin, Alles zu durchbrechen, ach es ist mir dann, als hätte ich die Welt in Flammen gesteckt, und Du allein seist unzerstörbar und ich müßte mich flüchten in Dich, um Dir Deinen Geliebten zu erretten, und wenn alles ausgeglüht sei, so lägen wir geschmolzen in eins, ein goldner Kern voll unendlicher Kraft im Mittelpunkt, und Gottes Wille sei in uns gefangen, so daß eine neue Welt sich um uns anlegen müsse. Wenn es Dir möglich ist Geliebte, so sage mir, ob ich heute Abend zu Dir kommen soll, um mit Dir spazieren zu gehen, es wird heute gewiß ein schöner Abend, wir wollen dann vertraulich miteinander reden über unsre Liebe, unser Glück auf Erden, ich will mild sein, und ruhiger, wenn Du unter dem freien Himmel bist, in so göttlicher Gesellschaft Deiner lieben unschuldigen Freunde der grünen Bäume, dann bin ich schüchterner, und Du herrschest durch meine Nebenbuhler, schreibe mir ein paar Worte, soll ich nach acht Uhr zu Dir kommen, Liebe Sophie. Ich schicke Dir hier Betinens Briefe, ich glaube mehrere davon last Du noch nicht, lies sie doch, und freue Dich ihrer, wie glücklich wäre ich, wenn Du in einem vollen Liebevollen Momente Deines Herzens Betinen schriebst, so recht innig wie Du mich liebst, was würde ihr das eine Freude sein.

An Sophie

[Weimar, Juli 1803]

Genz plagt mich, ich soll ihm mein Lustspiel lesen, und Du kannst Dir nicht denken, wie ungern ich lese, was ich bis zum Ekel gelesen, aber es muß sein, und ich bin so betrübt, daß ich nun nicht frühe zu Dir kommen kann, aber ich habe kapituliert, und um neun Uhr, wie es schlägt, bin ich gewiß bei Dir. So lustig war ich lange nicht, als da ich Dir gestern den Hut abzog, der Mond kneipte mir ordentlich in die Wangen. Wenn Du es weißt, Sophie, wie ganz gewaltig ich Dich liebe, dann weißt Du, wie glücklich Du zu sein schuldig bist. Lebe wohl bis um neun, o Du! mein –

An Sophie

[Weimar, den 5. August 1803]

O der wunderschöne Brief Betinens, suche die schönsten Stellen Schakespärs und Göthens und immer doch der wunderschöne Brief, o welche Wahrheit, Unschuld und Tiefe, Du weißt nicht, wie mir bei einem solchen Brief wird, es sind meine Worte, meine Gefühle in einem Klaren See abgespiegelt, ich schwöre Dir bei Gott, ich bin wie dieser Brief Betinens. Ich werde ihr heute schreiben, daß Du mein Weib nicht wirst, daß wir Freunde sein wollen, wie glücklich wird sie dadurch wieder werden. O schicke mir diesen Brief wieder. Für Deine lieben Worte innigen Dank, wenn ich von Hause gehe, geht Betine immer bis zur Türe mit, gestern lehrte Dich es der Zufall, aber Du sahst außer mir auch noch dem Mondschein, der Musik nach, Du warst aber dennoch natürlicher, als je – Leb wohl mein guter.

Clemens.

An Sophie

[Weimar, August 1803]

Von den Mauern Widerklang –
Ach! – im Herzen frägt es bang:

Ist es ihre Stimme?
Und vergebens sucht mein Blick:
Kehret mir ein Ton zurück? –
Ist's nur meine Stimme? –

Auf der Mauern höherm Rand
Sind die Blicke hingebannt,
Doch ich seh nur Sterne;
Und in hoher Himmelssee
Ich die Sterne küssen seh –
Wären's unsre Sterne!

Nacht ist voller Lug und Trug,
Nimmer sehen wir genug
In den schwarzen Augen;
Heiß ist Liebe, Nacht ist kühl,
Ach, ich seh ihr viel zuviel
In die schwarzen Augen.

Sonne wollt' nicht untergehn,
Blieb am Berg neugierig stehn;
Kam die Nacht gegangen.
Stille Nacht, in deinem Schoß
Liegt des Menschen höchstes Los,
Mütterlich umfangen.

– – –

An Sophie

[Weimar, August 1803]

Willst Du mir Trost verleihen
Laß mich aus deinen Augen,
Der Liebe Schwärmereien
Minutenwahrheit saugen,

Laß um des Lichtes Quelle
Die trunkne Fliege schwirren,

Laß, wird es ihr zu helle
Sie in die Flamme irren.

Du sahst im Nektarkelche
Die heitre Psyche sterben,
Wenn ich noch länger schwelge
Läßt du mich auch verderben?

Aus deines Herzens Raume
Möcht' ich nur einmal trinken,
Und dann zum kühnsten Traume
Im Götterrausche sinken.

Du bist die Zaubervase,
Die meinen Geist umhüllet,
Und im Champagnerglase
Ist schon mein Los erfüllet.

– – –

Sieh dort auf dem Wiesengrunde
Tanzen jetzt ein Elfchen munter
Unterm Rosenbusch hinunter,
Der die Blätter niederstreut.

Elfchen spielen Lotto heut,
Schreiben auf die Blätter Nummern,
Ja du darfst nur kühnlich schlummern,
Denn dein Glück kommt dir im Schlummer.

Du gewinnst die beste Nummer:
Eine Braut wirst du im Schlummer,
Drum erwachst du ohne Kummer,
Hochzeit Hochzeit, hohe Zeit. –

Sieh wie scheint der Mond so weit,
Und die Frösche und die Unken

Singen bei Johannisfunken
Ihre Metten ganz betrunken.

Brünstig glühn Johannisfunken,
Sternlein kühl am Himmel prunken,
Und das Irrlicht hüpft betrunken,
Wo Du gingst ein Jungfräulein.

Auf dem Acker glüht ein Schein,
Wo beim Drachen eingetruhet,
Kaltes Gold das rot erglutet,
Fiel dein Kränzlein unvermutet

In des Drachen Gruft hinunter
Und der Drache ist gebunden,
Und der Schatz ist Dir gefunden:
Gold und Silber, Edelstein,
Und drei Rosen die sind dein.

An Sophie

[Weimar, den 22. August 1803]

Ich zeige Dir mit diesen trostreichen Zeilen an, daß ich armer Schelm hier in Weimar gezwungen bin, Dich zu überleben, denn der Lauf der Postwagen nimmt mich erst in der andren Woche mit, also gehst Du von mir, ich nicht von Dir, und Du kannst mich im Stiche lassen, wirst Du die Hulda mitnehmen können, wirst Du die auch im Stich lassen, o mein göttlicher Sophus, sei kein Unmensch, ich lieb Dich so sehr, so sehr, wie die Fische im Meer. Ich hab Dich so lieb, so lieb, wie der Krämer den Dieb. – Ich hoffe und weiß es gewiß, daß ich heute Nachmittag nicht von Dir weiche und wanke, ich bitte Dich um Gottes willen schicke mir, was Du mir gestern nicht geben wolltest, ach und zur Belohnung mache es noch ärger als es war, oft ist es mir sehr drollig, wenn ich bedenke, wie Deine Ohren so ganz Deinem übrigen Leibe abtrünnig auf ihre eigne Hand züchtig sind, ich werde sie Dir noch abschneiden, und als einen rechten Tugendspiegel in ein Kloster schikken müssen, o Du Engel, bei dem ich auf die Heirat gehe.

An Sophie

[Weimar, den 22. August 1803]

Ich weiß nicht ob Du heut viel Besuche machst oder erhältst, aber ich bitte Dich von Herzen, bedenke, daß Du heute Abend um 6 Uhr fortfährst, daß ich Dich lange nicht mehr sehe, daß ich unendlich liebe, und spare mir noch einige Stunden auf, in denen ich Dich anschauen und mit Dir reden kann, mir ist es so tiefsinnig, ich liebe Dich so herzinnig, o Geliebtes herrliches Weib, wie bin ich unendlich glücklich durch Dich, sprich, wann soll ich zu Dir kommen, ißt Du zu Haus? ich bin ganz außer aller Zeit gerückt, es ist mir, als träumte ich, ich wäre gestorben. In mir ist eine Sehnsucht nach Dir, ich möchte in jeder Minute zu Dir hin, mein Herz drängt gegen die Wand der Brust, wie ein Lebendigbegrabener gegen seinen Kerker, o liebes Weib, mir ist als hätte ich Dich in tausend Jahren nicht gesehen, o hilf mir, mache, daß ich bald bei Dir sein darf, ich fühle mich so treu, und freundlich, ach Du Gott und nun von Dir scheiden.

Brichts nicht in Freud brichts doch in Leid
Bricht es uns alle Beiden
Ach Wiedersehn geht fern und Weit
und Nahe geht das Scheiden.

An Clemens [Weimar, August 1803]

1.

Durch Wälder und Felder, dem Tale entlang
o weh,
da schallt aus dem Grünen des Liebchens Gesang:
Ade,
Du hast mich verlassen, o Liebster mein!
muß dennoch ewig dein Eigentum sein,
Ade, o weh, Ade, ja Scheiden und Leiden tut weh.

2.

Es singen und springen die Vögelein,
im Hain,
und munter spielet der Sonnenschein,
so rein.
Die Bäume, sie flüstern und tun darauf
mit Freuden die grünen Äuglein auf,
im Hain, so rein, im Hain, im Frühlingssonnenschein.

3.

Doch nimmer, im Schimmer er kehret zurück,
o weh
er sucht in der Fremde das flüchtige Glück,
Ade,
im Frühling nur stärker die Sehnsucht entglüht,
so lange die Blume der Liebe nicht blüht.
Ade, o weh, Ade, ja Scheiden und Leiden tut weh.

4.

Wenn Schwalben aus falben Gebüschen ziehn
Ade,
wird dann nicht mir wieder sein Augenlicht glühn,
o weh

so leg ich mich sterbend mit treuem Sinn
wohl unter die sterbenden Blumen hin,
Ade, o weh, Ade, ja Scheiden und Leiden tut weh.

An Clemens

[22./23. August 1803,
auf der Reise von Weimar nach Dresden.]

Ich schreibe Dir schon, mein Lieber, und ich habe Dir eigentlich den ganzen Weg über geschrieben, denn ich dachte immer an Dich, die einzigen Augenblicke ausgenommen, wo ich recht inbrünstig betete, und zwar nicht für Dich, sondern für mein Kind. Ich habe ernste Gelübde für sie getan und ich schwöre Dir, ehe ich nicht mit meiner Liebe zu ihr alle die eisernen Banden schmelze, alle die Giftpflanzen ausrotte, die schlechte Gesellschaft in ihr kindlich Herz gepflanzt, und sollte ich sie mit meinen Lippen aussaugen, eher will ich Dich nicht wieder sehen.

Meine Reisegesellschaft ist besser als ich dachte, und meine gute Natur hat alles schnell besiegt. Ich fühle daß es der A- recht ernst gewesen ist, mich zur Reise zu bereden, denn wir fühlen uns recht kindisch wohl beisammen. Wir waren auch wegen des Sitzens gar nicht geniert, denn ich und die A- stiegen ganz wohlgemut auf den unbedeckten Sitz unter den lieben feinen Abendhimmel und ließen die Dame mit ihrer üblen Laune von dem ledernen Kutschhimmel bedecken. Ich glaubte, Dich noch irgend wo sehen zu müssen, aber vergebens, und das war auch gut, denn ich hätte wohl mit keinem schönren Eindruck scheiden können. O! wie hast Du so viel Liebe und Seligkeit in diese letzten Minuten gehäuft! ich habe jetzt alles andre vergessen, alle die Schmerzen und Wunden; aus Deinen Augen hat sich eine Brücke über den tiefen Abgrund geschlagen den ich zwischen uns fühlte und ich gehe nun sicher zu Dir hinüber! – ich kann Dir nicht sagen, wie ich für Dich fühle, aber ich glaube Du hast es begriffen, weil mein Herz so selig ruhig ist.

Ich schreibe wohl sehr verwirrt, denn um mich her sind eine

Menge Erkennungsscenen vorgefallen – das erste Abendteuer – woher nur eigentlich dies Wort kommen mag? – Wir werden recht vergnügt sein, denn die A- und ich sind die gesundesten, lustigsten, bequemsten Seelchen von der Welt. Und so

will ich die Grillen, die alten, vertreiben
Du sollst mir, gaukelnde Jugend, noch bleiben!

Die Nacht ist hoch und sternvoll, ich mache oft die Augen zu und sehe Dich dann ganz lebendig neben mir sitzen. Du Sonne und Mond, Sommernacht, und weil ich der Traum Deiner Augen bin, bin ich ein Sommernachtstraum. – Gute Nacht, Lieber, – ich kann doch auf der Welt nichts als beten und lieben, und so bin ich ewig eine arme Frau, aber ein überschwenglich reiches Kind.

An Clemens

Weißenfels früh 7 Uhr

Die Nacht war sehr kalt, und ich schwankte auf meinem luftigen Sitz im Schlaf wie eine Grasblume im Wind. Wir kamen in der Nacht durch Schulpforte, wo wir an einigen sehr hohen Linden vorbei fuhren, die in dunkeln Träumen dastanden, und ich unterließ nicht, als eine gute Christin, dabei an Klopfstock zu denken, dessen Genuß vielleicht an ihnen empor gewachsen ist. – Als es Tag werden wollte, strahlten alle Sterne weit heller und freudiger; ich dachte an Deine Augen, und an die Stunden der Trennung, die [uns] so schön vereinigten. Warum ist das so, daß alles schöner wird, wenn es sich bald verändert, und wird das wohl im Tode auch so sein? – Die Wolken erröteten endlich vor Freuden.

Wurzen.

Der Weg von Leipzig hierher ist ganz unerträglich. Außer ein paar Strohhütten, die vor Weinlaub nicht aus den Augen sehen konnten, war alles leer und tod. Die wenigen Gegenstände, die man sieht, scheinen immer vor einem auszureißen;

denn wenn man auch ein paar Bäume zu erheischen glaubt, so sind sie, ehe man hinkömmt, schon weit auf die Seite gelaufen, und nur das Wasser, welches man entdeckt, ist das einzige was in dieser Ebne stillsteht. – Leipzig bleibt mir ewig ein fataler Ort; alles kömmt mir krank und geziert vor, und selbst die Vögel, welche bedächtiger als an andrem Ort durch die Zweige hüpfen, sehen alle aus wie der Professor Eichstädt – Du kennst ihn wohl? – Von meinem Aufenthalt weiß ich nichts, als daß wir schlecht logirt waren, daß wir Zunge essen mußten, welche Ansorg füglich seinen Herrn hätte bringen können, als er ihm befahl das schlechteste vom Markt zu bringen, und gefüllte Kohlrabi, durch die man beweisen konnte, daß Leere der Fülle vorzuziehen sei; ferner daß ein Herr Duwau zu uns kam und Semur kommen wollte, daß wir in einer Kirche waren, die mir nicht gefiel, und ich auf den Spaziergang alles durch einen schwarzen Schleier sah. Die Minna R.[eichenbach] mochte ich nicht besuchen; je näher ich ihr kam, je ferner ward sie mir, und wenn sie mir nur den kleinsten Zug von dem Gemälde, das ich von Dir in meiner Seele trage, verändert hätte, ich hätte sie ja hassen müssen. – Was geht sie mich denn an? sie ist für mich nicht da.
Meine Gute A. gewinne ich immer immer lieber, aber die Mamma, die Mamma! – Der arme Ahl[efeld] hat sich wahrhaftig in kein Blumenfeld gebettet, und er hat sehr recht gehabt, sich mit frischen gesunden Meerwasser zu waschen, damit er sein Leben erhält, und nicht auf den steinigen Boden verschmachten muß.

An Clemens

Dresden. Mitwochs [den 24. August 1803]

Nun sind wir hier! – Ach! Clemens, wie sehne ich mich nach Dir! wenn ich nicht bald Briefe von Dir habe wird meine Liebe Hungers sterben. – Ich bin ganz erschöpft von Nachtluft, Fahren und Bekannten. Überall stößt man auf welche – ich habe mir schon bald den Kopf an ihnen eingestoßen, und ich finde daß das Leben nur intressant ist, wenn es unbekannt ist. Auch eine Art von Abendteuer, eine Art von Anbetern fand sich, ich bin aber heute zu verdrossen um es zu erzählen. – –

Die Gegend bis hieher hat mir gar nicht sehr gefallen; das Marburger Tal ist gewiß weit romantischer, und die Menschen sehen hier alle aus, als wenn sie Langeweile hätten – so kurzweilig wie Du ist kein einziger.

O! die arme, arme A! – ich muß sie alle Tage mehr lieben und mehr bedauren. – Diese Mutter – es ist kaum auszuhalten. Es hat schon mehrere furchtbare Auftritte gegeben, und nur meine Gutmütigkeit hat manches vermittelt. – Die A. ist auch sehr verändert, sie ist sehr niedergeschlagen und gar nicht mehr, wie sie in Weimar war; ich fürchte ihr Unglück wird sie noch ganz prosaisch machen.

Sie hat hier eine Jugendfreundin gefunden, und hat mich nun schon in eine Menge Bagage verwickelt, daß mir hören und sehen vergeht. Denn ich fühle es, ich bin nicht mehr tolerant, ich bin heftiger geworden, und kann vieles nicht mehr ertragen.

Gegen Abend gingen wir ins Bad. Das war mir eine sehr vergnügte halbe Stunde, ich war auch da allein, und konnte ungestört an Clemens denken. Darauf gingen wir, mit der schon erwähnten Bagage spazieren – aber wie selig ward mir zu Mute, als ich auf einmal Tiek erblickte! – ich weiß selbst nicht warum ich mich so unendlich freute; ich war wie verrückt, und es war mir fast, als hätte ich Dich gesehen. Wir sprachen unaufhörlich zusammen, unaufhörlich von Clemens, und kehrten uns an die andern gar nicht. Auch er fand die A. ganz anders als in Weimar, doch ich hoffe, sie soll nicht immer so sein. Morgen verreist er, dann aber erwarte ich daß wir ihn täglich sehen. Gute Nacht! ich sterbe fast vor Müdigkeit.

Donnerstags. Abend.

Guten Abend, lieber Clemens! ei! wie froh bin ich, daß ich bei Dir bin! Ich bin aus einer Gesellschaft, wo die andern noch sind, fortgegangen, ich sagte ganz naiv ich müsse schreiben, ließ mich von einem garstigen Hofrat, der mich immer neckt und mir ganz pedantisch die zärtlichsten Sachen sagt, nachhause führen, wo ich mich aufs Sopha warf, mir von einem artigen Markeur das Abendessen bringen ließ, und nun zum erstenmal frei atme, und Dir schreibe. – Die Menschen hier gefallen mir gar nicht. Ich habe noch keinen einzigen Mann gesehen, mit dem ich nur ein Wort hätte sprechen mögen, und keine Frau in die Du Dich nur einen Augenblick hättest verlieben können. – Den Morgen waren wir auf der Gallerie, wo wir nun täglich hingehen. Die Menge Eindrücke betäubt mich ganz und ich weiß für diesmal nichts, als daß ich ein Gemälde sah, von dem Du mir viel gesprochen. Ein spanischer König hat seine Geliebte als Venus malen lassen und sich selbst vor ihr, auf der Laute spielend. Des Mittags waren wir in Gesellschaft, ich glaube es war sehr langweilig, aber ich habe nicht viel an das gedacht, was mich umgab. Dann sahen wir den japanischen Pallast. Ich mußte mich über vieles wundern. Die collossalischen japanischen Gefäße und die abendteuerlichen chinesischen Formen, Blumen, Farben und Pagoden machten mich nachdenklich. Auch waren einige allegorische Abbildungen aus Biskuit da, über die ich mir recht den Kopf zerbrach. Du möchtest sie vielleicht zu leicht finden, sonst schrieb ich sie Dir. Das Merkwürdigste war ein ganz Service, welches Rafael in früher Jugend gemacht haben soll, als er in eine Töpfers Tochter verliebt, für ihren Vater arbeitete, und worauf bald ein Apostel bald ein Liebesgott zu sehen ist. – Auch sahen wir einen von indianischen Vogelfedern wunderbar gewirkten Bettumhang, der erst jetzt wieder aus dem Staub des Alters hervorgezogen wird. Die südliche Glut und Schönheit der Farben ist ganz unbeschreiblich; es war mir, als fühlte ich mich auf einmal in einen Amrawald versetzt, ich fühlte die göttliche Luft und sah das schimmernde Gefieder neben und über mir flattern und scherzen. –

Wir machten noch einen weiten Spaziergang, die Gegend ist schön, mir aber nicht anziehend genug; doch hoffe ich noch auf einige romantische Partien, die uns Tiek anordnen soll.

Ich will Dir noch ein Liedchen schreiben, welches ich schon unterwegs in Gedanken dichtete. Ich dachte an unsern letzten

Spaziergang in Weimar, und wie ich nun allein den Bach besuchen würde, und dabei fiel es mir ein.

In Tränen geh ich nun allein,
am Quell – Du kennst ihn wohl.
Ich blicke in den Bach hinein,
daß er mich trösten soll.

Du freundlich Liebesangesicht,
wie bist du doch so fern!
Dich bringt mir nun kein Tageslicht,
bringt nicht der Abendstern.

Mein Leben schließt die Augen zu,
weil es Dich nicht mehr sieht,
indes in Träumen ohne Ruh
mein Herz stets zu Dir zieht.

Die leise Welle rinnet klar,
und zeigt den grünen Grund.
O! Welle mache offenbar,
was wohl mich macht gesund!

Die Welle schweigt und fliehet bald,
doch unten frisch und hell
grünt wundervoll ein Pflanzenwald
bedeckt vom klaren Quell.

Und aus dem frischen Wasserreich
steigt hell der Trost zu mir
»es grünet so der Hoffnung Zweig
auch unter Tränen Dir«.

Gute Nacht, Clemens! – strafe mich für meine schlechten Briefe bald mit einer guten Critick, aber setze sie, ich beschwöre Dich, keiner fremden aus. – Die Augen fallen mir zu, und ich eile in Träumen zu Dir.

An Clemens

Dienstags. August. [30. August 1803]

Morgen ganz früh reise ich von Dresden ab, und ich habe eine Punschpartie ausgeschlagen, um heute noch an Dich zu schreiben. Doch will ich Dir gestehen, daß das Gefühl einer unendlichen Müdigkeit auch seinen Teil an dieser Entsagung hat. Überhaupt habe ich mich während dieser ganzen Zeit körperlich gar nicht wohl gefühlt. Ein heftiger Schnupfen und ein zur Hälfte geschwollnes Gesicht haben mich nicht verlassen; vielleicht wollte mein Körper noch auf seine eigne Hand Deinen Abschied betrauern. –

Ich will Dir nun noch eine kurze Skizze von meinem hiesigen Aufenthalt geben. Ich habe einige mir liebe Bekanntschaften gemacht. Der Maler H a r t m a n n hat mir sehr gefallen, er hat ein wunderbares, allegorisches, äußerst tief und poetisch erdachtes Bild gemalt; vielleicht beschreibe ich es Dir ein andermal. Auch eine Malerin, Fr. v. Bose, war sehr gefällig und liebenswürdig. – Ich habe eine Menge Gedichte entworfen, die ich Dir abschreiben und Deiner Critick unterwerfen will. – Freitags waren wir zu Tiek gebeten, die Bernhardi war da; über sie einst mündlich. Nur dies, als wir auf der Straße waren, war das erste, daß ich in ein lautes Gelächter ausbrach, hingegen die A. mit der Braut von Messina ausrief: o! wär ich tausend Meilen weit von hier! – Doch verschweige auch dies; ich habe sehr wichtige Gründe dazu, und so etwas wird leicht zur Aneckdote, die Länder durchwandelt und in unrechte Hände gerät. – Überhaupt ist alles was ich tue und tat, ein Beweis, daß ich ein gränzenloses Vertrauen in dich setze.

Sonnabend waren wir wie Gewöhnlich auf der Gallerie. Nachmittags aber mit der schon erwähnten Bagage in einem Garten, wo ich wieder Bekannte fand, und ohne die A. mich sehr gelangweilt hätte. – Sonntags in der katholischen Kirche; da war ich selig, ich vergaß alles um mich her, und lebte nur noch in Tönen und Gebeten. Mittags wieder in langweiliger Gesellschaft; nachmittag in einem öffentlichen Garten und dann im Theater. Das Stück: Barbarei und Größe, war schlecht genug um zu amüsiren. Nächste Woche werden hier die Hussiten und gleich darauf Herodes vor Bethlehem gegeben. Gestern in der Gallerie. – Wie mannigfaltig mir der hiesige Aufenthalt, für mich selbst genützt hat, wünsche ich Dir einst mündlich zu sagen; geschrieben wird es leicht pedantisch. Den Nachmittag taten wir in Gesellschaft eine herrliche Fahrt auf der Elbe. Der Abend war unbeschreiblich schön. Ich habe dieses Farbenspiel, diesen göttlichen Glanz auf und über dem Wasser nie geahndet. – Heute war ein sehr stürmischer Tag. Bei dem lieben Hartmann, auf der Gallerie, bei dem Maler Grassy, Graf, den Anticken – bei Tiek, der mir noch sehr freundlich war, und von dem ich Dich grüßen soll, auch von der A. – Ich bin ganz zerschmettert an Seel und Leib von all diesen Eindrücken. Morgen trenne ich mich nun von der A. Wir sind sehr vertraulich geworden, und sie ist wirklich recht unglücklich. Ich habe mich aus allen Kräften bemüht, sie zu trösten, und es ist mir auch gelungen; jetzt aber, da sie weiter reist, will nichts mehr helfen. Sie sagt, das Leben sei nun aus, und behauptet es so fest, daß ich am Ende selbst beistimme und traurig werde. – Doch mich selbst, läßt meine Leichtigkeit nicht untergehen. Jetzt will ich schlafen.

Ade, die Äuglein fallen zu,
Gott geb Dir, Liebchen, sanfte Ruh!

An Sophie

[Marburg, den 1. September 1803]

Liebes vertrautes Herz, am Mittewoch Abend bin ich in meiner Einsiedelei eingetroffen, ach wärst Du nur schon hier, da die Natur noch so schön ist, und könntest die herrliche Gegend genießen, ich bin recht fröhlich gerührt in dies schöne einfache Leben zurück getreten, ich bin unendlich mehr wert hier, Du wirst mich hier unendlich mehr lieben; in dem Augenblick da ich in Weimar meine Wohnung verließ erhielt ich Deinen liebevollen, herrlichen Brief, das war der erste Brief, den ich von Dir erhielt, o Sophie, wie werden wir glücklich sein, in unsrer Liebe, da ich Dich nun auch achte, und ehre, sieh, ich schreibe dies hier ohne alle Leidenschaft nieder, nichts betrübt, nichts stört mich, als daß ich keine Ausdrücke mehr für meine Empfindung für Dich habe, ich kann Dir nicht sagen, wie ich Dich liebe, so ruhig so glücklich, so genug, so allein mit Dir, aber ich will es Dir beweisen durch Schonung, Freundlichkeit, Treue, und Güte, o wie kann je wieder uns Etwas stören in unsrem Glück, kein Zweifel an Dir kann mehr in mir entstehen, denn wäre auch das Unmögliche möglich, wäre es möglich, daß Du nicht ein solcher Engel wärst, wie ich Dich fühle, so wäre und bleibt es doch unmöglich, daß Du es nicht werden würdest durch meine Liebe, meine Treue an Dir. Sophie, wir wollen beide täglich, stündlich besser werden, eines durch des andern Liebe, das sei unsrer Liebe Werk. Die Natur die ich Dir hier so schön beschrieben, ist bei weitem schöner, denn da ich sie zuletzt sah, war ich noch nicht wieder glücklich, und hatte keine Freude an ihr, aber jetzt sehe ich erst in welchem Feenpallast ich lebe. Ich habe Hoffnung, daß Du in dem nehmlichen Haus noch höher und schöner wohnen kannst, als ich, in jedem Falle aber sicher neben mir und eben so schön. Savigny freut sich innig auf Dich, o verwandle Deinen Vorsatz nicht, bleibe nicht aus, mache mich nicht unglücklich, ich bin einen Sensitiva, da Du auf Erden wandeltest schlugst Du mich nieder, jetzt da Du am Himmel stehst, wende ich mich zu Dir; Du glaubst nicht, welches Glück ich auf Dich baue für Dich und mich, ich habe eine Hoffnung, so reich wie meine Liebe.

– Deine Begierde Dein Kind wieder zu verwandeln, wenn sie wahr und beständig ist, ist Deiner Unschuld und Tugend würdig, nur bin ich versichert, daß es Dir nicht gelingen wird, ich bin fest überzeugt, daß sie ganz natürlich verwildern muß, damit ihr die verdammte Kultur, die Lüge vergehe. Das Nonnenkloster, in dem meine Geschwister waren 10 Stunden von hier zu Frizlar, und welches auch Protestanten aufnimmt ist sehr wohlfeil, einfach und Natürlich, und Betine erinnert sich stets mit Freude daran, ich glaube die Pension besteht aus 10 Louisdors Jährlich, doch hierüber mündlich mehr. Ich bitte Dich nochmals innig um Alles in der Welt komme bald zu mir, jeder Tag ist Dir verloren mir verloren, ich kann nicht leben, nicht dichten ohne Dich, ich kann nicht spazieren gehn, ja ich bin ein Krüppel, der die Stube nicht verläßt, selbst an Dich schreiben läßt mich meine Sehnsucht nicht, was soll ich Dir sagen, soll ich froh sein, glücklich? da ich dich nicht in den Armen halte, halte Wort, Du liebevoller süßer Schutzengel, komme bald zu mir, denn ich versichre Dich, Du wirst hier, was man nennt, zu Dir selbst kommen. In meinem nächsten Brief gedenke ich Dir schon mein Logis bestimmt abzuzeichnen, und Dich zu fragen, was ich Dir an Meublen bestellen soll, liebe Seele, ich glaube, Du wirst Marburg sobald nicht wieder verlassen können, so reizend erscheint es mir, wie ich Dir in Dornburg auf dem Berge sagte, die Aussicht aus Deinem Fenster wird schöner sein. Savigny, der Dich recht sehr lieb hat, wird Dir ein Freund sein, wie Du Dir auf Erden nie etwas träumen ließest, o wie freue ich mich unendlich auf mein Ganzes Leben, Alles steht in Gottes Hand in Deiner Hand. Mein Herz ist voll, so voll aber ich kann nicht reden, ich sehe aus, wie meine Büste, Tieck hat mich gegriffen aus Deinem Herzen, wie Du mich liebst wie Du mich neu gebären wirst. Da ich nun von hier aus dieser Ruhe, dieser Milde, dieser lieben Heimat, dieser Werkstätte meiner Sehnsucht nach Dir, o Du mein schönstes einziges Werk, nach Dir zurückblicke, wie schön unendlich schöner malt die Ferne Dich, wie blühen alle Deine Worte, Blicke, Küsse, zu Unschuld, Liebe, Wollust vor mir auf, O Sophie! göttlich, liebes Weib, komme zu mir. Wenn ich jetzt an mein Fenster trete, liegt unter mir eine ganze Stadt, neben mir sehe ich eine Meile im Umkreis Garten, Feld, Wiese, Wald, Fluß, Weg, Tal, Berg, alles so nah und vertraulich, so fern und Verheißend, ach und Dich in einer solchen Mondnacht im Arm am Fenster, oder auf einer der Terrassen unsres Gartens oder auf unserm Turm, und Du sagst mir mit Deiner Ruhe Deiner Seligkeit, daß Du mich liebst, daß Du glücklich, besser durch mich bist, und ich mache es wett und sage eben so, und am Ende haben wir beide Recht, o Sophie, ich sehe Dich vor Augen, ich weiß, wie Du gehen, stehen, blicken, ein Engel sein wirst an Leib und Leben in dieser Umgebung, o wie freue ich mich, ich schwöre Dir, die Natur, die Liebe, die Freundschaft, das ganze Leben kann hier nichts für Dich sein als eine Toilette an der Dich die Engel aufputzen, daß Gott und Menschen ihre Freude an Dir haben. Verzeihe mir, die Seligkeit, die ich für mich und Dich aus Deinem Auffenthalt hier weiß, sie ist so groß, daß sie dir immer unmöglich scheint, es ist mir so wohl auf Erden noch nicht geworden, ach tue es, komm um Deines eignen Glückes willen, gieße einmal alle Freude über mich, ob ich es aushalte, ob ich nicht sterbe vor Lust. Wenn ich an unsren Abschied denke, so meine ich beinahe, er sei eine unsrer schönsten Stunden gewesen, wie einig und glücklich waren wir nicht, und dann Dein Brief, Dein Brief! Da Du mir ihn schriebst, da war Dir so, wie ich nicht glaubte, daß Du noch sein könntest, da warst Du voll Drang, Liebe und Begierde, Du hattest noch jenen jungfräulichen bangen Vorwitz, Du mußtest mich lieben, und wußtest doch nicht, was Liebe ist. Deine Reise betrübt mich noch immer, denn nun weiß ich nicht, wo Du bist, alle meine Pole sind mir verrückt, ich weiß nicht, wohin mich mit meinen Gedanken wenden.

Ach lieber Gott sprich ihr ins Herz,
Sprecht ihr von mir ihr Sterne,
Dann blickt mein Liebchen Himmelwärts
Und ist mir nicht mehr ferne.

O Sophie, denkst Du dann auch an mich, wie viel tausend Lieder aus allen Zeiten singen von untreuer Liebe, wie viel tausend Schwüren ist das Herz gebrochen, o sei aufrichtig, sprich, liebst Du mich noch – wenn Du mir trauest, so will ich Deiner Liebe eine Verstärkung schicken, damit sie mutig und tapfer sich hält, bis ich sie entsetzte (dies wäre nicht entsetzlich), nehmlich wisse, daß ich in Weimar gar nicht liebenswürdig war, daß ich, wenn ich zurück denke, mich sehr schlecht fühle, jetzt hier in diesem Momente bin ich so lieb, so gut, und ich schwöre Dir, dieser Moment ist ewig hier, ich kann in meiner einfachen Lage, nur diesen Moment haben, und keinen andern, o so verschmähe dann Dein Glück nicht, und komme gewiß. Schreibe bald, lebe wohl, küsse Dich von mir, reite nicht, sei lieb wie ich Dich liebe. Clemens.

An Sophie

[Marburg, Anfang September 1803]

Liebe Sophie!

Mein Herz schlägt nicht gleich und ruhig, oft pocht es heftig, oft leise, wie ein Gläubiger oder ein Bettler, und wie im Druck liebender Hände die Gewalt steigt, so habe ich Minuten, wo ich es bestimmt fühle, daß ich doch nicht gut ohne Dich leben kann, daß ich Dich lieben muß, nach Dir verlangen, wie nach Trost und Hülfe. Ach das Leben wird so leicht neben Dir, an mir zieht Alles mit Gewichten, ich kann keinen Menschen finden, der mich so recht lieben kann, kannst Du es lieber Engel? o so sprich laut, so laut Du kannst, damit auch Echo es mir wiedersagt, ich sei glücklich, denn ich weiß es nicht zu fühlen, sieh, das ist nun wieder so eine von meinen Stimmungen, aber die Saiten dazu wurzeln in meinem Herzen, und Du mußt mich lieben, lieben, daß ich Alles das verlerne.

Morgen sind es nun acht Tage, daß ich hier bin, und ich bin schon wieder betrübt; es ist die unendliche Einsamkeit, die es tut, und eben diese Einsamkeit wird durch Savigny hervorgebracht, der sich so gar nicht mitteilt, alles hört er mit großer Liebe an, einer unendlich treuen, reinen Teilnahme, aber von ihm erhält man nichts, keinem Menschen gehört er an. Mit der Gundel und dem Winkelmann steht er in einem weitläufigen Briefwexel, in dem eine unabsehbare Zärtlichkeit herrscht, er findet nicht einmal Ursache mir zu sagen, in welcher Stadt der Schweiz die Gundel jetzt lebt, da er doch keinen Anstand nimmt Alles Vertrauen von mir *sogar* zu begehren, mit jenen beiden, deren lügenhaftes oft ganz verzerrtes Wesen er mir oft sonst eingesteht, unterhält er sich gern und weitläufig, ich erhielt kurze Zettelchen von ihm, und was das Ärgste ist, mit Betinen kann er nicht leben, dies hat er mir zu meiner großen Verwunderung selbst *vertraut*; Bei Allem dem hat er mich sehr lieb, und auch ich kenne keinen so vortrefflichen Menschen, der eine solche Klarheit, Ruhe, Bildung, Unbefangenheit, Unschuld, Gelehrsamkeit hat, aber sein Verhältnis zur mitlebenden Welt ist ganz ein pädagogisches, und sein ganzes Wesen wird daher durch meine Unerziehbarkeit zerstört, deswegen steckt er selten vor mir die Hörner heraus, sondern steckt immer in seinem Schnecken Pallast, um so rührender ist mir dies, da er mich durch das Horn durch liebt, und mir gern erlaubt, daß ich ihn um und umkugle, doch wird dies immer seltner der Fall, je fester er sich an die Wissenschaft ansaugt, selten kömmt er zu mir auf meine Stube freundlichen Verkehrs halber, er ist in eine Welt von Büchern eingefangen, wir essen zusammen, dann ist viel Mitteilung von meiner Seite, von ihm nur dann Gedankenwechsel, wenn ich von Dingen, nie beinahe wenn ich von Menschen, sehr selten wenn ich von Büchern rede, er hat ein unendlich wohltätiges Talent zu hören, das Bewußtsein mit einem so teilnehmenden, wahren, tugendhaften, reinen Menschen zu reden, lockt einem die Worte mit Wollust von den Lippen, und erst Stunden nach dem er weg ist, fällt es einem ein, daß er beinahe nichts gesagt, doch lieben ihn alle Menschen, die Meisten legen ihr Schicksal gern in seine Hände, und besonders alle Weiber hängen sich leicht mit einer Leidenschaft kindlicher Verehrung an ihn. Selbst ich bewundere und ehre ihn, ja liebe ihn sogar dann und wann, und weiß jetzt keinen Mann, mit dem es der Wert wäre aus einer Schüssel zu essen als ihn. (N.B. Der Arnim ist in England, und von diesem kann die Rede nicht sein, denn er ist ein Gott.) Dieser Savigny freut sich sehr, daß Du hierher kömmst, alles, was ich auf Erden liebte, habe ich mit ihm geteilt, er hat nichts als seinen Umgang mir gegeben, sein Verhältnis mit meinen Freunden bleibt mir ewig ein Geheimnis, Winkelmann liebt er, Gundel liebt er, wie, warum, das weiß ich nicht, nur was mich allein ganz versteht, was mich unendlich liebt, das kann er nicht lieben, Betinen, und doch nimmt er leidenschaftlich Teil an ihr. Auch Dich führe ich ihm nun zu, wenn Du mich mehr lieben wirst als ihn, daran werde ich erkennen, ob Du auf Erden die meinige bist. – Liebes Weib, lerne mich ganz kennen, liebe mich, sei mir alles, o heiliger Gott! wenn Du es dahin bringen könntest, daß ich die Erde vergessen könnte, wenn ich alle Menschen, alle Mühe, allen Tod vergessen könnte durch Dich, Du liebes, gütiges Wesen, wenn wir es dahin bringen könnten, daß wir uns

Betinen eng vereinigten, ich weiß es, wenn sie Dich kennen wird, sie wird Dich lieben, dann wäre sie mein Gedanken, Du mein Leben, und ich wäre dann ein tiefes Denken über die Schönheit. Teures geliebtes Weib, ehre Dich, halte Dich heilig, Du hast noch eine hohe Bestimmung auf Erden, Du hast die Bestimmung, mich ruhig und glücklich zu machen, ich fühle, daß Du es kannst, ich war in der letzten Zeit einigemal so unendlich durch Dich in dem Innersten Herzen erquickt, ich habe ein untrügliches Wahrzeichen für das Talent mich glücklich zu machen in andern, jene Menschen sind es, durch die mir die Natur reizend und lieb wird, wenn ich mit Betinen spazieren gehe, so überrascht mich jede einzelne Blume, wenn ich mit Arnim bin, redet Wald und Berg mit mir, und auch mit Dir, mit Dir mehr als irgend einem Wesen auf Erden, mehr als mit Betinen mehr als mit Arnim bin ich in der Natur glücklich, sieh ich schaue in die unendlich schöne Aussicht aus meinem Fenster ohne Freude, wie auf ein weißes Blatt, ach was könnte da stehen schönes, liebes, so denke ich, welch herrliches Lied könnte da stehn, welche Aussicht, für das reine kindische Herz meiner Sophie. O Sei Du der Engel, der mich mit dem Leben, und der Ewigkeit aussöhnt, liebe mich so innig, so überschwenglich, daß ich um Deinetwillen dem Dasein und Gott vertrauen kann, weil er mir durch Deine Liebe etwas schaffen konnte, das mir genügte; das sollst Du nicht von mir nennen, ist der arme in Meereswellen schwimmende Stolz, der sich nach einem Maste, nach einem Brette sehnt, so sollst Du dies auch nicht geringschätzig von Dir geredet nennen, wenn ich Dich einer bloßen Trümmer vergleiche, denn einem Schiffe könnte ich mich nicht vertrauen, weil es Menschen fassen kann, die meine Feinde sind, und deren Sklave ich sein müßte. Liebe Sophie, wenn ich mein Leben betrachte, wie es so vor mir und in mir liegt, so erwarte ich keine Freude mehr als durch Dich, ich will mich Dir ganz zu eigen geben, mache mit mir, was Du willst. Seltsam scheint es mir, daß meine Idee, Dich zu heuraten, mir seit ich Dich verlassen, wieder unendlich lieb, und teuer ist, und ich bitte Dich herzlich, lasse Deinen Entschluß nicht unauflösbar sein, so, wie wir es jetzt vorhaben, wird unser Verhältnis doch manches drückende durch das Gerede der Menschen mit sich führen, und wir müssen alle unsre Liebe mit Flüstern, Scheu und Mühseligkeit genießen. Allein kann ich ohnmöglich leben, und schon die Einsamkeit mit Savigny zerdrückt mich oft, o dieser Savigny! er ist ein göttlicher Mensch, aber so einsam, so einsam, ich bin versichert, er wird Dir die merkwürdigste Erscheinung Deines Lebens sein. Ich wünschte sehr, daß Du Deine Liebe zu mir hier zu keinem Geheimnis machen möгtest, sondern daß ich Dich ganz, wie meine Braut vor den Leuten behandeln dürfte, unser Umgang würde den Menschen dann weniger anstößiges haben, und unsre Verehligung können wir ja aus Familien Ursachen so lange hinausschieben als wir wollen. Um so besser ist dies, da es hier nicht mehr unbekannt ist, daß ich in Weimar geheuratet hätte, und zwar Dich, weil es Rabe und Wolf von Cassel aus hierher erschallen ließen. Doch ist hierzu noch immer Zeit genug, wenn wir es für nötig halten, und wir können es dann erst erklären, wenn Du holdseliger Engel alle Menschen hier schon so entzückt hast, daß sie Dich wie in Weimar Deiner Verirrung zu mir wegen innig bedauren. Eine große unsägliche Mühe macht es mir Dir ein schönes Logis zu finden, wo ich mit Savigny wohne, fehlt die Küche, neben uns bei Professor Tiedemann ist die Hausfrau ein wahrer Teufel, und so fort, heute Morgen aber habe ich eine Wohnung besehen, schöner als Deine in Weimar, und eine Aussicht, so reich so wunderschön, schöner als die meinige, nur begehrt er für den Monat ein Carolin, Du hast dafür drei sehr schöne Stuben ensuite mit der Reichen Aussicht ins Tal, eine große und schöne Stube mit Kammer nach der Straße in die Stadt, Küche und dergleichen. Dies macht zwölf Rthlr. mehr als in Weimar, aber das ganze ist so, daß Du *Karl*, wenn er zu Dir kommen sollte, sehr gut logiren kannst, Du hast einen Ausgang nach der Stadt und kannst auch aus dem Haus auf vielen Steinernen Treppen hinunter ins Tal. Dein Hausherr würde dann ein Alter Obrister und seine Frau, zwei wundergute Leute, sein, die Du bald ganz für Dich einnehmen kannst, und die Dich auch recht lieben würden, das schöne ist, daß Du die notwendigen Meubel, die alle recht artig sind, so lange behalten kannst, bis Du Dir welche nach Deinem Sinne verschafft hast, zugleich hast Du das Angenehme, daß Deine Hausleute Dich ohnstreitig fetiren, und Dir die Bekanntschaft mancher artigen Edelfrau verschaffen könnten, die hier wohl verborgen stecken mag, Du glaubst nicht, wie mir der alte Herr Obriste von Henndorf gefallen hat, als er mir das Quartier zeigte, es war nötig, daß ich ihm sagte, wer Du seist, und zwar, weil er auf ein reines und artiges Haus hält, das Ganze Quartier ist Tapezirt, angenehm und wohlgelegen, und ich muß es mieten, denn schöner kannst Du nicht wohnen, ja, der Wohnung selbst wegen, hättest Du sie gesehen, würdest Du schon hierher ziehen. Die Aussicht hat durch das Gedrängte des Gebirgs, des Flusses, der Vielen Hochbaumichten Gärten, auch im Winter viel Reiz, es ist im Winter als Schautest Du in ein[e] Wunderbar Kristalisirte Grotte. Morgen geht dieser Brief an Dich ab, und heute Abend denke ich noch den Mietkontrakt auf ein halbes Jahr abzuschließen, werde Dir ihn daher diesem Brief schon vielleicht beilegen können, Du erhältst so wieder einen abgeschlossenen Stock, und wenn es Dir gut dünkt, so kann ich in eine Geräumige Stube über Dir dann einstens auch einziehen. Dich in dieser herrlichen Aussicht bald zu sehen, ist nun meine neuste freudigste Hoffnung auf Erden, ich mag die ganze Gegend nicht mehr anschauen, ich gehe nicht mehr aus und wende meinen Schreibtisch gegen die Wand, denn von Dir will ich die Natur für mich hier aufgeschlossen sehen, alles was schön ist für mich auf Erden gebe ich unter Deinen Schlüssel, Du sollst mir mit Deinen Augen alle die Lust, Unschuld und Freude der Welt aufschließen, nur durch Dich, o geliebtes Kindisch geliebtes Weib, will, kann ich glücklich sein. – Gelt liebes Kind Du reitest nicht mehr, Du schminkst Dich nie wieder, mich lieben, mich beglücken, das soll Deine einzige Lust sein. O durch Dich wird mir das Ganze Leben wieder eine Bedeutung erhalten, Eile dann, komme bald, komme früher als Du selbst gedachtest, denn ich muß Deine Wohnung schon vom Oktober an mieten, ich bitte Dich um

Alles in der Welt verziehe nicht mehr lange, Du kannst es nicht begreifen, wie ich mich nach Dir sehne, sieh, ich kann gar nichts tun und lebe in einer wahren Verzweiflung ohne Dich. Gute Nacht mein Liebes Kind, es ist wieder so heller Vollmond, ach wäre ich bei Dir, so wäre mir wohl.

An Sophie

[Marburg, den 3. September 1803]

Ich bin wieder sehr melancholisch, und das ist hier sehr traurig vor mich, denn es hält hier lange an, wo ich gar keine Zerstreuung habe, die Natur macht mich immer trauriger, und dann das wunderbare klare unromantische Wesen Savignys, über das ich doch nicht murren darf, denn es ist sehr vortrefflich, dieser Mensch und ich, wir lieben uns wechselseitig, aber haben eigentlich keinen innern Verkehr mit einander, er spricht sich nie aus gegen mich und nimmt doch Alles hin, und wenn er etwas sagt, ist es einfältig, wahr, schonend und tiefsinnig. Wenn ich Minuten lang zu ihm hinab gehe, um mit ihm zu sprechen, so redet er mit dem Buch in der Hand, ja arbeitet während der ganzen Unterredung fort, und kaum bin ich vor der Türe, so bewegt sich die ganze Studiermaschine, der Umgang mit ihm, ist gleich dem mit einem geistvollen Weber, Wirker, oder dergleichen, ich nun sitze dann oben und studiere halbe Tage traurig über meinen Weber, und verzweifle dran, daß ich es grade bin, mit dem er keinen Verkehr hat, weil ich keine seiner Fabrikate brauche, doch ihn selbst kenne ich als so vortrefflich, er hat mich lieb, ich ihn, und doch verzweifle ich an seiner Stummheit. Wenn Du einige Zeit hier wirst gewesen sein und die Gegend gefällt Dir, und Du liebst mich noch, so hoffe ich sehnlichst von Dir, daß Du mich ganz in Deinen Armen aufnimmst, ich fühle, ich gehe zu Grund ohne die ewige Nähe eines treuen mich allein innig liebenden Wesens. Oft habe ich Momente, die andern Menschen die Haare sträuben würden, mir aber ist es sehr ruhig dabei zu Mute, wenn gleich nicht wohl, wenn ich an Dich, Betinen und Arnim denke, so sollten sie verschwinden, ja sie verschwinden dann, und kehren ewig wieder, sie rauschen wie ein drohender Kranz um meine Stirne, und sind traurige Gedanken, diesen Kranz liebe Sophie, sollst Du verwandlen oder lösen. Ich fühle täglich deutlicher, daß ich nur im fantastischsten, Romantischsten Leben Ruhe finden kann, Du mußt mir dazu helfen, Du mußt mir dies Leben erfinden helfen, sonst muß ich sterben. Ich habe heute Morgen mit dem Obristen von Henndorf den Mietkontrakt für Dich auf ein halbes Jahr abgeschlossen, und bin versichert, daß Du in jeder Hinsicht vollkommen wirst zufrieden sein, das Logis kostet zwar 72 Rthlr. also 12 Taler mehr als in Weimar, aber Du hast auch mehr Raum, übrigens habe ich nur auf 60 Rthlr. für Dich Kommission, und bis Karl kömmt, oder sollte er gar nicht kommen, gehen natürlicher Weise diese zwölf Rthlr. mich an. Eines habe ich nicht vermeiden können, der Hausherr wollte nicht anders als vom 8ber an contrahiren, da er sein Quartier nicht so lange wollte leer stehen lassen; ich habe dieses tun müssen, weil ich sonst kein andres für Dich würde gefunden haben. Wegen dem Transport Deiner Sachen, und andrer Einrichtungen schreibe mir auch gleich, auch ob ich Dir nicht einstweilen Holz kaufen soll, und was Du sonst willst, Tisch und Stühle will Dir Dein Hausherr leihen, bis Du Dir welche machen läßt. Soll ich Dir nun noch Bettstellen machen lassen, und wie Viele, auch was sonst Dir nötig scheint. Hierbei habe ich Dir einen Plan Deiner hiesigen Wohnung beigelegt, o Sophie komme bald, ich bin sehr unglücklich ohne Dich, ich will kein Bestreben auf Erden mehr haben, als durch Dich glücklich sein. Schreibe mir doch gleich, o wo magst Du nun sein, wo magst Du mich vergessen haben, Sophie wenn Du mich vergißt, so gibst Du Veranlassung zu einer schrecklichen Geschichte, die Du nicht überleben wirst, Liebes seliges Weib, o komme zu mir, verlasse mich nicht, sei nicht leichtsinnig, liebe mich, ich muß sonst mich dem Teufel ergeben, o du mein Gott, ich will Dich ja auf Händen tragen, o Sophie schreibe doch, liebe mich doch, Betine grüßt Dich von Herzen.

Dein

Clemens.

Noch Eins, Gundel und Georg sind zurück von ihrer Reise. – und o Wunder! Winkelmann, welcher Professor in Braunschweig ist, wird wahrscheinlich auf diesen Winter Sav[igny] auf ein paar Monate besuchen, liebe Sophie, dieser Mensch hat mich so belogen und betrogen, daß ich von Dir begehre, Du sollest ihn nicht sehen, wenn er hier ist, solltest Du mir dies versagen, so will ich bei seiner Ankunft die Stadt verlassen, ich kenne Deine Duldung, aber ich kenne auch mein Herz, und meine Erfahrung.

Marburg den 4ten 7bre 1803.
den achten ist mein 25jährigster Geburtstag.

An Sophie

Liebes teures Weib!
Zum erstenmal in meinem Leben habe ich diese Empfindung, die ich hatte, als ich da oben hinschrieb »liebes teures Weib« es ist eine herrliche Empfindung, die Worte schweben so über dem Brief, wie Engel, als Gott den Mond schuf, da wars ihm vielleicht noch zärtlicher zu Mut, denn er hatte keinen Leser und da er seinen Leser ins Paradies gesetzt hatte, da hatte er noch keinen Sündenfall – soweit ging nur die Seligkeit. Aber bin ich gleich ein Mensch, sterblich, arm und hülflos mit tausenderlei Bedürfnis oder vielmehr einer Liebe an die Erde gebannt, so habe ich doch auch ein Herz wie ein Mensch, und darauf halten sie viel, o Sophie, glaube mirs, ich spiele einen Trumpf aus, und schlage mit der Faust ans Herz, glaube mirs, ich liebe Dich unendlich. Ich bin betrübt, ich habe keine Ruhe, ich möchte krank sein auf den Tod, um sterbend nicht an Gott zu denken, nur an Dich. Ich habe Deinen liebevollen Brief, diesen frölichen zärtlichen treuen Pilgrim aus Dresden eine Stunde, nachdem mein zweiter Brief an Dich gegangen, erhalten; Du selbst wirst Dir zur eignen Lust empfinden können, daß er mich innig rühren und erfreuen mußte, denn er ist aus Deinem zärtlichen mutigen Herzen entsprungen, o wärst Du bei mir, damit ich einen Menschen hätte dem ich ihn vor-

lesen könnte, o wärst Du bei mir, damit ich ruhig und glücklich sein könnte. Es ist mir nun seit ich von Dir, kein Unfall, selbst kein Hindernis begegnet, aber das ganze Leben, selbst das Vortrefflichste was ich vorher gekannt, wirkt so trostlos, so ekelhaft prosaisch auf mich, daß ich wohl nie in meinem Leben so deprimirt war. Ich sitze den ganzen Tag auf einem Fleck und denke an Dich nur mit eilenden rastlosen Gedanken, und es kommt keine Ruhe in mein Herz. Nach Frankfurt werde ich vielleicht gar nicht gehen, ich habe seit einiger Zeit einen größern Widerwill gegen die Meinigen, als je, Betinen unter diesen Menschen gefangen, und nach und nach zerdrückt zu sehen, werde ich nicht mehr ertragen können. O Du bist es gewiß, Du holdes freundliches Geschöpf, Du fehlst mir, das Leben fehlt, Liebe fehlt mir, ich bin wohl nicht krank. Sieh sonst könnte ich ja noch etwas anders denken, als Dich, Etwas Anders begehren, wenn ich Dir nicht schreibe, so tue ich auch gar Nichts, nur dazu fühle ich noch einen tiefen lebendigen Trieb. Der Abend ist wieder schön, über den Bergen hat er schon Tausendmal so gestanden, schon seit dem Berg und Abend dasind, es war eine Zeit, da saß ich auf dem Berg bei Heidelberg immer bei einem alten Hirten am Abend, wir waren uns beide gut, und sprachen nicht viel, der alte Hirte lebt nicht mehr und der kleine Schüler Clemens ist auch gestorben. Jetzt sehe ich die Welt ganz anders an, und sie mich, aber jetzt liebst Du mich, und ich liebe Dich, o Sophie, wenn Du bei mir wärst, das Leben ist nur ein Augenblick, unsre langen süßen Küsse sind alle vorüber, alle die freundlichen Worte, und auch seit diesen Wenigen Worten haben die Farben des Himmels dreimal gewechselt. Liebes Weib, ich habe seit ich von Dir bin Vieles ernstlich überlegt, nicht mit dem Verstande allein, nein mit dem ganzen Herzen, mit allem dem, was nur Dein Eigentum ist, ich habe die ernstliche herzliche Bitte an Dich, Dich ganz mit mir zu vereinigen, und jeden Moment des Lebens mit mir zu teilen, Deine großmütige Liebevolle Idee unehlich mit mir zu leben, laß sie vorüber gehen, sie hat das ihrige redlich vollbracht, sie ist es, die Dich mir ganz in Deiner reichen gütigen Wesenheit gezeigt, seit jenem Entschluß liebe ich Dich unaussprechlich, und nun, da diese Idee, nach dem der erste Taumel der Freude gewichen, mir wie der Engel aus der Wolke klar entgegen tritt, fühle ich, daß ich sie nicht ertragen kann. Wenn Du in Deiner Lage selbst, in den Verträgen Deiner Scheidung, keine Hindernisse findest, so weiß ich nicht, warum Du mein Weib nicht sein willst, Deine Güte, mich nicht binden zu wollen, bleibt einmal wie das andremal dieselbe, und sollte das Traurigste in meinem Leben möglich sein, sollte es möglich sein, daß wir uns trennten, so ist es ein Frevel es zu denken, und werde ich dann freier sein, wenn Du mein Weib nicht warst, glaubst Du mich fähig, je mich mit einem andern Weibe zu verbinden, so lange Du lebst, oder glaubst Du mich werde eine andre lieber nehmen, weil Du meine unehliche Geliebte, als weil Du mein Weib gewesen wärst. O liebe Sophie, laß uns nicht einer Formalität wegen, die uns nicht bindet, die unsrer Liebe nur ein treuer Wächter, eine Laube, eine Einsiedelei wird, die Menschen gegen uns erbittern. Bedenke, wie ich die Zucht meiner Geschwister, die Unschuld Betinens beleidige, wenn ich so mit Dir lebe, wird sie nicht dann erst Ursache haben, Dich nicht zu lieben, wenn sie wähnen kann, Du habest mich in ein moralisches Verderben gezogen, und Dein Ruf, der bis jetzt Dein ungeschickter größter Feind war, wirst Du ihm nicht eine gerechte Waffe in die Hände geben, ich bitte Dich, geliebtes einziges Weib, laß uns nicht diesen armen aufgeklärten Zeiten zur Beute werden, laß für uns die alte ehrliche treue Liebeszeit zugegen sein, laß uns eine Familie bilden. Brod werden wir haben, und so gerne ich Dich essen sah, so gerne ich mit Dir aß, so gerne will ich Dir Dein Brod verdienen helfen. Die wichtigste unhebbarste Ursache meines Begehrens aber ist, mein deutlichstes Gefühl, daß ich nie ruhig nie glücklich auf Erden werden kann, als indem mir heilige schöne Naturpflichten den Staat ehrwürdig machen, meine Gedanken können nicht länger ewig ermüdet doch rastlos herumschweifen, ich muß Etwas haben, das ich unendlich liebe, etwas um das ich gern lebe, und das wird sein, wenn Du mein Weib bist, ich fühle es deutlich, Gott gebe, daß auch Du es fühlen kannst.

Du Liebst mich so herzlich, Du kennst mich, meinen Unmut, meine Trauer sobald ich allein bin, kannst Du Deinen Geliebten, das Beste, Jüngste, Eigenste, was Du auf Erden besitzest je wieder von Dir lassen, Du weißt geliebtes Weib, wie schwer ich Deine Stube immer verließ, soll ich wieder täglich so Dich meiden, und soll mir immer die traurige Ansicht genährt werden, daß Nichts besteht, o geliebtes Weib, das wirst Du nicht an mir tun, laß uns in ruhigem Besitze uns einander lebendig werden, und der Welt absterben, indem wir küssen, was wir lieben, und dichten, wie wir es können. – Ich will durch diesen meinen Vorschlag nichts hervor bringen, als unsre Ehre retten, und den Ruf meiner Schwester schonen. unsre Verehligung selbst brauchen wir niemand anzuzeigen, bis sie vollzogen ist, meine Familie wird dann sicher Nichts mehr dagegen haben, denn sie hat schon jetzt nichts dagegen, das Ganze war ein Geschwätz, und ich bin versichert, wenn ich nach Frankfurt gehe, wird Niemand davon reden, ich kenne diese Menschen, die sich leider mehr zu wenig, als zu viel um einen bekümmern. – Ich fühle es deutlich ich kann nicht ruhig in derselben Stadt unter einem andern Dache als Du selbst wohnen, denn jetzt schon treibt es mich täglich ein paar Stunden nach der Wohnung, die ich Dir gemietet habe, ich suche Dich in allen Winkeln, und mögte nicht wieder weg, denn ich meine immer Du müßtest noch kommen. Liebes Weib, ich kann nicht so lieben, wie Du meinst, kommen und gehen, ich muß immer bei Dir sein, Dich immer sehen, und in jeder Minute mich von meinem Glücke überzeugen können, meine Seele muß in Deinem Dasein wohnen, wie in ihrem Leib, dann werde ich wieder lernen zu Glauben und mutig zu sein. Es wäre mir schrecklich, wenn Du, die den Mut und die Liebe hat, mir zu folgen, mir nun versagen wollte, mich zu ihrem Hausgenossen zu nehmen; ich ehre Savigny, wie keinen Menschen auf der Erde, auch Du wirst es begreifen lernen, wie dies nicht anders möglich ist, aber ich fühle zugleich deutlich, wie ich nicht mehr lange mit ihm zusammen leben kann, die traurige Empfindung, daß er sich gegen mich nicht aussprechen kann, wenn ich ihm gleich mehr vertraue, ihn mehr liebe, als irgend einen Menschen auf der Erde, diese traurige Erfahrung betrübt mich täglich mehr als einmal, und bringt oft mitten in unsren freundlichsten Gesprächen ein sehr Schmerzhaftes Verstummen für uns beide. Allein wohnen das kann ich nicht, und bei ihm lebe ich gewissermaßen mehr, als allein, denn er nimmt, und die Einsamkeit gibt nur nicht, ohne doch zu nehmen. Liebe Sophie! und Du wolltest Dich meiner nicht erbarmen, wolltest nicht einwilligen, mit mir in engem häusligen Verein zu leben. Zu fürchten hast Du nichts von mir, Deine unendliche göttliche Sanftmut hat alles Heftige Rauhe in mir bis auf die Wurzel vertilgt, ich muß weinen, wenn ich an Vieles denke, was ich Dir gesagt habe, womit ich den unschuldigen Kinderschlaf Deines Lebens oft grausam gestört habe, o Du meine einzige Hoffnung, sei gütig und vergesse Alles, sei wie Dein Werk, das stille liebende Verlangen nach Dir. Seit ich Dich verließ, ist mir kein wilder Gedanke in die Seele gekommen, ich sehe Dich ewig vor mir stehen, Du Bild der Sanftmut, ich kann nichts finsteres mehr denken, als daß ich sterben muß ohne Dich, daß ich nicht ruhig sein werde, wenn Du nicht mein Weib bist, daß ich Dich nie haben werde, wenn Du es nicht unmöglich findest, ohne mich zu leben. So bin ich eingeschlummert mit meiner Feindseligkeit in Deinem Schoße, ein schwermütiger Traum liegt auf meiner Brust, mir träumt Du habest mein Haupt leise aus Deinem Schoß auf ein Kissen gelegt, und seist weggegangen in mancherlei Geschäften, aber zweimal schon hörte ich Dich aus der Ferne ein süßes liebes Schlummerlied für Deinen Clemens singen, das weht kühl über mich hin, und ich atme leichter, o Sophie laß wenn ich erwache das Erste, was mir begegnet, Deine süßen träumerischen Blicke sein, umfange mich mit Deinen Armen, führe mich in ein neues schönres Leben, in das vertraute unzertrennliche Zusammenleben mit Dir, ich fühle es deutlich alles Vorige war ein Irrtum, nur Du warst mein Leben, nur Du bist meine Seligkeit. Wenn Du mein Weib, mein Geselle, mein einziger Freund auf Erden sein wirst, dann gibt es keinen Schmerz mehr, als daß ich nicht wissen werde, wie Dir es sagen, daß ich unendlich glücklich bin, durch Dich. O was hast Du in mir hervorgebracht! es ist die Hoffnung, die neue belebende Hoffnung, daß mir alle meine Poesie zur schönen lebendigen Wahrheit wird, wie freuen mich nicht schon die Lieder, die ich in Weimar geschrieben, habe ich das Schöne in ihnen nicht alle erlebt, durch Deine göttliche beseelende Nähe, Du liebreicher Engel, o Sophie, verstehe meine Empfindung, denn sie ist nichts, als innige wahre treue Liebe zu Dir; Solltest Du meiner flehentlichen Bitte, Dich ganz mit mir zu vereinigen, kein Gehör geben können, solltest Du die Wahrheit aller meiner ruhig überlegten Gründe nicht glauben können, so wäre das die letzte traurige Erfahrung, die ich auf Erden machen könnte, ach wer wird mich dann noch lieben, wer wird mir noch trauen, wenn Du es nicht mehr kannst; aber auch das will ich Dir aufopfern, meine Ruhe, mein Glück, willst Du nicht mein Weib sein, so will ich Verzicht tun auf Zufriedenheit, auf Achtung, und persönliche Gewissensruhe, ich will ewig Dein zweifelnder Verzweifelnder Geliebter sein; Du wirst mich dann früher verlieren, nicht meine Liebe, nein mein Leben, denn ich fühle, wie mich dieses Vage, unzuverlässige Schwanken ohne Grund und Boden innerlich aufreibt, ich sehne mich unendlich nach Liebe, nach heiliger, ruhiger, würdiger Liebe, o Sophie, führe mich ins Leben, führe mich in die Ordnung, gib mir ein Haus, ein Weib, ein Kind, einen Gott; und endlich noch mein letzter Grund, den mir die treue Liebe zu Dir gibt, denn er betrifft Dich allein, Du hast ein Kind, Du hast Dir vorgenommen, aus diesem Kinde, eine züchtige tugendhafte Jungfrau zu erziehen, wie wirst Du dies vollbringen können, wenn Du es aufwachsen läßt im Angesicht einer unordentlichen Liebe, wie wird Dein nur zu aufmerksames, spitzfündiges Kind, unschuldig einfach, und tugendhaft werden können, wenn wir ihm seine Tugend nicht mit Unschuld und Recht umgeben. Ich rede weiter nicht von dieser Sache, es ist mein Wille, mein Wunsch, meine Liebe, die es von Dir begehren, Du sollst mir nicht antworten, als mit Ja oder nein, damit ich glücklich und ruhig werde oder verstumme. – Das Lied, das Du mir geschrieben hast, ist recht schön und einfach, ich liebe es als Dein bestes Lied, und als ein Lied Deiner besten Empfindung, Deiner Liebe zu mir. Die ganze Art, wie Du mir Deine Reise beschreibst, entzückt mich, Deine Fröhlichkeit, Deine Unschuld, Deine Liebe zu mir, es ist mir als wärst Du mein weiblicher Arnim, o Du liebes Kind, wie wirst Du alle das Schwere betrübte meines Lebens beflügeln, wie wirst Du mich neu hervorbringen. Aber eile bald, bald hierher, denn wahrlich ich bin sehr krank ohne Dich, ich erwarte alles von Dir. Wenn Du jetzt schon in die Idee Deiner Verbindung mit mir eingehen kannst, so beziehe ich die große Stube und Kammer Deiner Wohnung, die nach der Straße gehen, und Du findest bei Deiner Ankunft schon einen geliebten glückseligen Wirt, ich werde von dieser Idee nicht mehr abgehen, ich kann nicht glücklich durch Dich sein, bis Du mein Weib bist. Ich bitte Dich noch ein mal um Deine Aufträge, ob ich Dir Bettstellen soll verfertigen lassen, oder was Du sonst begehrst. Daß Du Tieck treiben mögest die Büsten zu vollenden dazu brauche ich Dich wohl nicht zu treiben. Von Weimar weiß ich nichts mehr, alle die Menschen sind mir Verschwunden, ich sehe nur Deine treuen milden Augen, wie sie mir zum letztenmal nachsahen, wie die Sterne heller und heller am Himmel werden, wie die übrige Welt in den Schatten tritt, und wie ich den Sternen immer heftiger in die Augen sehe, ach alles ist mir ja verschwunden, wie Betine aussieht, ich weiß es ja nicht mehr, Du hast eine wunderbare Beleuchtung ins Leben gebracht, ich sehe nur Deinen lächlenden unendlich süßen Mund, Deine wunderlichen träumerischen Augen, weißt Du denn Du lieber Engel wie Deine Augen aussehen, grade so, als man in den tiefen reinen grünen Wald in jenem ehrlichen Bache gukt, und wenn Du recht fröhlich wirst, so wimmeln eben solche Silberne lustige Tierchen drinne herum, die kein Mensch erwischen kann, wie dort jene an der kleinen Brücke. Ich will auch nun keinen Menschen mehr kennen lernen, denn ich betrüge doch am Ende die Leute, ich habe keine Zeit mehr andre zu lieben, Dich, Dich, Dich liebe ich allein, Dich sehe ich allein, o wie glücklich muß der Mensch sein, der eine einzige Wissenschaft so recht bis auf den Grund verfolgen kann, an meiner Liebe zu Dir begreife ich erst recht, das Glück Savignys in seinen Studien, Du sollst das Meinige sein, in Dir will ich zu Hause sein, Deine Leiden, Deine Freuden, Deine Ansichten Deine Liebe, Dein ganzes Leben will ich begreifen verstehen, und mir zu eigen machen, um Dich zu lieben, um eines geliebt zu haben, um eines recht getan zu haben, dann kann ich einstens ruhig sterben, und die mich kennen, werden mir mit Achtung nachsprechen, »er war ein braver, fleißiger, tugendhafter Mann, er hat die Mereau treu, innig, und tief geliebt, er hat Gott erkannt, geliebt, und hat zu ihm gerungen in einem seiner schönsten Werke, in jener milden schönen, liebevollen gütigen Frau, die auf Erden viel gelitten hat.« Werde ich nicht darum allein einen Lorbeer erringen, daß ich Dich glücklich gemacht, daß ich Dich vergessen gemacht, daß es Unglück, Widerspruch und unheilbare Wunden gibt auf Erden, und ist es kein irdischer Ruhm, so wird es eine himlische Seligkeit – ach aller Nachruhm ist ja eine Leichenmusik, und alle Freude, aller Frühling ist zu erwarten bei Gott. Liebes Weib spanne alles, was tönend ist in Dir, wie Saiten einer Laute auf, Deine Liebe werde ein Ohr, denn meine Liebe wird ein großer Tonkünstler werden, und Du sollst Lieder in Dir, über Dir und von Dir klingen hören, zu denen Du selbst wirst, und endlich, wie ich ein größerer Künstler der Liebe werde, so werde ich für jede Verstimmung die Tonleiter finden, und auch auf einer einzigen Saite Dir singen können wie ich Dich liebe. Gute Nacht Du lieb, lieb.

Clemens.

An Clemens

Montags. September.
[Weimar, 5. September 1803]

Endlich bin ich gestern wieder hier angekommen und fühle mich recht glücklich. Meine Seele hat gleichsam von ihren Fenstern alle Vorhänge weggezogen und die Lebenssonne strahlt hell und lachend in die freundliche Wohnung herein.

Die Zeit erscheint mir gar nicht wie ein krummgebückter Alter, der die Blumen der Jugend abmäht, sondern wie ein Engelchen mit Flügeln, das die Puppe von einem Schmetterling herabstreift. – Ich ruhe auf Deinem Brief, wie auf einem Rosenbett; er ist der erste, worin mir alles, alles lieb ist, und gar nichts mich stört und erschreckt. Könnte ich nur gleich die Flügel ausbreiten und zu Dir fliegen! aber daran darf ich jetzt noch gar nicht denken; ehe ich Anstalten zur Reise mache, muß ich vorher meine litterarischen Angelegenheiten, die, im Vorbeigehen, ein sehr günstiges Aussehen gewonnen haben, völlig anordnen und zum Teil vollenden – Doch wird dies alles, wenn ich so einsam und still, wie ich wünsche und hoffe, fortlebe, bald zu berichtigen sein, und ich rechne noch immer darauf, zu Ende November reisen zu können. – Meine Reise von Dresden hat mir vielen Spaß gemacht, den Weg bis Altenburg abgerechnet. Ich mußte die ganze Nacht durch fahren, es war sehr kalt und schauerlich, ich fuhr oft durch Wald und der Mondschein schuf seltsame Gestalten. Bald sah ich am Weg einen kleinen aschgrauen Einsiedler sitzen, mit einer ellenlangen weißen Nase, bald trat ein schwarzer vermummter Riese mir im Weg, bald stand ein Sarg mit weißen Creuz mir zur Seite. Der Aufgang der Sonne verwandelte alles. Ich betete inbrünstig zu dem Quell des Lichts das auch mich mit seinen Strahlen im Innern erleuchtet, sobald ich still und ergeben bin, und mein Leben zum Gebet wird. O! blicke mich immer an, so betete ich, heiliges, beschützendes Auge! laß mir nie das Vertrauen auf Dich schwinden, so bleibt mein Leben schön und kindlich, denn nur wer fest vertrauen kann, der ist wahr und bleibt ewig!
Sehr früh kam ich nach Altenburg und die Überraschung machte mir großen Spaß. Ich fand mehr Liebe und Herzlichkeit als ich erwartet hatte, alles hing sich an mich, die frühen Jahre kehrten wieder, und es tat mir wirklich leid, daß ich aus Klugheit doch manches verhehlen mußte, was nicht für sie war. Sie sähen es gern wenn ich nach Altenburg käme. Ich war in Nobitz, in der Fischerhütte. Sie erkannten mich sogleich wieder, und schlugen vor Verwunderung die Hände ein-

fältig über den Kopf zusammen. Sie fragten mich treuherzig ob ich wieder heuraten wollte, und gaben mir beim Abschied einen Strauß von Lorbeerzweigen, wovon sie einige Bäumchen in Äschen für die Küche, in ihren Gärtchen ziehen. Auch in Ronneburg war ich bei Julien, die wie eine unbegreifliche Masse von Güte und Treue vor einem steht; sie taten alles um mich noch länger zu halten; aber ich konnte nicht bleiben, weil ich die brennenste Begier nach Hulda und nach Briefen von Dir empfand. Der Weg ward mir unausstehlich lang – aber mein Entzücken als ich mein Kind gesund und fröhlich in meine Arme schloß, war unbeschreiblich; sie wird sich ändern, ich fühle es, denn der Liebe kann niemand widerstehen. Deinen Brief mußte ich teuer erkaufen. Ich fand eine Menge leerer unbedeutender Briefe, und – keinen von Dir. Meine Empfindung ahndest Du, ich gestehe, daß ich in diesem Augenblick ganz an Dir zweifelte. Endlich hörte ich, daß mein Wirt, der verreist war, noch einen Brief für mich habe, der verschlossen sei. Ich mußte nun die Pein der Ungeduld bis zum andern Morgen dulten, befahl aber den Brief sogleich zu fodern, und mich damit zu wecken. Und so weckte mich denn Dein Brief aus meinen Träumen, um mich in die süßern Träume der Liebe und Freude zu wiegen.

An Clemens

Dienstags. September
[6. September 1803]

Ich habe nun Deinen zweiten Brief, und muß es freilich billig und natürlich finden, daß in meine helle Stimmung nun wieder ein Schatten fällt. Da ich törigterweise Deine letzte Stimmung für gediegner hielt, als sie war, so war mir Deine jetzige Unzufriedenheit befremdlich, ja, ich empfand auf einen Augenblick jenes grauenvolle Zurückbeben vor Dir, was ich sonst wohl zuweilen gefühlt habe. Aber, Du kennst mich und weißt, wie schnell mein Mut erwacht. »Es ist nichts«, rief es in meinen Innern, das ist alles nicht wahr! und beherzt ging ich auf die Gespenster los, die mir die Bahn meines Lebens zu ver-

finstern drohten, sie verschwanden alle, ich sah Dich wieder rein, und konnte Dich wieder lieben, ohne unglücklich zu sein. Ja, Clemens, es ist nicht möglich, daß dieser gottlose Mißmut, der ganz andre Menschen, ein ganz eigen, eingerichtetes Leben begehrt, der gar keinen Sinn für die Mannigfaltigkeit, gar keinen Überblick dultet, von keinem Vertrauen auf Gott weiß, daß dieser Mißmut wirklich in Dir sein kann, – in *Dir*, den ich anbeten muß, weil ihn die Natur so herrlich ausgestattet. – Glaube mir, Lieber, es ist Krankheit, ich beschwöre Dich, frage einen Arzt, lerne pflügen und holzsägen wenn es sein muß, Du bist wirklich krank, ein gesunder kann in Deiner Lage nicht so fühlen. Ich habe oft eine sonderbare Empfindung. Es ist mir als stünde Dein Geist noch im Schatten einiger beschwerlicher Vorurteile, als fesselten ihn noch einige dunkle Bande, die ihm den freien Blick ins innre und äußre Leben hemmten, und dann ist mir, als müßte ich Dich auf eine Stufe heben, worauf ich selbst nicht stehe, wo Du frei und herrlich über das Leben hinschauen könntest, wo Du die Menschen liebtest, auch wenn sie Dir nicht gefielen, wo Du nichts über Dir hättest als den Himmel, und die ganze Erde unter Dir.
Ach! Clemens, wenn ich nichts für Dein Glück tun könnte, so müßte ich ja verzagen, denn wie sollte ich Dir dann vergelten, was Du an mir getan? – Ja, Du hast mich geweckt, Du hast mir den dichtenden gottliebenden Sinn wieder gegeben, ohne dem das Leben mir nur eine unendliche Last ist. Es ist ein herrlicher Mut in mir, und wenn es auch nicht immer so bleibt, so kann es doch nie ganz vergehen. Mir ist, als reichte ein Arm aus den Wolcken, der mich führte, und von allem was ich unternähme, könne nichts mißlingen.
Nun von Geschäften. Die Wohnung muß recht schön sein, und da ich noch immer glaube, daß Karl Ostern hinkömmt, so ist auch der Preis nicht zu hoch. Doch schreibe mir, ob ich für die Meubles, die ich einstweilen im Gebrauch habe, noch besonders bezahlen muß. In diesem Fall wäre es freilich besser, wenn die neuen bis zum November fertig werden könnten, sonst aber hat es mit der Bestellung Zeit, bis ich komme. Auf

jedem Fall bitte ich Dich, mir drei Bettstellen zu besorgen; zwei davon so hüpsch als möglich, die dritte schlechter. Die Länge 3 1/2 Elle. Auch eine Strohmatratze wünsche ich, weil ich meine Sophakissen mitnehmen will. Sie muß 3 ¼ Elle lang, 1 ¼ breit und etwas über ½ Elle hoch sein, von ganz grober Leinwand, sehr fest mit Stroh gefüllt. Wegen des Holzes und des Transports will ich das nächstemal schreiben; auch wegen der spanischen Novellen, worüber ich erst noch einen Brief erwarte, um Dir dann zu sagen, was ich damit angefangen. Jetzt nur noch eins. Da ich eine ziemliche Menge Gedichte habe, so könnte ich jetzt für das nächste Jahr, einen Almanach accordiren, den ich den Namen: romantischer Almanach, geben möchte. Doch müßtest Du mir einige Deiner Lieder dafür geben, weil ich durchaus keine fremden Beiträge nehmen werde. Kannst Du das? schreib mir es bestimmt und bald.

Vom Heuraten sprich mir nicht. Du weißt ich tue alles alles, was Du begehrst, und wovon Du glaubst, es könne Dich glücklicher machen, aber wolle nichts, was Dich nicht zufriedner macht, – und mich auch nicht. Sag jetzt den Leuten, was Du willst, und überlaß mir das übrige ganz; ich werde alles schon einzurichten wissen. Vertraue mir ganz, ich verdiene es, liebe die Menschen und sei lustig. Was soll ich mit einem so unzufriednen Liebhaber anfangen?

Hast Du meinen ersten Brief von Dresden aus nicht erhalten? – Das täte mir leid. Was ist denn aus den Noten geworden, die Du von mir hattest? schreib es mir.

An Sophie

den 8ten 7bre

an meinem 25jährigen Geburtstag

Es ist heute wieder so ein Tag für Dich, Du lieb Herz, hier im Tal gewesen, er hat Dich überall gesucht, auch bei mir hat er Dich gesucht, und ich habe es ihm betrübt gesagt, daß Du nicht hier seist »du mußt es ja wohl wissen«, hat er mir erwidert, »du liebst sie wohl sehr, und hast oft mit mir von ihr geredet.« »Ja mein lieber Tag, und du hättest wohl gleich heute frühe bei mir erfahren können, daß sie nicht da ist, und so wäre deine Mühe gespart gewesen.« »Ich war wohl heute frühe da, aber du schliefst noch, und sprachst im Traum, als wenn sie da sei, und redetest so freundlich mit ihr, daß ich wohl dachte, der dritte wäre hier zu viel, und besonders ich, der oft den Verliebten ihre Seligkeit zerreißt, aber ich eilte dafür durch Wald und Feld, und weckte alle Pflanzen und Bäume mit ihrem süßen Namen, und flüsterte allen Blumen ins Ohr, daß sie da sei, und so war es, daß alles heute so freundlich war auf Erden und am Himmel, ach mein lieber ich habe mir viele Mühe gegeben, und es ist recht schade, daß sie nicht da war, und du bist so traurig liebender, was fehlt dir, kann ich dich trösten.« Es schmerzt mich, wenn ich sehe die roten glühenden Himmelswolken über den schwarzen Wäldern hinschweben, es schmerzt mich, wenn ich sehe, wie du mich verläßt, und dies Tal, ach du hast es so gut gemeint, hast alle die Farben, alle die Freude gebracht für Sie, und Sie war nicht da. Ist es nicht als komme der Frühling zur Erde und schmücke sie, und finde den Menschen nicht mehr, und schmücke sein Grab nur, ist es nicht, als wäre ich zu ihrer Wohnung gegangen, mit Hoffnung und Liebe im Herzen, und hätte sie nicht gefunden, ach so ist dir gewiß, es ist dir wie mir ist, so lebe dann wohl, und nehme mit dir die Wünsche, die Sehnsucht, die Liebe nach ihr, und lege sie ihr alle ans Herz, und suche sie an andern Orten, wo sie wohnt, und sage ihr, daß ich sie innig, ruhig, ewig liebe. Ich aber will mich der Nacht ergeben, wenn sich die Erde einhüllt, und alles zurückkehrt in sich selbst, da will auch ich sie suchen in mir, wo sie glänzt und leuchtet wie der Mond und die Sterne. O ihr Träume seid mir günstig, und lasset euer fantastisches Spiel, lernet die Kunst und die Liebe, webt mir ein einfaches Bild und freut euch meiner Geliebten, schweres ist nichts in ihr, ihr braucht kein tiefes Ergründen, ihr braucht nicht zu sinnen, zu rechnen, um sie zu bilden, ich will euch sagen, wie ihr euch vorbereiten mögt mich glücklich, und zum Träumer zu machen, jetzt, ehe die Blumen die Türen verschließen, eilet noch hin in die Glocke, den Kelch, den Stern, und die Krone, trinket wo es euch schmeckt, und stoßt die einschlummernden Gäste den Käfer und Schmetterling leise an, und spinnt mit diesen halbtrunknen zarten Gesellen schöne Gespräche an, die Alten besonders, denn sie sind gesprächig, und erzählen treue Geschichten, mit den jungen mögt ihr lachen, und Lieder singen, dann wenn das Herz euch pocht freudig und ehrlich, dann steht schon am Himmel der Mond und die Sterne, und es schließt schon die Blume das Fenster, eilt dann fröhlich und entzückt durch die Blätter der ernsten Eichen und muntern Birken, und denket ernst und betend an Mond und Sterne, träumt was von Universum, oder grüßt ihn wie die Fakel eines Liebenden, oder die Lampen einer Hochzeitserleuchtung, dann dringt eilend zu mir durch die Luft, daß euch die Locken rückwärts fliehen, und der Leib anschmiegt um die Seele, die durchblickt, so kommt zu meinen Lager, und seht mich weinend und sinnend, und wie das Herz pocht, und die Lippe bebt, spielen Gedanken in meinen Locken, schon sinket die Wimper mir, um die Stirne schlingt euch an, fest verschlingt die Hände, und dreht euch bald leise bald rascher um sie, denn sie ist ihr Tempel, und in mir wird sie dann helle, und ich sehe sie, wie sie ist, ohne Unglück, ohne Zeit, ohne Tat, wie sie ist in sich, in mir, in der Liebe, und nicht in der Welt. Gut Nacht ich sehe nicht mehr, gut Nacht liebe Sophie, ich will träumen von Dir. –

[9. September]

Nun ist es wieder Morgen und wieder so schön als gestern, rings um mich die Gärten, sie glänzen alle, der schöne Garten an meiner Wohnung den Berg hinan, alles ist lockend und einladend und ich kann doch nicht von der Stelle, ich bin so glücklich in der Natur, wenn ich bei Dir bin, und ohne Dich ist mir Alles tod, bedenke nun, wie ich die lange Zeit, die ich ohne Dich lebte traurig war, die kleine Zeit mit Arnim abgerechnet, und auch damals warst Du es immer, denn bei jedem Schritt am Rhein, der eine neue Gegend zeigte, sagte ich, wenn die Mereau hier mit mir Allein ging, so würde sie vielleicht gütiger gegen mich sein, auf allen Schlössern wünschte ich mit Dir zu wohnen, ja im Umriß der Berge suchte ich Dein Bild. O liebe Sophie, ich habe Dich immer geliebt, immer gesucht, ich bin Dir nie ungetreu gewesen, und wo ich einem andern Wesen folgte, so waren es ja nur einzelne Züge von Dir, die ich wieder zu finden glaubte, aber ich bin ja nirgends wieder glücklich gewesen, spräche ich hier nicht die Wahrheit – wie könnte mir dann meine Liebe zu Dir so ernsthaft, und wie ein Schicksal geworden sein, wäre Alles dieses nicht wahr, wie hätten wir uns dann jetzt so wunderbar, und unauflöslich vereinigen können. Ach ich will ja Alles um Dich verlassen, fasse Dich nur zusammen, und liebe mich ohne Zerstreuung, wende Deine Augen nie von mir ab, und gewähre mir ein romantischeres Dasein. Wunderbar ist es, daß ich nun doch alle Beweise Deiner Liebe habe, daß ich sogar versichert sein soll, Du werdest bald bei mir sein, und doch, wenn ich Dich den ganzen Tag nicht sehe, Dich nicht berühre, so werde ich traurig, und glaube manchmal ganze Stunden, es wäre nicht wahr, ich liebe ein Traumbild, Du seist gar nicht auf der Welt, und für mich werde Gott Dich nicht erschaffen. Deinen Brief von Dresden habe ich nur einmal gelesen, und ich darf ihn nicht wieder lesen, er würde mich traurig machen, es ist mir eigentlich so etwas unerhörtes, geliebt zu werden, daß ich immer erschrecke, es schriftlich in Händen zu haben, und wenn ich es lese, so werde ich leicht grausam, und fordre Liebe, wie auf einen Schein. So aber ist mir Alles wie ein Traum, wie eine Geschichte, die ich irgendwo gelesen habe, und an die ich immer denken muß. Du kannst nicht glauben, wie melancholisch mir zu Mute ist, Nichts betrübt mich, Nichts erfreut mich, ich finde mich in der drückendsten Einsamkeit, wenn ich gleich mancherlei gute und auch einige vortreffliche Leute sehe, aber ich sehne mich die Welt zu verlassen, und das mußt Du mir hervor bringen, ich sehne mich mit einem Liebevollen romantischen Weib, einen poetischen Bund zu schließen, und mitten in dem wirklichen prosaischen Leben, eine freie poetische fantastische Lebensart anzufangen, ganz in der Stille, so daß die Neugierde uns nicht stört, möchte ich mich von allen Verhältnissen, allen Gewohnheiten trennen, möchte ich in der Stille zu zweit selig, glücklich, das heißt verrückt werden. Unser Leben wäre dann, wie in den wunderbaren Pflanzenwäldern unter dem Wasser, die sich oben bescheiden in einer grünen Rinde über der Fläche enden. Oft denke ich mit großer Betrübnis daran, ja ich möchte sagen es ist, was mich so niederdrückt, so mutlos macht, daß ich nichts erfinden, nichts ausführen mag, kein andres Gefühl, als die Empfindung in einer leeren, langweiligen Zeit, sich selbst parforce in Gedichte auflösen zu müssen, um den Undankbaren Laien ihre Feiertage zu decoriren, die es einem nicht einmal Dank wissen, und darum sehne ich mich so sehr nach Dir, um mit Dir den Glauben an alles gewöhnliche prosaische Abzuschwören, und ohne Rücksicht auf Kritick, auf Forderung der Zeit zu dichten, was mir einfällt, Du wirst dann so gütig sein, mir das Zeug unter Deinem Namen drucken zu lassen, denn sobald ich glücklich bin durch Dich, so habe ich keine Begierde mehr, einen Namen zu haben, und was Dein ist, soll mein sein. Ich, das heißt Ich, wie ich eine Person in der Welt bin, befinde mich sehr übel, man begehrt allerlei von mir, man sagt mir, um sich selbst durch Reden die Zeit zu vertreiben, ich sei geistvoll, witzig, ich hätte Talent, ich sollte doch schreiben, und man denkt gar nicht dran, daß ich dadurch in die größte Angst gerate, ich weiß gar nicht mehr, was ich tun soll, seitdem mich die Leute so in Eid und Pflicht der Talente genommen, ach Sophie glaube Du allein um Gotteswillen so Etwas nicht, glaube nur, daß ich ein einziges Talent in mir fühle, das, Dich unendlich zu lieben, alles um Dich zu verlassen, ganz nur an Dich zu glauben, und in Dir das Leben wieder zu finden. Es kömmt mir so traurig vor, daß ich um zu dichten, mit meinen Gedanken immer wie ein Bettler durch poetische Lande der Fantasie wandern soll, ewig alles schöner finden muß, was ich doch nie finde, ewig suchen und dann eingebildete Helden finden lassen soll, was ich vermisse, ich wünsche oft ein Tischler zu sein, ein Schuster, der sieht doch seinen Stoff grünen, und leben, aber so soll ich immer nach Wolken haschen, und wenn ich dann den Leuten eine vorzeige, behaubten sie, es sei doch nicht wahr. Nun glaube ich aber kann man sehr leicht in der Liebe, da Alles doch nur aus zweien besteht die Eins sind, ein Leben hervorbringen, in welchem nur Poesie das Element ist, oder vielmehr in dem das Element Poetisch ist, und das ist es eigentlich, was ich mit Dir vorhabe, wozu Du alle mögliche Anlage hast, und was Dir dann schon ganz wird gelungen sein, wenn Du mich allein liebst, und auf alle Seiten Deines Lebens nichts als die Natur und mich einwirken läßt. Ein solches Leben erfordert einen heiligen Glauben an irgend etwas Ewiges, was eben darum nur eine poetische oder religieuse Realität haben darf, denn alles Historische ist vergänglich, und nur Materie, es muß Etwas sich in uns entzünden, das dem Aufgeklärten Pöpel Wahnsinn, oder Fanatismus scheint, wir müssen dem Frommen den Eindruck eines religieusen Geheimnisses geben, dem Einfältigen wie ein Wohnhaus der Gespenster, dem irrenden Ritter wie ein verzaubertes Schloß erscheinen, jeder tiefsinnige muß uns mit Ehrfurcht betrachten, und alle Kinder, alle Engel müssen uns lieben, fest in einander verschlungen bilden wir den Kern unsrer ganzen Weltanschauung, und werden nur deswegen von der uns umgebenden Welt nicht entwurzelt, weil sie glaubt wir seien ein schöner seltner Fruchtbaum ihres Gartens, in dem wir uns im innern, in dem Geheimnis unsrer Liebe, so durchdringen, daß unsre Oberfläche, Blätter, Blüte und Frucht die Menschen entzücken. Denn es gibt eine Ansicht, welche die Seligkeit des Lebens, und seinen Gipfel im Innern findet, und nach welcher alle äußerliche Erscheinung nur der Überfluß ist, der sich gegenseitig umtauscht, das aber, was der poetische Mensch selbst besitzt und seiner Geliebten mitteilt, sind die Früchte seiner innern unsichtbaren Welt, ist sein Heiligstes und der eigentliche Quell seines Lebens. Nicht alle Menschen haben einen solchen innern Schatz, denn ihn haben, heißt ihn kennen, ihn ehren, ihn bilden und mehren. Wenn ich an die Verzweiflenden Minuten unsres Umgangs denke, so finde ich jetzt, daß sie gegenseitig daraus entstanden, daß ich bei Dir diesen innern Reichtum vermißte, und häufig fühlte, wie Du Vieles Unsichtbare, das ich Dir mit

Liebe hingab, und also sichtbar machte, nicht sahst, oder nicht hoch genug hieltest, und daß Du von Deiner Seite meinen fürchterlichen Unmut über Deine Unkenntnis für ein böses feindliches Prinzip in mir hieltest. Aber dieser Schatz war dennoch allerdings in Dir, denn seine äußerlichen Erscheinungen die milde Schönheit, Anmut, Sanftheit, Güte sind so himmlisch über Dich verbreitet, nur warst Du nie in Dich selbst eigentlich zurückgekehrt, Du hattest Dich der Welt ergeben, und hieltest von Deinem inneren Reichtum nichts wissend, Deine äußerlichen Zierraten wie Karten und Würfel in der Hand, und spieltest mit der Welt, der Du doch nie etwas abgewinnen konntest, Du warst ein artiges Weib, aber kein vortreffliches Weib, und mußtest es doch eigentlich sein. Daß ich Recht habe, kann Dir leicht daraus begrifflich werden, daß Dir auf Erden noch Nichts gelungen ist, keine Liebe, keine Freundschaft, keine Mütterlichkeit, keine Kunst, keine Andacht. Alles dieses ist Dir kein Vorwurf, wer wollte Dir Dein Unglück vorwerfen, jetzt in dem Augenblick, da Du anfangen willst, glücklich zu sein, o liebe Sophie halte Wort, verlasse Dich, mich nicht wieder, richte mich nicht zu Grund, halte Dein Versprechen, liebe mich denn ich fühle für uns beide nur Rettung in Einander. Ich fühle deutlich in mir, wie ich Vielen Dingen und Menschen, vielen Hoffnungen und Wünschen gänzlich abgestorben bin, seit ich von Dir geliebt werde, ich fühle die innigste Begierde mein ganzes Leben in einen Punkt zu treiben, mich nicht mehr auszubreiten, und wie ein Eremit in Dich wunderbare romantische Wildnis hin zu ziehen. Ich bin ein Christ geworden, und will nur einem Gott dienen, Dich nur will ich lieben, beten, dichten, Dich nur will ich verlangen, umfangen, erlangen. O Du lieber guter Sophus lies diese Worte nicht ohne einige Rührung, nicht ohne stillen Dank, ohne Freude über mich, der sich nur in Liebe opfern kann und weiter nichts. Ich bin sehr betrübt, daß ich keine Briefe mehr von Dir erhalten habe, wenn Du wüßtest, wie ich unendlich einsam hier sitze, so gar keine Ruhe, keinen Trost ohne Dich habe, Du wendetest manche Stunde, die Du mit gleichgültigen Menschen, mit Menschen, die, liebten sie

Dich auch, Dich doch nie so lieben könnten, wie ich, verplauderst, dazu an, mich mit freundlichen Worten zu erquicken, ach die Zeit ist ja so ewig lang bis zum Wiedersehen, wieder küssen, wieder leben! Betine hat mir nur einmal und wenig geschrieben, seit ich hier bin, auch das macht mich betrübt, o liebe Sophie, sei treu, sei ein Engel, und gib mir alles Glück, das ich nicht habe, ich weiß es ja, wenn ich die manigfaltigkeit der Freude, Ruhe und Lust, die Du schon über mich in unterbrochnem Fortgang ergossen hast, zusammenstelle, so kann ich ja wohl wissen, daß Du den ganzen Himmel unter dem Herzen trägst. Liebes seliges Weib, gedenke meiner, verlasse mich nicht. Morgen schicke ich Dir diesen Brief, morgen erhalte ich vielleicht einen Brief von Dir, o wenn Du mich recht liebtest, so mußtest Du ja gleichsam mit mir Deine Briefe erwarten, sieh, wenn ich Dir schreibe, so sehe ich, wie Du jede Zeile mit Deinen lieben Augen liest, ja ich sehe gar nicht, was ich schreibe, ich sehe nur Deine Augen. Ich mögte auch gar nicht aufhören Dir zu schreiben, aber es wird mir manchmal so ängstlich, wie bei Dir, wenn ich immer redete und fragte, und Dich immer ansah, Du aber sahst in einen Winkel und gabst mir keine Antwort. Ach liebe Sophie, hast Du meinen letzten Brief dann recht verstanden, wirst Du dann mein Weib sein, das heißt vor der Welt? Es ist ja nur der Nachrede wegen, es ist die ganze Welt voll Pöpel, und man mag sich drüber hinaussetzen, wie man will, man ist doch beschimpft, wenn man geschimpft ist; ich versichere Dich, ich will nur deswegen Dich heuraten um recht unehlich mit Dir leben zu können, um recht ordentlich unordentlich zu sein, wenn Du wüßtest, wie mein jetziges Dasein so vag, unbestimmt, verloren ist, wenn Du wüßtest, wie ich in jeder Minute mich den verzweifelsten Gedanken Preis geben kann, weil ich nichts Heiliges, nichts menschliches habe, was mich hält, Du würdest selbst die Forderung der Ehe an mich machen, es ist wahrhaftig mein inniger wohlbedachter Ernst, ich beschwöre Dich bei Allem, befestige mich in Deinen Armen öffentlich, und glaube nicht, daß ich nach der Ehe verlange, um die Ehe zu brechen, nein ich verlange nach Ruhe, nach Sicherheit, und öffentlicher Achtung, um in solcher Ungestörtheit meine Freiheit, meine Pläne zu einem schönen ungebundnen reichen, poetischen Leben außer den Augen der Welt wie Misterien zu beginnen. Wie einsam, wie traurig bring ich jetzt die Abende zu, sonst lag ich um diese Stunde in Deinen Armen, jetzt sitze ich hier und schreibe, es ist zehn Uhr, da war es in Weimar noch gar früh, und oft war es gar früh, wenn Du mich bis zur Türe begleitetest.

An Sophie

Sonntag den 10 7bre

Liebe Sophie!

Vor wenigen Augenblicken habe ich einen Brief sehr betrübt an Dich abgeschickt, denn ich hatte keinen von Dir, ich wollte nicht wieder an Dich schreiben, aber ich fange schon wieder an, ich hoffe von neuem auf den nächsten Posttag, und der ist bis Mittewoch, damit Du nun doch wieder einen Brief erhältst, wenn ich auch bis Mittewoch keinen von Dir haben werde, so will ich heute schon anfangen und so lange fortfahren, als ich noch hoffe, denn wenn ich mich wieder getäuscht sehen sollte, so würde ich nicht schreiben, und Du müßtest dann für Deinen unverzeihlichen Fehler büßen, das wäre aber doch nicht Recht, denn was ist denn das Heilige, Göttliche in der Liebe anders, als daß in ihr keine Gerechtigkeit ist, sondern nur unendliche Güte, und Sanftmut, es ist ja nichts das sie nicht verzeihen könnte, sie ist der Stadthalter Gottes, und was der heilige Vater in Rom selbst nicht lösen kann, solche Schuld kann der Liebe noch Unschuld sein, ich fühle diese Allmacht in mir, und liebes unendlich glückliches unendlich geliebtes Weib, Du kannst mich selbst ermorden, ich will es Dir verzeihen, ich will, können Geister wieder kehren, mich zu jenen Geistern gesellen, die Du in bangen drückenden Stunden so tröstlich erfunden hast, ja Du kannst noch härter an mir handlen, Du kannst mich wieder verlassen, ich will Dich in der Stille ruhig fortlieben, ich will denken, Du seist gestorben (und wirst Du das dann nicht sein?) und will Dir nachweinen, bis ich bei Dir bin, denn lebst Du auch, so ist doch sicher Dein Bild des Himmels Zierde. Ich kann mich denken, tretend in den Himmelssaal, und ängstlich suchen, die Unzahl aller Seligen durchdringend hin zu Dir, zu Deinem Ebenbild, zu Deiner Jugend, Deiner Unschuld, Deiner Treue, die dann gewiß im Himmel sind, wenn Gott mich selig machen will, o sterben wird zur Lust mir, ich habe Vieles zu gewinnen, und was auf Erden mir die Liebe nicht reichen kann, das konnte nicht auf Erden wohnen, im Himmel ist die Blüte aller Zonen, geflochten in die ewgen Frühlingskronen, so laß mich dann mein Leben hier nicht schonen, im Himmel mußt Du endlich doch mir lohnen. Doch sieh nur einmal, wie die Güte auf Erden belohnt wird, kaum bescheide ich mich zur Geduld, so erhalte ich Deinen liebevollen sehnlichst erwarteten zweiten Brief, soll ich ihn wohl gleich erbrechen, nein ich will mir Gewalt antun, ich will ihn liegen lassen, bis ich ihn wirklich erhalte, denn ich habe ihn noch nicht, ich machte mir nur eine reizende Einbildung. Ich könnte zwar mit meiner Fantasie vorgreifen, und Deinen Brief mir selbst schreiben, aber, wenn nun der Christus selbst käme und seinen Vorläufer zu Schanden machte; doch Manches könnte ich doch beantworten, was in dem Briefe steht, den Du mir nicht geschrieben, oder vielmehr, den ich noch nicht erhalten, denn geschrieben hast Du ohnstreitig, nicht wahr, Du hast mich nicht bald in Dresden vergessen, Du liebst mich noch, Du hast viel an mich gedacht? Ach wenn Du wüßtest, wie Dein Brief von der ganzen Reise, dieser schöne feste Liebesgedanke an mich mitten durch die Zerstreuung und Ermattung der Reise mich entzückt hat, wie ich so fest an seine Wahrheit glaubte, besonders weil Du selbst so kleine Züge, als den schönen Kellner, anführtest, Du würdest Dich nicht durch die Zerstreuungen in Dresden, der Rückreise, oder gar einer verwünschten weitern Reise nach Magdeburg haben abschrecken lassen, mich wieder zu erfreuen; Du glaubst mir vielleicht nicht, daß mein Leben hier wirklich dem Leben der Ahlef[eld] auf ihrem Gute ziemlich gleicht, sonst würdest Du Dich wohl schriftlich meiner mehr erbarmen. Ich kann oft sehr traurig werden, wenn ich sehe, wie mir vieles so schwer wird, was andern unendlich leicht von Statten geht, und vor Allem die Liebe, ich bin nun seit ich von Dir bin nicht eine Minute ruhig gewesen, ja ich bin recht eine Folterbank meiner selbst; wenn ich so dem Savigny zu sehe, in den, wie ich von guter Hand weiß, meine Schwester Gundel zügellos verliebt ist, wie er in unendlichem Gleichmut von Morgens bis Abends seine Folianten durchbuchstabiert, so ekelt mich diese Ruhe an, um die ich ihn doch wieder beneide, ja meine Freundschaft selbst erhält mich in einer ewigen Marter, ach Sophie, wenn ich Dich doch endlich einmal ganz besäße, daß mein Leben wäre, wie ein ruhiger liebender Blick von mir in den Himmel Deiner träumerischen Augen. Ich fühle es deutlich, wie Dein Besitz sein wird, wie dem Gelehrten der Besitz eines vortrefflichen Buchs, welches ihm eine Menge andrer entbehrlich macht, ich werde durch Deinen Besitz endlich dazu gelangen, was mich in ein so ungleiches Verhältnis mit allen meinen Freunden setzt, ich kann ohne sie nicht leben, und ich bin ihnen nur ein Stück ihres Luxus, wenn Du, wenn das Glück, die Freude, die Anmut und der Mut sich unzertrennlich mit mir werden vereinigt haben, dann werden mir meine Freunde auch nur das sein, was ich Ihnen bin, ein edler würdiger Umgang. O liebes Weib so eile dann, komme bald, komme gleich. Morgen geht Savigny in die Ferien an den Rhein, dann ist auch kein Mensch mehr hier, den ich kenne, ich wohne in einem Hause Allein mit dem Bedienten, da wird mir es zu Mute sein, wie Dir in Camburg, es ist mir schon recht bang, und ich bin ganz traurig, wenn ich dran denke, besonders da Du das Unglück an Dir hast, so selten und so wenig zu schreiben. Ich möchte wohl gern nach Frankfurt reisen, aber ich kann nicht, weil ich keine Briefe von Dir habe, ich muß Dir doch erst Bettstellen und diejenigen andern Meubels bestellen, die Du etwa verlangst, daß Dir Dein Hausherr Tische und Stühle leihen wird, so lange Du sie brauchst, habe ich Dir, glaube ich schon geschrieben, auch sagte er mir, könnten die Spiegel hängen bleiben. Ich habe den Mietskontrakt förmlich unter meinem Namen schriftlich mit ihm vom ersten 8bre an abgeschlossen, vom November an wollte er nicht, ich mußte, weil die schönen Wohnungen hier selten, und für den vielen Raum die Miete sehr billig ist. Was ich Dir von Meubel bestellen soll, das schreibe mir doch gleich, und bedenke, daß ich hier traurig und betrübt in der Einsamkeit schmachte. Von Betinen habe ich immer noch keinen Brief, ich weiß nicht, wie das zugeht, und bin sehr bekümmert darum. Unangenehm wird mir mein Aufenthalt in jedem Falle in Frankfurt sein, besonders, da seit einigen Tagen Khristian hingegangen ist, der für mich überall etwas sehr fatales, durch seine drückende Eitelkeit und Bisarrität hat, in Frankfurt aber mir immer rein unausstehlich war. Seine Briefe an mich, die uns beiden wohlgefielen, waren wie ich Dir gleich gesagt, reine Produkte der Faulheit und Eitelkeit, und insofern solche Sachen zu schreiben, gar nicht in seinem Charackter liegt, sind sie eigentlich Lüge. Über Dich habe ich von meinen Geschwistern kein Wort mehr gehört, da ich überhaupt von Haus keine Zeile erhalten habe, als einen kleinen Brief Betinens in dem sie Dich zärtlich grüßt. Ich habe Dir glaube ich in meinen vorigen Briefen Alles gesagt, was ich Dir für meinen heftigen Wunsch ordentlich mit Dir getraut zu werden, sagen konnte, dieser Wunsch wird je heftiger und fester in mir, je ernstlicher und ruhiger ich über unsre ganze Lage denke, Du glaubst nicht, wie mich meine Verlorenheit, meine Einsamkeit unter den Menschen oft bis zu Tränen schmerzt, schon durch meine Ansicht, meine Gesinnung und Beschäftigung gleichsam verwaist, kömmt nun noch die Trennung in der Familie hinzu, die jedes einzelne betrübt, und die sie alle Doch hervorbringen; ich fühle es deutlich, ich kann nicht so bleiben, ich muß mit allen Verhältnissen eines andern Wesens mich zusammenspinnen, ich muß wieder Grund und Boden fassen. In diesem Augenblick unterbricht mich ein ganz verdammter Gedanke, nehmlich, wenn ich auch noch so sehr Dich um Briefe bitte, daß Du mir doch nicht, als acht Tage höchstens nachher Trost schaffen kannst, so ist auf Erden nichts schrecklicher als die Unmöglichkeit, o liebe Sophie, ich verzweifle ganz, sei doch nur ein bißchen menschlich, und lasse mich nicht so wie einen Narren sitzen. Es war eine Zeit, da saß ich in Altenburg und paßte ebenso auf Deine Briefe, und am Ende kam die verfluchte Szene, o Sophie! diese Zeit liegt mir gleich in allen Gliedern, wenn Du mich vernachlässigst, und ich zermartere mich in den schrecklichsten Zweifeln, ob Du mich nicht wohl von neuem zu plantiren Lust hättest, Gott! wenn ich den Gedanken denke, wird mir das Blut in allen Adern zu Gift. Heute bin ich nun gar elend gewesen, ich habe geglaubt heute sei ein Posttag, und habe von Morgen bis in die Nacht in banger Erwartung gelebt, so oft die Klingel des Tores geht, lief ich ans Fenster, das ist nun eine ganz verfluchte Abwechslung mit der bittern Arznei die ich seit einigen Tagen stündlich verschlucken muß, ich wollte Dir nicht eher sagen, daß ich krank bin, bis ich wieder genesen wäre, die ewige zerfleischende Sehnsucht in der ich seit her lebte, hat mein Nervensystem etwas zerrüttet, und ich habe viele traurige Phantasien gehabt, nun bin ich wieder gesund, nur daß mich meine immerwährende Begierde nach Dir, und die ewig getäuschte Hoffnung nach Briefen noch oft sehr angreift, wenn ich nun bedenke, daß ich einige Wochen in dieser Erwartung und in so mutterseliger Einsamkeit zubringen muß, so kann ich dies nicht ohne Tränen schreiben. Wenn nur ein Funken Menschlichkeit in Dir ist, so schreibe mir öfter, und bedenke, daß ich doch nicht so gar schlecht bin, als Du mich vernachlässigest. – Dies Alles habe ich nun von Deiner *unseligen Reise nach Dresden*. Gott weiß, was noch mehr aus ihr für mich entstehen mag, indes Du Dich amüsirst, verzweifle ich, mein Widerwill gegen sie war gerecht, und ich hoffe, Du wirst einstens noch Alles das verabscheuen lernen, wogegen ich einen Widerwillen habe. Das eben ist es, was mir vielleicht ewig in Deiner Liebe fehlen wird, Du wirst das vielleicht nie vor Unrecht halten, was ich mißbillige, und ich werde oft die Erfahrungen büßen müssen, die Du für Dich allein gemacht, o Sophie, warum glaubst Du nicht an mich, warum hast Du einen eignen Willen, warum kannst Du mir nicht schreiben wollen, indes ich nach Deinen Worten schmachte. Ich bin sehr traurig, so eben höre ich, daß ich erst in vier Tagen wieder umsonst nach Briefen von Dir schmachten darf, und dann habe ich aus der Erfahrung noch die tröstliche Hoffnung, daß ich wieder keinen erhalte. Doch schon geht der Raum dieses Blattes zu Ende, und ich sollte in strengem Unmute von Dir geschieden sein, o reich' die Hand mir, sieh mir in die Augen o Sophie, liebe gute süße Geliebte, fühlst Du nicht, wie ich Dich liebe, unendlich liebe, bist Du nicht glücklich durch diese Liebe, o so teile dann Dein Glück mit mir, schreibe mir nur weniges von Deiner Liebe, Deinem Glück, und Deiner Sehnsucht nach mir, ach diese Sehnsucht, wenn sie wirklich in Dir wäre, wie könnte ich dann so traurig sein, ohne Dich, wenn ich Dich nicht in den Armen halte, wenn ich Dich nicht habe mit den Händen, dann hab ich Dich nicht. Betrachte selbst, liebe Seele, wie es ohnmöglich ist, bei Deiner Denkart ruhig zu sein, Du hast mir nicht nur oft beteuert, ja mir es immer mit der Tat bewiesen, daß Du bloß im Momente lebtest, so hast Du keine Beständigkeit, mit dem Moment geht der Moment, geht die Wahrheit Deines Lebens verloren, Du liebtest mich im Moment, Du versichertest mich im Moment Deiner Festigkeit, ich war so glücklich im Moment, der Teufel holt den Moment, und wenn Du nicht aufhörst, immer im Moment zu stecken, so wird Dich einmal in einem Moment der Teufel mit samt Deinem Moment geholt haben, drum bete fleißig mein Kind, liebe mich inniger und steter, mache es so, wie ich mit Dir, verlange nach mir, schreibe mir, ach du Gott! wie oft habe ich Dich schon darum in diesem Brief gebeten, und das Alles gilt nur für einmal, das ist nun wieder die verdammte Unmöglichkeit, ich wünschte mir einen Brief, auf die Art einrichten zu können, daß ich unten noch dran schriebe, wenn Du ihn oben schon zu lesen anfängst, und wenn ich recht zornig werden werde über Dein Stillschweigen, so werde ich einen Brief auf die Art vergiften, daß Du das Heilmittel nur bei mir schriftlich oder mündlich erhalten kannst, oder ich weiß noch was bessres, wenn Du mir nicht so gleich auf diesen Brief antwortest, so komme ich wieder nach Weimar, das ist gewiß und wahrhaftig mein Ernst, aber um Gotteswillen – krank, bist Du vielleicht krank, sehr krank – ach Sophie sei nicht krank, sei nicht tod, was willst

Du dann sterben, da ich Dich liebe so sehr liebe, Ach gehe nun nicht schlafen, der Tag bricht ja an, es ist nicht mehr der Wert zu schlafen, komme an mein Herz, in meine Arme, da schlafe, still, still, – o sei nicht krank, nicht tod, – die Idee verfolgt mich wie ein Gespenst, o hätte ich doch diese Idee nicht gedacht! – Savigny ist nun weg, und es ist mir nichts zur Gesellschaft und kein Umgang geblieben, als Herr *Clemens Brentano,* ein junger geistvoller Mann, der sehr unterhaltend sein würde, wenn er nicht so langweilig wäre, er spricht beinah gar nicht, nur dann und wann ruft er den Namen Sophie mit großer Zärtlichkeit aus, und verdreht dabei die Augen so ziemlich, diese Sophie liegt ihm so schwer in allen Gliedern, daß man ihn nicht von der Stelle bringen kann, kaum daß ich ihn bewege mit mir in der Stube auf und ab zu gehn, an einen Spaziergang ist gar nicht zu denken, er kann singen und Guitarre spielen, aber daß er es täte – neulich hatte er kaum einige Töne geklimpert, als er plötzlich mit horchender Miene aufhörte, und als ich ihm mit wunderlichen Gedanken in seine Andacht kam, schimpfte er mich so melancholisch gründlich aus, daß mir Nichts übrig geblieben ist, als alles mit ihm auszustehn. Was mich aber sehr betrübt, und ich ihm gar nicht sagen darf, wenn ich nicht will, daß er sich gar ein Leid antue, ist, daß ich vermute, jene Sophie bekümmert sich eben nicht groß um diesen Herrn, und ich kann es ihr auch nicht verdenken, denn wenn es gleich etwas grausam klingt, einen sonst vorzüglichen Menschen unklug zu machen, so hat sie es ihm doch nicht befohlen, unklug zu sein. Sie selbst scheint eine große Anlage zur Vernunft zu haben, wenn Leichtsinn Vernünftig sein kann. Doch da Sie diese Sophie, vermutlich nicht kennen, will ich Ihnen auch keine Beschreibung von ihr machen, denn da ich Alles, was ich von ihr weiß, bloß aus der Zeichensprache meines unglücklichen Gesellschafters habe, wage ich es nicht so verdächtigen Quellen nachzusprechen. Nach seinen Aussagen wenn ich sie auch um drei Viertel zu hoch anschlage, gibt sie in diesem letzten übrig bleibenden Viertel dennoch dem Vollmond an Liebreiz, Anmut, Sanftheit ect. nichts nach, kurz sie verdient, daß man toll um sie wird,

und mondsüchtig – wahrhaftig sie verdient es, ich erfahre es selbst, und Du meine Geliebte auch, denn hat mich diese Liebeshexe nicht verführt, hier mehrere Zeilen von ihr zu schreiben, und Dich darüber ganz zu versäumen. Verzeihe mir das, liebes Kind, und suche Dich an ihr darüber zu rächen, die schönste menschenfreundliche Rache, die Du an ihr nehmen könntest wäre, wenn Du sie bewegen wolltest, meinem armen Clemens mehr zu schreiben, oder das Allerbeste sie bald, recht bald mit Dir hierher zu bringen, dann wirst Du sehen, wie liebenswürdig ich und der Clemens und Du und Sophie sind. Die Frankfurter Post hat mir wieder keine Zeile von Betine gebracht, ich bin in tödlicher Angst, ob sie vielleicht krank oder gestorben ist, wie schnell war es mit Sophien geschehen, ich habe gar keine Ruhe mehr, Du schreibst auch nicht, ich verzweifle, o man mögte wütend werden, um alle Liebe zu verfluchen, lebe wohl, schreibe, wisse, daß ich s o elend bin, und daß wir es s o nicht verabredet haben, also schreibe. –
Das Stillschweigen Betinens ängstigt mich so, daß ich morgen hin reisen werde, in wenigen Tagen kehre ich zurück.

An Clemens

[Weimar, den 13. September 1803]

Ich bin heute ernster als gewöhnlich, und deswegen schreibe ich Dir. Lieber Clemens, laß mich mein Leben in Marburg so still und einfach anfangen als möglich. Die Sorge für Dich, wird nur Sorge für mein Vergnügen sein, und wie gern will ich sie übernehmen! aber gönne mir Zeit, mich in der neuen Lage erst selbst zurecht zu finden. – Bei allem was Du von mir begehrst, nimm Deine Gründe stets nur von Dir selbst her, mischest Du andre mit hinein, so empörst Du mein Gefühl unausbleiblich. – Es gibt Augenblicke wo ich für Dich, für Dein Glück mit Freuden sterben könnte; ich opferte Dir mein Leben, ein reines Opfer, denn es geschah aus Liebe – willst Du aber meine Gabe für den Dienst fremder Götter gebrauchen, so entweihst Du das Opfer, die Flamme der Andacht verlischt, und ich bin um meine Seligkeit betrogen.

Die Zucht Deiner Geschwister, der Ruf Deiner Schwester! – erst erfodert ihre *Ruhe* daß ich nicht heurate – jetzt will ihr R u f das Gegenteil! – Clemens, erinnere Dich daß ich f ü r *Dich lebe,* für niemand anders als für Dich! – Deine Familie würde *nichts dagegen* haben! – mein Blut kocht, wenn ich mir das sage. Diese Menschen, die mir nichts sind, die mir ewig fremd sind – o, Clemens bist Du wirklich mündig? – ich schweige, dies ist die Klippe, wo meine Sanftmut scheitert.
Was Du mir von Deinen jetztigen Gefühlen für Savigny schreibst, betrübt mich. Ach! haben nur die Abwesenden das Recht, Dir zu gefallen, von Dir vergöttert zu werden? – Wundre Dich nicht, daß er Dir nicht ganz vertraut, kein vernünftiger, selbst kein mutiger Mann kann Dir je vertrauen, denn Dir fehlt etwas, was Dich von allen bürgerlichen Verhältnissen ausschließt. Du hast *keinen Sinn für Schonung* und für *Schicklichkeit.* Du kannst Dinge aussprechen, die das innerste Wesen des andern zerreißen; wie von einer fremden, bösen Macht gezwungen sagt Deine Zunge oft Worte, von denen Dein Herz, Dein Verstand nichts wissen *können,* die auch das nicht verschonen, was Du selbst für das heiligste erkennst. Ja, ich bebe, wenn ich denke, wie dieser Fehler, der Einzige den ich in Dir erkenne, Dich noch in tausend Gefahren stürzen, Deine Ehre, Dein Leben selbst aufs Spiel setzen kann. Ich selbst weiß, wie Deine Worte empören können; was müssen andre fühlen, die Dich nicht lieben, die heftiger sind als ich: sie müssen Dich entweder verachten oder verfolgen, und die mildesten hüten sich vor Dir. Denn wer kann es ertragen, wenn er die Schätze seiner Gedanken, in ein geliebtes würdiges Heiligtum niedergelegt hat, und er sieht, wie der Eigentümer desselben sie herausreißt, um sie den ersten Bettler auf der Straße zuzuwerfen, oder einer Dirne, die ihn mit hüpschen Augen ansieht? – Zürne mir nicht, o! zürne nicht, daß ich so predige! verkenne die treue Liebe nicht! Du hast auf Erden keinen treuern Freund als mich. I c h vertraue Dir unbeschränkt; nicht aus vernünftigen Gründen, sondern aus einem *kühnen* Glauben an Dich! – – ich schwöre Dir, ich schließe Augen, Ohren und Verstand vor Allem zu, wodurch

ich mißtrauisch gegen Dich werden könnte, ich glaube an Dich, Clemens! unerschütterlich glaube ich an Dich! vertraue mir als Deinen besten Freund!

An Sophie

Wiesbaden. Drei Tag nach meinem letzten Brief
[14. September 1803]

Lieber Sophus! oder Butschki, Kutschki

Vorgestern Abend bin ich hier angekommen, wo ich endlich Betine gesund und zufrieden angetroffen habe, die Unrichtigkeit der Posten war an ihrem Stillschweigen schuld. Ich habe noch nichts mit ihr als von Dir gesprochen, und sie kann sich nicht satt hören, sie findet auch, daß Du mich heuraten müßtest, und ich zweifle nicht, daß ihr euch sehr lieben werdet, denn ihr habt beide die rechte Art von Verstand, ich glaube auch, Du würdest durch ihren Umgang noch viel lebendiger und leichter werden, denn sie ist eigentlich in sich leichter als Du, in dem ich Dir hier schreibe, sitzt sie mir gegen über, und ich wollte ich könnte Dir ihr Gesicht abschreiben, so hätte ich Dir etwas sehr liebevolles geistvolles unschuldiges geschrieben. Doch denke nicht, daß meine Empfindung für Dich sich in ihrer Gegenwart im mindesten verändert, wenn sie meine Schwester nicht wäre, und Du wärst im gleichen Alter mit ihr, und ihr hättet beide nichts erlebt als das Abendmahl (so eben sitzt mir ein Kind auf dem Rücken, und patscht mit seinen Händen in den Brief), so würde ich in Dich toll verliebt sein, und nach Dir verlangen; sie aber würde mich erringen und ich würde Dich nicht bei ihr vergessen. So aber, da ich nichts außer ihr lieben kann, als Dich, so bist Du doch und bleibst die einzige. Ich mögte Dir gern mehr schreiben, aber alle die Kinder der Tonie rupfen und zupfen mich, ich muß den ganzen Tag so viel von Dir erzählen, daß ich heut anfangen werde zu lügen. Die Angst und Not in Frankfurt wegen Dir ist gar nicht so arg als Du denkst, und ist ein reiche Ausbeute einer unendlichen Klätscherei, von Weimar durch die Löwenstern und Laroche, kein Mensch wendet auch nur etwas gegen meine Ehe ein, man intressirt sich gar weiter nicht drum, und der ganze Lärm war nur ein Frosch der in einem vielfachen Echo quaxt. Ich kann das Ganze hier nicht aus einander setzen, und sage Dir Nichts, als schreibe mir immer nur nach Marburg, aber um Gottes willen schreibe, und komme bald.

Dein
Clemens.

An Clemens

[Weimar, 14. September 1803]

Ach, lieber Clemens, schreib' mir doch keine so barbarisch ernsthaften, so unverständig verständigen Briefe mehr! es tut mir so unendlich leid, daß ich nicht gleich zu Allem Ja sagen kann, und doch kann ich mich nicht, wie ein Wetterfähnlein, nach jedem andern Wind hindrehen. Ich bitte Dich, laß das Alles gut sein, es wird mir sonst zu bunt, mein Verstand, der, wie Du weißt, nicht weit her ist, könnte leicht ganz stille stehen, und was sollte dann aus meiner Reise und aus Allem werden, wenn dies Rad meiner Tätigkeit stockte? – Ich möchte Dir manches über Deinen Brief schreiben, aber heute ist es mir unmöglich, ich fühle mich teils zu wohl, teils zu träge dazu. Es ist mir, als wenn ich lange in einen beschwerlichen Panzer eingeschnürt gewesen wäre, und endlich hätte eine liebe Hand meine Bande gelöst. Ich läge nun auf einem weichen Lager, und bewegte mich frei und bequem, unbekümmert ob alle meine Bewegungen so schulgerecht wären, daß sie einem Maler als Modell dienen könnten.
– Ich habe Dir mancherlei zu sagen.
Zuerst daß ich heute Deine Büste erhalten. Ich weiß es nicht, warum ich heftig erschrak, als ich sie enthüllte. Sie steht nun auf meinen Schreibpult, und ich mag schreiben, oder auf dem Sopha liegen, so seh ich sie immer vor mir, aber leider hat sie ihre göttlich milde Seite dem Licht zugekehrt und ich muß mich mit dem boshaften Zug begnügen, der mich nur zu oft an die Leiden der Erde erinnert. Ich habe Tiek sogleich das Geld

geschickt, und ihn gebeten, die andre Büste schnell abzuschikken, was nun wohl geschehen sein wird.
Ich habe hier unter meiner Adresse einen Brief von Betinen an Dich erhalten. Ich weiß nicht hast Du oder sie mir ihn gesendet; im letzten Fall hättest Du ihn noch nicht gesehen, und ich hätte die Freude, Dich damit zu erfreuen.
Gestern schrieb ich wegen meines Stücks an Schiller; er kam selbst zu mir, und brachte den ganzen Nachmittag bei mir zu. Wir lasen das Stück und er sagte daß es in einigen Wochen aufgeführt werden sollte. Wir besetzten die Rollen gemeinschaftlich und waren sehr lustig; doch hat er mir versprochen, meinen Namen zu verschweigen, und außer ihm und Dir soll niemand etwas davon wissen. Ich muß nun aber wegen der Aufführung noch manches darin verändern, und das ist mir leider wieder eine neue Arbeit. Auch bitte ich Dich, als mein Orakel, zu dem ich in allen Fällen meine Zuflucht nehme, mir einen *wohllautenden, spanischen, dreisilbigen weiblichen* Namen zu verschaffen, den ich anstatt *Chimene* setzen kann, denn dieser will S. [Schiller] durchaus nicht gefallen. Ich erwarte diesen Namen in Deinem nächsten Brief zuversichtlich.
Freund Majer ist wieder zurück; der Berg hat abermals eine Maus geboren. Es scheint daß man hier nun alles anwenden will, um ihn in Jena anzustellen, das sich, höchstwahrscheinlich, in kurzer Zeit, wieder sehr heben wird.
Schreib mir doch, ob Du glaubst, daß ich in Marburg ein hüpsches Pianefort kaufen kann? in diesem Fall verkaufe ich das meinige, denn je weniger ich mitnehme, desto besser. Jetzt ist es hier sehr kalt, aber ich hoffe, daß der Himmel mir zu Ehren noch einen langen, langen schönen Herbst bescheren wird. Nicht meine Arbeiten allein, auch das Geld genirt mich, denn ob mir gleich in diesem halben Jahr meine Arbeiten über 700 Rthlr. einbringen, so ist dies doch erst zu Ostern zahlbar, und es kostet mir Zeit und Mühe, mir das jetzt nötige Geld zu verschaffen.

An Clemens

[Weimar, den 20./21. September 1803]

Clemens! Gott verzeihe Dir die Stunden, die ich so eben erlebt habe, die brennenden Tränen, die ich geweint, die qualvollen Schmerzen, die mein Innres zerrüttet haben! – Ich bin zu sehr vernichtet, als daß ich mich verstellen könnte. Jetzt, jetzt erst treffen mich die tödlichen Pfeile, die Du, verhüllt vom Zauber der Gegenwart, auf mich abdrücktest. O! ich war noch nie unglücklich – jetzt bin ich es erst geworden! Beschimpft zu sein von dem was man liebt, das ist das einzige, größte Unglück des Weibes – die einzige Schande, die einzige üble Nachrede, die sie treffen kann! Ich erfuhr es noch nie, bis jetzt, jetzt. – O! warum war ich, Unselige, bestimmt *alle* Schmerzen des Lebens zu erfahren, auch diesen, ach! den größten von allen! Durfte kein bittrer Kelch der Erde mir vorüber gehen? – Gott, wie hast Du mein Leben vergiftet, die Einsamkeit gibt mir keine Ruhe und die Menschen fliehe ich – nicht aus Stolz, aus Freude, wie ich es zu tun hoffte, nein! weil ihr Anblick mich verwundet, weil mein Sinn gebrochen ist, weil ich keine Freiheit, keinen Mut mehr fühle. – Gestern verteidigte ich Dich noch, wegen einer Beschuldigung, mit leidenschaftlicher Wärme, – heute aber sagt man mir mit fühlloser Genauigkeit Worte, die Du von mir, von meiner Liebe gesagt – ach! ich erkannte sie zu gut diese schneidenden, verachtenden, schrecklichen Worte, die niemand gehören *können*, als Dir! aber ich glaubte sie *allein* zu kennen, nun tönen sie von fremden Lippen mir wieder – o! und das tatest Du zu eben der Zeit, wo ich Dich so rein, so innig liebte, wo ich gern mein Leben für Dich gegeben hätte! was ein redlicher Mann selbst gegen Fremde sich nicht erlaubt, das tatest Du an Deiner Freundin! –

Aber nicht Worte allein, auch Züge müssen es mir sagen. »Das ist nun auch vorbei, schriebst Du Deiner Schwester, ich habe die M geliebt, ich liebe sie nicht mehr; an Heurat ist gar nicht zu denken, aber sie will meine *Freundin* – dies Wort zweideutig unterstrichen – sein, und sie wird mir durch die ganze Welt nachlaufen. – Hättest Du nur *wahr*, nicht schonend sein wollen, so mußtest Du schreiben: Sophie *will* nicht daß wir uns heuraten, sie meint es sei für mich besser und ich gebe ihr Recht. – Aber auch jenes – wenn es Dir angenehmer war – ich hätte es leicht verschmerzt, ja gutmütig hätte ich Dir die Freude gegönnt gegen Menschen die Dir wert sind, Deiner Selbstliebe auf meine Kosten kleine Opfer zu bringen. Aber mich hingeopfert zu sehen für *Alle*, ein Triumpf für Alle die mich beneideten, das Ziel schmähsüchtiger Reden, die nun sagen: seht! sie hat sich ihm an den Hals geworfen, und er verschmäht sie – sie verfolgt ihn mit ihrer Liebe, die er verachtet. – O, Clemens, war es Dein Plan mich zu vernichten, so hast Du ihn vollständig erreicht! meine Hoffnungen auf Freude, meinen mutigen, kühnen Sinn, womit ich den Menschen unter die Augen treten konnte hast Du zerstört. Du hast mir tausend Feinde erweckt, Deine Schmähsucht untergräbt vielleicht den Ruf meiner Arbeiten, auf den, Du weißt es, meine Existenz beruht, ach! alles, alles – nur die Unschuld meines Herzens war Dir zu erhaben, daß ich Dich rein, himmlisch liebte, das konntest Du nicht zerstören, und das allein mildert diese bittersten Stunden meines Lebens, um deswillen wird mir Gott helfen!

Daß alles wahr ist, daran ist leider kein Zweifel. Du schriebst es Deiner Schwester, die es andern zeigte, die la Roche schrieb es mit einem Anstrich gutmütiger Besorglichkeit für mich, hieher, ihr Correspondent las es laut bei der Herzogin, und so erfuhr ich es wieder, nebst tausend andern Deiner Äußerungen, weil man mein Verhältnis zu Dir für ganz getrennt ansieht, und erschrickt, wenn ich vom Gegenteil spreche. – Doch bitte ich Dich, laß es nun bei Dir beruhen bei Dir begann es, bei Dir endige es, ach! sei mitleidig, bereite mir keine neue Schmach, kein neues Aufsehen! –

Gut machen kannst Du nichts, denn so arm ist der Mensch, daß er das nicht zurücknehmen kann, was er getan, aber um gotteswillen schreibe gleich. – Ach! so groß ist mein Unglück, daß ich es niemand klagen kann, sondern nur bei der Quelle desselben auch Trost suchen muß. Schreibe mir das treuherzigste, einfachste was Du weißt, nur nichts was mich an Witz

und Genie erinnert. Mache, daß ich lachen muß; damit ich wieder begreifen lerne, ich sei noch dasselbe Wesen, wie vorher, und wieder an mich glauben kann.
Ach! stünden nur Deine gottlosen Reden nicht feurig in meinem Gehirn!

Ich bin wohl krank, daß dies alles so auf mich wirkt. Der Arzt sagt, meine Nerven litten – es kann wohl sein, ich denke, es muß sich bald entscheiden – – daß meine Gesundheit nicht in ihrem natürlichen Zustand ist, fühle ich wohl. – Ach! alle meine Ideen sind verrückt, und die Gedanken laufen unordentlich durch meinen Kopf! – Sage selbst, Clemens, ist jetzt nicht der Augenblick wo Deine Freundin, Deine unglückliche Freundin der Welt, der Freude, dem Leben entsagen sollte; auf immer und ernstlich? ruft es mich nicht jetzt in die Stille, in die Vergessenheit, zu einem frommen Pflanzen ähnlichen Dasein, jetzt da mein Herz von diesen Leiden erschöpft ist, und ich wohl niemand mehr glücklich machen kann! ich bin nicht mehr frei, ich kann mein Leben nicht mehr der Liebe opfern, wie ich es im Sinn hatte, denn, das, was nur von zwei Seelen gekannt, das heiligste Verhältnis gewesen wäre, ist durch Deine – Redesucht zur Schande geworden. – Ja, fast unwiderstehlich zieht es mich fort – alle die einsamen Täler sagen: vertraue Dich uns, verlaß die Menschen, Du selbst kannst nichts mehr für sie sein, indes sie nur dein armes Herz verwunden, das nur bei uns sich erholen kann.
So lebe wohl, – lebe Du und mich laß sterben. Benutze mein Unglück Dich von Deinem Fehler zu bessern – kannst Du es nicht, kannst Du Deine genialische drammatische Grausamkeit nicht aufgeben – nun, so betrübe Dich darum nicht! – Gehe dann leicht und ungebunden über die Erde, vermeide nur alle nähern Verhältnisse, wo Du nur strafbar wirst, und unglücklich machst, und laß Dir alles zu einem Gedicht werden.

Ich schreibe Dir wieder mit versöhntem, stillen friedlichen Gemüt. Ich habe Dir vergeben, ganz, aus reinem Herzen, noch ehe ich Deine Antwort auf meinen Brief erhalte. Nein! Clemens, der Schmerz den Du mir gabst, kam nicht aus Deinem Herzen, und soll ich wegen solcher Zufälligkeiten die kurze Zeit des Lebens mit feindseligen, traurigen Gedanken anfüllen? ach nein, laß mich mein Herz, so lang es noch schlägt, leicht, wahr und liebend zu erhalten streben. – Ich hoffe, Du findest nichts trauriges in diesen Worten, glaube nicht, daß ich krank bin, ich bin wieder ganz hergestellt und wenn ich mir den Tod denke, so geschieht dies aus einem Grund – den ich Dir in meinem nächsten Brief sagen will, doch werde ich Dir nicht eher wieder schreiben, als bis ich gewiß weiß, w o Dich mein Brief treffen wird.

Dein letzter Brief war mir sehr lieb, ich habe ihn immer, immer wieder gelesen, und er hat mich sehr erheitert. Ich hoffe nun bald wieder *so* an Dich denken zu können, wie ich es in der letzten Zeit Deines Hierseins und während der Reise tat. Da war über alles Mißfällige ein seliges Vergessen gebreitet. Ich schwebte wie auf einer Wolke über der Erde, meine Füße berührten den Boden nicht, und mit lächelnden Gesang bog ich nur die Blütenzweige zurück, die mich umstrickten – aber ach! *jener* Blitzstrahl warf mich wieder auf die Erde, manche schmerzliche Erinnerung griff wieder mit Harpyenklauen nach mir, ich mußte den harten kalten Boden wieder betreten, und die Dornen herausziehen, die bis zum Herzen gedrungen waren. – Doch kein Wort *mehr,* und *nie wieder* ein Wort davon!

Die Johanna ist seit einigen Tagen bei mir, und ich mag sie gern, obgleich ich von ihrer Geschicklichkeit noch eben keine Proben habe, ja vielmehr über ihre naive Unkunde ganz gewöhnlicher Dinge zuweilen erstaunen muß. Aber sie gefällt Dir, und so wirst Du Dich freuen, sie wieder zu sehen. Man hat mir zwar auch hierüber manches von Dir und ihr beibringen wollen; aber desto besser, wenn es wahr ist. Könnte ich nur alles, was Dir gefällt, um Dich versammlen, so würdest Du doch recht glücklich sein. Ich will ja nichts weiter auf der Welt, als Dir Freude machen und jedes Verhältnis das ich habe, rein erhalten – alles übrige Streben ist fern, fern von meiner still gewordnen Seele.

Seit einiger Zeit ist hier ein Unbekannter, der mich schon oft erschreckt hat. Er ist brünett, von Deiner Gestalt und muß es darauf angelegt haben, Dich in Kleidung, Gang und Bewegung zu copiren. Er geht täglich vorbei und begegnete mir sogar einigemal auf den einsamen Spaziergang nach dem Bach zu; aber ich weiß nicht, warum mir diese Ähnlichkeit, anstatt mich zu reizen nur vielmehr recht herzlich zuwider ist, so daß ich selbst jenen Weg nicht mehr gehe, um ihn zu vermeiden.

An Clemens

d. 21sten September

Solltest Du vielleicht in Frankfurt sein und befohlen haben, daß meine Briefe Dir nachgeschickt würden und dieser Brief fände Dich dort, so beschwöre ich Dich, *laß den Inhalt dieser Blätter für Alle, wer es auch sei, ein Geheimnis sein.* Sei stark und bezwinge Dich um meinetwillen, ach! ich habe es wohl um Dich verdient! – Ich habe Deine zwei letzten Briefe erhalten; sie sind recht lieb, und ich denke nun wieder anders. Daß Du meine zwei Briefe von hier aus nicht erhalten hast, bekümmert mich sehr, und ist unbegreiflich. Den ersten schickte ich den 7ten September ab, den zweiten acht Tage später. Ich habe sogleich auf die Post geschickt und einen Laufzettel geben lassen. Es wäre Schade, wenn die Briefe nicht zu Dir kämen, denn ob ich gleich nicht alles mehr weiß, was ich geschrieben, so weiß ich doch daß sie aus dem Herzen und mit der nachlässigsten Wahrheit geschrieben waren. – Ich sollte Dir diese andern Blätter vielleicht nicht schicken, aber da es einmal so geschehen ist und so auf mich gewirkt hat, magst Du es auch wissen. Es hätte mich freilich nicht so sehr geschmerzt – obgleich es das ärgste ist, was ein Weib erdulten kann – wenn ich nicht krank gewesen wäre, denn es konnte mich ja eigentlich nicht überraschen, ich wußte ja Alles schon, ich kannte ja Deine weibliche Eitelkeit, die angebetet sein wollte, um verschmähen zu können.

– Nichts mehr davon. Ich erkenne mich nun als eine Heldin in der Liebe und Standhaftigkeit, da ich diesen Giftbecher

leeren mußte, und dennoch unverändert bleiben konnte, und was Du auch sagen magst, so ist an der seltnen Vortrefflichkeit meines Wesens nun kein Zweifel mehr. Ich versichre Dich, wenn ich mein ganzes Betragen gegen Dich überdenke, so überfällt mich oft eine freudige Wehmut, wie sie nur zuweilen das Lächeln ganz kleiner, unschuldiger Kinder erregen kann. Dann durchblitzt mich auch wohl die Hoffnung, als dienten alle diese Leiden nur, mich in ein schöneres Dasein einzuführen, als müßte ich sogar aus der Gesellschaft weggedrängt werden, um wieder in mein wahres Leben einzugehen, und all diese Schmerzen wären dann die Engel mit feurigen Schwerdtern, die mein Paradies vor jeden Ungeweihten bewachten, aber oft habe ich auch Stunden gänzlicher Trostlosigkeit. – Ich mußte lächeln – schmerzlich nähmlich – als Du heute in Deinem Briefe schriebst, es sei nichts, was Liebe nicht vergebe. Ach! wohl hattest Du Recht, denn sie verzeiht ja in mir, was eigentlich ein Weib nie verzeihen kann! – Doch was Du auch der Welt gelten magst, ich allein kenne Dich anders, ich allein verstehe Deinen Wert! fest drücke ich beide Augen zu, halte die Hände vor beide Ohren und so springe ich in den Abgrund – in Deine Arme! auch ich sehne mich in der Welt die Welt zu verlassen, ich möchte mit Flügeln an den Füßen, leise daß niemand mich hörte, über die Berge zu Dir kommen, und mit Dir, wie die Geschlechter der Blumen, in Einem Kelch wohnen, der uns vor allen Augen verhüllte.
Clemens! wer weiß, ob wir nicht recht glücklich sein werden? – jetzt ist zwar bei mir gar nicht die Rede davon, ich handle wie ich muß, und das ganze Leben ist eigentlich ganz gleichgültig. Aber das ist wohl Krankheit, doch ich will bald wieder gesund sein, verlaß Dich darauf. – Du schreibst, vom Herkommen – lieber Clemens, *das tue* jetzt auf keinen Fall! ich bitte Dich, laß Dich jetzt von *mir* leiten, mach diese Reise, dieses Aufsehen nicht unnötigerweise, da es so vielleicht nötig ist, daß Du mich abholst. Also jetzt, auf keinen, keinen Fall! wenn Du mich nur im mindesten achtest! –
Ich habe dem Buchhändler Dienemann in Penig, der etwas von mir verlegen wollte, *spanische* und *italienische Novellen*

angeboten, die ich herausgeben wollte. Er hat es angenommen und zahlt 1 Louisdor für den Bogen. Gib Dir nun Mühe, Lieber, mir etwas italienisches zu verschaffen, das ich übersetzen und dazu benutzen kann; das erste Bändchen kömmt zu Ostern, und das ganze kann mehrere Jahre fortdauern.

Leb wohl – ich kann nicht mehr schreiben! Ach! ich habe so viel gelitten, daß mir nun wohl wieder etwas freudiges begegnen muß! nicht wahr, Clemens? und das wird Dein Brief sein. Du wirst mir so vernünftig und so zärtlich, so einfältig und so zufrieden schreiben, daß ich auf der Stelle wieder gesund, mutig und leichtsinnig werden kann.

An Sophie

den 20 7br 1803

Lieber Sophus!

Wenn Deine Neckerei, mir zu sagen, ich liebte Dich nicht, auch in Dir festgewurzelt sein sollte, so darfst Du doch nicht klagen, daß ich Dir nicht schreibe, und das tut mir beinahe leid, denn wenn Du darüber klagtest, so hätte ich doch eine Zeile von Dir. Ich selbst muß immer an Dich denken, und den ganzen Tag von Dir sprechen, meine kleinen Schwestern sind so kindisch, daß ich ihnen sogar sagen soll, wie viel Kleider Du hast, und ob Du kurze oder lange Ärmel trägst. Betine räumte heute ihre Commode auf, und suchte Dir Etwas zu schenken, sie nahm ihr bestes Halstuch, und gab es mir für Dich, zeigte mir alle ihre Kleider, mit den Worten, wenn ich sterbe, bekömmt der Sophus alle meine Lappen, alles was ich von weiblichem Geräte besitze. Ich zweifle nicht, daß ihr euch lieb gewinnen könntet, auch könnte ich glauben, daß ich Dich sogar mit vieler Freundlichkeit von meiner Familie könnte empfangen sehen, wenn in dem Ganzen nicht eine so fürchterliche Trennung herrschte, die nun durch die Heurat des Georg vermehrt ist, zwei Haushaltungen von ganz verschiedenem Karakter an einem Tisch aus einer Kassa, und das ganze Haus mit einer Menge melancholischer, geschwätziger, delikater, alten Jungfern, histerischen Kousinen, die wie die Zwei Köhre von Mesina Kämpfen. So wird Dich dann Niemand sehen, als Betine, zu welcher wir auf irgend eine Art gelangen wollen. Die Hauptquelle, ja der eigentliche Ursprung des ganzen Gehetzes über Dich ist meine Schwester Gundel, die am mehrsten gegen Dich geeifert, und das aus reiner langen Weile, und weil sie fürchtet, Du mögtest ihr den Savigny in Marburg etwas abspenstig machen, dann noch die edle Frau von Laroche, die an sich eins der niederträchtigsten Weiber ist, sie sprach immer leidenschaftlich Gutes von Dir, und hängte dann mitten die lächerlichsten Verläumdungen hinein. – Das war unsrer Aufmerksamkeit nicht wert, denn eigentlich bekümmert sich kein Mensch um die Sache, und sind wir Beide außer Betinen den Übrigen ganz uninteressant. Auch ist der Lerm in Frankfurt bloß durch Briefe an Moriz Bethmann von Weimar, durch die Löwenstern, und Gundel entstanden, nachdem ich an Betinen geschrieben hatte ward sie sehr bald wieder ganz zufrieden, und im Schlan[gen]bad war sie äußerst froh und glücklich; Nichts ist mir wunderbarer als die große Begierde Betinens durch die unwegsamsten Pfade, über Klippen und Felsen durch dick und dünn mit der größten Lust zu spaziren, ich glaube, daß Du ihr nicht nach könntest, ach ich hoffe ihr werdet euch sehr lieb gewinnen. – Ich sitze in diesem Augenblick in einer ungeheuren Werkstatt der Goldmacherkunst dem Comtoir meiner Brüder, wir sind gestern von Wiesbaden hierher gefahren, mein Bruder Franz besuchte dort seine Frau und ich und Betine gingen mit zurück, die Frau meines Bruders Georg gleicht dem Kind der Liebe einer Schäferin und eines Jägers, dessen Amme eine Silphyde war. Sie ist ein rechter Unschulds Engel. Da ich gestern in den prächtigen Stuben des Georg saß, ward mein Herz immer beklommener, wie doch alles Lebendige zu Gold wird, es war mir als wenn mein Herz auch sich verwandeln sollte, ich mußte heftig weinen und nach meiner Kammer gehn, Betine saß allein bei mir, und an Dich dachte ich, lieb Herz, daß ich noch keine Zeile von Dir habe und habe Dir doch so viel und freundlich geschrieben. Oft ergreift mich eine große Angst, Du liebtest mich nicht mehr, o teuer Weib, Du vernichtest mich, wenn Du mich verläßt, mein Leben hängt mit Dir zusammen, schreibe o schreibe.

Clemens.

Ehe dieser Brief an Dich abgeht, weiß ich schon, ob Du mir geschrieben hast, oder nicht, und erhalte ich keinen Brief, so werde ich sehr traurig aus Liebe, sehr zornig aus Unmut, und etwas sehr bitter aus Gerechtigkeit werden, also sehe Dich, wenn Du diese Worte liest einstweilen vor, wenn Du kein gutes Gewissen hast. Ich habe jetzt einen poetischen Plan zu einem Allmanach, der ein Gedicht von mir enthalten soll, welches nichts anders ist als ein Allmanach selbst, und zwar der Meinige, das ganze ist ein Schauspiel in vier Aufzügen, den vier Jahreszeiten, jeder von drei Aufzügen, den drei Monaten. Der einzige Schauspieler bin ich, ein wahnsinniger, welcher glaubt die Natur sei nur eine Koulisse, in dem Prolog mache ich mir die ungeheursten Versprechungen, da ich aber auftrete, so bin ich allein da, und keine andre Person, die Leute die ihrer Arbeiten wegen das Feld besuchen, erklären mich alle vor unklug, nur in die öffentlichen Feierlichkeiten, Johannisfeuer, Weinachten mische ich mich, an Deinem Geburtstage baue ich ein Osterlamm von Schnee, Deinen Namenstag feire ich, Du kömmst auch drin vor, als ein reisendes Kind, welches ein Abenteurer ist, und endlich bescherst Du Dich mir zu Weinachten, ich liebe die ganze Idee, und gedenke sie gar nicht oder vortrefflich aufzuführen, denn ich halte sie für meine schönste und tiefsinnigste Erfindung. – An Dietrich habe ich wieder zweimal geschrieben und keine Antwort erhalten, ich tue es heut zum letzten mal, und wenn er wieder nicht antwortet, so mache ich sein Verfahren in den öffentlichen Blättern bekannt. – ich habe eben auf dieser Seite noch mit Dir gescherzt, ob Du mir schreiben würdest, ich habe nicht vermutet, daß es so kommen würde, Du hast mir nicht geschrieben, das erbittert mich nicht, aber es kränkt mich tief, doch Du verdienst nicht, daß ich Dir sage, wie es mich schmerzt, von mir erhältst Du keine Zeile, ehe Du schreibst.

Clemens.

An Sophie

Frankfurt, 22 7bre

Liebe gute Sophie!

Ich habe Deine beiden langersehnten Briefe auf einmal hier erhalten, ich habe sie beide mit viel Ruhe, ohne alle Heftigkeit, erbrochen, und mit einer Rührung und einer Stille der Seele gelesen, die mir lange nicht erschienen ist. So liebst Du mich dann, so wird dann mein Leben durch Dich bestimmt, mein Blick gerichtet, mein Herz beruhiget werden. Ich lerne Dich durch diese Briefe ganz kennen, o Geliebtes Weib, wie bist Du froh, unschuldig, treu, und wahr, wie sind Deine Hände gesegnet, o halte mich fest umschlungen, der Segen komme auch über mich. Ich habe eine Empfindung in mir für Dich, und für das Leben, der Du vielleicht Unrecht tust, wenn Du Dich vor ihr fürchtest, es ist wunderbar, aber ich will sie Dir erklären, es ist mir als ging ich mit Dir ernsthaft durch die Straßen einer Stadt, du weintest, wir gingen zum Tore hinaus, es ist Nacht, ich setze mich auf einen Hügel mit Dir, und Du blickst weinend zurück nach der Heimat, ich sehe nach den Sternen, und halte Dich in den Armen, und in Deinen Tränen schlummerst Du ein, nun wende auch ich die Blicke zur Stadt zurück, und eine tiefe Trauer um das Vergängliche löst auch meinen Tränen ihre Bande, gehet hin in die Freiheit, ihr tröstenden Gesellen der Leidenschaft, aber die Nacht wird finsterer, und die Stadt versinkt in der Nacht, und da der Morgen kömmt, sind wir allein auf der Erde, und sie ist das Paradies, aber wir werden nicht vom Baum der Erkenntnis essen, wir werden unschuldig bleiben. Was Du über meine Begierde nach Abgeschiedenheit, nach einer eignen Welt, klagst, ist nicht ganz von Dir verstanden, es heißt nur, ich werde ein Dichter sein, wie ich einer bin, Du siehst mich manchmal zu prosaisch an, liebe Seele, und tust mir Unrecht, ich ehre und liebe alle Menschen, aber ich kann ihr Leben nicht verstehen, sie haben keine Frömmigkeit, keinen Sinn, keine Tugend, wenn ich mich ihnen ergebe, so bin ich wahr, und gebe ihnen mein Heiligstes, aber sie wollen mich nur in Versuchung führen, und sind mit mir wie der Teufel mit Je-

sus auf dem Felsen war, oder sie ehren mich nicht, und schimpfen weil sie mich für einen Protestanten halten, auf meine Religion, die sie nicht kennen, und begehren noch Dank für Mißhandlung. Doch ich bin ruhig, aber nicht lustig, denn ich liebe, liebe Dich unendlich, und bin nicht bei Dir, habe Dich nicht, kann Dir nicht zeigen, daß ein Engel in mir wohnt, der nur dann seine göttlichen Fittige vor Dir ausbreiten, und seine Worte vor Dir reden kann, wenn ich einsam mit Dir, getrennt von der Welt, still und heilig bin. O Sophie, Du liebst mich, aber Du kennst mich noch nicht ganz, etwas ist in meiner Seele, ein unendlicher Schatz, ihn bewachen fürchterliche tiefsinnige Gedanken, aber es wird sehr bald eine Stunde kommen, in der Du mich unaussprechlich lieben wirst, da werde ich mein Liebchen in mein Herz führen, alle die Schlangen, die Du zu sehen glaubst, werden sich wie Blumen um Dich winden, alle die finstern Gespenster werden Dir zu Brüdern und Schwestern des Ariel werden, die der Zauberei Deiner Liebe zu allmächtigen Dienern werden, und ruhig wirst Du hinab schauen in des Schatzes Ruhestätte, wie in Wogen die den Sternen Himmel spiegeln, wie in Augen der Liebe, die Dich anschauen, Du wirst das reichste, glücklichste, mächtigste Weib auf Erden sein, denn Du wirst Alles vergessen über meiner Liebe, die das Beste auf Erden sein wird, Du wirst leben durch meine Liebe, die das erfreulichste auf Erden sein wird, Du wirst mich glücklich machen, glücklich sehen, durch Dich, und das kann nur das Mächtigste auf Erden, die Gottheit, und Du.
Ich erschrecke über Deine Nachricht, Du hofftest zu Ende des Novembers zu kommen, ach welche lange Zeit ist dies, wie werde ich bis dahin das Leben zu bringen? Du weißt das nicht so, wie ich, ich kann nun gar nichts tun, bis ich Dich habe, nicht dichten nicht lesen, ich bin recht betrübt ohne Dich, aber ich versichere Dich, es ist auch ganz allein Deine Abwesenheit, die mich betrübt, sonst bin ich glücklich und zufrieden, Deine Briefe selbst erheben mir immer das Herz, es wird mir leicht und mutig, aber – ärgere Dich nicht – es wird das Alles nur für Dich. Deine Ansicht des Lebens, Dein un-

endlicher Frohsinn, Deine Güte und Sanftmut, ich sehe sie immer vor Augen, ach und Du bist mir dann so lieb, so lieb, Sophie, wie glücklich werde ich durch Deine Liebe sein, Du bist einer von den wenigen unendlich vortrefflichen Menschen, die aus dem drückendsten verderbendsten Unglück ein reines, unbefangenes, menschenliebendes Gemüt hervorgebracht habe, wo alles Gute zu Grund geht, bist Du dennoch in Dir gesund geblieben, Du bist keine Pflanze der Erde, Du bist aus dem Garten des Hinmels. Betine ist Dir nun herzlich gut, nachdem sie Deine Briefe an mich gelesen, hat sie Dich sehr lieb, sie ist fest überzeugt, daß Du allein nur mich glücklich machen wirst, und besonders wohl hat ihr die kleine Lektzion, die Du mir in Deinem letzten Briefe gibst, gefallen, sie gibt Dir ganz recht, und erfreut sich an der schönen runden Offenheit Deiner Verweise. Auch ich bin ganz Deiner Meinung, und mögte keine Lust haben, mich zu bessern, nur um Deine schöne edle unendlich gütige Art mir etwas zu verweisen nicht zu vermissen. Ach Sophie, was bist Du für ein Engelchen, und was wollen wir für ein liebes, sanftes, gedankenvolles Leben führen. Ich versichre Dich, wenn wir uns erst so recht ganz und allein angehören, Du sollst Dir keinen freundlichern, gütigern Mann erfinden können. Wenn Du Geld brauchst, Liebe, um eher von Weimar loszukommen, so schreibe mir es nur, ich kann ja über mein ganzes Vermögen disponiren, ich wäre unendlich glücklich, Dich bald, Dich gleich zu haben, aber um früher, viel früher zu kommen, dazu allein kann ich Dir welches geben, alles was ich habe ist ja Dein, nur darfst Du es mir nicht außer Land verzehren. In Betinen ist eine große Veränderung vorgegangen, sie ist immer fort sehr lustig und fröhlich, mutwillig und voller göttlicher tiefsinnig freudiger Einfälle. Ich gebe mir alle Mühe sie zu bewegen, daß sie dichtet, und sie hat mir es versprochen, ich glaube, sie wird nicht ermangeln, durch ihre Märchen und Träume, der Bernhardi die ihre Wunder Lümpchen zu Papier gemacht, das Licht auszublasen. Sie wird uns dann ihre Arbeiten mitteilen, und überlassen, Dein Widerwille gegen die Ehe wird sich legen, was Du mir dagegen sagst, heißt sich auf dem Absatz herum drehen und Schnippchen schlagen, was eine artige Frau, wie Du wohl darf, aber Du entgehst mir nicht, ich will um Dich anhalten, bei Deiner Mutter der Liebe, und Deinem Vatter dem Mut. Du hast mich vermutlich nicht recht verstanden, und mündlich mit Küssen, werde ich deutlicher werden, als je. Ich kann die Idee nicht ertragen, in derselben Welt mit Dir zu wohnen, und nicht in derselben Stadt, in derselben Stadt, und nicht in demselben Haus, in demselben Haus und nicht in derselben Stube, in derselben Stube, und nicht in demselben Bett, in demselben Bett und nicht in demselben Leib. Liebe Sophie willst Du mich dann nie der Sehnsucht entziehen, soll ich dann niemals Dich immer haben, nie von Dir gehen, soll ich nie ruhig werden, willst Du mir denn meine Kunst, meine Freude ewig durch Deine Abwesenheit verderben. Ach wenn Du wüßtest, wie ich ohne Dich leide und mich ängste. Ich habe die Idee den Sommer mit Dir am Rhein hin und wieder zu zu bringen, und da sollst Du Dir ein Fleckchen aussuchen, wo es Dir am besten gefällt, da will ich für uns eine Hütte aufrichten, einen Garten und eine Wiege und ein Grab. O Sophie verstehe, liebe, folge meinem Herzen, wie ich das Deinige verstehen lernte. – Keines meiner Geschwister hat bis jetzt Deinen Namen nur gegen mich genannt, sie ignoriren Dich und mich, und sie werden und wollen mich in Nichts stören. Unsre Freiheit ist nicht größer zu wünschen, übrigens können wir, wenn wir zusammenleben, recht bequem von meinen Intressen leben, und was wir gewinnen, das wenden wir zur Lust. – Ich bitte Dich sehr Tiek zu treiben, die Büste zu schicken, Betine kann sie nicht erwarten. Sehr leid tut es mir, gar kein Bild von Dir zu haben, mit dem ich mich trösten könnte, Du hast nun mein Bild und die Büste, und ich habe gar nichts, frage doch den Tieck was er will, Dein Portrait, ein Relief zu machen, entweder das Brustbild allein halb Lebens Größe, oder Deine ganze zierliche Gestalt etwa in der Größe der Relief auf dem Ofen im Schloß, in irgend einer von ihm zu ersinnenden Situation, oder willst Du das nicht, so lasse Dich doch von Ruh malen in Miniatur für mich, oder nur mit Silberstift zeichnen, ich bitte Dich Du lieber Engel, mache mir die

Freude, und schreibe mir gleich den Preis, damit ich Dir das Geld schicke, in Relief wäre aber doch schöner, etwa als das Blumenmädchen aus Göthens neuem Pausias. Ich möchte Dir gern eine Freude mit Etwas machen aber ich weiß nicht mit was, ich wollte Dir gern einen Spitzenschleier kaufen, aber pensez, 8 Karolin – das paßt nicht zu uns, und welches Glück! man trägt seit 8 Tage keine mehr, man trägt jetzt von dem feinsten Ostindischen Muselin, welches unendlich schöner und edler aussieht, einen solchen sollst Du in Marburg finden, nach Weimar kriegst Du nichts, ich mögte Dir das Weimar unter den Füßen wegziehen, wie man Langschläfern die Betten wegzieht. Du hast mitten in Deinem Brief einen kleinen Thron ganz hoffärtig aufgeschlagen, auf dem Du mit Schiller breit sitzest, Gott segne die Aufführung Deines Stücks, daß sie so gut sei, wie Deine, daß es viele Liebhaber finde, und doch so einfach und lieb bleibe, wie Du und daß es sich einem guten Herzen besonders hingebe und es erquicke, wie Du. Spanische Namen der Art sind rar, folgende sind alle wirklich spanisch, Lisarda, *Estela,* Zelima, *Serena, Laurela, Clavela,* Florinda, Jacinta. Weiter fällt mir jetzt keiner ein, die unterstrichnen klingen ganz artig. Ich werde vielleicht, um mich bis zum November etwas zu zerstreuen, auf ohngefähr 8 Tage nach Nürnberg gehn, aber ich zweifle doch noch sehr dran. Alle Deine Bestellungen will ich ausrichten, von den Meubeln muß ich sagen, daß sie Dir nichts kosten, aber es ist nichts als Tisch und Stühle, was Du am wenigsten mitzubringen nötig hast, das sind Spiegel, denn die will man Dir dort gern lassen. Was das Klavier angeht, so ist in Marburg ein sehr geschickter und berühmter Instrumenten Macher, also kannst Du das Deinige kecklich verkaufen. Freilich wird es in den ersten acht Tagen leer bei Dir aussehen, aber ich werde ja zugegen sein, ach und ich fühle es, bald wird es Dir nur wohl sein, wo ich bin. Ich hatte noch vor einigen Tagen die Idee, Dir eine Deiner Stuben nach meiner Fantasie recht schön meubliren zu lassen um Dich zu Weinachten damit zu beschenken, aber ich fürchtete alle Ausgaben würden verloren sein, da es mir wahrscheinlich ist, daß wir in einer schöneren Gegend irgendwo am Rhein ansässig werden werden. Mit Deinen Briefen zugleich erhielt ich den gedruckten Ponce von Göttingen, ich werde Dir ihn nächstens schicken. Was Deinen Allmanach angeht, so ist das wohl recht gut, aber Du mußt mir näher bestimmen, was es eigentlich soll, soll es ein Musenallmanach sein, der Titel *Romantischer* gefällt mir nicht ganz, doch sind solche Sachen wie Titel einerlei, ich gebe Dir von Herzen gern Lieder, ja Alles was Du willst, ich will Dir auch welche machen, nach beliebigen Aufgaben, wenn Du willst, denn Mein Kind, meine Poesie ist ja die Deine, und ich habe Dir ja geschrieben, daß ich gerne Alles unter Deinem Namen möchte drucken lassen. Ich wünschte Deine Idee über meinen Dir in den letzten Briefen beschriebenen Allmanach, und wo möglich einen Verleger, oder keinen, es ist wunderbar, wie wenig meine Poesie mich amüsirt. – Schreibe mir nach Frankfurt, wo ich wohl noch einige Tage bleibe, sollte ich nach Nürnberg, oder sonst wo hin gehen so erhältst Du meine Adresse sogleich. Gott lohne Dir alle Deine Liebe, die ich noch einst verdienen will, aber schreibe mir mein Engel, sieh ich lebe nur durch Dich, ich habe keinen Schiller, der mich besucht, keine Darstellung meiner Schauspiele, nichts habe ich, als Dich und meine Liebe. Lebe wohl mein Engel, schreibe Du liebe liebe liebe Sophie.

An Clemens

d. 24sten

Ich habe nun Deine zwei Briefe von Wiesbaden und Frankfurt erhalten. Ich freue mich daß Betine wohl ist, daß Du Zerstreuung hast, und nicht mehr so allein in Marburg sitzest. Dann freue ich mich auch, daß ich niemals das Haus Deiner Verwandten in Frankfurt zu betreten brauche, ich habe auch nicht das geringste Verlangen, je einen von ihnen zu sehen, ach Clemens, es muß ganz unausstehlich dort sein! Betine aber ist ein gutes Kind, und wenn mir das Herz nicht mehr so weh tut, werde ich sie wohl recht lieb haben. – Von Deiner neusten Schwägerin sagst Du in wenigen Worten außerordentlich viel schönes, und es könnte mich wütend eifersüchtig machen,

wenn ich nicht schon aus Erfahrung wüßte, daß Manche, die Du oft ganz überirrdisch schildertest, in der Nähe betrachtet, außer ein wenig Augenglanz und weißer Haut, auch nicht den mindesten Anspruch auf Göttlichkeit machen konnte.
Von Sinnen aber möchte ich kommen, daß Du meine Briefe nicht erhalten hast. Schreibst Du mir den Montag nicht, daß sie angekommen sind, so ergreife ich andre Maßregeln. Ich habe zum Glück einige Bekannte unter den sogenannten vornehmen, die mir dabei helfen können, denn ich ahnde beinah einen schlechten Streich. Und ich will es durchaus haben, daß die Briefe in Deine Hände kommen, es koste was es wolle.
Närrisch ist es, daß ich mich nicht entschließen kann, Menschen zu sehen. Ich habe schon mehrere Einladungen ausgeschlagen aus Klugheit oder Torheit – es kömmt am Ende auf Eins. Aber es ist auch gut, den Andern fühlen zu lassen, es gebe eine Teilnahme, die so undelicat ist, daß sie beleidigend wird. – Übrigens tue ich zuhause eben nicht sehr viel. Ich bin nicht krank, aber es ist mir immer als wenn ich mir die Augen reiben müßte, um aufzuwachen. Ich habe Sehnsucht, und doch gegen Alles Widerwillen, genug, es ist mir unbehaglich. – In meinen nächsten Brief schreibe ich Dir wenn ich kommen kann, und andre Sachen über diesen Punkt.
Meine Ahlefeld – das ist noch die einzige Seele, an die ich mit Freude denke – sie ist so gut, so gut! Heute schrieb sie mir: »wenn Du eben so denkst wie ich, so dauert unsre Freundschaft so lange wie unser Leben, und noch weiter hinaus.« Übrigens ist sie traurig sehr traurig und auch deswegen liebe ich sie. Sie fragt sehr teilnehmend nach Dir – was soll ich ihr von Dir schreiben? – Glaube indessen nicht, daß ich gleichgültig bin – doch ja, glaube es nur! ich will nicht länger lügen, ich bins, ich bins wahrhaftig bis zur Versteinerung, und das schmeichelhafteste was ich Dir heute sagen kann, ist, daß Du und die A. die einzigen Menschen sind, an die ich ohne Ekel denken kann.

d. 26sten.

Ich habe heute keine Briefe von Dir erhalten – Du also auch noch keine von mir. Wie mich das beunruhigt ist unbeschreiblich!

Schreibe mir doch ob Du keinen wohlklingenden spanischen, weiblichen Namen weißt, der nicht zu bekannt und nur dreisilbig ist.

S.

Ich habe eben Deinen Brief erhalten, und habe geweint, aber freudig. Clemens, ja, es ist vorbei, kein Dämon ist mehr zwischen uns – und vereint oder getrennt, lebend oder tod werden wir uns nie mehr mißverstehen!

– Ich muß eilen, denn die Post will abgehn. Kann ich von Dir Geld erhalten, so ist es mir lieb, denn ich soll es erst im November haben, und Gott weiß, wie lange sich das noch verzögert – und warum soll ich nicht lieber Deine Schuldnerin sein wollen, als eines andern? – Aber ich bedarf zu meinen hiesigen Ausgaben und meiner Reise 60 Friedrichsdor, kannst Du mir diese schicken, tue es *so bald als möglich* – mir liegt daran, es bald zu haben.

An Sophie

[Frankfurt, Ende September 1803]

Liebes Weib!

Ich stehe immer vor der ersten Zeile jedes Briefs, wie vor Deiner Türe, ich möchte hereinstürzen, in Deinen Armen liegen, ewig dagewesen sein, mir pocht das Herz, und ich werde betrübt, daß Alles so langsam geht auf Erden, und daß man mit jeder Bewegung die ganze Welt bewegen muß, an den einfachen Gedanken an Dich, den Blick meines Augs, das sich in Deinem Leben ergötzt, wie im Anblick des blauen Himmels, an diese frei leichte Liebestat, hängt sich ein ganzes Gefolge von Sehnsucht und Begierde, und eine Menge Worte, und ein Leben, das oft so voll Falschheit, Lüge und Plattheit ist, und Du siehst mich manchmal nicht, Du vergißt mich, und blickst unter alle den betrübten Anhang, und weinst über mich, und willst mich verstoßen. O geliebtes Weib, begreife wie ich mich sehne, mit einem scharfen Messer die Welt von mir zu schneiden, denn ich kann nicht dichten, nicht geliebt werden vor der Welt, denn wahrlich ich will nur einsam sein, damit Du mich liebst, wie ich es um Dich verdienen will. Über Betinen kann ich jetzt ganz ruhig sein, sie hat sich durchaus zu ihrem Glück gewendet, ihre Trauer, ihr Tiefsinn haben sich in eine unzerstörbare Munterkeit verwandelt, sie treibt ihren Mutwill mit dem ganzen Haus, und läßt bei allen Gelegenheiten eine Vortrefflichkeit des Gemüts erblicken, die mich herzlich rührt, liebe Sophie, was kann der gute Mensch, wo er nicht helfen kann, anderes, als Lieben, so erschien Dir auch meine Liebe zu Betinen oft der Deinigen nachteilich, wenn ich gleich deutlich fühle, sie konnte es nie sein, aber auch der kleinste Schein dazu ist nicht mehr zugegen, jener tiefere uns selbst oft undeutliche, drückende Bund zwischen Ihr und Mir, hat sich gelöst, in reine Freude an unserm Leben, wir waren die Einzigen in der Familie, die ihre Sinne nicht im Treiben gefangen gegeben hatten, und wollten uns gegenseitig in der Liebe geben, was wir nicht vom Leben erhielten, Trost und Stärke. Nun da Du mich liebst, da Betine glücklich und ruhig in sich ist, bin auch ich ruhig und froh. Was ich nie auf der Welt erwartet hätte, ist, daß durch meinen Bruder Georg mir der Aufenthalt unter den Meinigen wieder erfreulich werden könnte, er hat durch seine gute, liebe, unschuldige, geistvolle Frau, einen Engel herein gebracht, und Betine hat so eine recht liebe Freundin errungen. Er selbst kömmt immer mehr von seinem Stolz, seiner Kälte zurück, und es ist mir rührend zu sehen, wie es ihm, in sich selber wohler wird. Seine Frau, ein liebes Landmädchen hat ein Urteil über ihn so wahr, und liebt ihn und erzieht ihn an dieser Liebe, daß es eine Freude ist. Mir selbst wird durch ihre Bekanntschaft der Mut größer, und ich habe eine Begierde mich zu bessern durch Dich, Du liebe Seele, die ordentlich so extravagant ist, daß ich für einige wirklich schimmernde Untugenden an mir fürchte. Meine Kälte gegen Savigny verstehst Du nicht ganz. Die Ursache ist nicht sein Mangel an Vertrauen, die Ursache ist, weil er meine Schwester Kunigunda liebt, die ich durch und durch seiner unwert, und mir im Innern seit langer Zeit widerlich empfinde, wie kann ich den lieben, der schätzt, was ich verachte. – Ich habe den sehnlichen Wunsch den nächsten Sommer mit Dir schon am Rhein zu wohnen, wenigstens reisest Du mit mir in die Schweiz, ich fühle ein unendliches Begehren, Dich frölich und glücklich zu sehen, und durch irgend Etwas, das ich Dir gebe, o liebe Sophie, wende Deine Augen, Deine Ohren von den Menschen weg, und liebe mich, so wie ich Dich liebe. Ich bitte Dich nochmals sehr um Nachricht von meiner Büste, Betine hat sie immer noch nicht, wie auch gar keine Nachricht, da Tieck doch schon bezahlt ist, so ist es unbillig, daß man gar keine Nachricht von ihm hat. Ich weiß heute vor Lerm im Hause keinen Rat, alles pocht und lermt, und ich will weg laufen, also guten Abend

Dein Clemens.

An Sophie

Frankfurt [1./2.] 8bre 1803

Liebe Sophie!

Du mußt nicht klagen, nicht denken, ich schriebe Dir zu wenig, denn wahrhaftig ich tue nichts als Dir schreiben, seit ich von Dir bin, habe ich leider noch keine Zeile gearbeitet, ich bin in einer ewigen Unruhe, und umsomehr jetzt, da mir einer Deiner Briefe bewiesen hat, daß ich Dich noch nicht sicher und fest besitze, wenn Du gleich so wundergütig in einer Beilage schon verziehen hast, so ist dies doch nur ein geschenktes Leben, weil Du kein Blut kannst fließen sehn, und macht mich der Gedanke, daß Du jenen Brief geschrieben, doch traurig, wie kann ich ruhig sein, da ich mein Liebstes, ein weichmütiges Kind, in den Händen meiner Feinde, in den Händen der Welt weiß. O liebe Sophie! vereinige Dich bald ganz mit mir, damit ich nicht so in Sorgen lebe, die des Dichters Sache nicht sein sollen. Winkt Dir denn die Idee gar nicht freundlich, mit einem denkenden liebenden Menschen in einer schönen Einsamkeit am Rhein zu wohnen, ach Sophie ich bin nicht mehr poetisch, ich habe keine Fantasie mehr, seit ich weiß, daß ich, daß Du genießen werden, seit dem kann ich Dir nicht mehr beschreiben, wie es sein wird. Hinter uns die Berge und vor uns der Fluß, über uns der Himmel, und die Berge sind erstiegen, und der Fluß strömt klar und mächtig, und der Himmel ist errungen, nicht die Wälder zu vergessen, alle meine Nebenbuhler kann ich lieben, und sie rauschen, Dich mein Liebchen zu verführen, aber holla meine Herren, rauscht nur immer, lockt mein Liebchen daß sie mir zu euch entgehe, wie ihr rauschet, weckt ihr Lieder Liebesboten, in mir schlummernd, und sie laufen Sie zu suchen, Sie mir wieder einzufangen, und zur Strafe rauben sie euch, eure Blumen eure Blätter, winden Kränze, Ehrenbogen meiner Liebe aus den Fesseln aus den Banden, die ihr schmiedet sie zu halten, und was wollen eure Zweige, meine Arme können Halten, und was wollen eure Rosen, meine Lippen können sprechen, können Lächeln können Küssen, o Sophie sei [mir] willkommen, Herz im Herzen, doppelt schmerzen, doppelt scherzen und so weiter.

Du siehst, ich bin gewissermaßen vergnügt, ja traurig bin ich gar nicht, ich habe rechte Ursache zur Freude, denn es fehlt mir ja gar Alles, das heißt Du, wenn ich nur arbeiten könnte, wenn ich mich nur sammlen könnte, wenn ich Dich mir nur aus dem Sinn schlagen könnte, ich glaube ich müßte so viel schlagen, daß ich ganz verschlagen sein würde, und es würde doch Nichts draus. Lieben heißt sich mit allen Dingen ins Gleichgewicht setzen wollen, lieben heißt Alles wollen, ach und des Menschen Arme sind zu klein zu schwach Alles zu halten, und er muß, er will gern mit dem Simbol zufrieden sein, so hat jeder dann ein Pfand, welches er vom Leben zu erhalten strebt, damit er weiß daß ihm Alles an sichrer guter Stelle aufgehoben ruht, ich nehme Dich für Alles, ich ziehe Dich allem vor, ich liebe Dich vor Allem und für Alles. Ich sage ich möchte Dich besitzen, so recht besitzen, wie mein Herz, durch das mein Blut strömt, und ewig an Dein Kämmerlein in meinem Herzen pocht, dies Herz stört mich nicht, es ist mir gewiß, es war leicht, und dann hast Du mir etwas drauf gelegt, damit es der Sturm nicht verwehe. Du hast mir das Herz schwer gemacht, ich hatte Dich auf dem Herzen, jetzt sitzt Du drinne, und es mögte auffliegen zu den Sternen wie ein Luftball, mit Dir. O liebe Sophie halte meine Worte nicht für tröstlich, ich nenne untröstlich, was mir allen Trost nimmt, nehmlich meine Freude ist untröstlich, wenn sie Dich über meine Abwesenheit tröstet, und könnte ich Dir nur ein Geständnis ablocken, das Geständnis, wie Dich meine Frölichkeit länger von mir zurückhält, o dann wäre ich gewiß recht zufrieden, das heißt auf den Tod krank, damit Du bald zu mir kömmst. Deinen Schrecken, Deine Trauer, und Demi Verzweiflung in dem vorigen Brief, kann ich immer noch nicht begreifen, denn ich weiß mich auch in keiner Art schuldig, wenn Du wüßtest, was ich hier für Dinge gehört habe, die ich alle soll gesagt und geschrieben haben, Du würdest mit Deinen Sachen ganz geschwiegen haben, denn das sind lauter Bagatellen, stelle Dir vor, ich habe an Betinen geschrieben, ich wolle Dir in der Hochzeit Nacht den Kopf abschneiden, und ihn statt des goldnen Kopfs über unserm Tor befestigen mit der Unterschrift zum poetischen Kopf, solche Sachen sind hier gesprochen worden, und doch versichere ich Dich, daß ich Dir den Kopf nicht nur nicht abschneiden, sondern ihn recht küssen und freundlich anschauen will, ja ich will ihn Dir nicht einmal verrücken, sondern den meinigen zu recht setzen, damit er Dir Freude machen soll. Ich glaube, ich habe Dir früher als Dein letzter Brief von hier geschrieben, daß, wie ich undeutlich gehört, hier und in Weimar ein unendlich Gewäsch durch die Laroche die Löwenstern und Moriz Bethmann entstanden sei, auf diesen hättest Du mehr achten sollen, und Dich Deinem Schmerz nicht überlassen, denn nun habe ich gar keine Ruhe mehr, wenn ich des Nachts erwache, und Deinen Namen wie eine Bannformel gegen die Dunkelheit, gegen die Einsamkeit, gegen das schwere prosaische Leben, mit einer frommen Wut ausspreche, so muß ich oft unwillkürlich die Lippen zusammenbeißen, denn ich denke oft, sie liebt mich nicht mehr, sie zweifelt an mir, und auch hier in diesem einzigen heiligen Teil meines Lebens spukt das gemeine verfluchte platte Leben, aber sei versichert Sophie, wenn ich diese Geister nicht aus meiner Kapelle aus meiner Liebe hinauswerfen kann, so schneide ich mir selbst den Hals ab, um ein Gespenst, ihresgleichen zu werden, und fechte mich an dieser Lumpen Fantasmaturgie wieder Lebendig. O Du Kanarienvogel, Du Zuckerblume, Du Honigkuchen, Du Bienenkorb, in dem alle Bienen Bübchen, Du Garten, in dem alle Blumen Mädchen, Du Blumen, in denen alle Süßigkeit, Süßigkeit, das heißt Küsse sind, das wird mir ein Wachs des Lebens, eine Kerze der Andacht, eine Andacht des Feuers, ein Feuer des Himmels, ein Himmel der Liebe, eine Liebe des Clemens und der Sophie werden – halt, o du arme Fantasie, du gehst immer in Blumen bis über die Knie, und schürzest Dich, daß Dir der Tau die brennenden Füße kühle, und vergißt es, und glaubst es sei zum Tanz, und harrst auf Deinen Tänzer, da gehen Menschen vorüber und lachen, und nennen Dich eine unzüchtige Dirne, die sich entblößt, weh, weh, schweig still und weine nicht, oder wurzle, und sei eine Blume, und sei ein Tautropfen Träne. – Was tust Du in diesem Augenblick liebes Weib, in diesem Augenblick, da ich so unendlich Liebe, daß ich mich in die Kaffeetasse verwandlen möchte aus der Du trinkst, in die Fliege, die aus Kälte in Deiner Stube stirbt, in mich selbst, an mich an den Du denkst, den Du liebst. Siehst Du denn meine Büste manchmal an, das beste ist doch dran vergessen, die Narbe auf der Nase, die ich auf der steilen spiegelglatten Eisschwelle Deines ehemaligen Hauses, Lebens fiel. – Doch von wegen der Büste, frage doch Tieck bestimmt um meine Büste, die immer noch nicht zugegen ist, er hat vielleicht falsch adressirt, – Betine ist sehr traurig, daß sie gar nicht ankömmt. Ach Sophie in dem Augenblick überfällt mich eine große Angst, ich bin so glücklich in diesem Brief, und Du liebst mich vielleicht nicht mehr, höre das wäre ganz verdammt traurig, und fatal, aber dieser kleine Fluch, ist der Fluch eines erfahrnen Matrosen, der den Anker und das Cap de bonne esperance besser kennt, er zürnet über das Gewimmer eines seekranken Passagiers, der Teufel begrabe dieses Mißtrauen in den Abgrund des Meeres, da liegt ja auch der

Becher von Thule, den ich gar nicht vergessen kann, wenn wir uns haben, so lasse ich einen schönen Becher machen, aus dem wollen wir immer trinken, und den Göthe Auslachen, daß wir ihm einen letzten Vers an sein Lied gemacht. O Sophie schone meiner Liebe meiner Freude meinem Glück.
Hier will ich Dir ein Rätsel aufgeben, wer ist glücklicher, der arme Geisterseher, der auf seiner Dachstube trocknes Brod ißt, und aus den Sternen liest, daß viele Meilen weit von ihm ein Schatz begraben liegt, den *er* nur heben kann, der ihm gehört, mit dem sein ganzes Glück verbunden ist, und der ihm so ferne ist, daß er ihn nicht holen kann, (o kriege Beine Schatz, und laufe zu mir) oder ist der Hirte glücklicher? der über dem Schatz in einer bunten fetten Wiese seine Herde hütet, und ein Liedchen von Kraut und Rüben pfeift, ohne zu wissen was da unten liegt, das Rätsel löse mir, denn ich kann nicht vor dem Zweifel ruhn, ob ich glücklicher bin, der hier sitzt und sich nach Dir sehnt oder der Briefträger, der Dir diese Zeilen bringt, wenn der Briefträger glücklicher sein sollte, so bitte ich Dich um Gotteswillen, tue mir den Schimpf nicht länger an, einen solchen ordinairen Flegel auf meine Unkosten länger im Hanfsamen sitzen zu lassen, entweder kriege Beine Schatz und laufe zu mir, oder lasse über Dir eine zauberflamme wehen, daß der Kerl unsinniger, hoffnungsloser in Dich verliebt wird, als ich, aber nimm Dich in Acht mein Kind, daß ich hier bei dem Magistrat keine Briefe vorlesen höre, in denen Deine Großmutter aus Briefen an Deine Betine an ihren Correspondenten schreibt, (sie könnte es auch aus gutmütiger Sorge für mich tun) daß Du gesagt hattest, Du hattest gesagt, Du würdest nicht gesagt haben, der Briefträger wolle Dein Freund zweideutig unterstrichen sein. – O Du lieb Weib Verzeih meine Neckerei, verzeih meiner Frölichkeit, nur damals haben die Menschen noch an Gott geglaubt, da sie den Teufel zu seinem Friseur auf der Schaubühne machten, ich liebe Dich ganz Gottlos, ganz teuflisch, das macht der Sündenfall, und der Sündenfall ist ein Schneider, denn er arbeitet in Feigenblättern – Aber Spaß bei Seite, trete hervor Du engelreines nacktes Sternenhelles Geisterweibchen, eh bien je

vous aime, je suis a vous, et liebe Dich zur Ehre meiner selbst. – – Da haben wir es, so eben erhalte ich Deinen letzten Brief vom Vier und zwanzigsten, und ich kann Dich versichern, die zürnende Hälfte Deines vorigen traurigen Briefes selbst ist mir freudiger – ich antworte Dir auch hier mit dem Schluß eines Deiner liebsten Briefe an mich »ei was soll ich dann mit einem unmutigen Liebhaber anfangen« ich hätte beinahe Lust Dich ein paar Minuten lang per Sie zu traktiren, doch mir fällt ein Weg ein Dir Alles deutlich zu machen, höre zu. Mut und Frölichkeit ist das erste liebste Kind unsrer Liebe gewesen, im Anfang war es Dir allein überlassen, Du pflegtest und säugtest es –

Du strahlender Augenhimmel du,
Du taust aus Mutteraugen,
Ach Herzenspochen, ach Lust, ach Ruh,
An Deinen Brüsten saugen.

Da war das Kind beinah Dein allein, höchstens, daß ich es manchmal wiegte, und mein Unmut war der Gedanke in die Zukunft, nehmlich, ich hielt Dich für keine gute Erzieherin, und fürchtete Du möchtest das Kind einstens verderben, in einer freundlichen Minute reichtest Du mir den kleinen Liebesbündel, und mein Entschluß war gefaßt, ich hielt ihn fest und gab i[h]n Dir nicht wieder, ich habe ihn noch in den Armen, und will ihn Dir erziehen, daß Du selbst aus Liebe zu seiner Artigkeit ein Kind werden sollst, um nur mit ihm spielen zu dürfen, und ich will Hanns heißen (Sieh wie einfach meine Flüche schon werden, lauter Besserung) wenn ich nicht noch erlebe, daß Dich Mut und Frölichkeit Dein eigen Kind einstens am Gängelband führt, und Du mich ironisch Papa nennst, und Dein Kind Dir belohnend und strafend ein Birkenmus mit Honigkuchen vorsetzet. Ich setze meine Liebe zu Dir, die nun mit meiner Lebens und Kunst Lust dasselbe geworden ist, zum Pfand, daß Du nie wieder ein trauriges Wort von mir hören sollst, und selbst wenn Du mir des Lumpenvolkes wegen den Abschied gibst, so will ich ein Kunststück machen, und lustig sein, sehe ich doch eine große Nation mutig an eine Landung in England denken, ob sie ersaufen, weiß

Gott, ob ich dann ersaufe, weiß er auch. In dem Augenblick, daß Du mich verstoßen wirst, breche ich mein Zelt auf Erden ab, und mache ein Segel draus, im Himmel zu landen, ich schwöre Dir, meine schwache Geliebte, den Boden auf dem Du mir den Stab brichst, will ich keiner Träne meines Leides würdigen, ich will dann forteilen, und mich Geschöpfen der Natur und der Kunst gegenüber stellen, vor denen die Seele des Empfindenden verstummt, ihr hohen Eisgebirge werdet meine Stufen, auf denen ich zum Lebens Brunnen steige, ihr unabsehbar tiefen Täler, in deren Schoß sich Meere Betten, ihr sollt die Brunnen werden, zu denen rasselnd nieder am Feuerseil der Blitze geht der Lebens Eimer, und wenn er wieder aufsteigt gleich der Seele einer Erde, die in die Hand des Schöpfers sich empfehlend starb, dann will ich trinken aus dem Eimer dieser Seele, als tränke ich ein Ei aus mit dem Küchlein, und liebes Weib, stehst Du dann einsam und verlassen an Deines Sarges Kammerfenster sinnend, und blickst zur Erde, die Dich deckt, empor, und nennst die Wurzeln, Sterne, die Dich trösten, so sollst Du einen Stern wohl unter allen lieben, des Wurzel selbst Dir eine Sonne scheint, o freue Dich, es ist die Wurzel meiner Lebensblume, die einsam, ohne daß sie Liebe brach, verblüht. – Doch hier erinnere ich mich meiner Pflicht, Du hast in Deinem letzten Brief von mir begehrt, ich solle Dir nichts schreiben, was poetisch klingt, so soll ich Dir dann nicht schreiben, wie frölich, innig unaussprechlich ich Dich liebe, nein wahrlich das verdient Dein letzter Brief vom 24sten gar Nicht, der mehr von der Ahl[efeld] spricht, als von Dir und mir und in dem Du vornen von wütender Eifersucht, über meine Schwägerin und hintendrein von totaler Gleichgültigkeit sprichst und zuletzt gar mich mit der Ahlfeld in eine Büchse steckst, die die Überschrift hat, *Dinge die mich nicht eckeln*, über diesen Rückfall Deiner Ungeschicklichkeit bin ich nicht traurig geworden, sondern ich habe Dich in der Seele ausgelacht, he he der Lebensmut, die Liebe, das innere Leben, der Gottliebende kindliche dichtende Sinn –. Pfui schäme Dich, meine Allerliebste, über Deine Torheit, und wenn ich nicht bald einen wahren reuigen recht zärtlichen Brief von Dir erhalte, so sei versichert, daß ich Dich nach wie vor fort lieben aber nicht fort zanken werde. Wie Du doch hipochondrisch bist, Deine Briefe, die ich alle erhielt, glaubst Du unterschlagen, auch glaubst Du, Du hättest vornehme Freunde, das ist sehr närrisch, Du hast keinen Freund, Du hast keinen Menschen auf der Welt, als mich, und nicht wahr? ich bin ein rechtes Ungeheuer. Weiter schreibst Du, es sei sehr närrisch, daß Du gar niemand mehr sehen mögest, wegen einer gewissen Art von Teilnahme, das finde ich nun gar nicht närrisch, sondern vielmehr vernünftig, ja notwendig, ja nicht anders möglich. O Sophie, habe ich das Alles nicht erwarten können, war die schmerzhafte Unterbrechung vieler unsrer frohen Stunden durch meine Kälte und Trauer nicht erlaubt, und richtig weissagend? Da ich bei Dir war, da wagte sich die gemeine Welt, die Dich umgibt, nicht so sehr an Dich, nun da ich von Dir bin, führt sie Krieg gegen mich, und arbeitet in teilnehmender Unzucht Dein Glück zu zerstören. Wenn Du wüßtest, wie schwer, wie erbitternd mir alle Worte über die Zunge gehen, die Dich aufmuntern sollen, die Dich trösten sollen, denn sprich, ist der nicht zu beklagen, der sich einen Waffengesellen nimmt, im wilden ewigen Krieg gegen das herrschende schlechte Prinzip, wenn dieser Waffengeselle dem verführerischen Zuruf seiner Feinde horcht, o Du, mit der ich alle meine Wehre, alle meinen Krieg, alle meinen Sieg teilen will, glaube nicht, daß ich unterliege, wenn Du mich verläßt, nein durch das Leben will ich zu Dir dringen, und Dich wiederholen aus der Welt, in der Du untergehst, und Dich den Göttern, meinen Göttern, Dir und Dir und Dir (dies sind die drei, die eins sind, und nicht mir) wieder bringen. So sei mutig liebes Weib, und glaube an eines meiner Lieder, daß ich Dir schrieb, es spricht, daß nur der Zweifel der Sünde Vater, der ewige Zerstörer, das nur der Glauben die Tugend, der ewige Schöpfer ist, o glaube diesem Lied, und zweifle nicht an mir, so stirbst Du selig doch in meinem Arm, wenn Du nicht glauben willst, daß ich noch größerer Liebe, festeren Vertrauens würdig bin. Deine lieben ersten Briefe, wie waren sie so lieb so freundlich, wie liebten sie mich, wie warst Du

so schön, so kindlich, so grün, und nun – hast Du so viel Geschäfte, daß Du mir so wenig, und nur traurige Sachen schreibst, auch in meinen mißmutigsten Briefen hatte ich gewiß immer über dem wüsten Meer, eine kleine anmutige Insel stehen lassen, auf der unsre Liebe sollte sie verschlagen werden, einsam und selig leben und sterben mochte, ohne Heimweh wird sie wandlen, die auf Erden nicht zu Haus. –
Von meiner Schwägerin will ich nicht mehr mit Dir reden, wenn es Dich betrübt, oder weil es mich betrübt, daß Du mir nicht glaubst, freilich ein Wesen, wie Du, dem ich tausendmal geschworen, daß ich es liebe, daß ich es glücklich machen will, und das sich noch so verzweifelnd befinden kann, hat freilich wenig Ursache mir zu glauben. – So eben holte ich mir Papier bei meiner neuen Schwägerin, und sie sagte mir ins Ohr, grüße mir die Mereau, und gab mir beiliegendes kleines Beutelchen, das sie für Dich gestrickt hat. meine andern kleinen Geschenke wirst Du nun erhalten haben, und ich hoffe um der frommen liebenden Zuversicht willen, mit der ich gab, daß sie Dir wenigstens eine frohe Stunde gemacht haben werden. Heio popeio, sei ruhig liebes Herz, schlafe Kindchen, schlafe, in Weimar gehn die Schafe, die schwarzen und die weißen, die wollen mein Kindchen beißen. Bitte doch Tieck, daß er sogleich an Betine Brentano im goldnen Kopf schreibt, wie, ob, wann er die Büste verschickte, und hat er sie noch nicht geschickt, so soll er es doch gleich und auf dem kürzesten Weg tun, sei es auch der Postwagen, aber einen kleinen Avis soll er auch davon geben. Die Unkosten der Packung sollen ihm sogleich remboursirt werden. Wegen der spanischen Namen sage ich Dir zweierlei, erstens habe ich Dir ich glaube in meinem letzten Brief schon verschiedene derselben geschrieben, zweitens ärgere ich mich ein bißchen, daß Du mit dieser Frage so ganz kalt Deinen Brief schließest, in dem Du auch kein freundlich Wort sprachst, ich möchte Dir zur Strafe, den zweisilbigen Namen Dr. Fuldner rekomandiren, denn das war wieder so hartherzig, wie damals; aber das ficht mich Alles Nicht an, meine Hoffnung von der Zukunft, mein Vertrauen zu mir und Dir, sie sind so groß und schön, daß ich selbst Deinen Unmut,

Deine Unfreundlichkeit, Deine Unliebe für lauter Liebeszeigen nehme, denn meine Zufriedenheit mit mir, die feste Zuversicht meiner Liebe, die sind eine Tinktur, die alles in Gold verwandlen, was sich in sie taucht, nie wieder sollst Du mir mit Zufriedenheit, Güte, Mut und Liebe großtun, und Dein Zurückbleiben, das Dich selbst schmerzt, ist mir darum lieb, weil Du doch wenigstens vermuten kannst, ich hätte Dich in allen diesen schönen Tugenden wenigstens eingeholt, wenn ich Dir es längst drinne werde zuvorgetan haben, o nehme Dich zusammen, liebes Weib, lasse mich nicht im Stiche, wandle gleichen Schritt mit mir und liebe mich, und wer weiß, ob Du nicht aus Güte so ungut wirst, Du bleibst gewiß aus Liebe in der Liebe stehn, daß ich Dich einholen kann.
Wenn Du nun, wie Du jetzt gesinnt bist, mein Weib nicht werden willst, kannst Du mir es verargen, wenn ich es vor Mißtrauen von Dir halte, o liebes Weib, wie machst Du uns umsonst das Leben so sauer! Es könnte Alles so einfach sein, ich heurate Dich vor Gott und der Welt, so ist alles Geziere, alles Gerede aus, und wir sind glücklich – bei Gott ich bewundere mich selbst, daß ich nicht ungeduldig werde, und von Dir begehre, Du sollst Dich entweder zu mir wenden, oder zu der Welt, und das Bald, denn mir brennt das Herz und wenn Du das Feuer nicht bald mit einem schützenden Liebesherde umgibst, so wird mir der Kopf zu brennen anfangen, schade wäre es um das schöne Feuerwerk, wenn es plötzlich ohne Dich verbrennte, denn es besteht aus lauter Lobgedichten, und Vivat Sophie. Doch nun will ich für heute schließen, um nicht zu wiederholen, was ich nicht seit gestern, was [ich] seit ich Dich kenne sagte, und immer mit der Wahrheit sagen werde, ich liebe Dich nur Dich allein, ich Allein nur liebe Dich, Du kannst das noch so oft versetzen, als Du willst, das ist Spielwerks genug für ein solch unartiges Kind, und weiter wage ich nichts von meiner Liebe zu denken, zu sagen, bis ich dabei bin, und für Alles Gute, was Du darüber sagst, küssen und für Alles böse auch küssen und für das sogar, was Du nicht sagst, küssen kann.
– Ich habe heute Morgen diesen ganzen Brief, der heute seine

Reise zu Dir antritt, nochmals gelesen, und sage Dir gut für ihn, kein Wort ist Stimmung in ihm, kein Wort gehört dem Augenblick, er kann Dir ewig neu sein, und wird mir ewig wahr sein, so ist der Grund meines Gemütes, so liebe ich Dich, so sehe ich Dich an, wenn Du frölich und liebevoll bist, wird es mich erfreuen, wenn Du klagst und unzufrieden bist auf Deine Rechnung, so werde ich stillschweigend denken, das sind Ausgaben am unrechten Ort, bist Du es auf meine Rechnung, so werde ich zahlen, so lange es reicht, Willst Du mit der Welt länger Dein Wesen treiben, so werde ich zufrieden sein mit dem, was übrig bleibt, aber sei versichert, so oft Du der Welt in die Backen kneipst, gibst Du meiner Liebe einen Nasenstüber; das Resultat von Allem diesem ist, daß ich Dich sehr liebe, daß ich aber meine Liebe zu Dir noch gar nicht auslassen kann, weil Du sehr oft nicht zu Haus bist, und sie sich darüber aus Verdruß den Kopf einstoßen oder Dir ein Fenster einwerfen könnte – letzteres wahrhaftig nur als ein Zeichen daß sie dagewesen, und Dich nicht getroffen, sondern Dein Fenster. – Meine Idee am Rhein von der Schicklichkeit, der Unbequemlichkeit entfernt, alle Geschicklichkeit zum bequemen Leben zu vereinigen, und zu singen zu dichten, auf dem Wasser zu fahren, Dich zu herzen, glücklich zu machen, ist jetzt mein festester schönster Wunsch, wenn Du mich einstens allein und in der Einsamkeit sehen wirst, dann wirst Du mich lieben, denn ich habe noch Stellen in meiner Seele, die Du nie betreten, und es sind eben jene, vor denen Du Dich jetzt fürchtest, über den Schätzen ruhen die schrecklichen Hunde, und wehen die giftigen Flammen, daß nicht die geizige magere Kralle gewöhnlichen Lebens ergreife das Kleinod, daß nicht die läppische kindische Neugierde schände des Ringes Zaubernde Heimlichkeit, Willst Du mir trauen, will ich Dir bauen ewige Schlösser auf Wolken, willst Du mir leben, will ich Dir geben, Schätze unsichtbar lebender Todten, willst Du mich lieben, will ich Dich üben, hoch auf Kristallen zum Himmel zu wallen, willst Du mich küssen, will ich Dir büßen, Deine und meine sterbliche Schuld mit Engels Geduld, willst Du mich erben, will ich Dir sterben, und Dir hienieden lassen den Frieden, und knien dort oben, bei Gott Dich zu loben, all diese Reime ehre wie Keime liebender Saat, die sich wird mehren zu goldnen Ähren und Deiner Ärnde, liebe Entfernte gerne sich neigen, wolle Dich zeigen, liebliche Schnitterin, laß mich nicht fruchtlos bieten das Herz. Sind das nicht Vorschläge zur Güte, meine unkluge verdrüßliche kleine meine Deine? Aber auf alle Fälle sei auch nicht böse darüber, daß ich Deinem Zürnen über mich weiter gar kein Gehör gebe, und Dich versichere, Du magst es glauben oder nicht, daß ich auch gar nichts von allem, dessen Du mich anklagst, als gerecht anerkenne, daß ich mich ohne alle Schuld fühle, und eben deswegen recht zufrieden bin, ich bitte Dich, glaube mir, lasse die Leute reden, es sind lauter Lügen, schreibe mir wann Du kommen willst, wann ich Dich holen soll, ob ich Dir Geld schicken soll, und vor Allem, daß Du mich liebst, daß Du mein Weib werden willst, daß Du mich nicht mehr quälen oder vielmehr Dich zufrieden geben willst. Dein sehr zufriedner durch Deine Schwäche übelbeschiedener Liebender

Clemens.

Wenn ich gleich in diesem kleinen Brief an Dich mich kurz gefaßt habe, um Dir in dem engen Raum alles zu sagen, was ich wußte, so schmerzt es mich doch, daß ich nicht mit kleineren Buchstaben und in dichtern Zeilen zu schreiben gewohnt bin, um Dir mehr gesagt zu haben, ich weiß, daß alles weiße in dem Briefe eines geliebten unleidlicher ist, als die Torheit in dem selben, ja in den Augen der Geliebten scheinen die weißen Stellen unerträglicher, als ein Stäubchen in Weißen des Augs, das schwarze ist das Freudige, das Weiße das Traurige, aber so hätten meine Briefe es den Deinen zuvorgetan, und meine Augen die Deinigen besiegt, o wolle meiner Liebe, meinem Schmerze gerne unterliegen, und gönne mir meine Augen, liebe meine Augen, ohne doch eine Augendienerin zu sein, denn ich brauche sie nötig

Ach wann seh' ich fremde Flaggen,
Gerne will ich beide (Augen) geben
Um ein Augenglas für Ama
Daß sie meine Tugend sehe.

Daß Du so langsam zu Werke gehst mich zu lieben, mich zu schätzen, ist mir oft ein Trost, denn so nur fühle ich, daß ich unendlich schnell im Vortrefflichen fortschreite, wie man die Schnelle der Bewegung an dem Zurückbleibenden bemerkt, unschätzbarer unerreichlicher Clemens, wie schätze ich mich glücklich, daß Du abgeholt hast, wird das Geringste sein, wo mit ich mich von Dir werde befriedigen lassen, wenn ich Dich wieder in den Armen halten werde. Du kannst Dir diese kleine Anrede in Reime bringen, Reime sollen das Gedächtnis sehr unterstützen, und Du bist eben so vergeßlich als unvergeßlich, eben so nie zu verlassen, als unzuverlässig. Wenn Du nun diesen Brief gelesen hast, der nichts will, als von mir sprechen, nichts will, als Dir von dem Besten, was Du auf Erden hast, sprechen, und Dein Herz pocht Dir nicht aus Liebe zu mir, und Du sehnst Dich nicht nach mir, und Du liebst mich nicht mehr, als je, liebst mich nicht wie ich Dich, und melirst mich ferner mit der Ahlefeld, was Dir als Strafe anzutun, soll ich Dich dann Aufgeben? Ach strafen! wie kann ich Dich strafen? Deine Strafe sei, weit in der Ferne, Deine Strafe sei das Dir alsdann sicher unausbleibliche Gefühl, das Dich einst quälen wird, Du habest keinen Tropfen Liebe im Herzen, Du habest nie meine Liebe verdient, und werdest sie nie verdienen. Sophie! Die Natur hält still unter dem Augenglas des Phisikers, und ist noch unergründet, das Gemüt eines Menschen hält nicht still, und Du willst es beschuldigen, o Sophie sieh mich mit Liebenden Augen an, wie ich Dich, und Du wirst mich verstehen, wie ich Dich verstehe, lebe wohl, sei ruhig Engel –

Clemens.

An Sophie

[Frankfurt, den 7. Oktober 1803]

Liebe Sophie!
Ich beantworte Deinen traurigen und gütigen Brief, Du willst ich soll Dich beruhigen, erheitern, leichtsinnig machen, und ich kann Dir nichts sagen, als daß ich Dich unaussprechlich liebe – doch hier ist ein Punkt, auf dem ich Dir vielleicht

jenen Unmut gegen das Leben, und die Verachtung, die ich oft für das Schonungswürdige habe, und jenen mir längst nicht mehr schrecklichen bloß scheinbaren Frevel, etwas verständlicher machen kann. Sieh, Du gütiges vortreffliches Weib, es steht ein Schicksal über den Menschen, die bedeutender sind, das Schicksal der Unbedeutenden ist die Ordnung der Dinge, das Schicksal das über mir steht, empfand ich schrecklich, jetzt läßt es mich ruhig, denn ich habe ein Einziges, was mich unbeschreiblich liebt, Dich, seit ich es glaube, daß Du mich liebst, seit den letzten Tagen unsers Umgangs, seit Deinen Briefen, ist kein Unmut, kein Frevel mehr in mir, und ich kann auch nicht mehr unglücklich sein; das, was mich von jeher verfolgte, war nie etwas Anders, als der nehmliche Schrecken, den Dein trauriger Brief über mich brachte, stelle Dir einen armen Diener vor, der seinen Herrn unaussprechlich liebt, und der eines Diebstahls beschuldigt, seinen Schrank eröffnet, und man findet das gestohlne Gut bei ihm, und er schweigt, fühlt seine Unschuld, fleht dennoch um Verzeihung, der Herr verzeiht ihm, aber bald findet man auf ähnliche Art das gestohlne Gut bei ihm, und ein solches Schicksal folgt ihm ewig, soll diesem nicht verziehen werden können, wenn ihm Alles gleichgültig wird, wenn ihn jedes Vertrauen, jede Liebe, zu der stillschweigenden Empfindung bringt, »Du wirst mich doch bald mit Füßen treten«. Soll ein solcher Mut haben, zu lieben, der Frevel, der in mir war, war nicht gegen das Heilige, denn ich hatte das Heilige schon längst in mein Herz gerettet, und vor mir selbst, vor meiner Verachtung gegen mein Geschick in Sicherheit gebracht. Sieh, Sophie, ich liebe Dich unaussprechlich, während Du über mich weinst, ich könnte hier um Dich zu Grund gehen, während Du dort durch mich zu Grund zu gehen glaubst – das ist mein Geschick, so steht mein Leben meistens, und ich habe es jetzt bezwungen, um die Sache Dir noch deutlicher zu machen, um Dir zu beweisen, wie so Etwas zur Verzweiflung bringen kann, so wisse, wenn ich oft erfahre, daß der Mensch, den ich unendlich liebe, von dem ich das Meiste erwarte, der mir das Symbol Alles dessen, was das Meinige ist auf Erden, in demselben Augenblick meiner Liebe, alle Ursache mich zu hassen fühlt, so kann ich ja leicht denken, daß das Widersinnige, Vernichtende unser Schicksal sei, und das eben so wie man mich unrecht haßt, ich unrecht liebe, da ich aber doch die Liebe im Innersten tiefsten Herzen fühle, so kann ich mir selbst nicht mehr trauen, und muß verzweiflen – So habe ich lange gelebt, bis ich geglaubt habe, daß Du mich liebtest, da hat sich das Alles verwandelt in unendlicher Begierde zu ewigem innigen einsamen Verein mit Dir, das ist, was noch in mir fest steht, und ewig fest stehen wird, ich sage Dir nichts zu meiner Entschuldigung, als daß ich Deinen Brief ruhig gelesen habe, den traurigen zuerst, dann den folgenden, dann habe ich mit inniger Rührung Deiner Liebe, Deiner Güte gedacht, und bin sehr ernsthaft geworden, o Sophie, lasse Dich durch das Gerede der Menschen, die alle meine Worte zu Pfeilen gespitzt Dir wieder bringen, nicht von mir wenden, von mir, der Dich so unaussprechlich liebt. Ich habe alle meine Briefe an Betinen durchlesen, keiner enthält eine Silbe von dem, was Dir wiedergebracht ist, es müßte denn einer aufgefangen sein, keiner enthält überhaubt Etwas, was Dich drücken könnte, sie selbst hat nie davon etwas geäußert, doch ist es möglich, daß während ihrer Krankheit man ihr teils aus Neugierde teils aus Begierde die Ursache ihrer Melancholie zu ergründen, einige der Briefe entwendet hat. Was die gutherzige Besorgung meiner Großmutter um Dich angeht, so paart sich das recht gut mit ihrer Wäscherei über Dich. Doch das Ganze langweilt mich, und ich wende mich nur zu Dir zurück, Du armes Herz, krank mußt Du ohnstreitig gewesen sein, Dich so heftig dem Kummer zu überlassen, in dem Augenblick, da ich Dich so sehnlich verlange, da ich Dich so innig liebe, Du zürnst mit mir über die Folgen meines schwankenden Gemüts, da es schon lange nicht mehr schwankt, Du hattest mir längst verziehen, dessen Du mich als Folge von neuem beschuldigst, ich versichere Dich bei meiner Liebe zu Dir, bei dem Einzigen, was ich werde ehren und schonen können, und wollen, wenn niedrige Verläumdung mir Dein Herz nimmt, ach, bei dem Ruhepunkt, dem einzigen in mir, bei meiner Hoffnung auf

Dich versichere ich es Dir, daß ich nie ein ehrenrühriges Wort von Dir geredet, kein Weib, keine Jungfrau darf sich dessen schämen, was ich je von Dir gesprochen, und jener Zirkel der aus meiner poetischen Neigung zur Mutter, und der gerechten billigen Liebe zur Schwester gewisse Blutschänderische Anekdoten gebildet hat, kann Dir wohl auch meine übrigen Äußerungen so auffrischen, Gott gebe für die Ruhe solcher Armseligen, daß ich nicht einmal durch die Tapete steche, wie Hamlet nach der Maus. Liebes Weib, Du hast mir seit den letzten milden Tagen unsers Umgangs, von welchen an ich unsre Liebe datire, seit unserm freundlichen Briefwexel nichts zu verzeihen. Ich bitte Dich, lasse Alle meine Sünden vorher, diese Kinder des Zweifels, eben so in den Flammen der Liebe vernichtet sein, wie so manches Wort meiner frühern wahnsinnigen Leidenschaft zu Dir sich zur Asche verwandelt hat. Ich habe Dir eine Ode gegeben, es heißt glaube ich *meine Götter*, dies Lied spricht aus, was ich glaube. – Da ich mit Tränen in den Augen Deinen Brief las, trat Betine freudig herein mit einem festlich geschmückten Teller, der einige Geschenke für Dich von mir enthielt, sie hatte Alles besorgt, und um mir mehr Freude zu machen, die letzten Blumen ihres kleinen Stuben Gartens dazu gebrochen, sie liebt uns beide sehr herzlich, Du kannst Dir denken wie traurig mich das Geschenk machte, in dem Augenblick, da Du mich von Dir stießest, weil einige alte Weiber und Hof Insekten Dich insultirten, und zwar unter meinem Namen, ach Sophie! stoße unser Glück nicht um, denn in mir ist eine selige Zukunft; Mein letzter Brief enthielt mein Anerbieten, Dir Geld zu geben, damit Du früher aus Weimar wegkommst, ich bitte Dich nehme es an, komme bald, verlasse den Ort, wo man Dich mir entreißen will, komme in meine Arme, wo allein Dein Glück, Deine Freude, Deine Ruhe wohnen wird; ach wenn Du meine Angst wüßtest, kann ich eine Minute ruhig sein, da ich nun in jedem Augenblick denken darf, Du liebst mich nicht mehr, Du seist krank, traurig – Nichts hindert mich Dich in jedem Momente in Erfurt abzuholen, oder in Weimar, wo Du willst, nichts kann Dich hindern Geld von mir anzunehmen, da Alles, was ich habe, Dein ist, Sophie sei nicht delikat auf Unkosten unsers Glücks, ich fordre Dich nochmals zu mehr auf, ich fordre Dich auf mein Weib zu werden, ich versichere Dich, Du wirst es doch über kurz oder lang. – Heute übergab ich dem Postwagen eine Schachtel für Dich, die einen Schleier, eine Tasse, die aus der Schweiz durch Georg seine liebe unschuldige Frau mitgebracht wurde, und die sie mir heimlich für Dich gab, und dann noch ein Halsband, wie es die Weiber hier tragen, und das Betine für Dich gemacht hat, enthält, ich hoffe, daß Du Dich über meinen Wunsch, Dir Freude zu machen, freust, und wieder recht gütig gegen mich gesinnt wirst. Was die Novellen angeht, so habe ich Italienische von verschiedenen Verfassern mehrere Bände, und daß Du die spanischen angebracht hast, ist recht schön. Ich denke, was Marburg angeht, so wollen wir uns nicht sehr fest dort ansiedlen, denn ich bin fest entschlossen, am Rhein auf dem Punkt, der Dir und mir gefällt, schon das nächste Frühjahr ein kleines Gut zu kaufen, aber sehr klein, so wie Du und ich. Ich bitte Dich herzlich, freue Dich auf das Alles, sei ruhig, und höre die Bagage in Weimar nicht mehr an. Mir erscheint Alles so deutlich, klar, und erfreulich, daß ich keine Deiner Beschuldigungen annehme, ich nehme nur innigen Anteil an Deinem Leid, und verfluche die Zungen, die es hervorgebracht, glaube was Du willst, tue mir Unrecht, tue was Du willst, nur liebe mich, finde mich wieder, bald wieder, so bin ich doch vor Dir gerettet, denn Du wirst mich lieben müssen, unendlich lieben müssen, ich fühle es, und vertraue Gott. Betine ist jetzt ganz glücklich und froh und gegen mich gar nicht mehr so heftig, sie hat an der guten Frau des Georg eine treue würdige Freundin, und so ist sie dann sehr zufrieden, und ich bin in Hinsicht ihrer ganz beruhigt. Alle Deine Briefe habe ich, alle sind mir unerschöpflich, und ich kann Dich gern Semper Augusta immer Mehrerin $\frac{\text{m}}{\text{D}}$einer Liebe nennen. O Sophie! verlasse mich nicht, Gott will, daß Du mein seist, wir sollen einander ergänzen und ein schönes Leben hervorbringen. Zu Deiner Übersetzerei will ich mir jetzt noch mancherlei aus Italien und Spanien verschreiben, meine Pläne sind alle leicht und bequem für Dich. Ich bitte Dich, trenne Dich immer mehr von der großen Welt, trenne Dich von den Freunden, die Dein Vertrauen mit dem Hofe teilen, ach Sophie, ich bin an allem unschuldiger, als Du glaubst. Ich gehe von hier wieder gleich nach Marburg, schreibe hierher oder dorthin, es ist jetzt alleins, bis ich Dir meine Abreise gemeldet. mit nächster Post mehr, habe mich lieb, vertraue, sei ruhig.

Dein
Clemens.

An Sophie

[Frankfurt, den 8. Oktober 1803]

Liebe Sophie!
Gestern den siebenten 8bre habe ich Dir geschrieben, ich weiß noch Alles, was ich schrieb, ja ich weiß gewissermaßen Nichts, als was ich damals schrieb, und doch bin ich so kühn, schon wieder ganz mutig und unberufen herein zu treten, und mit einer Miene, die äußerst viel versprechend ist – Mein Herr machen Sie keine so bedeutenden Gesichter, denn ich weiß ja sehr wohl, was Sie mir sagen können – Und das wissen Sie mit einer solchen Gemütsruhe, Madame? – Was ist da viel zu beunruhigen, mein Herr, die ganze Welt liebt – Eben weil die ganze Welt liebt, pocht jedes einzelne Herz, und eben deswegen soll das Ihrige pochen – Soll? Soll? O ich versichere Sie, wenn ich auch die ganze Welt wäre, und man sagte mir *Soll*, dann würde ich nicht mehr wollen. – O Geliebte, Nimm dieses Wort zurück, denn ach Du bist ja meine ganze Welt, o wolle Du allein, Du reines Liebes Herz, Du nur bist frei, und darfst wollen, und ich will Gott loben, daß er durch meine treue Liebe zu Dir, den Weg zum Guten, leicht gebahnt, denn wie ich liebe, will ich gern, was die Geliebte will, und willst Du nicht das Gute, liebes Herz? – Ja willst Du nicht das Gute? – O Ja mein lieber, und eben deswegen Dich nicht; – Du lügst, ich liebe Dich, ich liebe das Gute, und strafe Dich mit Küssen für die Lüge, und wenn ich strafe bin ich doch beinahe ein Künstler, denn küssend strafe ich das Gute für die Lüge, und

sage so die Wahrheit, ich Liebe und Küsse das Gute – Das ist die beste Art zu lieben, lieber Clemens, daß Du die Gleichgültigkeit durch Küsse nicht zu Worte kommen läßt, aber ich ärgere mich, daß ich Unrecht haben soll, und will mich Deiner eignen Kunst bedienen – (hier küßt Du mich wieder und das zwar so lange bis wir beide zufrieden sind) Und wie schön ist es, daß wir ewig küssen, nie zufrieden sind, sonst könnte ich ausrufen, o Zufriedenheit, wie weit bist du von mir, in ihren Armen selbst bin ich nie zufrieden, o immer mehr und mehr, und dann mein Kind tritt ein, ein andres Element, denn wie die Seele zwar der Schöpfer ist, so ist sie auch das Geschaffne, o weh die Flammen unsres Willens sind frei geworden, wir waren gütig, und gaben an dem Feste die Sklaven frei, und sie mißbrauchten ihre Freiheit, des Feuers Seele ging ins freie Element, und unsre süßen Küsse schmerzen unsre Lippen. – Doch hier auch fühle ich noch meine Allmacht, und selbst in Schmerzen sucht die Liebe Süßigkeit, denn beide sehen wir uns freundlich an, und wissen, daß wir beide freudig wünschen, o schmerzten ihre Lippen mich, und wollte Sie, daß die meinen ihr Wehe täten. – So glücklich, frei und nie gefangen ist der Mensch, er kann noch glauben, daß er jenseits lebt, drum holla Liebchen, hebe froh den Blick und schau mit Deinen milden Augen hin zu mir, Du weißt ja wohl, daß Deine Augen der Sämann aller Liebesfrüchte sind, und wenn Du nach mir blickst, so fühle ich, daß Gutes sich mir gerne anvertraut, doch zürnen möchte ich, wenn Du dann ungeduldig die Ernde nicht erwarten kannst, wenn Du mit mir allein, die Sonne ewig scheint, und unterirdsche Flammen heimlich walten, Und süßer Tau und Segens Regen fällt, und Wunderquellen heilsam unten treiben, dann geht in mir die Liebe alle auf, die ungern ich der kalten Welt vertraue, und willst vor allen Menschen Du begünstigt sein von Gott? soll Dir im Augenblick die Jahrszeit Deiner Kinder Laune schwache Mutter sein? Wo ist der Mensch der seinen Garten kennt? Wir bauen alle, keiner weiß wohin, und selbst die Frommen kennen nicht ihr Hochzeitsbett, o klage nicht, daß die Welt nicht richtig zahlt, denn Gott, der beste, den wir haben, selbst verspricht den Lohn auf unbestimmten Termin. Sage was Du willst, tue, was Du willst, ich fühle Eines nur auf Erden, ich liebe Dich, wie sehr ich lieben kann, und mehr zu lieben kann ich gar nicht wünschen. – Mein Herr haben Sie gute Augen – ich weiß es nicht, nur dessen bin ich gewiß, daß ich nie bessere nie schlechtere hatte, – und also sei zufrieden, schreibe, liebe, komme, denke mein, ich will Dir von mir nichts versprechen, dazu kann ich gar nicht kommen, weil ich mir so viel von Dir verspreche, halte mir Dein Wort, gut Nacht bis Montag mehr, die nächste Woche gehe ich wieder nach Marburg, schreibe mir bald. Dein

Clemens.

Dieses Liebesgeschwätze schwätzte ich gestern Abend zwischen Hell und Dunkel mit Dir, da ich aber auf das Comtoir kam, war die Post schon weg. ich fahre heute also fort, Dir zu schreiben, denn morgen geht die Post wieder zu Dir, und vielleicht habe ich morgen früh einen Brief von meinem lieben Weib. Wenn Du nur recht beständig, so recht eigensinnig beständig werden könntest, wie ich, dann wäre es eine rechte Herzenslust mit uns beiden. Ich kann Dir ⟨nicht⟩ gar nicht recht beschreiben, mit welchen angenehmen Empfindungen mir der Gedanke an unsre Verbindung verknüpft ist, es ist mir, als träte ich in ein vertrauliches warmes Stübchen, zu einem geistvollen lieben erfindsamen Freund, der sich nach langem Herumstreifen häuslich nieder gelassen und alle Abenteuer, alle Erfahrungen zu verzierenden Trophäen seiner sinnvollen Einsamkeit gemacht hat, zu diesem trete ich von einer langen Reise zurückkehrend herein, er liebt mich, es ist mir wohl, und wie wir uns Alles erklären, so fühlen wir, daß wir ewig beisammen waren, daß wir Alles mit einander erlebten. Kannst Du dies Gefühl teilen, liebe Frau, so weißt Du, wie ich zu leben wünsche, seltsam ist es, daß ich allen Empfindungen vorgreife, z. B. den Winter in Marburg überhüpfe ich immer, wenn ich an uns denke, und denke bloß an den Rhein. Wie wir dort Alles eingerichtet haben, daß wir nicht verschwenden, daß wir Überfluß haben, und sich unsre Mittel doch nicht verringern, weiß ich noch nicht bestimmt, es ist bös, daß ich kein Rechner, kein Ökonom bin, es wäre dann das Beste, ein kleines Gütchen zu haben, das uns grade alles abwirft, was wir in Küche und Keller brauchen, mein übriges Geld legte ich dann auf gute Zinnsen, und wir sparten uns Etwas dann und wann zu einer kleinen Reise. Wenn Du Guten Willen und Liebe hast, wird das Alles noch einzurichten sein, und wenn ich glücklich, einsam und geliebt bin, werde ich wohl auch etwas Gutes schreiben können. Alles hängt nun von Dir ab, ich kann nichts verderben, nichts gut machen, denn ich habe weder Neigung zum Guten noch zum Bösen, ich bin ganz unschuldig und weiß Beides nicht zu unterscheiden, nur Etwas fühle ich fest in meinem Herzen, eine große Liebe zu Dir, einen festen liebenden Wunsch, Dich froh und glücklich zu sehn, die Begierde, von Dir mit allem Glauben, aller Treue umarmt zu werden, die Begierde, Dir deutlich, teuer, Alles zu sein. Sophie begreife mein Herz, schau mich Allein an, lasse Deine Maul und Gesellschafts Freunde, liebe mich, teile Alles mit mir, sei mein Weib. – Kann das Alles nicht sein, so sage es bald, ich will Dich dann bemitleiden, ich will klagen, daß Dein Sinn so befangen ist, daß Du das Einfache nicht mehr verstehen kannst, und ohne dann länger mein Leben mit einem verlornen Wesen zu versäumen, will ich in die Welt gehen, zu suchen, was ich verloren habe, und wenn es auch der Tod sein sollte. –

Du hast mir in Deinem letzten Brief geschrieben, daß es bei uns hier im Haus sehr unausstehlich sein müsse, was Du durch mich davon weißt, muß Dir freilich einen solchen Eindruck gemacht haben, und doch bin ich versichert, wenn Du mit Deiner Weise, die Menschen zu berühren und anzuschauen, hier lebtest, Du würdest meine ganze Schilderung lügen schelten, Du würdest finden, daß Dir nirgend freiere genialischere gutherzigere Menschen vorgekommen wären, Du würdest sie überall vermissen, immer wieder zu Ihnen zurückkehren wollen, und endlich würdest Du, wie ich, an ihnen verzweiflen, denn das ist eben das Verzweifelte, daß man immer lieben und ertragen, hassen und bewundern muß, durch den ewigen

Zweifel getrieben, wird die Liebe ganz selbstisch, man wünscht in dem Andern Etwas Festes, und wäre es auch Etwas schlechtes zu entdecken, nur um irgendwo den Fuß eines Gedankens fest aufsetzen zu können, eine solche Gelegenheit wird Dir keinen Augenblick fehlen, aber kaum ruhst Du aus in dieser Eroberung, so hast Du gewiß schon der selben Person sehr Unrecht getan, sie verzeiht Dir mit unendlicher Liebe, und diese löst sich wieder in eine kalte Bravour Arie, oder das Gegenteil in ein schönes Lied. Ein Glied dieses mit sich selbst spielenden, zuckenden, küssenden, lachenden, weinenden Körpers zu sein, ist sehr betrübt, ihm aber ruhig zu zu sehen, vielleicht das Interessanteste Menschliche Schauspiel, und so sehe ich dann, daß das Interessanteste selbst ermüden kann, und habe mich mit allen meinen Sinnen zu dem Schönen, zu Dir liebes Weib gewendet im Leben, wie in diesen Zeilen, willst Du mich auch freundlich aufnehmen, willst Du mich lieben, und Dir nicht mehr beschwerlich fallen mit unnützen Klagen, ach wer die Natur begreift, den quält das Wetter nicht, so sei denn freundlicher, leichter und habe nicht soviel Bagage. – So eben erhalte ich Deinen guten, sanften Brief ohne Datum, er folgt jenem vom Vier und zwanzigsten, wenn er gleich den Anstrich einer Reconvalescente etwas hat, so ist er doch so mild und fromm, wie meine liebe Sophie, Du bist so still mein Kind in diesem Brief, ohne doch kleinlaut zu sein, o ich habe alle Ursache Dich zu lieben, aber um Eines nur werde ich Dich nie zu bitten aufhören, ich werde Dich immer bitten mein Weib zu werden, o liebe Sophie, warum willst Du nicht mit wirken, alle Hindernisse, alle Mißverständnisse aufzuheben, wollen wir dann nicht ungestört zusammen und glücklich sein. – Ich habe Dir in meinem letzten Brief Geld angeboten, Du hast mein Anerbieten angenommen, doch verstehe ich Deinen Ausdruck nicht »ich will lieber Deine, als eines andern Schuldnerin sein«. Hast Du denn von Jemand Fremdes Geld borgen wollen, oder meinst Du die Leute damit, denen Du in Weimar schuldig bist, darüber schreibe mir doch, denn ich mögte gern überhaupt von Deinen Finanzen und Deiner ganzen Bürgerlichen Lage unterrichtet sein. Weiter sagst Du mir, dies wird für meine Ausgaben hier, und meine Reise hinreichen, ich soll Dich also nicht abholen, wenn Du mit diesem Gelde bis nach Marburg kommen kannst, so ist dies freilich gut, und wir können dann die doppelten Reisekosten sparen, erschrick nicht, liebes Weib, über den Ausdruck sparen, ja ich will diese Kunst lernen, damit das Leben frei gebich gegen Dich erscheine, ich will allen andern Menschen das Meinige so viel als möglich ableiten, um es in Dir zu versammlen, und eben deswegen bitte ich Dich nochmals recht herzlich, Dein ganzes Leben so viel als möglich mit mir zu verbinden, damit wir unsre Ausgaben übersehen, und ordnen können, es wird Dir dadurch der Vorteil entstehen, daß Du nicht mehr so ängstlich ums Brod arbeiten darfst, und ich selbst werde durch die Ordnung, die ich von Deiner Liebe hoffe, noch weniger brauchen, als bisher. Wenn Du nur einen Augenblick in mein Herz schauen wolltest, könntest, so kämst Du nach Marburg nur allein mein Weib zu werden, und mit mir zu wohnen, Du glaubst nicht, was diese Idee mein Herz beruhigt und welche heitere Aussicht mir nur auf diese Weise sich öffnet, o liebe Sophie widerstrebe meiner Ahndung, diesem einzigen heiligen liebevollen Wunsch meines Herzens nicht länger, nur auf diese Art verbunden, können wir froh und glücklich und ungestört leben, ich weiß nicht, wie es ist, aber ich fühle meine Scheu anders mit Dir zu existiren, ich fürchte, ich gebe, ohne so zu verfahren, allen Gerüchten von Dir und mir eine böse Waffe, ach Sophie! ich habe Dich schon so darum gebeten in meinen vorigen Briefen, mein Herz tut mir wehe, weiter davon zu sprechen, schreibe mir hierüber etwas beruhigendes, ich bitte Dich um Deiner lieben, gütigen Liebe willen. Was die Geld Sache angeht, sage ich Dir Folgendes, ich bin bereit, es ohngefähr in Vierzehn Tagen an Dich abzuschicken, ich würde es gleich tun, aber ich will erst meine Rechnung mit meinen Brüdern ganz abschließen. Doch bitte ich Dich mir auch zu schreiben, was Du für Einnahme auf diesen Winter hast, da Du doch Manche außerordentliche Ausgaben wegen Deiner neuen Einrichtung zu machen hast, auch schreibe mir nochmals, ob ich die Bettladen soll machen lassen, ob ich Dir Holz kaufen soll, ob Du mich lieben, mir leben willst, ob ich gut, ruhig, glücklich sein soll. Dann schreibe auch noch bestimmt, wenn Du abreisen willst, wie Du Deine Sachen senden willst, damit ich Dir Alles anzeige, was weiter zu tun ist. Damit Du mir Nichts von Allem dem zu vergessen brauchst, so lege meinen Brief hübsch neben den Deinen, und antworte recht ordentlich auf Alles. Was man von mir und Deiner Magd erzählt hat, das nehme ich als Motto für Alles andre, was man Dir erzehlt hat, doch liebes Weib, Du hast sicher, (verzeih mir) das Schlechteste dabei gesprochen, Du schreibst in Deinem Briefe »Aber desto Besser, wenn es wahr ist«, das ist sehr betrübt von Dir gesprochen, und gefrevelt, ich bitte Dich, laß solche Reden sein, denn sie kränken mich, und nicht das Geschwätze der Welt, das Dich gekränkt hat. – Hierzu füge ich noch, daß ich Dich bitte, mit solchem Lumpenvolke, das solche Schweinereien redet, nicht um zu gehen, oder mich wenigstens Nichts davon wissen zu lassen, wenn Dir meine Ruhe lieb ist. –

Du wirst aus meinen frühern Briefen wissen, daß ich nirgend, als zu Frankfurt bin, und daß Du ruhig und unaufhörlich nach Marburg zu schreiben hast, wo ich in einigen Tagen sein werde, o entziehe mir Deine Briefe nicht, sei wie ich, schreibe aus allen Ecken des Herzens zusammen, denn, wenn Du nicht das tiefe Bedürfnis zu geben, und immer zu geben hast, so liebst Du mich nicht, wenn Du nicht die schweren Arbeiten der ehemaligen Liebenden um einander verstehen kannst, so liebst Du nicht, und was ich Dir sage, nimm es als Wahrheit, hättest Du mich je fest und stät so geliebt, wie meine Leidenschaft es erforderte, hätte ich Dich je ganz ungestört, unverdreht, wahr und voll kindlichem Vertrauen gefunden, so würdestu nie mich zu beschuldigen gehabt haben, wie Du es noch vor Kurzem und mit Unrecht tatst, denn seit ich Dich kennen kann und mag, seit Du meine Liebe beantwortest, mich verstehst, habe ich Deine Liebe wie mein Aug bewahrt, und wenn ich Alles, dessen Du mich in Hinsicht Deiner je beschuldigt hast, ruhig erwäge, so fühle ich mich ohne irgend eine eigentliche Schuld, jung, ohne Erfahrung, eigentümlich, mit einer unendlichen Leidenschaft einem verwirrten undeutlichen Lieblichen unglücklichen ect. Weib hingegeben, fühlte ich mich oft mißhandelt, vernachlässigt, und gegen alle Welt offen, habe ich nie aus Rache, immer aus Schmerz geredet, aber nun, da ich Dir glaube und nicht die Menschen, nun Sophie, da Du mein, mein allein bist, da Du mich liebst, allein liebst, da ich Etwas besitze, ehre, liebe, o nun vertraue, liebe und sei fröhlich. Nochmals bitte ich Dich und alle meine Briefe sollen Dich bitten, und mein erstes Wort des Wiedersehens soll es sein, o werde mein Weib, beruhige mich, sei Du es nicht, die mich zu der ersten absichtlichen Unordnung bringt. lebe wohl mein Engel und schreibe mir bald, ich lebe nur durch Deine Briefe. Dein

Clemens.

Schon wieder kein Wort, ob Tieck die Büste wegsandte.

An Clemens

[Weimar, den 10. Oktober 1803]

Ei, Clemens, guten Morgen! – wie lange hab ich geschlafen! – gestern Abend, weißt Du noch, da warest du bei mir; wir saßen oben in dem grünen Saal, der etwas liederlich aussah, Du sprachst viel wunderliche Reden von der Zukunft, vom Rhein, von Almanach, von — Nun hab ich so viel und schwer geträumt, daß ich nicht weiß, was Wachend und was Träumend geschehen, und es ist mir so wunderlich wie den rückwärtsgeschobnen, poetischen Personen im Zerbino. Und daß Du nun nicht bei mir bist, das ist mir das verdrieslichste! Ich kann Dirs zuschwören, die Zeit, die doch in mir sein soll, und also ich selbst, dehnt sich mir so lang, so lang, daß ich ordentlich zuweilen erschrecke und meine, die Lebenssonne müsse untergehen, weil der Schatten so groß wird. Je näher die Stunde kömmt, wo ich Dich sehen soll, desto ferner scheint sie mir, je wahrscheinlicher, desto unmöglicher. – O! komm doch gleich, komm jetzt! ach Clemens, in diesem Augenblick überfällt mich eine Sehnsucht, die mich zu Tränen zwingt! – ja! Du denkst an mich, Du liebst mich! – o Qual! o Seligkeit!

Ich habe mir ein Liedchen gemacht, das will ich alle Morgen uns vorsagen.

Strebet mutig, meine Geister,
noch ist nicht die Höh erreicht!
wer noch nicht des Lebens Meister
ringe, bis er sie ersteigt!

Will die Zeit doch wieder kommen,
wo das Herz in Freude schwimmt
alles Leid ist dem entnommen,
den die Liebe zu sich nimmt.

Schon in meinen neuen Spiegel
strahlt mir eine Welt voll Lust,
und das Leben regt die Flügel
mächtiglich in meiner Brust.

Zweige wehn wie Freudenfahnen,
Morgenrot ist Liebesschein,
und der Vögel süßes Mahnen
kehrt in meinen Busen ein.

Wieder will ich Lieder singen,
Leben, wieder Dich verstehn,
und auf Deinen leichten Schwingen
durch die grünen Täler gehn.

Ich habe Deine Geschenke erhalten, und weiß nicht, wie ich sie genug preisen soll. Es ist alles so lieblich und schön – das Kettchen umschlingt mich mit zarten, goldnen Fädchen – die Schale beut mir Nektartropfen – und der Schleier ach! der Schleier verhüllt mich und meine Liebe vor den *harten grausamen Blicken der Menschen!!* – Glaubst Du dies letzte wäre mir Ernst? – Da irrst Du Dich gewaltig, die Menschen sind so übel nicht, so bald man nur gesund ist, und über sie lachen kann, und ich habe eben jetzt, ganz für mich allein, so unsinnig gelacht, daß die Träne der Sehnsucht, die mir noch im Auge stand, ganz davon – doch still von Sehnsucht, denn sonst – ja wirklich, o Du verdam –

Mit Tieck habe ich mich auch nicht wenig gequält. Hat der Schelm nicht wenigstens 1 Duzend Billets von mir erhalten! nun endlich ist die Büste abgereist, oder er wäre der unverschämteste Lügner, der je geatmet – und wüßte ich daß Du den leisesten Argwohn haben könntest, als sei ich in dieser Sache nachlässig gewesen, ich stürzte mich – in den Ausbruch der schwärzesten Verzweiflung – in seine Arme! – Du würdest doch dazwischen treten? – ach Clemens, ich habe Dich so herzlich lieb! ich lebe so ganz, so ganz in Dir! – und ich bin so froh, daß ich wieder gesund bin! – ach! ich bin recht krank gewesen, kränker, viel kränker, als Du Dir denken magst. – Was ich Dir nur geschrieben habe? ich hätte Dir lieber gar nicht schreiben sollen, aber das hätte Dich doch ein wenig beunruhigt. Nun Du wirst es ja meinen Briefen wohl angefühlt haben, daß ich nicht in meiner natürlichen Stimmung war, und wirst Deine Sophie deshalb nicht weniger lieben.
Mit Deiner Protegée habe ich tausend Spaß. Sie kann nun nichts, gar nichts, und das macht mir denn drei Arten von Vergnügen. Erstens denke ich bei jeder kleinen Mühe, die ich übernehme, es sei für Dich. – Die Hand geküßt. – Zweitens lehre ich einem andern vieles, was ich selbst nicht erlernt, ja, noch nie geübt habe. – Die Nase gerümpft. – Drittens mache ich mir alle Augenblicke über meine Geschicklichkeit ein Compliment. – Ei pfui, Clemens, so höhnisch zu lachen! ja wärst Du bei mir, zur Strafe – doch das schickt sich nicht zu schreiben – o Liebe – Haß – adieu – ich lauf ins Theater!

d. 11ten 8ten

O! Du Ungeheuer, Genie, Bösewicht, Lügner, Verläumder, Räuber, Schriftsteller, Comediant – ach! Du Teufel – ich bin außer mir, ich sterbe, ich bin schon todt. Betraure mich, weine ein paar verführerische Tränen, um damit das Lächeln eines weichfühlenden Mädchens zu gewinnen, schreibe die rührendsten Trauerlieder auf Deine arme Geliebte, um Dir neue Freude damit zu erkaufen – ach! wie intressant wirst Du sein in Deinem heuchlerischen Schmerz, Deine Coquetterie lockt mich von den Todten zurück, ich kehre noch einmal ins Leben,

um mich von neuen in Dich zu verlieben – Doch nein! ich nehme mich zusammen, wir sind getrennt, und ich sage Dir ein ewiges Lebewohl!
Lieber Clemens, Du siehst wohl, daß ich Deinen letzten Brief erhalten habe. Ach! Du hast Deinem armen Freund einige sehr harte Worte gesagt, und er hatte es nicht verdient, die treue Seele! bereuen kann er nichts, denn er sagte Dir keine Lüge, und daß er unglücklich war und krank, hättest Du so streng nicht rügen sollen. Aber er, er ist Dir drum nicht böse, er ist nur still, und sieht Dir nach, Du kühnes, göttliches Licht, das ihn mit seinen Strahlen nach dem Himmel lockt. Dort sucht er Dich, mit dem hellen Blick der Liebe, (nicht mit dem Augenglas, durch welches Ama Deine Tugend sehen sollte, als könnte diese mit bloßem Auge nicht erkannt werden, wie bescheiden!) er betet still zu Dir, und hat sich nie mit Dir *vergleichen* wollen. Ach! was in seinem armen treuen Herzen redlich glüht, ist ohne Strahl und Glanz, doch kennen es die Himmlischen wohl, sie lieben es und wissen, daß es einstens Eins mit ihnen wird. – Ja, Clemens, in Dir bete ich das Göttliche an, wo hätte sich die Gottheit mehr verherrlicht? Du sollst an die Stelle meiner guten Geister treten, die mich oft getröstet haben. O! erscheine mir, wenn ich glaubend, dringend zu Dir bete, tröste mich mit ernsten, sanften Worten, aber bezähme jede harte, verwundende Rede, und wenn ich in Allem gern Deine Überlegenheit anerkenne, so wolle Du nur *hierin* selbst – nichts vor mir voraus haben!

Heute, zugleich mit Deinem Brief, erhielt ich einen aus Norden; einen ehrlichen, gutmeinenden, lustigen Brief. Einer meiner einstigen Bekannten, der unterdessen auf der Leiter des Glücks empor gestiegen ist, schreibt mir, und bietet mir seine Hand, ich werde ihm antworten, was kann ich ihm schreiben, als die Worte:

ich folge treu des Sängers Lied,
das mich nach *Süden* zieht.

O, ich glaube an Dich, wie ich nie geglaubt habe, ich liebe Dich, wie ich nie liebte, ich bin treu wie ich es nie war!

Reise nun bald nach Marburg zurück, denn ich komme bald – ob ich es gleich selbst noch nicht glaube – und ich schicke vorher noch Bücher und Betten. Doch erwarte ich erst einen Brief von Dir, und schreibe Dir noch einmal – dann geht hinab die dunkle Zeit, auf geht des Glückes Stern, ich trage gern das größte Leid, bist Du mir nur nicht fern!
Ich habe Dir, glaub ich, geschrieben, ich wünschte 60 Friedrichsdor – ich brauch aber nur 40. Hast Du sie also noch nicht abgeschickt, so richte Dich darnach, wo nicht, so bring ich Dir sie gleich wieder mit.
Bei alle dem, Brentano, betragen Sie sich doch sehr unzart gegen mich. Bei der geringsten Veranlassung werfen Sie gleich die Maske der Liebe und Bescheidenheit weg, und machen sich mit Ihrer Vortrefflichkeit so breit, wie Maiers Rücken, den ich doch immer noch lieber sah, als sein Gesicht. Da heißt es gleich »Doch das verdienst Du nicht! Das kannst Du nicht verstehen! Das wirst Du nie erreichen!« hören Sie, mein Herr, eine solche Geringschätzung verzeiht kein Weib, daß Sie es nur wissen! – Beleidigt hast Du mich, ich habs geschworen, ich räche mich, nahst Du dich mir, so bist Du gleich verloren, ich warne Dich, in Liebesworten will ich mit Dir rechten, vernimms und schweig, die Arme sollen fesselnd Dich umflechten, Verbrechern gleich, wie Pfeile sollen meine Blicke sinken, in Deine Brust, den Hauch will ich von Deinen Lippen trinken, mit Rache Lust,

empfele mich Ihnen –

Wie glücklich Du bist! Da lebst Du den ganzen Tag mit zwei der liebenswürdigsten Weiber, siehst eine Menge artiger Gesichter und vergißt täglich wohl 20 mal Deine arme Geliebte, die von dem allem nichts hat! – Doch ich will Dirs nicht verhehlen, wenn Du glaubst daß ich unterdessen immer ruhig hier gewesen bin, so irrst Du Dich. Kaum wußte ich Dich in Frankfurt, so nahm ich meine übrige Barschaft, hüllte mich in männliche Kleider, und nun hin! meine Eifersucht ließ mir keine Ruhe. Hast Du denn nie den blonden Jungen bemerkt, der immer so nah als möglich bei Dir war? – eine blonde Perrücke, ein falscher Backenbart, etwas Schminke und die moderne Tracht der Männer, machten mich vollkommen unkenntlich. Ach! wie nahe war ich Dir oft, im Schauspiel, Abends auf der Straße, und bei der schönen Putzmacherin! oft hätte ich einen Dolch durch Dein treuloses Herz stoßen mögen, wenn Dein schönes Aug so begehrend nach andren schönen Augen blickte; oft aber auch Dir um den Hals fallen mögen, wenn Du traurig aussahst, und die Törin sich einbildete, Du denkest vielleicht an sie! Deine Schwester habe ich auch oft gesehn; sie ist ein liebes, liebes Kind, und ihre Gestalt ist größer und ausgebildeter als ich mir sie gedacht, und Deine Schwägerin ist wirklich schön, sie hat einige Ähnlichkeit mit der Mine Reichenbach. – Ich schicke Dir hier ein Halstuch, das ich als Mann getragen, unter welchem mein Herz oft so laut für Dich geschlagen, nun wird es das Deine bedecken – Herz, o Herz des einzig süßen! all mein Leiden sollst du büßen! daß ich einst ihn kränken müssen, muß ich schuldlos schuldig büßen! O! wie werd ich einst vermessen, mich an seinen Busen pressen, alle Trauer sei vergessen, und die Freude ungemessen! — Clemens, nun kein Wort mehr, ich bin ganz beschämt über das viele Geschwätz – über das nehmlich, was ich verschwiegen. Nur noch eine Bitte: sei nie wieder so künstlich zärtlich, und so natürlich grob wie in Deinem letzten Brief! – bitte, bitte, lieber, dummer Bub! –

Und, mein *Allerliebster*, sollte ich wieder in den Fall kommen, traurig oder krank zu sein, so schwöre ich bei allen Göttern der Freude und Gesundheit, mir andre Hülfe zu suchen, denn *Sie* sind der ungeschickteste Arzt, und der grausamste Tröster, den es je gab. Und wie leicht kann das sein! denn nur der Frohe fühlt den Schmerz, nur der Gesunde die Krankheit, nur der Mutige kann verzagen! – Was hilft es den armen Verschütteten, wenn Einer über den Ruinen einen prächtigen Triumpfbogen erbaut? Glücklich, wenn er noch Kraft genug besaß, sich auf einer andern Seite selbst herauszuhelfen, und nun dasteht und lächelnd den wirklich malerischen Efeckt des Bogens bewundert, durch welchen der Erbauer, eben, die Lyra im Arm, wie der Gott der Lieder selbst, stolz hindurch schreitet; sein Auge ist zum Himmel gerichtet, sein Ohr lauscht seinen eignen Tönen, und nur zuweilen steht er still, und staunt, daß nicht ein Jauchzen des Versunknen zu ihm aus der Tiefe empor dringt! – Nein, für die nachlässige vertraute Wahrheit eines Gemüts haben Sie keinen Sinn. Sie lieben nur die Wahrheit, wenn Sie Ihnen gefällt, Sie erfreut – und ich habe leider! keine andre Strafe für Sie, als: so zu bleiben, wie ich bin. – Mögen Sie sich dann auf meine Kosten erheben, und stolz auf Ihre Vortrefflichkeit ausrufen: »Herr, ich danke Dir, daß ich nicht, wie die andern bin!« – ich, innig, demütig, aber der Erhörung gewiß, seufze neben Ihnen: Gott sei – *dem* Sünder gnädig!

Ich erhalte eben diesen Almanach; wenn ihn Betine noch nicht hat, gäbst Du ihr ihn wohl, mein Lieber? Morgen erhalte ich auch den von Schlegel, aber ich will den Brief nicht zurückhalten, also das nächstemal. Reise nun bald nach Marburg, und schreib mir, wenn Du dort bist, denn ich habe Lust, Dir nicht mehr als 2-3 Briefe noch zu schreiben und dann Dir selbst Brief und Siegel zu geben, daß ich da bin.

Herz, o Herz, was soll das heißen?
bist so frei, so übermütig,
willst die Zweifel von Dir weisen?
und *er* ist Dir doch nicht gütig!

Laß mir meinen Mut, den freien,
ist er doch ein sichres Zeichen!
mag *er* loben, mag *er* dräuen,
nimmer findt er Meinesgleichen!

Von unsichtbaren Gewalten,
hab' ich kühn ihn* mir errungen,
und geheime Fäden halten
ihn mir ewiglich bezwungen.

---

* den Clemens

Lebend muß ich nach ihm ringen,
sterbend werd ich triumphiren,
Geister weiß ich zu bezwingen,
keiner kann ihn mir entführen!

Mag er lieben, mag er hassen,
immer bleibt er doch mein eigen!
Darum bitt ich, mir zu lassen,
meinen Mut, das sichre Zeichen!

An Sophie

den 11. 8bre 1803

Liebe Sophie!
Vor zwei Stunden schloß ich meinen letzten Brief, und schickte ihn Dir, seit zwei Stunden ist mir gar nichts Neues geschehen, ich habe nichts Anders mit Dir zu reden, als was ich Dir, seit ich Dich liebe, gesagt. Seit ich Dich liebe? – ach Sophie! es läßt mich keine Minute ruhen, daß ich Dich so liebe, alles was ich ergreife, sehe, tue, alles das ist das Rechte nicht, ich muß in jeder Minute wechseln, immer Etwas anderes ergreifen, o ich weiß wohl, was ich suche, wenn ich es werde gefunden haben, so werde ich es wohl wissen, ich werde ruhiger sein, glücklicher, Dir näher, so bald ich irgend etwas berühre, worauf Dein Gestirn influirt, aber diese Nähe, sie ist noch mehr bittere Ferne, es war mir ja oft ängstlicher, wenn Du mit verhülltem Kopf neckend neben mir saßest, als wenn ich Dich gar nicht sah, so eile ich den ganzen Tag mit dem Gedanken umher, um Etwas zu tuen, was ich Dir, Dir allein, Du geliebtes seliges Weib, tuen könnte, aber ich finde kein Ziel, dieser Liebesmelancholie würdig zu stecken, als daß ich mich wieder setze, vor das reine liebe gute Papier, den unschuldigen Boten meiner Gesinnung, wenn Liebe Gesinnungen hat, wenn Liebe nicht die schönste Sinnlosigkeit ist, – ich fühle, daß Alle meine Sinne sich zu einem einzigen verwandelt haben, seit ich wieder so unendlich glücklich bin, zu lieben und geliebt zu sein, Alle meine Sinne liegen wie ein inniges Begehren um

Trost und Befriedigung flehend vor meiner Erinnerung und Fantasie auf den Knien, und ich kann kaum auftreiben, was diese hungrichen ungeduldigen Kinder Alles wollen, und nur von Dir, und immer von Dir, o süßen Worte, Blicke, Küsse, Zweifel, o süßer Streit, o Sieg, o Frieden, Freude, Du Knospe, Rose, Blatt, ihr Zweige, Palmen, o ganzer mächtcher schimmernder Liebesbaum! Ein Liebesbaum – still ihr Sinne, seid fromme Kinder, betet, so wird der heilige Khrist euch einen Liebesbaum beschehren, mit goldnem Flitter, bunten Lichtern, mit religieuser Kindes Philosophie soll Fantasie ihn auch ausschmücken, und Erinnerung die liebe Mutter, die wohl weiß was ihr jegliches verdient habt, die wohl weiß, was ihr jegliches wünschet, sie wird euch den Freudigen Baum wohl auszuschmücken wissen. Da gehen die Kinder in die Kammer, und knien nieder und jegliches bittet nach seiner Art, und ist from, und beten doch alle nur dasselbe, denn sie lieben sich, seit Du mich liebst, und sind eins und dasselbe, aber wie schmückt ihnen die Mutter auch ihren Weihnachtsbaum, da sind Küsse, Blicke, süße Reden, Scherze, Seufzer, gute, ja auch Zornige Worte von Dir gar reizend zwischen grünen Blättern und goldnem Golde, und flammenden Flammen aufgehängt, Deine zornigen Worte und Deine niederländische Kälte und französischer Leichtsinn sind gar artig in eine Rute gebunden, aber in dem Stiele der Rute stecken eine Menge indianische Süßigkeiten, o du Weinachten, du Herzensfreude, o Du liebes Weib, o ich Kindskopf! – gute Nacht, morgen früh schreibe ich wieder, morgen Abend geht die Post wieder. –

[12. Oktober 1803]

Guten Morgen, wenn ich heute nicht eben so komische Sachen wie gestern schreibe, so ist dies nicht, als wäre ich nicht zufrieden, sondern es fällt mir nichts ein, ich habe mich zwar gestern Abend im Bette auf mancherlei besonnen, und ist mir so vieles eingefallen, womit ich Dich unterhalten könnte, aber teils sind es Sachen, an deren schriftlichen Darstellung selbst die größten Schriftsteller scheiterten, teils sind alle diese schönen Träume heute Nacht wirklich verträumt worden. Was von Allem dem übrig geblieben, außer dem Thema der unendlichen Variation, *Ich liebe Dich,* sind die Cruditäten, das heißt reine Nahrungssorgen, aber sei versichert mein Kind, daß ich sie ganz objektiv behandle. Mein fester Wille, ja das Einzige, worauf ich mich einzulassen gedenke, ist die Ehe, ist die Ordnung, denn ich empfinde, daß alle Trägheit, meine Fehler, meine Unruhe, Unzufriedenheit ihren Ursprung aus der Unordnung herzuleiten haben, ich habe bis jetzt, mit meinen Gedanken, Worten, Werken, meinem Besitz, meinen Freunden, ja mit meiner Liebe selbst in einer gewissen Unordnung gelebt, die ganz darauf hinauslief, mich in allen meinen Verhältnissen, selbst in denen der Kunst, zum Verderben zu bringen. In dem ich mich mit Dir verbinde, übernehme ich eine freudige heilige Pflicht, ich will mit Dir Verbunden auf alle Weise zur Ordnung streben, ja in Dir selbst die Ruhe und Reinheit wieder mit allem ihrem segensvollen Einfluß auf das Leben hervorführen. Ich bitte Dich, Sophie, widerstrebe diesem frommen und festen Vorsatze nicht, besser zu werden, als ich bisher war, Du bist es ja, die die Früchte dieser Besserung allein genießen, und sich ihrer erfreuen soll, wie Du es auch bist, die mich in meinem Verderben begründen und zu Grunde richten kann. Ich versichere Dich, es ist kein böser Funke in mir, kein schlechtes Äderchen, und auf alle Beschuldigungen der Welt kann ich mir Nichts vorwerfen, als Unordnung. Meine Verbindung mit Dir wird mir bald der schrecklichste Vorwurf sein, wenn ich nicht zugleich mit ihr in die größeste, wohltätigste Ordnung eintrete, und ewig werde ich glücklich sein durch Dich, wenn Du mich zur Ruhe, zur Gesetzmäßigkeit, und so auch zu dem eigentlichen größten Geheimnis aller Tugend, aller Kunst führest. Dein letzter Brief spricht so gütig, so rein, so wahr »ich *will ja nichts als Dir Freude machen, und alle meine Verhältnisse mit dem Leben rein erhalten*«, o geliebtes Weib, nimm mir den schönen Trost, den mir diese lieben Worte gegeben, nicht wieder, laß mich Dir ganz trauen und glauben können, o wie glücklich wäre ich, wenn Etwas, was Du sagst, mir das Gefühl einer überlegten unumstößlichen Wahrheit einflößte, mir ein festes ewiges Natur- und Kunstgesetz würde, an das ich mein verwirrtes verirrtes Leben von Neuem mit Ruhe und liebender Zuversicht anbauen könnte. Sieh ich will Dich einen tiefen Blick in mein Inneres tun lassen, mißbrauche ihn nicht, knüpfe an ihn das erste schönste Werk Deiner Liebe zu mir. »*Meine ganze Bisarrität, alles was in mir bloß interresant ist, was mich störend, auffallend* macht, ist *die mit einem großen Aufwand von ängstlicher Arbeit, und mißbrauchtem Kunstsinn scheinbar genialisch trapirte Unordnung, und daraus entsprungene Mutlosigkeit, und Unwill an dem Leben*«. Du bist der erste Mensch, dem ich dies sage, nicht als wäre es mein schmutziges Interesse gewesen, es zu verbergen, sondern weil Du der erste Mensch bist, den ich unbegränzt achte und liebe, ich vertraue Dir, denn ich erwarte Hülfe, Liebe, und den wohltätigsten ordnendsten Einfluß von Dir auf mein Leben. Wenn meine Hoffnung an Dir scheitert, die Hoffnung, durch Dein Mitleben zur Ordnung, Ruhe und Arbeitsamkeit in allen meinen Angelegenheiten, geistlichen und weltlichen, zu kommen, so ist mein Leben auf Erden gescheitert, der erste und notwendigste Schritt hiezu ist, daß Du mein Weib vor Gott und den Menschen seist, und wehrst Du Dich dagegen, so wird mir immer ein Mißtrauen in Dich bleiben, das Meinige, von dem ich Dir, sobald ich mit dem Curatel Amt abgerechnet habe, eine völlige Specification einhändigen werde, wirst Du mit mir genießen und mir mit Rat und Tat treulich verwalten helfen, daß, sollte mein frommster schönster Wunsch vom Leben Gott gefallen, sollte ich je mich mit Dir eines Kindes erfreuen, wir es mit der liebenden Freude guter Eltern anschauen können, die ihr Kind schon vor seinem Dasein bedachten. O Sophie! verzeihe mir, daß ich mich hier auf einen Augenblick von meinen ernsten Reden entferne, um mich mit aller Freude auf diesen beseligenden Gedanken zu werfen, o Sophie, unser Kind, die unschuldige versöhnende Frucht so mancher wundersamer Schmerzen und Freuden, über den bange schlagenden kämpfenden Herzen ein Engel schwebend mit der Friedenspalme, ach ich kann ihm in die Augen, in die Seele sehen, ich kann Dich in ihm ruhig und gereinigt von den Wunden des Lebens wieder sehen, ich kann Dich lebend in den Armen halten, und doch Dich anschauen, wie Du schon im Himmel wandelst, und Du, Geliebte Seele, willst Du Dich auch meiner in solcher Unschuld erfreuen, ach Sophie, daß Du jetzt nicht bei mir bist, mich in diesem Augenblick nicht küssen kannst, daß Du mir jetzt nicht antworten kannst, und mir sagen, ja lieber Clemens, ich will glücklich sein durch Dich, ich will Dich glücklich machen, Dir helfen, Dir wohltun, ich will Dein treues liebendes Weib sein.

– Und so kehre ich zu meinen ernsten Reden zurücke. So eben komme ich von meinem Bruder Franz zurücke, mit dem ich von meiner Abrechnung gesprochen habe, es ist mir wunderbar, wie es mich immer angreift und bewegt, mit diesem unendlich guten, genialischen Menschen über ernsthafte Gegenstände zu reden, nach dem er mir mit einer stillen treuen Darstellung auseinander gesetzt hatte, welche Wege ich bei der Obrigkeit gehen muß, nach dem er mir mit der Besorglichkeit eines Vaters über die nunmehrige Notwendigkeit, mein Vermögen selbst zu verwalten, gesprochen hatte, mußte ich weinend aus der Stube gehen, Was ich Dir heute Morgen schrieb, hatte diesem fremden, mir bis jetzt ganz unbekannten Teil meines Lebens einen so feierlichen und edlen Anstrich gegeben, daß ich weinen mußte, ach Sophie, wie habe ich Dich lieb um diese Tränen, ich bin sehr glücklich in mir durch sie geworden, ich fühle, wie ich lieben kann, wie ich leben werde, ich freue mich des Lebens, das in vielen Teilen mir sehr würdig erscheinen kann, was ich vorher nie geglaubt, ich gehe in wenigen Tagen von hier nach Marburg, wo ich Deine Briefe etwas umständlicher erwarte, und von wo aus ich Dir das Geld schicken werde. Nur bitte ich Dich, Deine Abreise dann sehr zu beschleunigen, und mir das Nähere vorher wegen dem, was Du mit nimmst, und der Versendung zu schreiben, so daß Du mit Deinem Geräte zugleich hier bist, und Dich nicht in die leeren Bettstellen zu legen brauchst. Ich hoffe dann, daß Du Dich nicht mehr lange wehrst, ganz mit mir zu existiren, denn ich versichre Dich, Du wirst mich erst kennen, lieben und nie mehr lassen wollen, wenn wir ganz zusammen sind.

O liebe Sophie, achte jedes Wort, was ich Dir sage, denn mir ist es ganz ernst, alles ist mir ernst, und antworte mir auf diesen Brief nicht wie auf einen frühern »wie kannst Du mir nur so unverständig verständige Briefe schreiben«, wenn Du dies Alles unverständig nennen kannst, so bist Du unverständig und verstehst weder mich noch irgend Etwas auf der Welt. Es besteht jetzt in diesem Augenblick eine Gesinnung zwischen uns, die für uns, und die Welt die einzig rechte ist. Ich bitte Dich, liebe mich, störe mich nicht, sei mein Weib.

Dein Clemens

An Sophie

18ten 8br. 1803. Frankfurt a/M.

Liebe Sophie!

Ich habe nun seit zwölf Tagen keine Briefe von Dir, doch hoffe ich über morgen auf Nachricht, und wünsche, daß Du mir recht ausführlich auf vieles, was Du mir bis jetzt unbeantwortet gelassen, Deine ernste liebe Meinung sagen mögest. Ich versichere Dich, es fehlt Dir nichts als Vertrauen in mich und Mißtrauen in die Welt, um recht sehr glücklich zu werden, bedenke Dein Leben, wer hat Dich zu verderben gesucht, wessen Freundschaft hat Dir und Deiner Kunst so manichfach geschadet? die Welt und ihr Umgang mit Dir; liebes Weib, wenn Du die eigentliche innere Einfachheit meines Herzens begreifen wolltest, Du würdest sehr glücklich mit mir sein, Du nimmst die Stürme in mir für Verwirrtheit, ach es mag eine Welle über die andere sich krauslen auf der größern, das weite Meer liegt doch fest in den ewigen Banden seines eignen Herzens, der Demant Klarheit, ja nur das Flüssige ist fest, und das ist das Geheimnis aller Liebe in der Welt, das Flüssige bekömmt nie Narben, wo es durch schnitten, wo ein schweres Schiff gefahren, siehst Du kaum ein wenig Schaum in der Spur, auch die Stellen, die der Sturm empor wirft, sind Spiegel des Himmels, und ewig darfst Du dem Meer vertrauen, denn es ruht ewig in der Tiefe, so sei Sirene Du reizend Weib, und steige in mich nieder, wenn es Stürmt, und sehe, wenn es ruht, der Sterne Abbild um Deinen Busen auf der stillen Fläche spielen. O liebe Sophie, wenn Du so recht begreifen mögtest, wie ich liebe, wenn Du Dich so recht an mich hängen mögtest, so zu Haus in mir, mir angebannt wie Flügel einem Vogel, zu welchen freudgen, ruh'gen Höhn wollte ich Dich schwingen, vertrau mir, liebe mich, verlange nach mir, und Alles was mich beschwert, alles irdische, die Sünde will ich niederfallen lassen, den Himmel leichter so mit Dir zu erschweben. Doch still, daß ich Deinem Herzen nicht vorgreife, das sicher mir noch größere Freuden bereitet, als ich erwarten darf, der sein Verdienst kennt, Dich.

Morgen Abend denke ich Dir die 60 Friedrichsd'or zu senden, aber halte Haus, Liebchen, und komme bald zu mir, ich bitte Dich herzlich, auf der Reise Dich warm zu kleiden, es ist jetzt eine schlimme Jahrzeit, und mir nochmals zu schreiben, daß ich Dir Holz kaufe, ich wollte Dich auch herzlich bitten, mir zu erlauben, daß ich in Deiner Wohnung den Saal und die Kammer den Winter schon beziehen darf, Du fändest dann gleich bei Deiner Ankunft einen vertrauteren Wirt, denn mein Weg ist ohne dies aus meiner jetzigen Wohnung sehr weit und im Winter des glatten bergigten Bodens wegen oft halsbrechend, auch wünscht Savigny, der sehr eng mit mir wohnet, mehr Platz, und das Ganze wird bequemer und wohlfeiler für unser Leben. Es wird mich schmerzen, wenn Du mir es versagen wolltest, ja es schiene mir dann, als würdest Du vielleicht gar ganz weg bleiben, wenn Du Dir kein Dementi geben wolltest. Dann brauche ich Dir auch kein apartes Holz zu kaufen, und Du hast meinen schönen Bücher vorrat zur Hand, und wir leben ruhig und schön abgeschlossen von der Welt. Bis Montag gehe ich nach Marburg zurück, wo ich sogleich Deine Antwort hierauf finden werde, o mache mir keine unnötige Betrübnis durch Dein Verweigern. Schewalier Thelos lebte ja auch mit seiner Liebe zusammen, und die kleine Ausschweifung mit dem Tee trinken, wie angenehm ist sie im Winter und der Bequemlichkeit; und wie begierig bin ich, Tee mit Dir zu trinken, sei lustig Sophie, liebe mich, und komme und schreibe und glaube an Deinen

Clemens.

So schreibe doch wegen meiner Büste die immer noch nicht hier.

An Clemens

d. 19ten 8br.

Ich habe Deine letzten Briefe erhalten; ich liebe sie unendlich und mehrere Stellen, die Du wohl erraten wirst, wenn Du meinen Brief ganz gelesen, haben mir fromme, wunderbare Tränen ausgepreßt. Nein, Clemens, ich will die Ordnung Deines Lebens nicht stören, ich will sie sichern; leichtgesinnt werde ich sein, aber nicht leichtsinnig, Deine Freiheit will ich zu erhalten streben, indem ich Dich der Unordnung entreiße, und alle Reife, welche die mir aufgenötigte Sorge für die Erhaltung meiner eignen Existenz, meinem Verstande gegeben hat, will ich gebrauchen, um Dir auf jede Weise nützlich zu werden. – O! Du glaubst nicht, wie seit einiger Zeit die Zuversicht meiner Seele wächst! Das Vertrauen auf Dich, das Gefühl meiner wahren, reinen Neigung zu Dir, läßt mich stark und kühn der Meinung aller Andern entgegen treten, und ich weiß es so gewiß, daß ich recht handle, ja, daß ich sogar alle andern davon überzeugen müßte, daß ich es fast gar nicht der Mühe wert achte, es zu tun, sondern ruhig und sicher meinen Gang fortgehe. – Seit man von meinem Entschluß weiß, erhalte ich eine Menge Briefe; von allen Seiten, von Gotha, Altenburg, Camburg usw. drohen mir Besuche, die ich nur dadurch zurückhalte, daß ich meine Abreise noch nicht so nahe ansetze, nehmlich für die andern.

Du tatest einige Fragen über meine Lage, und ich will sie Dir kurz und deutlich beantworten. Ich nehme – wenn nicht unterdessen einer von drei Buchhändlern Bankerutt macht – auf Ostern 700 Rthlr. ein; nun war mein Plan, mir unterdessen gegen eine zur Ostermesse gefällige Assignation auf einen der Buchhändler, das nötige Geld geben zu lassen, und auf diese Weise wär ich bis dahin die Schuldnerin eines andern geworden. Nun aber werde ich die Deine bis Ostern, denn dann mußt Du es wieder nehmen, der Ordnung wegen, doch bitte ich Dich, die 40 Friedrichsdor *sogleich* zu senden, weil ich nun jenes aufgegeben, und sie jetzt notwendigst brauche.

Ferner rechnete ich für meine Einrichtung in Marburg gegen 300 Rthlr., wovon ich wünschte, das meiste erst Ostern bezahlen zu können, doch ist es sehr wahrscheinlich, daß ich einen Teil dieses Geldes, so wie auch 100 Rthlr., welche ich für meinen Unterhalt bis Ostern rechne, entweder gleich mitbringe oder zu Weinachten erhalte. In wenig Tagen werde ich hierüber Gewißheit haben und Dir es schreiben. Meine Reisekosten werde ich besorgen, Dich aber dennoch bitten, mir entgegen zu kommen – davon mit nächster Post, denn ich bin heute gestört worden, will Dir den Brief doch gern schicken, und habe nur noch wenig Zeit bis zum Abgang der Post. –

Die Bestellungen, um die ich Dich gebeten, besorge gleich – die Strohmatraze für das Sopha ja nicht zu vergessen. Auch werde ich Dir es sehr danken, wenn Du unterdessen Holz für mich besorgst.

Wahrscheinlich werde ich künftige Woche unter Deiner Adresse mehrere Sachen nach Marburg abgehen lassen; man kann es von Erfurt aus durch Fuhrleute sicher tun; doch muß ich Dich bitten, die Fracht, welche ich vorher accordiren und Dir anzeigen werde, unterdessen auszulegen, weil es sichrer ist, das Geld beim Empfang zu zahlen.

Meine Verhältnisse mit Mereau sind folgende. Als ich mich von ihm trennte, verlangte ich es unter jeder Bedingung; ich verlangte nichts von ihm, und sprach ihn gern von der Zurückgabe des kleinen Eigentums frei, welches ich ihm zugebracht hatte. Doch als er kurz darauf, zum Teil durch meine Vermittlung, in eine bessre Lage kam, war er ehrlich genug, mir eine jährliche Einnahme von 200 Rthlr. zuzusichern, bis ich wieder heuraten würde, und in diesem Fall mir ein seinen Umständen angemessnes Jahrgeld für Hulda zu geben, wobei er sich jedoch das Recht vorbehielt, diese von mir zu entfernen, – was er aber, bei der geringsten Rechtlichkeit, nie wollen kann und wird.

Dies ist alles, was ich von meiner äußern Lage weiß; von meinem Herzen weiß ich, daß es Dich liebt, mein Freund, und recht ruhig und unruhig an Dich denkt. Mein nächster Brief wird Dir mehr davon sagen – in diesem schrieb ich Dir ja nicht einmal, warum ich über manche Stellen Deines Briefs weinen mußte. – Clemens, was wirst Du sagen? –

An Sophie

Frankfurt, den 20. 8bre 1803

Liebe Sophie!

Heute Morgen erhielt ich Deinen lieben Brief, der, in dem er eine Summe von Stimmungen mit einer einzigen umfaßt, mir beinahe ein genügendes Bild Deiner Liebenswürdigkeit gibt, Du bist ein liebevolles frommes kunterbuntes Weib, das von der Gütigkeit fait macht, und mir so lieb ist, daß ich mir genug Gutes von mir durch Sie verspreche, aber so recht verstehst Du doch mein Wesen nicht, und ich glaube beinah, Du stellst Dich allein bei meinen Briefen ein bißchen dumm an, um mich auf eine so artige Weise auszuschimpfen, und nicht gar vor Liebe wirklich einmal zu lieben. Es ist eine Kunst, an irgend jemand, dessen Glück durch Briefe gefristet wird, zu schreiben, so zu schreiben, daß die Zeit, welche der Brief unterwegs ist, ihn nicht zum Lügner mache, und ich wünsche Dir Glück, Dein letzter freier liebender strenger Brief ist wahr und schön und gut. Jetzt weiß ich, wie Dir ist, Du bist, und der Flamme näher gerückt, wallt mein Herz von neuem zu Dir auf. Wir erwarten beide Vieles von der Zukunft, Wiedersehn, Küsse, Vertraulichkeit, ich erwarte mehr als Du, Du kannst Dir selbst gefallen mit Freude, Du kannst Dir unter vielen Menschen lachend gefallen, ich, wenn ich mich meiner erfreuen soll, muß in mich selbst zurückkehren und einsam sein, jetzt nicht mehr so, Du hattest die ganze Welt zum Gesellen, ich hatte wenige Menschen, die mir meist fern sind, ich hatte niemand, nun willst du meine Gefährtin sein, nicht mehr zurückgebannt zu mir selbst ins Herz, das ich auswendig kann, wie der Vogel seinen Keficht, Du stellst ein grünend, freudig Frühlingsziel Dich mir so liebvoll in die freie Welt, ich will hinaus, hinaus zu Dir, wie Bienen schwärmen oft mir die Gedanken, und wenn ich steche, ach verzeiht es, Menschen, und wollt die Bienen darum nicht boshaft nennen, denn schon hängen sie sich dicht zusammen, wie Küsse auf geliebten Lippen, wie süße Beeren sich zur Traube bilden, so gleicht an jenem grünen Baum der wilde Schwarm schon einer wunderbaren Frucht, die in dem neuen Stocke ihr künstliches, ihr süßes Werk beginnen wird. Ach liebes Weib, wie freue ich mich auf Dich, wie werde ich glücklich durch Dich sein, und wenn Du dann so immer größer wirst in Deiner Liebe, wenn ich Dich so allein habe, und Alles Schlechte, was Dich nur umgab, fern von Dir ist, ich mich aus voller Seele recht ergießen kann, ach lange nicht, nie möcht ich wohl sagen, hab ich empfunden, was der Quell empfinden muß, wenn er nach langer unterirdscher Reise aus seinen Banden zu Licht und Sonne springt, o süßes herrliches Entzücken, von einer andern reinen Seele gewußt zu werden, o soll ich nicht silbern, kühl und mutig stürzen mich vom Fels, wenn solche Blumen Augen nach mir schauen wollen, Sophie, ich sehe Deine Augen, die gütig nach mir blicken, nur nach mir, soll ich diese Augen nicht erfreuen wollen mit mutiger und freudiger Geberde, ach alle die Sinne, die meiner harren, das ganze liebe kleine kluge gute Weib, Du selbst, Du liebe Sophie, soll ich Dich nicht erfreuen wollen, nicht glücklich machen, vor Dir zu leben, zu leben wie Du ein Leben gerne sehen magst, sei mir das beschränkende wohltätige Gesetz, ach Ruhe wirst Du in mich bringen, Du wirst in Deinen lieben Armen mir einen Raum vergönnen, den auszufüllen mir endlich eine Gestalt gibt, ein Bett gibst Du dem flüssgen Element, die Untiefe machst Du tief, das Stürmende Rasch, das Träge schmerzvoll drängende zur freien freudigen Bewegung, und wie geregelter Bewegung man vertraut, so sammelt sich das Leben an dem Ufer gern, Du bringst das Leben mir, und wo es näher liebevoller steht, da spiegelt es sich in mir, seid mir willkommen ihr Büsche, Bäume, Blumen der Geliebten, sei mir willkommen Fischer, Sirene wohnt nicht in mir, und in der Mitte sieht sich der Himmel an mit seinen Sternen, o gütge Dichtung, die den Flüssen einen Gott, den Ufern Nimpfen gab, o steige nieder Liebchen in mein ewges Haus, das aus der Erde Herz quillt, den Himmel spiegelt, ewig wandlend feststeht, o Liebes Weib, wie will ich Dich umarmen, wie will ich küssen, leben, sterben. O Lieb Weib, wenn ich Dir nur eine rechte Freude erschaffen könnte, wenn ich Dir nur in der Einsamkeit, die Du mit mir beginnst, einen Spiegel aufstellen kann, in dem Du ein schöneres Getümmel der Welt erblickst, als jenes, das Dir bis jetzt genügte, dann freue ich mich noch der wunderbaren Gabe, vielseitig zu empfinden und jeglicher Empfindung hingegeben doch nur einer Viele Dir zu sein. Du bist bei Allem dem ein wenig unvorsichtig, Du sprichst in Deinem Briefe von den Gaben, die mir der Himmel verliehen, und deren ich mich beinah Deinetwegen erfreuen könnte, und dann legst Du die Eugenie bei, die mich zerschmettern könnte, was sie aber gar nicht tut, sie steht so fest, daß sie Niemanden zerschmettern kann, nur einen langen schönen Schatten wirft sie in das Land, und Gott sei Dank auf einen Fleck, auf den ich in meinem Leben nichts zu bauen gedachte, wenn mir wieder jemand sagt, es sei dann ein Weiser oder ein Frauenzimmer, gegen die man galanter sein muß, als ich es sein mag, die Eugenie sei schön, so nenne ich ihn einen Esel, einen Lügner, einen gepreßten Matrosen, der god save the King singt. Ich für meinen Teil finde sie viel zu schön für mich und viele andre, und im ganzen oft außerordentlich schwerfällig geschniegelt im Ausdruck, so daß man über die gewöhnlichsten Dinge, die oft da gesagt werden, nachdenken muß, das ganze macht mir den Eindruck einer Kolosalen Niobe von Meißner Porzellain, und eine Miniatur Venus von Komisbrod wäre das Gegenteil, die Erfindung, der Plan ist mir außerordentlich schön, der einzelne Ausdruck ist mir zu wider, und die forcirte holländische Reinlichkeit in der Ausführung ekelt mich, meine Empfindung ist, daß man zu viel Zeit verliehrt in diesem kurzen Leben, wenn gewöhnliche Reden die Pretension machen, man soll die Suppe über sie kalt werden lassen. Bei allem dem ist sie ein großes Werk, zu groß für mich, groß genug für die Kunst, und Göthe eben recht, doch möchte ich lieber Schakespears schlechtstes Stück geschrieben haben, als dieses, es ist seltsam, mir eigentümlich, und daher nicht frech, wenn ich sage, daß mir es lieber wäre, die Eugenie wäre nicht geschrieben, ich gewinne nichts durch sie für die Kunst, sie gibt mir eine ekelhafte Empfindung von dem dritten Akt an. – Doch verzeih Sophie, ich fühle erst in dieser Minute, warum sie mir unangenehm ist, sie ist mir unangenehm, weil sie mir veranlassung gab, hier von ihr zu sprechen, sie hat so meiner Liebe zweimal Eintrag getan, einmal nahm sie mir einen Abend, da Du zu ihrer Vorlesung gingst, und nun wieder. Ich lobe mir die Dichter, die nicht mehr leben, sie können einem nicht wie Göthe, Schiller, Kotzebue, Tiek ect. durch die miserable Weimarer Ziererei zum Ekel werden, ich versichere Dich, ich kann mir keinen Ekelhaftern Rahm[en] und ein Kunstleben denken, als das jämmerliche Nest, das sich zur poesie wie das plakichte Hannswurstkleid zum komischen verhält, die Rührung rührt dort immer mit einer Empfindung zum erbrechen, denn das Gebildete Publikum besteht aus einigen verrückten Hofdamen, ect. Wenn ich an Weimar denke, wird mir es miserabel. Ach liebe Sophie, eile Dich, da hinweg zu kommen, um wieder ganz gescheid und gesund zu werden, ich bin grade zur rechten Zeit mit einem blauen Aug davon gekommen, und ich schwöre Dir, Du wirst, wenn Du diesen Ort mit dem Rücken siehst, nie wieder einen Rückfall, in die Krankheit, mich nicht zu lieben, bekommen. Das ganze Nest hat für mich so eine hungriche Pralerei, wie eine tönerne Schüssel in der Gestalt einer Pastete. – Hu † † † Gott sei bei uns. –

Ich mache über das vorhergehende ein Gitter[1], um es los zu werden. Gestern schickte ich Dir mit dem Postwagen 60 Friedrichsd'ors, wenn Du nur 40 brauchst, so ist es desto besser, und wir können die 20 sparen, ich denke überhaupt eine Ökonomie unter uns auszuführen, daß wir vollauf haben, ohne doch mehr zu zeigen, als wir haben, gut essen, brav Wein trinken, viel lustig sein, lachen, gute Bücher lesen, uns nicht ärgern, Du sollst Deine Freude haben, was Du immer dicker und breiter werden wirst, für Schminke, eau de lavande, Flitter und Mode wollen wir nicht so viel aus geben, als sonst, aber mehr für ein Warmes Bad, Blumen, gutes Fleisch, und Bücher. Wenn Deine Magd, die Du meine protegée nennst, gar nichts kann, so ist dies ein ganz wichtiger Grund, ihr den Ab-

[1] Von »Ich lobe mir« bis »sei bei uns«.

schied zu geben, was willst Du mit einer unwissenden Magd, solltest Du auch selbst nichts wissen, mir ist diese Person sehr gleichgültig, und ich wünsche nur Deine Bequemlichkeit; wenn Du mich mit dieser Magd nekst, fällt mir eine gewisse Gräfin ein, die ich, ich weiß nicht mehr wo, einen armen Gelehrten mit allerlei Liebschaften aufziehen hörte, das Gespräch nahm sich nicht gut aus für eine Gräfin; doch freue ich mich herzlich, daß Dir die Ungeschicklichkeit Deiner Magd Spaß macht, es ist ein Beweis Deines lieben und muntern Herzens, und ich hoffe um somehr Deine Verzeihung für meine ungeschickte Empfehlung, ich wußte nichts von ihr, als Unermüdlichkeit, Sittsamkeit, und Treue, ihre Geschicklichkeit hatte ich von keiner Seit zu ergründen Gelegenheit. Doch muß ich Dich bitten, da ich in meiner Liebe sogern in der unbedeutendsten Sache eine freudige Sorge finde, Dich soviel es möglich in der kurzen Zeit noch um alle Küchenkünste zu bemühen, die Deine Gelehrigkeit erwischen kann, denn ich esse manchmal gern etwas Gutes, und so viel Stockfisch, ist doch immer sehr viel Stockfisch, daß Jemand aus Norden Dein alter Bekannter ist, und auf der Leiter des Glücks gestiegen ist, freut mich für ihn, daß er Dich aber auch auf die Leiter hinauf bemühen will, ist sehr ungenügsam, er soll Gott danken, daß er oben ist, und schweigen, ich versichere Dich, ich habe mit Deinen Freiern gar nichts gemein, meine Begierde nach Dir ist die mir eigentümliche einzige Begierde zu leben und glücklich zu sein, wer es ohne Dich werden konnte, und dann Dich dazu einladen, ist Deiner Unwürdig, ohne Dich werde ich ewig elend sein, mit Dir allein sehr viel wert, Du bist das einzige Mittel mich glücklich zu machen, ich habe nichts mit Dir zu teilen, alles mit Dir zu erringen, o liebes gutes einziges Weib, verlasse mich nicht, weil ich ernst und dunkel gleich der Erde bin, die den Keim verschließt, o scheine Nieder Du Sonnenwärme, Du Tauesmilde, senke Dich zu mir, erquicke mich du sanfter wohltätiger Regen, daß ich das Grüne freudige Gewand anlegen darf, daß alle Blumen zu dem Himmel steigen für meiner Geliebten Krone leichte duftende Edelsteine. Ach Sophie, ich habe so unendlich viel zu sagen, solche brennende begierde, Dich an mein Herz zu schließen, daß ich unschuldig bin, wenn ich die Gegenwart verdamme, und die Zukunft vor mich nieder bannen mögte. Es wird mir so freudig bang ums Herz, wenn ich denke, daß ich Dich bald haben werde, Dich, ach dies Weib, dies ewig ersehnte wunderbare kluge böse Zärtliche Weib, Kind, Engelchen ect. O liebe Sophie komme bald, nichts hält Dich mehr ab, Du hast Geld, Liebe, Gesundheit, Deine Sachen mußt Du nach Alsfeld schikken, wo ich Dir einen Kaufmann nächstens anzeigen werde, der mir es nach Marburg schicken wird, o Gott ich fühle eine Ungedult, die mich zerreißt, ich darf nicht weiter schreiben, das Herz schlägt mir, als wolle es mir die Brust zerschmettern, o Sophie, liebe Sophie bleibe mein, o komme bald, ich fühle ach ich fühle das Einzige, Göttliche in mir, das mir die Götter mitgeteilt, das Einzige woran ich sie erkenne, es ist die Macht in mir, und nur in mir, Dich unaussprechlich glücklich zu machen, o laß uns den Göttern danken, liebes Weib, die unser Los so schön verwechselt, komme bald Geliebte, doch schreibe mir vorher noch Alles bestimmt, wie Du reisest, wenn Du etwas absendest, wenn Du selbst kömmst, o Sophie laß mich nicht mehr lange warten auf Dich, auf das einzige was ich liebe, o komme schnell, das Leben ist so kurz, zu kurz, um all die Liebe Dir zu geben, die Du verdienst.

Dein treuer guter

Clemens.

Anfang der nächsten Woche bin ich schon wieder in Marburg, und besorge Deine Bettstellen und was sonst mir nötig scheint.

An Sophie

[Frankfurt, den 22. Oktober 1803]

Liebe Sophie!

Warum ist mir jene glückliche Beruhigung nicht gegönnt, welche andre Menschen nach der Tat zu empfinden scheinen, warum kann ich nie fertig werden; daß es mich nicht immer anrufe und quäle, fahre fort, fahre fort, nun sind es wenige Minuten daß ich meinen letzten Brief wegschickte, aber mir

ist immer, als hätte ich Dir noch nicht geschrieben, über meinem Herzen liegt der bange Druck, den ich immer vor Deiner Tür empfand, und den Dein Anblick, Deine Liebe nur wegnehmen, Deine Kälte oder Laune nur vermehren konnte, und wenn ich Dir schreibe, so bilde ich mir doch ein, als suche ich mich von den Schmerzen meiner Sehnsucht zu erholen, wenn mir es gleich nie gelingt. Ich habe Deinen lieben Brief wieder gelesen, so etwas zerreißt. Wenn zwei Liebende vertrauliche Nähe vereinigt, o dann mögen Worte, Küsse, Geberden sprechen ohne Zahl, der Tiefsinn aller dieser ewgen Zeichen löst sich in der Begegnung süßer Antwort, und sie gleichen wunderbaren Geistern, die in erdichteten Elementen zur Lust sich in der süßen Bangigkeit fantastischen Schiffbruchs gefallen, Untergehen in dem Elemente der Liebe, wie ists süß, und doch ists süßer noch, in künstlichem Kampfe mit verhaßtem Lieben schweben, die süßen Reden, Küsse und den ganzen Reichtum lebendig schöner Seelen werfen sie wie Schätze, die durch ihr Gewicht gesündigt, über Bord, und verlassen, Verwirrung heuchlend, Steuer und Segel, ihr Götter habt Erbarmen, rettet uns, so rufen sie, doch wohl nicht zu des Landes, zu des Himmels Göttern, euch wunderbaren Herren der Untiefen gilt ihr Gebet, zerbrecht dies Schiffes engen Raum, zerreißt die Segel, nieder, nieder, Alles ist Schranke, und wie sie eitel sind, sie wollen überwältigt sein, und freier Wille kröne doch die Tat, ach selbst der Leib ist schwer, zieht zu dem Untergang das Schiff, und von dem Kiele nieder springt das kühne Paar, mutwillig Lächeln äffet Todesangst nach, und selbst das Element, das ihnen Untief schien, wird solchen kühnen Spöttern seichter Grund, die Tiefe hebt sich, nieder dringt die Flut, auf weichem Rasen zwischen Blumen halb entseelt, ruht Liebchen und Geliebter sanft zum Strand gehoben, in Liebes Augen sieht sich Liebe gern, o neues Leben, schöner Untergang, o Lust, zu solchem Verderben ewig wiederkehren!
Doch durch der Ferne dunkles Sprachrohr klingt ein jedes Liebeswort wie Feuerruf, gebunden bin ich fest, und ach mich liebet dort fern mir ein schönes mildes Weib, mit seiner Kette schlägt betrübt den Tackt im tiefen Turme gefangen der

Liebende zu dem sehnsuchtsvollen Lied des Liebchens, das durchs Fenster klingt, o Sophie, Du bist fern von mir und liebst mich und kannst Dich nach mir sehnen, würdest mich umarmen, wenn ich bei Dir wäre, und soll ich frölich sein, da alle Freude fern ist, alles Glück, soll ich lebendig sein, da fremde kalte Mauren nicht mein Arm umfaßt, was ich mehr begehre, als Ruhe in dem Tod, als jedes Liebeswort, wird in der Ferne zu einem schön gehaunen Sarkophag versäumten Lebens, und aus den Steinen, die sich liebend um mich drängen, steigt endlich um das Leben einmaurend ein kalter Turm, o doppelt schreckliche Gefangenschaft bis auf den Tod, wenn meines Kerkers Wände Himmelblau, und grüne Wälder lügen, was ich vermisse, muß ich sehn und hören, und was ich seh und höre muß ich vermissen, soll ich nicht traurig sein, da Du schon mein bist, ohne Dich zu sein, und jegliche Minute tödet mir eine Minute voll Ewger Lust. Ich kannte eine Zeit, wo ich die Stunden freudig nieder sinken sah, denn einsam auf der Erde war jede Minute mir ein Schritt zur Hoffnung in das bessere Leben, und jetzt da mir mein Himmel vor dem Tod beginnt, da mir die Seligkeit, wie die Gesandten einer Überwundnen Stadt dem Sieger, des Himmels Schlüssel diesseits reichen will, jetzt trennen lumpichte Meilen mich von Dir, und jede Stunde mordet mir eine Freude, ach und keiner weiß, was den Feldherr so betrübt, die Stadt ists nicht, die ihn so mächtig zieht, der ihm die Schlüssel bringt, es ist sein Freund, sein Bruder, Vater, Gott, sein Weib, sein Leben, und ehe er sie in seine Arme schließt, glaubt irdscher Sinn nicht an die Seligkeit, ehe ich Dich nicht habe, fasse, liebe, nie mehr Dich entbehre, bist Du nicht mein, bin ich ein elender unseliger Mensch, sonst fluchte ich Dich den Göttern, und verzweifelte, jetzt brennt mein Herz in grünen Hoffnungs Flammen, die Flamme schmerzt, und sieht der müde Beter gleich den Himmel sich erhellen, als wolle sich zu Gottesniederfahrt des Lichtes pforte öffnen, so kann ihm dies doch nur ein Abendrot, der Sonne untergang nur sein. O Sophie eile, weine nicht, wenn Du Weimar verläßt, o denke Du gingst zu Deinem Glück, laß alle Farben hinter Dir zu grau und Schwarz werden, und vor Dir denke alles Freudig, bunt, und froh, ich habe nie Dich so unaussprechlich geliebt, wie jetzt, wir werden uns lange in den Armen liegen, wenn wir uns wieder sehen, wie werden wir stille freudig weinen, wie werden wir vieles sagen wollen, und schweigen, wie wirst Du mich an Deinen Busen drücken, und mir gerne sagen, daß Du mich liebst, und ich werde so bedeutend freudig gerührt vor Dir stehn, wie eine heilge Flammensäule, die sich liebend selbst verbrennt, o Sophie, Du wirst fühlen, daß außer uns kein Glück, und ohne Tränen werden wir rings um uns die Vorzeit verschwinden sehn, und Zukunft wird zur ewgen Gegenwart, wie in rückwärts führenden Irrgängen der Lust gefangen sein. Nur in der Ruhe, in harmonscher Kräfte bildendem Verein ist ein Verweilen, nur in dem Streit, in unergänzten Lebens brennender Begierde ist ein schmerzlich süßes Eilen, vier Arme können nur das Leben fangen, vier Arme, die sich innig treu umschlangen, ach Sophie auf jede Frage bedarf es ja nur einer Antwort, die die Frage aufhebt, um einen neuen Gedanken hervor zu bringen, und es ist so etwas ungeheures um einen neuen Gedanken. Es gibt ein Gefühl, das uns die Jugend begleitet, ein zartes frohes unschuldiges unendlich holdes Gefühl, es ist, als legtest Du Deine Hand auf das schlagende Herz eines schlummernden Kindes, solch ein Gefühl gibt mir oft der Gedanke an meine Liebe, solch ein Gefühl müßtest Du haben, könntest Du mein Wesen je ganz ungestört anschauen, aber leider schlief ich bis jetzt selten ruhig, in Deiner Gegenwart beinahe nie. Aber ich fühle es, ich werde bald in Deinem Schoße einschlummern können, hast Du doch schon an meiner Brust geschlummert, da wir von Dornburg fuhren, wenn ich da so auf Dich niedersah, war mir immer als einer Mutter, die ihr neu gebornes Kind ausgesetzt hatte, und findet es an ihres eignen Hauses Schwelle wieder.

– So eben kömmt meine Büste hier an, sie ist so schön, so wunderschön – – gearbeitet, daß sie ordentlich von Dir küssenswürdig – den Tieck macht. O liebes Weib, wie wirst Du mich so häßlich finden, wenn Du mich wiedersiehst, Du hast Dich nun einmal an den gypsernen Clemens gewöhnt. Betine hat sie so lange angesehn, bis sie weinte, Sie nehmlich, und nicht die Büste. – und hat sich mit ihr in ihre Stube eingeschlossen, und da ich wieder hineinkam, hatte sie die Büste mit allen ihren Blumenstöcken umgeben. Tiecks Kunst ist mir von neuem so ehrwürdig geworden, daß ich mich fürchte, ihm meinen Dank schriftlich auszudrücken, aber ich will es auch nicht, denn Betine will ihm schreiben, und die macht es gewiß gut genug. – Schreibe mir doch bestimmt, was Du von Weimar absendest, was Du außerdem bedarfst, von Hausrat, Küchengeschirren, und dergleichen, das könnte ich Dir von hier alles hinkommen lassen, Kaffee, Zucker, Schokolade, Tee, und Wein sollst Du vorrätig finden. Wenn Du meine Büste versendest, so lasse sie Dir ja sorgfältig packen durch Tieck. So auch die Guittarre, aber eile Dich ein wenig zu kommen, Deine Bettstellen wirst Du finden, ich will sie in hübscher Form machen und weiß lakiren lassen, das ist sehr reinlich. Ich weiß nicht, ob Voigts auch über mich raisonirt haben, aber die grüße mir einmal, aber Deine Gräfin, die kömmt mir bis dato noch komisch vor, ist sie noch die Busenfreundin. O liebe Sophie komme bald, Du hast ja Geld und alle Ursache, und nichts fehlt Dir, als Dein Junge

Clemens.

An Sophie

[Frankfurt, den 24. Oktober 1803]

Liebe Sophie!

Ich habe Dir versprochen, sobald ich eine nähere Einsicht in mein Vermögens Umstände gehabt hätte, Dir hierüber zu schreiben, ich habe mich in der letzten Zeit darum bekümmert, und kann Dir nun mit Gewißheit sagen, daß die Intressen meines Kapitals ohngefähr 1200 Reichsthaler jährlich betragen, die ich gern und freudig mit Dir teilen will, ich glaube, daß wir hiermit und dem, was wir verdienen, hinlänglich leben können, ja daß wir uns noch bei einer vernünftigen Ökonomie eines angemessnen Überflusses erfreuen können. Auf einen meiner Briefe, der meine dringende Bitte um unsre wirkliche Verehligung erneuerte, hast Du mir noch nicht geantwortet, und Deine Abneigung hiervor ist das Einzige, was mir mein großes Glück, das ich durch Deine Liebe, vortreffliches geliebtes Weib, gewonnen habe, verbittert. In meinem Innern, liebes gutes Weib, hat Deine Güte, Deine Anhänglichkeit, Deine Nachsicht eine Hoffnung hervorgebracht, welche nur in der moralischsten Verbesserung meines ganzen Wesens, um Deinetwillen, erfüllt werden kann. O Sophie, wenn Du in meiner Brust die unsägliche Unruhe verstehen wolltest, so würdest Du sie eine unendliche Begierde Dich zu beglücken, Dich zu erfreuen, zu lieben nennen. Ich kann keine Nacht mehr ruhig schlafen, ewig sinne ich auf Dich, begehre nach Dir, mögte in jeder Minute mein Leben unter Schmerzen langsam verlieren, wenn Du Wollust dadurch empfinden könntest. Ich habe alle meine Begierde nach Genuß, nach Ruhe, nach Begeisterung, nach Glück auf Deine Liebe, Deinen Mut hinausgestellt, wenn ich mein Leben bis jetzt betrachte, habe ich noch keine Freude mit Sicherheit, und ungestört genossen, denn der Glaube an Vergänglichkeit selbst ist Störung, wenn Du mein Weib nicht werden willst, werde ich immer einem Menschen gleichen, der aus Furcht, überrascht zu werden, nicht den Mut hat, sich ganz zum Bade zu entkleiden, und wenn Du mir auch vorwerfen wolltest, ich hätte, um mich mehr zu entkleiden, einige mal in Deiner Gegenwart den Leib selbst ablegen müssen, so werde ich doch fürchten, daß mir das Bad zu den Füßen versinkt, wenn Du mein Weib nicht bist, und ich Dir einige gerichtliche Schwierigkeiten bei der Scheidung machen kann, o gütig ist der Richter, der Dich mir ewig erhalten soll, es ist mein gutes treues liebevolles Herz, meine Arme sollen Dich umschlingen, und festhalten, daß meine durstigen Lippen Dich nicht austrinken, ach Sophie, dies sind keine poetischen Reden, denn ich fühle, wie das Blut in allen meinen Adern nach Dir verlangt, die Sehnsucht schlägt mich nieder, reißt mich in die Höhe, nur einen Augenblick seh ich vor mir, um diesen Augenblick habe ich bis jetzt gelebt, Du wirst mir hingegeben in den Armen ruhen, und Deine Augen, Deine Lippen werden mir sagen, daß Du mich liebst, mich unaussprechlich liebst, wohl mir, daß mir die Erde lustig wird, in Dir Du reiner lieber Liebesbecher wird Erde, Himmel, Gott und Kunst zum Wein, der mich in jedem Tropfen auf tausend Punkten des Genusses berauscht, dann lebe wohl du Tod, Gedanke der Vernichtung, ich lasse gern mich überreden, das gehe ewig so. Sophie, liebe liebe Sophie, wer hätte das gedacht, ach jeder Fels, der schwarz einkerkernd vor uns tritt, kann sinken, der reichsten herrlichsten Aussicht schnell gesprengtes Tor, Dich habe ich, was ich um Dich litt, mein Lieben, meine blinde Raserei der Leidenschaft war nicht ohne Bedeutung, willkommen alle Rätsel, alles löst sich, und sterben heißt wohl nichts als selig werden. Mit meinen Geschwistern stehe ich jetzt recht sehr gut, Georg ist durch seine Frau so verändert, er ist nicht mehr kalt, wir haben uns alle hinlänglich lieb. Betine läßt Dich herzlich grüßen, sie hat Dich jetzt sehr, sehr lieb, sie wird ihren Briefwexel mit mir auf Dich übertragen, so bald wir in Marburg sind. Was zu dem Geschwätze über Dich auch sein Teil beigetragen haben mag, ist der Prinz von Gotha, der hier ist und mit der Laroche und meinen Schwestern oft zusammen gekommen ist. Liebes Weib, es trägt nie Etwas ein mit großen Herrn bekannt zu sein. Doch diese Geschichten sind unter uns. Die Verwaltung meines Vermögens habe ich meinem Bruder Franz überlassen, von dem ich meine Intressen zu jeder Stunde beziehen kann, und der sie mir überall anweisen kann, durch seine Güte genieße ich diesen Vorteil, da ich im entgegengesetzten Fall sicher bei meiner höchsten Unkunde in Geldgeschäften betrogen worden wäre. Den Winter bei einem warmen Ofen wollen wir überlegen, wo wir das Frühjahr hinlaufen wollen, und was wir nicht in der Welt, sondern vielmehr mit der Welt anfangen wollen. Ach wenn Du mich nur recht lieben kannst, wenn Du nur recht genug an mir hast, damit ich zufrieden, glücklich, Dein nur Dein bleibe. Wirst Du auch ohne Schauspiel, ohne Gräfin, ohne Tee litterair den Winter durch in einer rauhen wilden Gegend mit mir so ziemlich allein froh und glücklich sein können? O Sophie, ich fühle ein Leben in meinem Herzen, und eine Freude, ein wohltätiges liebendes

Wirken für Dich, ich könnte mich zu allem an Deiner Seite entschließen, wie ich Dich ehre, liebe, begehre, so hat Dich nie ein Mensch, so hat Dich Gott selbst nie geehrt, geliebt, begehrt. O ist ein Mensch glücklicher auf Erden, als ich, der Dich liebt, so innig liebt, der Deiner Liebe würdig ist, und dem Du in vollem Maße erwiderst, Sophie! es war uns einigemal doch recht selig mit einander im Garten im Mondschein, im Park, als ich Dich so in den Armen hielt und küßte, und Du die Sterne, und die hohen Bäume sahst, die Dich lieben, die Du liebst, aber doch nicht wie den Menschen, der Dich küßte, den Du gerne wiederküssest. Um eines bitte ich den Himmel nur, um Ausdauer, festes Vertrauen, stete Hoffnung in Dir, für die kurze Zeit bis Du mich ganz erkennst, bis meine Liebe, meine Güte Dir der einzige Wert des Lebens sind, gewiß ich fühle es, ich werde aus Deinen Armen mein Leben nicht davon tragen, ich werde, ich will, ich muß zu Grunde gehen ohne Dich. O schließe mich fest an Dein treues reges ewig junges Herz, Du einzig geliebtes unumgängliches Geschöpf, an Dir vorbei geht mir der Weg zur Hölle, mit Dir ist überall der ewge Himmel.

Ich führe eine wunderbare Rechnung mit dem Schicksal, da wir noch im Streite lebten, fühlte ich oft ein unergründlich unverdientes Leiden in meiner Brust, und plötzlich riß mich der Gedanke nieder, wie schrecklich wirst Du einst noch sündgen müssen, daß dieses Wehe von gerechten Richtern Dir bereitet sei, und jetzt, wenn ich mein Glück, mein unerschöpflich überfließend Heil wie den erschloßnen Himmel vor mir leuchten sehe, jetzt sink ich sinnend in mein Herz zurück, und frage, wie Gut, wie lieb, wie voll von mildem Segen mußt Du Dein Leben nun ergießen, daß das Geschick an Dir nicht zum Verschwender in Wohltat werde. Alles das hast Du in mir hervorgebracht, alles verdanke ich Dir, Du hast den rauhen wilden Boden in Schmerz und Lust geebnet, Du hast mit Pein den Fels gesprengt, und wo kein Echo war, springt jetzt Deinem Lobe, dem Lobe der Götter und der Kunst das freundliche gesunde Ebendbild widerhallend entgegen. Kannst Du Dir ein Weib denken, das mich mehr liebt als Du, so will ich

Dir verzeihen, daß Du meine Gattin nicht werden willst, ich armer Schelm glaube so fest an Dich, daß ich mir keine andere Verbindung denken kann, Du kennst meine Ungeduld, meine ewige Unmündigkeit, wie kann ich je mit einem Weibe leben, das die Welt nicht kennt, mit einem Weibe, das durch mich in die Welt eingeführt, in ihr befestigt werden will, Du bist mein Gatte, ich bin Dein Weib, Du nimmst mich, beherrschest mich, gibst mir ein Los, eine Geschichte. So sehr mich auch das Jüngferliche, Kindische, als Anblick rührt, so ist mir die Biegsamkeit, die Unerfahrenheit eines solchen zarten Vogels unausstehlich, entweder ist ein solches Ding voll von der dummen Welt und nimmt mich, um unter die Haube zu kommen, oder sie ist eine Närrin, hält mich für ein Orakel, und das Alles par force. Ach liebe Sophie, ich kenne manches solche Jüngferchen, aber sie sind alle über einen Kamm geschoren, und sind aus derselben Ursache Liebenswürdig, aus welcher die Weimarschen Aktrisen die Jamben hören lassen, keine ist eine Virtuosin im Leben, so wie Du, höchstens sind sie korrekt, die übrigen spielen gut naive Rollen, das heißt am Schürzchen zupfen, oder sie sind stark in der Ophelia, das heißt histerisch sein, und etwas schielen. Doch glaube nicht, mich dränge nur ein augenblickliches Gelüsten nach einer festen ewigen Verbindung mit Dir, ich wäre ein niederträchtiger Mann, wenn ich meiner Begierde trauen wollte, wo es drauf ankömmt, das Leben eines herrlichen Wesens, das unendlich viel auf Erden gelitten, wieder unter der Sonne des Glücks und der Liebe neu erblühen zu lassen, nein die Betrachtung unsers Umgangs selbst, die Betrachtung Deiner Wirkung auf mein ganzes innres Dasein bestimmt mich dazu, das Schicksal macht keine Sprünge, meine Leidenschaft zu Dir war zu gründlich, zu mächtig, meine Liebe zu Dir hat zu sehr mehr die Gewalt eines göttlichen Bannes, als den augenblicklichen Reiz jugendlicher Lüste, als daß ich nicht ewig mit Dir leben sollte, soll über diesem Kampf, über diesem Erdbeben meines Gemüts ein bunter Schmetterling hervorschweben, nein eine ganze Landschaft entsteht durch diese Revolution, ein See, und Berge, Täler, Flüsse, willst Du je mich wieder los geben, willst Du mich wieder leichtsinnig von diesem lieben treuen Herzen reißen, o Sophie, wie kann eine Mutter ihr Kind, das sie schon gesäugt, an eine fremde Schwelle tragen, es herrschte bei den alten Deutschen ein Gebrauch, sobald ein Kind gesaugt hatte, durfte es nicht gemordet werden; ach laß es Dir undenkbar sein, Dich je wieder von mir zu trennen, und gebe uns beiden für das mannichfaltige Weh ein unzertrennlich beseligendes Wechselleben, und ist Dein Herz nicht menschlich, will Dein Herz, das ich so mit ganzer Seele liebe, nicht ewig an mir hängen, so segne Gott Deinen Leib, so fasse Dich die Natur mit unzerreißlichen Banden, so werde meines Kindes Mutter, und gib ihm einen Vater, willst Du seinem Vater gleich kein Weib geben. Morgen gehe ich nach Marburg zurück, wo ich Dich erwarte, von dort aus schreibe ich Dir so gleich den Namen irgend eines Spediteurs in dem Städtchen Alsfeld, dem nächsten Punkt von der Fuhrmanns Straße nach Marburg, Dich selbst bitte ich nochmals um einige Schnelle in Deinen Geschäften, auch Dich auf Deiner Reise gut zu verwahren gegen die rauhe Witterung, Du mußt Deine Sachen sehr bald absenden, da sie doch wenigstens mit Dir zugleich hier sein müssen, übermorgen schreibe ich Dir hoffentlich von Marburg, wo ich gewiß einen Brief von Dir finde. Lebe wohl teures geliebtes Weib, lebe wohl, und sehne Dich nach mir, und bewege Dich, komm, komm Dein

Clemens.

An Sophie

[Marburg, den 27. Oktober 1803]

Geliebtes Weib!

Mein letzter Brief von Frankfurt sagt Dir, daß ich abreiste, ich bin hier, und habe Deinen ernsten treuen Brief vom 19. gefunden, es ist mir auffallend, keiner Deiner Briefe spricht mehr von Geschäften, keiner weniger von Liebe, und dennoch ist mir keiner so rührend, so innig ergreifend gewesen als dieser, ach er faßt mich, ich stehe in die Erde gewurzelt vor ihm, wie ich oft vor Deinem Hause stand, wie ich oft vor Dir stand, es ist mir als müsse ein unbegreifliches Wohl oder Wehe da heraus kommen, es liegt ein Zauber für mich in diesen Buchstaben, Sophie, was ist es, was Du mir nicht gesagt hast, wobei Du Dich der Worte bedienst – Clemens, was wirst Du sagen? – Ich habe durch diesen Brief eine Empfindung wieder erhalten, die ich ganz für verloren hielt, die Empfindung eines kindischen süßen Erwartens, es ist so, als sollte nun der heilige Christ zu mir kommen, Das, was Du mir über Deine häuslichen Umstände sagst, ist für mich mit einer tiefen innern Bewegung begleitet gewesen, es war mir, als hätte ich in einer fremden Stadt in der Kirche und bei öffentlichen Festen mich in ein reizendes zierliches Weib verloren, aber unwissend wo sie wohne, gehe ich am Abend, um mich zu zerstreuen, durch den Teil der Stadt, wo die ärmern Bürger wohnen, und da ich in ein kleines Fensterchen sehe, sehe ich sie sitzen und emsig spinnen und würken, es ist meine Geliebte, die mir im Reichtum der Andacht, Freude und Leidenschaft so fern von allem Bedürfnis erschien, sie bemerkt mich, sie kennt mich, sie ist nicht verlegen, sie führt mich in ihre kleine Stube, und voll von dem Gefühl ihres innern Wertes teilt sie ihr schwererrungenes Abendbrod mit mir – o Sophie, wenn ich so lese, wie Du mannichfache Sorgen hast, dann fühle ich erst, welcher Engel Du bist. Ich war gestern in Deiner Wohnung, das Ganze ist unendlich vertraulich, und ich glaube, Du wirst Dir sehr drinne gefallen, aber um eines laß mich bitten und gewähre es mir, denn nicht allein unser Verhältnis spricht für mich, sondern meine ganze Lage fordert es, Savigny wünscht wegen Mangel an Platz sehr, daß ich von ihm wegziehen möge, mich selbst drückt der zu nahe Zusammenhang mit ihm, auch sind die Ausgaben seinem und nicht meinem Vermögen angemessen, und was das Unangenehmste ist, sein Bedienter, der mich auf alle Weise betrügt, wohnt mit dem ganzen Geräusche seiner Wirtschaft dicht mit mir zusammen, so daß ich gar nicht arbeiten kann, und meine ganze Lage ist sehr peinlich, willst Du mir nicht vergönnen, mit Dir in einem Hause zu wohnen. Wir sind dann ungestörter, bequemer und glücklicher, ich und Du ersparen Manches, ich finde in unsrer Getrenntheit der Wohnung nur eine Affecktation vor der Welt, die auf uns selbst mit ihrer Unbequemlichkeit strafend zurück fällt. Dir selbst nehme ich keinen Raum, denn ich beziehe den Teil Deiner Wohnung, der mehr als überflüssig ist, den Saal mit der Kammer nach der Stadt zu, es wäre mir unendlich leid, wenn Du mir es abschlügst, ja es wäre mir unverständlicher und betrübter als Deine Versicherung in dem Brief, Du wollest mir die 60 Friederd'ors zurückgeben, o Sophie, was hast Du mir zurückzugeben? Etwas, was Du mir nicht genommen, meine Ruhe, meine Ordnung, meine Freude an der Welt; für Dich selbst wird unser Zusammenwohnen mit mancherlei Bequemlichkeit verbunden sein, Deine und Deiner Magd völlige Fremdheit hier wird dadurch aufgehoben, überhaubt finde ich es schon verkehrt von mir, es zu wünschen, da es sich gewissermaßen von selbst versteht, haben wir nicht gleiche Rechte an einander, folgst Du mir nicht im Leben, lebst Du nicht für mich, ich für Dich? Ich hoffe also, daß es Dir nichts Drückendes hat, wenn Du mich bei unsrer Ankunft in dem selben Hause mit Dir antriffst, wenn wir da, wo wir absteigen, uns nicht wieder trennen. Ich wünsche, daß Du nun sobald als möglich aufbrichst, um so mehr da die Witterung täglich schlechter wird und die Hälfte Deiner Reise hierher durch sehr rauhe Gegenden und auf bösen Wegen ist. Da ich Dir entgegen kommen muß, so wäre es vielleicht besser, wenn Du Deinen Wagen nur bis auf den Punkt des Weges mietetest, wo ich mit Dir zusammentreffe, und von wo aus ich Dich mit einem Marburger Mietwagen abholen könnte, was in der Hinsicht bequemer wäre, daß der Marburger Kutscher des Weges kundiger ist, und ich werde Dir ohne dies mit einem Mietwagen entgegen kommen, da es mir die Wüste der Gegend nicht erlaubt, im Winter Tag und Nacht zu fahren. Der bequemste Ort hierzu schien mir wohl Hersfeld zu sein, das erste hessische Städtchen 6 Meilen von Eißenach hierherzu, denn bis da hin kannst Du bequem und sicher ohne anderweitige Begleitung Reisen, doch alles stelle ich Dir anheim, wie Du es willst, nur meine Idee mit dem Wagen zu wechseln scheint mir vorteilhaft. Weiter rate ich Dir nur das notwen-

digste auf Deinen Wagen zu packen, und das meiste so bald als möglich zu versenden, die Versendung von Erfurt aus mag ganz gut angehen, aber die Fuhrleute fahren nicht über Marburg, sondern nach Frankfurt und dann lassen sie dort wieder alle Waren hierher senden, welches ein Umweg von wenigstens zehn Meilen ist, lasse daher Deine Sachen an den Kaufmann Johannes Büking & Sohn in Alsfeld senden, mit der Ordre, sie sogleich mit billigster Fuhr hierher nach Marburg an Clemens Brentano bei Obrist von Henndorf zu spediren.
Über einen Punkt schweigst Du seit einiger Zeit ganz, es ist der unsrer Verehligung, das was mich am nächsten, am innigsten berührt, dies Schweigen schmerzt mich, selbst in Deinen Äußerungen über meine Auslagen für Dich liegt etwas Befremdendes für mich, betrachtest Du denn das Meinige nicht wie das Deinige? Sophie, ich besitze ja auf Erden nichts als Deine Liebe, willst Du denn mein Weib nicht sein, willst Du die Erleichterung Deines Lebens durch meine zufällige Wohlhabenheit nicht annehmen? Ich sage Dir, ich kann nicht ohne Dich leben, ich kann nicht leben als mit Dir im engsten häuslichen Verein, Du verlierst zwei hundert Th. durch Deine Verehligung, einstens wolltest Du sie gern verlieren, Du weißt vielleicht nicht, daß der Ruf einer Frau, der Ruf einer Mutter mehr als 200 Th. wert ist, meine Familie, die ich zu lieben, zu ehren mannichfache Ursache habe, ist mit der Idee dieser Verbindung vertraut, ja Georg, Marie und Betine freuen sich innig darauf, daß ich glücklich werden werde. Überhaubt begreife ich nicht, wie Du Dir Dein Verhältnis zu mir denkst, Du liebst mich, Du willst mich ruhig, glücklich und ordentlich machen, und wie kannst Du das anders, als indem Du meine Gattin, die Mutter meiner Kinder wirst, ich mache durch meinen Zusammenhang mit Savigny eine Menge unnötiger Ausgaben, ich lebe unbequem, gedrückt, und eben sosehr der drükkenden Nähe seines Bedienten ausgesetzt, als uns einstens Rose unangenehm war, welche sich doch wenigstens still hielt, was dieser nicht tut. Ziehe ich in eine andere Wohnung, so muß ich sicher noch unbequemer leben und habe gar keine Bedienung, oder muß es mit einem neuen Diener wagen, was

Dein armer Clemens sich anführen läßt, davon hast Du keine Idee. O liebe Sophie, versage mir das Obdach nicht bei Dir, Du hast ja so viel Raum, daß Du nicht weißt, wohin mit Deiner kleinen Person, die Welt weiß es ja, daß Du zu mir gehst, kömmst Du denn hierher, um Dich von mir zu trennen? O Sophie, das Leben, der Teil des Lebens, in dem man lebt, ist so kurz, laß uns unsre Freude an einander, den schönsten Teil unsers Lebens nicht durch Ziererei noch mehr verkürzen, laß uns zusammen hausen und arbeiten, ich versichere Dich, ich werde keine Zeile dichten können, wenn Du mir ferne bist, ferne bist Du mir, wenn Dich auch nur hundert Schritte von mir trennen, und meine Nähe mit der schönen Natur ist ja das Einzige, was Du hier zu erwarten hast, erschrick nicht darüber, aber es ist hier kein Weib, mit dem Du umgehen könntest, ich bin es allein, und der gute, stille, wunderbare, edle Savigny. Ich erwarte also von Dir, daß Du mir die Wohnung bei Dir zugestehst, ich will Dir nun den Teil Deiner Wohnung einnehmen, den Karl eingenommen hätte, und den Du gar nicht gebrauchen kannst, die Stube und Kammer nach der Gasse. Die Idee, Karl hierher zu bereden, scheint mir überhaupt nicht gut, da ich keineswegs hier zu bleiben gedenke, sondern, wie ich Dir gesagt, das Frühjahr mit Dir zu reisen und dann ein kleines Gütchen am Rheine zu kaufen wünsche. Die hiesige Universität ist seit dem Tod und Abgang der besten Mediziner nun auch gar nichts mehr für Karl, und Savigny geht vermutlich auch in Zeit eines Jahres weg. Ich halte es überhaupt für unsre Ruhe und Zufriedenheit für durchaus nötig, unserm Umgang eine feste bestimmte Form vor der Welt zu geben, und darum sei mein Weib, oder meine unzertrennliche Genossin, das erste gibt uns Ruhe, Würde, Sicherheit und die Wohltat bürgerlichen Schutzes, das andre hängt von Deinem Willen, Deinem Mute ab, es nimmt uns manchen Vorteil, und ist mir in Hinsicht Deiner Tochter, die nicht schicklich unter so freien Verhältnissen aufwachsen kann, nicht ganz lieb, doch ich stehe in Deiner Hand, mache, was Du willst, es ist recht, es ist mir das Liebste, Du bist es allein, die Aufopferungen bringt, in diesem Verhältnis, ich habe nichts zu verlieren auf Erden als Dich, nichts zu besitzen als Dich, Alles liebe ich nur um Deinetwillen, o Sophie, ich fühle es, ich werde Dir ein[e] tiefe schöne Einsamkeit werden, ich fühle es, daß in unser Verhältnis keine Seele treten kann, als wir beide, und was aus unsrer Liebe entspringt, o wie unendlich viel verdanke ich Dir jetzt schon, durch meinen steten treuen Gedanken an Dich fühle ich sich eine Milde, eine ruhige fromme Gesinnung in mir von neuem entwicklen, mit der ich früher durch manichfache böse Eindrücke meine Ruhe verlor, Sophie, ich schwöre Dir bei Gott, wenn ich es möglich glaubte, daß ich mich je wieder von Dir trennen könnte, so würde ich ein schlechter Mensch sein, mich mit Dir zu verbinden, dieser Schritt, den Du jetzt tust, er ist der wichtigste in Deinem Leben, Du hast Alles von mir zu erwarten, ich will Dir Alles geben, was ich kann, geben heißt es nicht, ach es hat keinen Namen, lieben heißt es, küssen, ach ich bin so brennend verlangend nach Dir, daß die ganze Welt um mich vor Begierde zittert, wie die Gegenstände in der Nähe des Feuers. Die Begierde, die liebende Sehnsucht nach Dir läßt mich wenig mehr schlafen, ich spreche des Nachts oft leise wachend mit Dir, ich strecke die Arme nach Dir aus, o Du bist es, die mich heilt von allen Schmerzen, Du gibst mir alles, ich würde in wunderlichen Schicksalen unwürdig ruhmlos zu Grunde gegangen sein ohne Dich. – Ich verspreche mir mit Gewißheit, daß es Dir hier sehr wohl gefallen wird, wenn Dich die Einsamkeit nicht drücken sollte, denn die Gegend hat für mich einen immer neuen Reiz behalten, und ich ermüde doch leicht an Gegenden, auch von mir verspreche ich mir viel Freude für Dich, denn alle meine Sinne sehnen sich nach Umständen, in denen ich stet und ununterbrochen als ein liebes freundliches Wesen erscheinen möge, nach einer Umgebung, in der man meine gütigen Bemühungen erkennt, nach Liebe und Ordnung. Ich habe Dir so vieles zu sagen, liebes Weib, mein Herz ist so voll, nichts mehr ergreift mich, immer muß ich an Dich denken, o wie will ich Gott danken, wenn Du bei mir bist, daß diese peinliche Unruhe der Sehnsucht mich verläßt, daß ich wieder arbeiten kann. – Bis Montag ist eine Versteigerung von Möbeln hier, worunter einige hübsche Sachen sind, die ich kaufen werde, wenn sie nicht zu teuer sind, und die ich in dem Fall, daß sie Dir nicht anstehen, ohnedies für mich bedarf. Von hier aus kann ich Dir die Woche nur zweimal schreiben, von Fr[ankfurt] aus ging die Post viermal, das ist das Einzige, was ich hier gegen Fr[ankfurt] verliere. Deine Bettstellen habe ich nach beiliegender kleinen Zeichnung bestellt, und werde sie weiß lakiren lassen, was sehr reinlich aussieht, für die Magd werde ich eine ordinaire machen lassen, wenn ich nicht in der Verganntung eine kaufe. Sollte es Dir hier so gefallen, daß Du unsern Aufenthalt hier befestigen wolltest, so habe ich auch dagegen nichts, wenn Dir nur wohl ist, so ist mir auch wohl, denn mein einziges Glück wird es sein, Deinem Leben zuzusehen, o wenn nur erst die Zeit herum wäre, die ich noch ohne Dich leben muß, die Erwartung lähmt mir Leib und Seele, ich sehne mich und sehne mich, und es will nicht Abend, nicht Morgen werden, o Sophie, eile Dich, jede Minute ohne Dich ist verloren, mit langsamen Schmerzen verloren, es ist so wunderlich, seit ich Dich wieder so sehr liebe, ist mir bei keinem Menschen wohl, alle andern scheinen mir dürftig, unangenehm, widerlich. Savigny ist noch nicht wieder hier, er ist am Rhein herumgereist, seine Liebschaft mit Gundel scheint mir ernsthaft zu sein, diese Liebschaft kann ich nicht begreifen, Savigny ist angeführt dabei. – Betine hat jetzt eine solche Liebe zu Dir, wie zu keinem Menschen, ja ich möchte sagen, sie liebt Dich mehr als mich, aber ich liebe Dich auch unendlich mehr als Sie, Du hast nun keine Nebenbuhlerin mehr auf Erden, Du bist allein, was ich ehre und liebe, ja Sophie ich könnte die Kunst, ich könnte alles um Dich aufgeben, ich könnte ein Handwerker werden um Deinetwillen, Du bist mir die einzige Bedingung meines Lebens, das einzige Motiv aller meiner Gedanken und Empfindungen.

Solltest Du Deine Sachen schon auf einem andern Weg direkt hierher zu senden wissen, so ist dies im Ganzen alleins, auch ist es nicht nötig, daß ich hier sei, um sie zu empfangen, Savigny empfängt und zahlt sie in dem Fall, denn nimm einmal an, wie viel Zeit verloren geht, bis ich Dir den Empfang angezeigt, da Du die Versendung noch nicht gemacht, und dann mußt Du erst noch unser Zusammentreffen bestimmen, alles das nimmt für Deinen Armen sehnsüchtigen Liebhaber ein[e] ewige Zeit weg, oder vielmehr dauert eine ewige Zeit. Ich wünsche also, daß Du mir in Deinem nächsten Brief den Empfang der 60 Louisdors, die Versendung Deiner Sachen, und unser Zusammentreffen, wie, wo und wann, bestimmt meldest. Savigny ist heute Früh mit vielen Büchern angekommen, er läßt Dich freundlich grüßen und wünscht sehr, daß ich ihm die ganze Wohnung überlassen möchte, wenn ich nicht mit Dir zusammenkomme, nehme ich einen armen jungen Menschen von hier in Diensten, der *wunderschön* zeichnet, hübsch schreibt und sehr unschuldig, fleißig und brav ist, er versteht auch etwas vom Buchbinder Handwerk, und wird uns viel nützen. Ich bin fest überzeugt, daß Du sehr glücklich hier sein wirst, wenn Du mich so aufrichtig liebst, wie es mir Dein lieber teurer Brief wahr und treu versichert. In meiner Bibliothek, die an Seltnen wunderlichen Büchern täglich reicher wird und in der ich nächstens mehrere altdeutsche poetische Manuskripte erwarte, wirst Du für alle Deine Arbeiten reichhaltigen Stoff finden, auch an schönen Kupferstichen, zierlichen Gewändern, und allen hübschen Sachen, die ich Dir geben kann, sollst Du manichfach erfreut werden, ich habe bis jetzt auf zierliche Dinge nicht geachtet, weil ich niemand hatte, in dessen Händen sie würdig verwahrt waren, ach Sophie, wenn Du ohne einen gewissen Diamant wie eine kranke Märchenprinzessin nicht frölich werden könntest, ich wollte mich selbst gegen ihn verkaufen. – Noch einmal bitte ich Dich herzlich, mir zu sagen, was Dich in meinen Briefen gerührt hat, und warum Deine letzte Zeile, eine gleichgültige Frage, mich in so wunderbare hoffende Bangigkeit setzt, ich wage nicht zu fragen, nicht zu raten, o liebe Sophie, schreibe gleich, schreibe bestimmt, ich lebe in der Treue, Liebe und Wahrheit Deiner Briefe.

Dein
Clemens.

An Clemens

[Weimar, etwa d. 28. Oktober 1803]

Clemens, ich werde Dein Weib – und zwar so bald als möglich. Die Natur gebietet es, und so unwahrscheinlich es mir bis jetzt noch immer war, darf ich doch nun nicht mehr daran zweifeln. Meine Gesundheit, Deine Jugend, meine jetzige Kränklichkeit – ist Dir, Unbefangnen, denn nie etwas dabei eingefallen? – Ich weiß nicht, warum es mir kostet, Dir zu sagen, und doch kann ich nicht länger schweigen. – Wärest Du bei mir, so wollt' ich Dir es sagen, mit einem Kuß, doch will die Feder nicht zu schreiben wagen, den Götterschluß. Geheimnisvollstes Wunder, so auf Erden, die Götter tun, was nie enthüllt, nie kann verborgen werden – so rate nun! Denk Schmerz, Lust, Leben, Tod, in Einem Wesen, verschlungen ruhn, denk, daß ein ahndungsvoller Sänger du gewesen – errätst Du's nun?

Wärst Du in Deine vorigen Grausamkeiten zurückgefallen, so war ich fest entschlossen, eine Diebin zu werden, und mit Deinem Eigentum an einen Ort zu flüchten, den ich mir schon ersehen hatte, wo Du mich nie, nie wieder gefunden hättest; so aber, da Deine Briefe in schönen Zusammenhang, sich wie eine Kette von goldnen Blumen um mich geschlungen, und mich ununterbrochen immer näher zu Dir geführt haben, will ich Dir Dein Eigentum zurückbringen, und sorgsam bewahren. Mein Herz ist jetzt so frei, so leicht, so mutig, daß ich kaum noch weiß, ob ich eins habe – und meinen Kopf entführen mir Menschen, Geschäfte und Briefe. Ich habe diese Woche eine Menge Besuche gehabt – wie froh will ich sein, wenn ich nur Einen Menschen sehen, nur Ein Geschäft haben, und gar keine Briefe mehr schreiben werde! – Ich habe Deinetwegen schon wieder Streit gehabt. Es ist sonderbar, daß auch nicht Ein Mensch ist, der nicht Deine Talente bewundert und Deinen Carackter fürchtet. – Nur ich, ich fürchte ihn nicht; es macht mich ganz frölich, mich einmal so ganz allein, keck der ganzen Welt entgegen zu stellen. Ich werde mit Dir glücklich *sein*, das weiß ich; ob ich es *bleiben* werde, das weiß ich nicht, aber was geht mich die Zukunft an? – Kann ich nicht sterben, eh'

ich unglücklich werde? – Es müßte recht angenehm sein, in Deinen Armen, und von Dir beweint, zu sterben – besser aber noch ists zu leben, und sich mit Dir des goldnen Lichts zu erfreuen, und ich versichre Dich, im Vertrauen, ich habe den Glauben, den Mut, die Gewißheit, daß Du mich gar nicht unglücklich machen kannst.
Meine Idee nun wäre, daß ich mich mit Dir schon auf der Reise trauen ließe. Du kämest mir bis Eisenach entgegen; ich besorgte hier in Weimar alles, was mir, um getraut zu werden, nötig ist, Du tätest dies dort ebenfalls, und dann gingen wir zu dem Prediger des ersten Dorfs, um uns in seiner Kirche trauen zu lassen. Oder willst Du es lieber auf der Wartburg? – Schreib mir hierüber ganz bestimmt und mit der nächsten Post. Du hast nun 2 Briefe von mir, auf welche ich noch keine Antwort von Dir habe, dieser ist der dritte. – Ich weiß nicht, ob es Dich beleidigt, wenn ich Dich bitte, meine Gründe, nun gleich Dein Weib zu werden, jetzt vor *Allen Andern* ein Geheimnis bleiben zu lassen; es kann sein, daß es sich von selbst versteht, aber ich verstehe mich nicht genug auf die Feinheit des männlichen Tackts, um dies zu wissen.

So eilet ihr Tage, mit klingenden Schwingen,
mir schnell den Erwünschten, den Liebsten zu bringen
verschwunden sind Stunden voll finstrer Schmerzen,
nur festliche Kerzen erhellen die Herzen.

O! laßt mich nicht sterben, ich kann nicht vergehen!
Er ist es, ich habe den Liebsten gesehen!
er ist mir erschienen im goldnem Gewande,
ein Engel, zu lösen die irrdischen Bande.

Ich habe Dein Gold erhalten, wovon ich Dir den dritten Teil gleich wieder bar mitbringen werde, und Deine Briefe, die mir noch weit goldner sind, als Dein Gold. Es ist sonderbar, daß meine Sehnsucht nach Deinen Briefen immer höher steigt, Die Stunde, wo ich sie erwarte, läßt mir keine Ruhe; ich bin an das Fenster gebannt, und schon in der Esplanade entdeck

ich das Kleid des ersehnten Boten, das mir schöner als alle Farben der Iris schimmert. Nun hör ich seinen wohlbekannten Tritt, der mich nie täuscht, ich trete heraus, und bin ordentlich verliebt in den Mann, der überdies gar nicht häßlich ist, und der, von meiner Freundlichkeit verführt, nie unterläßt, mich halb verliebt halb schalkhaft anzublicken. – Weinen sollt' ich, wenn ich Weimar verlasse? – Wie irrst Du Dich! ich scheid' aus diesen Gründen, mit freier Brust, die Liebe such ich, weiß sie mir zu finden, o süße Lust! Was ich gesehn in früher Jugend Träume, das holde Bild, mein harrte es, in ferner Zukunft Räumen – nun ists erfüllt! – An Jena könnte ich wohl eher mit Wehmut denken, und hätte nicht die Liebe mich beherrscht, so würde ich diesem armen, verlaßnen Städtchen durch meine Gegenwart – lassen Sie Ihre Spöttereien, mein Freund! – sicher neues Leben, neuen Trost gebracht haben.
– Es ist sonderbar, wie stark der feste Wille, die Zuversicht eines Menschen auf andre wirkt; seitdem diese Freudigkeit, diese Gewißheit in mir ist, seh ich wie Alle, deren Meinung erst mir so ganz entgegengesetzt war, sich unwillkührlich zu der meinigen gezogen fühlen. Ach! wenn Du wüßtest, wie überschwenglich selig mein Herz ist, wenn Du sagst, daß Du Dich glücklich fühlst! wie innbrünstig ich oft für Dein Glück gebetet, gerungen, wie ich es gern mit Glück und Leben, nur mit keiner Lüge, hätte erkaufen mögen! mein Verhältnis zu Dir ist das erste ganz reine und schöne, das ich je auf Erden gehabt. – Ich kann Dir nicht mehr schreiben, ich bin so ungedultig und es genügt mir nicht. – Schreibe mir ganz bestimmt wegen der Reise und allem andern. Wohin und an wen ich die Sachen, die in Büchern, Betten für die Magd und einigen andern Dingen bestehen, adressiren soll. Aber alles bestimmt, und unverzüglich.
Gute Nacht, meine Zukunft, mein Gebieter – und doch mein Eigentum!

An Sophie

[Frankfurt, etwa d. 1. November 1803]

Liebe Sophie, seit acht Tagen habe ich keine Briefe von Dir, Du bist wahrscheinlich ohne mich nicht so allein, und betrübt, als ich es ohne Dich bin, Du kannst Dir auch wohl durch meine Briefe die Empfindung nicht verschaffen, wie sehr Briefe eines fernen geliebten Menschen erfreuen, die ich durch die Deinige[n] so oft entbehren muß, weil ich sie so selten erhalte. Es würde mich sehr schmerzen, wenn Du so gegen mich eingenommen wärst, daß Dir meine Briefe keine solche Freude machten, als mir die Briefe meines Arnims, oder daß sie Dir vielleicht gar nicht lieb wären. Wenn ich Deiner frühern Briefe von der Reise gedenke, wie erfreuten sie mich, sie waren wie Arnims Briefe, so heiter, so vertrauend, ja durch diese Briefe hast Du mir einen neuen Reiz erhalten, ich liebte Dich mehr durch Sie, wenn es mir möglich war, Dich mehr zu lieben. Deine folgenden Briefe haben Etwas schweres und unbehagliches, ausgenommen jenen, in dem Du mir den Stab brichst, der weit liebevoller und der Fülle Deines Herzens würdiger ist, als der in dem Du verzeihst. Wenn ich Dir schreibe, so ist mir, als rede ich mit Dir, und wenn ich mich dann erinnere, daß Du oft keine Antwort gabst, und so in einen andern Winkel guktest, was mich dann sehr betrübte; dann befällt mich oft mitten im Schreiben eine Bangigkeit als hörtest Du mich nicht an, und sähst einen andern Weg, dann aber lege ich gleich die Feder weg, und gehe irgend einen einsamen Weg spaziren, und sei es auch den in mein Herz, und kehre bald mit neuem Mut zurücke; ich kann Dich daher versichern, liebe Sophie, daß keiner meiner Briefe, wie man sich ausdrückt, in einer Stimmung geschrieben ist, ich fühle nur in jenen Minuten, die mir mein Gemüt und meine Lage klar zeigen, das Bedürfnis Dir zu schreiben, und verhüte mit großer Bedachtsamkeit, Alles, was in meinen Briefen bloß im Moment und also bloß für den Moment ist.

An Sophie

3. November 1803

Liebes Weib!

Heute erhalte ich Deinen Brief, der Dich mir gibt, und was ich auf Erden vom Himmel begehrte, ein Kind, diese Botschaft hat mich so wunderbar überrascht, daß ich nicht denken, nicht fühlen kann. wenn ein Geist neben mir steht, muß es so sein, und Verkündigung des Engels, ave maria. ich habe nur wenige Minuten Zeit bis die Post geht, die so eben gekommen, deswegen sage ich Dir nur folgendes, mein letzter Brief erklärt Dir bestimmt die Versendung, ich erwarte nun die bestimmte Anzeige Deiner Abreise, und ob ich bis Eisenach, oder Hersfeld entgegen kommen soll und auf welchen Tag, mit bestimmten Datum ich Dich mit meiner *Kutsche Wechselnd* an diesem oder jenem Ort treffen soll, was die *Copulation* angeht, will ich sorgen, alles zu haben, was ich bedarf, doch scheint mir die Sache wie ich weiß an andern Orten vielleicht mit Schwierigkeiten verbunden, sie könnte eben so gut hier abgetan werden bei meinem Freund Bang auf dem Dorf, auf welches wir noch eher können, als hierher, alles das ist zu verabreden, so bald wir uns treffen, wo und wann, das ist die Frage, auf die Du mir bestimmt antworten mußt. Dein

Clemens.

Grüße mein Kind, ich bin glücklicher als ich es verdiene, es ist glücklicher, als es verdient, von Dir unterm Herzen getragen zu werden.

An Clemens

Freitags d. 4ten November

Clemens, ich habe Deinen Brief, die Antwort auf den ersten meiner drei letzten Briefe, erhalten, und schreibe Dir nun – zum letztenmal. Freilich hast Du mir auf eine so ziemlich wichtige Nachricht noch nicht geantwortet, aber was schadet es? Alles liegt klar und bestimmt vor mir, ich handle Deinem Willen gemäß, erfülle eine heilige Pflicht, ich handle recht, unschuldig, natürlich – und habe folglich alle Ursache, mich

ganz dem Leichtsinn, der Lustigkeit hinzugeben, was ich denn auch von Herzen tue. Freilich steht mir eine sehr ernste Stunde bevor, die Stunde, wo ich Dir wirklich den Namen Gatte geben werde, ich weiß es im voraus, ich werde gerührt sein, vielleicht weinen, denn wie es auch sei, aber ich fühle es tief in meinen heiligsten Momenten, da, wo die Herrlichkeit einer andern Welt, die sich nicht in Worten, nur in Tränen spiegelt, in meine Seele scheint, das Wort Gatte, Vater, sind geheimnisvolle, heilige Simbole von höhren Verhältnissen, die wir nur ahnden, nicht begreifen können. – Aber dann macht das Erdenweib, die leichtgeschürzte, leichte Pilgerin des Lebens wieder ihre Rechte geltend, sie steht einen Augenblick still und schaut lächelnd zurück auf die buntgeratne Zeichnung ihrer Reise, und freut sich dann, mit kindischen Mutwillen vorwärts blickend, daß sie im Begriff steht, den kecksten, lustigsten Streich ihres Lebens, aus dem Clemens einen Ehmann zu machen! laut muß sie lachen, und kann gar nicht begreifen, was dabei bedenkliches, schwerfälliges und ernstes sein soll; rasch und mutig setzt sie ihre Reise weiter fort, und fest überzeugt, daß sie da, wo sie ermüdet, auch schnell ihre Heimat finden wird.
Gestern da ich sehnlich Briefe von Dir erharrte, erhielt ich statt ihrer mit der Post, von unbekannter Hand, einen sehr bedeutungsvollen, vollen Kranz von den schönsten künstlichen Blumen, die ich je gesehen. Die Erzählung einer Freundin hat mich den Geber erraten lassen, und das Ganze, welches ich Dir, nebst einigen andern lustigen Anekdoten, erzählen werde, gibt wirklich Stoff zu einer kleinen artigen Novelle.
Doch nun zu unsern wichtigen Arrangements. – Morgen erfahre ich, ob ein Fuhrmann gerade von Erfurt nach Marburg geht, oder nicht. Im letzten Fall adressir ich die Sachen an den von Dir bezeichneten Kaufmann in Alsfeld; und auf jeden Fall geht, in nächster Woche, der Transport ab, über den ich nun kein Wort mehr verlieren will. Ich selbst – geben Sie wohl Acht, mein Herr! gedenke Montags den 21sten November, Weimar zu verlassen, und Abends in Eisenach anzulangen. Ist es Ihnen nun, wie mir, lieb, wenn wir uns einen Tag

früher sehen, und findet mein Einfall, mit der Dorfkirche, der deswegen leicht ausführbar ist, weil ich es hier einrichten kann, daß jeder ins Eisenachische gehörige Priester, die Trauung ohne Bedenken vollzieht, – Ihren Beifall, so kommen Sie mir bis Eisenach entgegen. Wir können dann die Wagen tauschen, wenn Du anders einen geräumigen Reisewagen, auf welchen mancherlei Gepäcke Raum findet, in Marburg haben kannst. Antworte mir hierauf unverzüglich und bestimmt, damit ich mich mit der Verdingung des Wagens darnach richten kann. – Ich selbst schreibe wahrscheinlich nicht wieder. Ach! die armen weiß und schwarzen Briefe sind gar zu unschuldig und gar zu traurig! – ich lobe mir ein wenig Schuld und ein wenig Freude. – Leb wohl, du Einsamkeit, in der ich nicht mehr allein sein werde! –

An Sophie

Marburg den 6. Nov. 1803

Deinem Auftrag zufolge, mich mit Allem zu versehen, was ich zu unsrer Verehligung bedarf, habe ich nach Ehrenbreitstein geschrieben, um meinen Taufschein, um den Proclamationsschein zu haben, war Proclamation, oder Dispensation davon nötig, die Proclamation muß hier und nicht in Frankfurt geschehen, weil ich seit mehreren Jahren hier lebe, und dieses ist mir lieb, denn in Frankfurt würde die Copulation durch einen Katholischen Priester verlangt worden sein. Wenn ich nun hier in Marburg Dispensation der öffentlichen Aufrufung verlange, so muß solche erst von dem Ober Collegium in Hessen-Cassel gesucht werden, welches allerlei Umstände verursacht hätte, ich werde mich daher hier zweimal bis Sonntag und Sonntag über acht Tag aus rufen lassen, wird meine Reise zu Dir durch irgend Deinen Brief früher limitirt, als ich Tauf und Proklamationsschein erhalten und mitbringen kann, so lassen wir uns erst hier ohne alle Schwierigkeit zusammengeben, sei versichert, daß ich alles tat, was die Sache vereinfacht, ich bin jetzt damit beschäftigt, alles das in unsrer Wohnung zu besorgen, was ich ohne Deinen eignen

Geschmack zu beeinträchtigen tun kann. Verzeihe die vielen Lateinischen Namen, wir leben in dem Staat, der nicht für Poeten sondern für Bürger gemacht ist, aber wir lieben uns wie Du und ich, o Sophie, wie lieb ich Dich, darüber ist nicht mehr zu sprechen, lebe wohl, Deine Sachen schicke, wie mein vorletzter Brief will.

Clemens.

An Sophie

[Marburg, d. 13. November 1803]

Liebes Weib!
Diese Antwort auf Deinen letzten Brief vom 4. November wird Dir etwas spät scheinen, aber ich erhielt ihn erst den 10ten und heute den 13ten geht erst die Post wieder. Wenn es möglich ist, daß Du von Weimar nach Eisenach in einem Tage fährst, woran ich zweifle, so findest Du mich den Montag Abend, den 21ten November zu Eisenach im halben Monde, welcher so viel ich weiß, das beste Wirtshaus ist, da Du mir kein anderes bestimmt hast, Du müßtest mir dann am Tore durch den Torschreiber den Namen einer andern Herberge sagen lassen, ist das nicht, so finde oder erwarte ich Dich im halben Mond, aber ich fürchte beinah, ich werde auf Dich warten müssen, denn wenn mich gleich die Liebe einmal von Altenburg bis Jena zu Fuß in einem Tage gejagt hat, so ist ein Mietkutscher doch ein ganz andrer Mann. – Den Kutscher nimmst Du nur bis Eisenach, denn ich hole Dich in einem bequemen, geräumigen Reisewagen, der sehr sanft geht, und mit vier Pferden bespannt ist, ab. Von Eisenach hierher haben wir noch drei Tagereisen, da der Weg äußerst schlecht und das Wetter nicht besser ist, so daß wir nicht mehr als Acht bis zehn Stunden in einem Tage machen können; doch jungen Eheleuten ist die Langeweile nicht tödlich. Heute morgen ist Dein und mein Name von der Kanzel hier ausgerufen worden, ich habe hinter dem Khor gestanden, und in einer Art gerührter Dummheit einem Marmornen General Hände und Füße geküßt, und auf das Grab mehrerer Leute Tränen geweint,

welche nicht wissen, wie sie dazu kommen; der Pfarrer sprach die Namen recht artlich; und ich hatte große Lust, laut zu rufen, ganz gut, ja so heiße ich, so heißt sie, die liebe Seele. Bis Sonntag nun werde ich zum Zweiten und drittenmal zugleich aufgerufen, und wenn es nun möglich ist, was ich noch nicht bestimmt weiß, daß mir der Proklamationsschein den Freitag Abend schon abgeliefert wird, so bringe ich dieses zur Trauung nötige Dokument mit, wie auch meinen Taufschein, wenn ich ihn bis dahin erhalte, wo nicht, so komme ich bloß auf Treu und Glauben, und wir müssen dann die Trauung vielleicht bis hier aufschieben. Unsre Wohnung wirst Du zwar bis auf die Betten, Strohmatraze und einige Stühle und Tische sehr leer, aber doch sehr bequem und freundlich finden, ich hoffe, daß Du selbst Vorhänge und andere Hausrats biegsamkeiten, und Kleinigkeiten nicht verkauft sondern mit gesendet hast, auch die Roulleaux konntest Du gut mitsenden; die Gegend erfreut Dich gewiß sehr. – Es ist eine unbeschreibliche Ungedult in mir, meine Frau zu sehen, und zu umarmen, es fällt mir daher sehr schwer, Dir zu schreiben, ich bin in einem Treiben, daß es mir eine Freude wäre die langen 10 Tage, die ich noch zu warten habe, in einem Mühlrade herum zu gehen. Der schöne Kranz, den Du erhalten hast, intressirt mich nicht, er könnte mich sogar verdrießen, wenn ich nicht wissen sollte, von wem er sei, das ist meine erste Eifersucht, aber was Du mir von Deiner Empfindung, mein Weib zu werden, sagst, erfreut mich, Sophie! ich schwöre Dir, Du wirst Dich bald glücklich preisen, es zu sein. Aber was mich am meisten freut, was mich unendlich glücklich macht in Deinem Briefe, ist Deine Menschliche Rede, wie ein bißchen Schuld, ein bißchen Freude doch besser ist als Unschuld der fatalen Briefe, denn Sophie! die Liebe wäre nicht die Liebe, wenn Sie das arme Vergängliche nicht mit Lust umfaßte und sich nur mit dem stolzen ewigen einlassen wollte, ich bin begierig nach Deiner Umarmung, wie nach der Luft, ohne die ich sterben muß, ach nach Dir bin ich so begierig, die mir gestanden, daß ich in ihr lebe, o Sophie, wie wird es uns wohl mit einander werden, wie aus engen heißen Stuben springen wir beide ins kühle Bad, und jedem verwandelt die aufschlagende Welle sich am Herzen zum Geliebten, der Küßt und geküßt wird. So eben erhalte ich die Nachricht, daß ich den Proclamationsschein mit mir nehmen kann, und es steht uns also nichts mehr im Weg. Lebe wohl, Betine grüßt Dich, bis Montag bin ich in Eisen ach! in Eisen, Ketten, und Banden, lebe wohl lieb Weib.

Clemens.

VI. DAS ERSTE EHEJAHR
1804

An Sophie

[Frankfurt, den 16. Januar 1804]

Geliebtes Weib!

Du bist mein Weib, mein liebes, vortreffliches Weib, dies ist der erste Brief, den ich Dir ohne Sehnsucht schreiben kann, ich habe Dich nun, ich kann nicht mehr mit Recht betrübt sein, denn ich habe Dich ja, und durch Dich mich selbst, denn hier, wo mir Alles ein Maß werden kann für meine Empfindung, fühle ich mich stolzer und unbewegter als sonst, ich bin nun hier ein Zuschauer geworden, wo ich sonst wie ein armer Suchender herumging, denn ich habe Dich ja, Du liebst mich, ich bin nicht mehr ausgestoßen von der Welt, Du bist mein liebes Weib, Du trägst mein Kind, und wir drei wollen Alles werden für uns. Die Betine, die unendlich lustig ist, ohne alle Ruhe, auch sie ist mehr ein Objekt als ehedem, sie ist übrigens das liebenswürdigste Geschöpf der Welt, die Pracht, der Luxus steigen täglich in unserm Haus, die Heirat der Gundel mit S. [Savigny] wird von Niemand mehr bezweifelt, übrigens ist eine Verwirrung ein Lärm eine Eitelkeit, eine Genialität, neben meiner Stube spielen in diesem Augenblick der Bethmann, ein Russischer Graf und Georg Billard und trinken Champagner, die Partie 1 Carolin, ich sitze hier, habe einen alten Tisch von meiner Mutter, einen Strohstuhl, ein altes Klavier, aber einen Prächtigen Spiegel, kein Feuer im Ofen, aber ich friere nicht, nach Dir hat man mich gefragt, ob Du schön seist, ich habe gesagt, Du seist lieb, Christian aber hat auf die Frage, ob Du schön seist, geantwortet, sie ist kleiner als die Gundel und hat einen starken Busen, weiter kann ich nichts sagen, man freut sich meines Glücks und glaubt es, daß ich glücklich sei, so wie man heut zu Tag seinen Nebenmenschen liebt, um übrigens, weil Du es liebst, mich zu belustigen, will ich täglich ins Theater gehn, und breche jetzt ab, denn es ist die Stunde. Dein Clemens.

Sophie, wenn es Dir eine süße Empfindung macht, daß ich Dich liebe, o so sei recht glücklich, ich liebe Dich sehr.
Lieb Weib schreibe mir doch ein paar Worte, nur eins, Du kannst ja, ich störe Dich ja nicht, ich freue mich ja so dran, nur ein paar Worte Deinem lieben jungen, und denke an mich und meinen Fisch.

An Clemens

d. 17ten

Als ich gestern früh von Dir wegfuhr, dachte ich, gleich einem Vogel, der nur ein einziges Liedchen kann, in der ersten Stunde gar nichts anders, als: guter, guter, guter Junge! der witzige, melankolische, gei – geierartige Clemens war ganz vergessen, und lag, wie ich selbst, fest in Nebel eingewickelt, bis mich mein Kutscher durch ein geistliches Morgenlied störte, durch welches er mich sehr erfreute. – Als ich nachhause kam, fand ich, wie ichs vermutete, Briefe von Weimar, Voigts Brief an Dich ist sehr artig und wird Dir gewiß Freude machen. – Ich erhielt auch noch 2 andre für Dich, wovon der eine, ich weiß nicht warum, ganz so aussieht, als wenn er aus dem Haus eines Schusters käme. Solltest Du dem Träger des unsichtbaren Vogelnests wohl gar einmal als Original vorgeschwebt haben? oder hattest Du Dir irgendwo in Erfurt oder Weimar die Kinderschuhe noch nicht ausgetreten? – nun, Du wirst am besten wissen, wo Dich der Schuh drückt. – Übrigens erinnert mich mein Husten sehr promt an das vorgestrige Impromtu, und ich bin so ungedultig darüber, daß ich dem Docktor Conradi so lange mit meinen Klagen auf dem Halse liegen will, bis er mir diesen unerträglichen Gast vom Halse schafft. – Die Frau Obristin kam gestern zu mir, und – Christian. Er war sehr freundlich und gut und erzählte mir allerlei, spielte auch mit mir eine Sonate, die recht artig war. Wenn Du einige gute Sonaten mit Accompagnement mitbringen könntest, so wäre es recht schön.

d. 18ten.

In diesem Augenblick habe ich Deinen Brief erhalten und mit freudiger Bewegung gelesen. Daß Du so ruhig bist, macht mich glücklich. Wer in sich so frei, so kühn und vorzüglich ist wie Du, der soll auch außer sich mild und stolz und glücklich erscheinen. Man wird Dich eifrig suchen, wenn Du zu suchen aufhörst, Dich anbeten, wenn Du nicht mehr vergötterst, und Dich anerkennen, wenn Du dich selbst erkennst. – Savigny war gestern bei mir und sprach mehr als gewöhnlich, es war eigentlich das erstemal, daß er mehr als Besuch war. Auch Christian kam wieder einigemal zu mir. Du wirst Dich doch wohl bald wieder mit ihm versöhnen müssen. Das Leben ist so kurz, und nur das Vortreffliche soll das Leben überleben, darum muß alles Schlechte bald vertilgt werden, damit jenes besser wachsen und gedeihen kann. Ich würde heiter sein, wenn ich nicht so trübe sein müßte, weil der ewige Nebel mir ganz mein Element, die Luft verdirbt, daß ich zu keiner freien, milden Anschauung gelangen kann. – Schreib mir bald wieder; Du weißt wohl, daß man nichts bessres lesen kann als Deine Briefe. Gestern Abend habe ich den ersten Band von Godwi vollendet, er ist doch sehr schön, besonders die Erzählung von Cecilie und Franchesco, die mir anfangs gar nicht schmecken wollte. Und Du bist doch einzig und ich liebe Dich, wenn Du mich auch quälst; nur unglücklich sollst Du nicht sein, das einzige vergebe ich Dir nicht.

Sophie.

An Sophie

Diensttag den [17. Januar 1804]

Liebes Weib!

Vor zwei Stunden habe ich einen Brief an Dich gesendet, und ich versichre Dich, ich habe Dir geschrieben, bis die Post abging, ich habe Dir geschrieben, ich sei frölich, ich wolle mich zerstreuen, aber ich schrieb es nur, Liebe, weil ich fürchtete, es möge Dich betrüben, wenn ich Dir in einem durch Zeitmangel so kurzen Brief schriebe, daß ich innerlich sehr zerrissen bin, ich habe Dir geschrieben, ich liebte Dich unendlich, das ist wahr Sophie, denn ich habe nichts mehr auf Erden als Dich, meine viele[n] Tränen um Betinen, mit dem hohen Ernste unsers Umgangs vereint, sind gerechtfertigt, sie waren die Tränen eines Engels der an der Wiege eines Kindes weinte, das er liebt, und dessen Todes Engel er werden muß, und ich weine immer noch; Betine ist unendlich vergnügt, ohne alle Schwärmerei, genialisch wie vielleicht kein Weib auf Erden war, aber ich fühle es, sie ist mir verloren, nicht als wäre sie einem andern Menschen gewonnen, aber sie hängt nicht mehr an mir, sie ist jung und frölich, doch mit einer tiefen Ansicht, sie versteht, wie es scheint, die Freude, die in dem größten Verluste liegen kann, ich verstehe diese Freude nicht, ich kann nur lieben, gränzenlos lieben, o Sophie, es wird bald die Zeit kommen, wo ich Dich wieder so lieben werde, als in den Minuten, in welchen das Leben seine Rolle so vortrefflich spielte, als in jenen täuschungs vollen Minuten, da ich alle Deinen Jammer auf der Brust liegen hatte, wie mit einem Berg belastet an den Busen der Hölle gedrückt, und da Deine Unschuld und Dein Liebreiz zu mir hintrat und den Berg zu Wolken auflöste, durch die ich leichter in die Höhe drang und auf ihnen schwimmend den blauen Himmel und die Gestirne anschaute. Betinens Umgang mit mir gleicht dem Umgang zweier Freunde, beide leben irgendwo, wo das Reden verboten ist, der eine aber hat laut gebetet, einem Weibe gesagt, ich liebe Dich, einen Sterbenden getröstet und einen gerufen, der in der Nacht einem Abgrund entgegen ging, dafür hat man ihm die Zunge ausgeschnitten, das bin ich, nun geht der andere in allen Freuden des Lebens umher, grüßt dann und wann den Stummen, aber sie fürchtet sich und redet nicht, und auch die Blicke, die tröstenden, werden seltner, und so geht alles zu Grund, ohne Unrecht, ohne Rache, o hätte der Stumme die Zunge wieder, er würde sie bitten, ihn zu lieben, auch ohne Hoffnung, und würde die Zunge wieder verlieren. – Meine Sophie, es ist mir ein Herz gegeben, wie kein Mensch eines besitzt, und dies Herz ist Dein, bewahre es, halte es hoch, lasse es nicht zu Grunde gehen, gib mir es wieder, dann und wann, reiche mir es hin, daß ich mich daran erfreue, denn wenn ich es so im Busen trage, so einsam, dann muß ich immer weinen, ich habe keine Sünde getan, es ist um die Erbsünde, um die ich weine, ich fühle es oft mit einem wunderbaren Schmerz, Jesus ist nicht für mich gestorben. – Dieses war die Summe meiner Empfindung Abends am zweiten Tage meines Hierseins – Aber ich will anderes Papier nehmen, dieses schlägt so durch, und dies tut dann Deinen lieben Augen weh, drum denke hier auf der leeren Stelle stehe das unaussprechliche, wovon das Leben nur die verkehrte Teppichseite ist.

[Frankfurt, 20. Januar 1804]

Liebe Sophie!
Ich fange hier von neuem an, denn ich will nicht, daß Du das erste Blatt, welches traurig ist, zu erst lesest, ich wollte Dir alle Tage Abends schreiben, und mein Brief sollte wie ein Abendrot über dem Tag und allem seinem Treiben schweben, sollte für Dich, durch meine Sehnsucht nach Dir entzündet, eine schön beleuchtete Wolkenbildung sein, die vorüber schwebt, ach liebes Weib, eine Hoffnung habe ich, ich fühle es, mein Gemüt wird sich einstens ausspannen, wie der blaue Nachthimmel, und Du wirst Dich sehnen, unter ihm hinzuschweben, und Kinderchen im Arm, o liebes Weib, weißt Du, warum ich hier so frölich schreibe, ich habe den ganzen Tag nichts getan, als an Dich gedacht, ich habe heute Morgen Deinen Brief erhalten, mich herzlich an ihm erfreut, ich habe auch einiges gekauft, was Dir Freude machen wird, und da ist mir es ruhiger um das Herz. Ich will Dir vieles erzählen, wenn ich wieder bei Dir bin, sonst mögte ich es Dir hier verderben, ich meine so das Historische, mündlich ist es behaglicher, denn man kann Ton und Mienen dazu tun, wahrhaftig, es ist nicht Faulheit, daß ich es nicht schreibe, es ist um auch in Marb[urg] noch etwas für Dich zu haben, denn das Historische bleibt im Gedächtnis, nur die Reflexion fliegt vorüber, und ich will doch meinen ganzen Auffenthalt für Dich zu benutzen suchen. Ich wünschte beinahe, Du wärest hier, ich glaube

Du würdest Dir gefallen, ach dies Blut muß einem in Adern rinnen, um das Traurige davon zu fühlen, allen andern ist dieses Anzuschauen eine Freude; Vor allem sagt Dir dieser Brief, schicke mir einen Wagen, aber nicht den schweren, der mich herführte, mit dem unendlich langsamen Jakob, der mich sechs Stunden von Frankfurt zu Friedberg sitzen ließ, ich bitte Dich herzlich, schicke mir den Wagen sogleich, denn in allen meinen Adern tobt die Wut, abzureisen, den Mitwoch früh bin ich wieder bei Dir, wenn den Montag früh oder besser heute den Sonntag schon der Wagen abfährt, der Kutscher soll mich nur bei Brentano in der Sandgasse fragen, ich bin immer zu Hause, ach ich fühle eine Begierde nach Dir, die mit jedem Buchstaben wächst, den ich schreibe, ich kann nicht ruhig fortschreiben, ich will Dir nur geschwind sagen, was ich gekauft habe,

1. ein schönes Pianofort, sehr gut sehr alt, ziemlich verdorben vom Franz, ein Flügel, der leicht zu bessern ist
2. Etwas für Dich
3. Etwas für Dich
4. Etwas für Dich
6. Etwas für Hulda
7. Ein Büchelgen mit Hanswursten für mich.

Ich bitte sehr, lasse mich gleich holen, denn ich kann es nicht mehr hier aushalten, liebes Weib, wenn Du die Kutsche nicht gleich schickst, so glaube ich, Du willst mich nicht, Du liebst mich nicht. Gestern habe ich in einem roten Mantel den Bürgereid geschworen, und eine Flinte, ein[e] Patrontasche, ein Säbel und 8 Patronen erhalten, und viel Geld gezahlt, o Sophie, Sophie, schicke die Kutsche, ich werde vor Ekel, Langeweile und Allerlei ganz krank Dein Klemens Brentano.

An Clemens

[Marburg, etwa 21. Januar 1804]

Ich vergaß Dir in meinen letzten Brief wegen der Bücher zu schreiben, welches Dir doch gewiß das wichtigste von allem ist, aber mein Vergessen kam freilich von der Überzeugung her, daß sich darüber nichts wichtiges und erfreuliches sagen läßt. Ich habe das Paket eröffnet; die Bücher kommen von Maynz, scheinen aber, obgleich an Dich adressirt, für Savigny bestimmt, denn es sind große, lateinische und, wie ich gewiß weiß, juristische Bücher. – Dein Brief hat mich beinah krank gemacht; Deine Unruhe ist wie ein feines Gift, das selbst durch das unschuldige Papier ansteckend wird; man muß einen Cordon wegen Dir ziehen lassen. Ach! Lieber, wenn Dir nur keine neue Täuschung bevorsteht! ich weiß es nicht, ich begreife es nicht, aber ich zittre! ich liebe Dich, ich sehne mich oft herzlich nach Deiner Umarmung, doch will ich Dir nicht heucheln, es tut mir wohl allein zu sein! Die Einsamkeit ist für unschuldige und schwache Gemüter, wie das meinige, ein Tau des Himmels, der sie erfrischt, wenn sie das Leben ermattet. Du selbst hast mich sorglicher, nachdenklicher gemacht, ich will nicht nur für den Augenblick allein leben, ich will auch für die Zukunft säen; ein Erndte will ich haben, wie das Jahr, und um säen zu können, muß man sammlen. Hierzu ist jetzt der Augenblick für mich da; ich habe angefangen, meine Einrichtung zu machen, und recht schön, Du sollst mich loben, wenn ich Dir alles sagen werde. Wenn Gott mein Bemühen segnet, so wird mirs in Vielem wohler sein. Auch zwischen Dir und mir muß manches entfernt werden, was oft Veranlassung zu Verdrüslichkeiten geworden ist. Ich übernehme nicht mehr die Bestreitung aller Deiner Ausgaben. Jedes Vierteljahr sollst Du mir eine Anweisung auf 200 Rh geben, die ich nach Frankfurt schicke. Dafür besorg ich Wohnung, Holz, Magd, Kost, Wäsche und Licht. Für Dein übriges Geld besorgst Du die Dich allein angehenden Ausgaben, und wendest es an nach Deinem Gefallen, so wie ich für mein Persönchen sorge, was ich leicht kann, bei freier Anwendung meiner Zeit und den Segen des Himmels.

An Sophie

[Frankfurt, den 24. Januar 1804]

Liebe, herzliebe Frau!

Den Dienstag Mittag ist der Kutscher zwar hier angekommen, aber Morgen früh fährt er erst wieder zurück, ich schicke Dir daher diesen Brief, daß Du mich erst zum Mittag am Donnerstag erwartest. Ich bin also Mittewoch Nacht zu Gießen, und liege in demselben Bett, das Du mit mir geteilt hast, ohne Dich, und lese in der Courage um nicht bange zu haben, ich bin innerlich herzlich froh, meine Seele hat so eine Empfindung, wie Regenbogen, wie Wiedersehen, o liebes Weib, wenn ich jetzt an Dich denke, so pocht mein Herz in einem andern Takt als ehedem, es pocht nicht mehr wie die Inquisition an die Türe, nicht wie ein armer Schelm im Irrenhaus der heraus möchte, nein es ist das Pochen eines Bergmanns unter der Erde, der seine Schläge aus Freude verdoppelt, weil er seinen Freund auf der andern Seite der Schachtwand pochen hört. Du glaubst nicht, wie ich mich freue, Dich wieder zu sehen, Dir vieles zu erzählen und mancherlei zu schenken, Franz hat mir den Flügel geschenkt, wenn wir zwei Carolins dran wenden, haben wir ein sehr schönes Instrument, auf dem meine Mutter gespielt, und alle meine Schwestern gelernt haben, auch einige hübsche neuere Musick, und sehr viel alte bringe ich mit, wie auch einige neuere Liebe, und sehr viel alte; sodann erzähle ich Dir das, was mich auf Erden am meisten überrascht hat, *ach Gottes wege sind sehr wunderbar!*, dann teile ich Dir ein wichtiges Dokument für meinen Unwill über Christian mit, etwas was Dich mehr überraschen wird als mich, aber äußere um Himmelswillen nichts gegen Christian davon. Zwei Krüge Provenseröl, das Pfd. a 40 Xr, auch Zucker und Caffé, der hier viel wohlfeiler ist, und vielerlei hübsche Sächelchen. Sei nicht böse auf mich, daß ich Dir das Alles jetzt schon sage, aber, Du mein Gott!, ich möchte ja in jeder Minute an Deinem Herzen ruhen, und Dir beichten, daß ich um Dich zu jeder Todsünde, außer dem Ehebruch, bereit bin, und zu jeder Tugend, außer dem Coelibat. Liebes Herzensweib, mir ist hier durch jene obengemeldete Erfahrung eine große

Last vom Herzen genommen worden, und ich kann mich schwerlich wieder über Etwas betrüben, es sei denn, daß wir uns einander Unrecht tun sollten. Meine Brüder sind alle gegen mich und Dich freundlich gesinnt, und Franz hat sich nach allem unserm Leben erkundigt, er will uns auch wieder wohlfeilen Wein schicken. Ich habe hier alle mein Geld ausgegeben, und Du darfst mich nie wieder von Dir Lassen, denn ich habe immer eine große Angst wenn ich schöne Sachen sehe, ich mögte sie Dir alle bringen. Doch mir fällt ein, daß ich auch noch Etwas für Hanne kaufen muß, und ich kaum Zeit mehr habe, so genieße dann Dein Stückchen Einsamkeit noch recht ruhig, aber ein bißchen denke noch an mich, ach ich liebe mich beinahe so sehr, als Dich, gute Nacht Sophie, gute Nacht Fisch, gute Nacht Fasttag, gute Nacht Clemens, Knecht, Magd, Ochs, Esel und Alles was sein ist, Dein glücklicher durch Dich sehr glücklicher Junge

Clemens.

An Sophie

Sonntags [Heidelberg, den 5. August 1804]

Liebe Herzens Frau!
Wenn Du mir eine Zeile geschrieben hättest, so hättest Du mich erfreut und beschämt, so bleibt es mir übrig Dich zu erfreuen. Ich habe eine *schöne* Wohnung gemietet, es wird Dir hier wohl sein, die Natur ist wunderschön, die Menschen froh, Tanz und Sang vor allen Türen, es wird uns sehr wohl werden, ich war in Mannheim, der Componist der Lustigen Musikanten hat mir die meisten Gesänge auf der Stube aufgeführt, mit großer Bescheidenheit, er ist mehr als seine Composition. Ich logire bei Kreuzer der Dich grüßt, die Günte[rode] ist seit gestern hier, sie grüßt Dich, morgen reis ich [zu] Dir, über morgen Küsse ich ⟨ich⟩ Deinen Leib, das Herz pocht mir, wenn ich es sage, o Sophie, Du sollst gewiß noch froh werden, erhalte mich im Herzen, ich mich [im] Rausch, es geht, Dein treuer Junge.

Clemens.

An Sophie

[Würzburg, den 29. Oktober 1804]

Liebe Frau!

Ich bin einen Tag hier gewesen an dessen Ende ich Dir bei Niethammer eine gute Nacht wünsche, von Gotha aus schreibe ich Dir meine Reise, Geld habe ich hier gefunden, aber auch beiliegenden traurigen Brief, der mir Viele Lust raubt, wo es schön ist auf der Erde, weiß ich nicht, ich gehe meinen Tränen nach, o Sophie, habe mich lieb, so ist es am besten, ich wünschte, Du wärest mit gefahren, die gute Niethammer hat es bedauert, es ist schön hier. Die Vier Carolins schickt Dir der Kaufmann Kinzinger mit dem Postwagen. Liebe Sophie, ich wollte, ich wäre zu Haus geblieben, ich bin so fremd in der Welt ich passe nicht zu den Menschen. Sage Kreuzer als die neueste Neuigkeit, daß Voss über das Schulorganisat. Edikt unzufrieden hier weg gegangen und gänzlich aufgesagt hat, und daß man also gern hier an Kreuzer denkt. Sophie habe mich lieb, von Gotha schreibe ich alle Detail.

Clemens.

An Sophie

Neustadt. 6 Stunden von Meinungen gegen Dich zu.
[31. Oktober 1804]

Liebe Sophie!

Ich habe Dir gestern Abend nur wenige Worte von Niethammer aus geschrieben, welche Du doch erst vier Tage nachher erhältst, denn alle Briefe laufen über Frankfort, und Deiner an Nieth. kam zwei Stunden vor mir an. Heute bin ich sechzehn Stunden weiter gefahren und bin in einem Vortrefflichen Wirtshaus, und liege jetzt in einem solchen Bett, daß es würdig wäre, auf Deinen Namens, Geburts- und Hochzeitstag mit Dir drin zu spielen, und wärst Du hier, Du wärst nicht sichrer vor mir als das Tintefaß jetzt vor meiner Feder ist, ach wär ich die Feder, und Du das Tintefaß, ich brauchte dann nicht zu schreiben und das eintauchen wäre hinreichend, überflüssig und doch nie genug. Diesen Brief schicke ich morgen von Meinungen oder über morgen von Gotha an Dich, es geht gleich schnell, und wenn ich von Gotha weggehe, schreibe ich über dort, wie jetzt über Würzburg. Meine Reise war nicht unangenehm, das Wetter gut, mein Fuß, mein Weg gut, mein Medikus gut, und ich kann nur klagen, daß Medikus gar zu aufgeklärt war, und meine kindische Freude über die häufigen Heiligenbilder, die in der nicht reizenden Gegend die einzige Unterhaltung gewähren, oft störte, zu Waldthüren 17 Stund von Heidlbg. Kamen wir Sonntag früh während dem Gottesdienst an, und ich zwang Med[ikus] in die prächtige Kirche, die voll Krüken, wächsernen Gliedmaßen und schlecht gemalten dort geschehenen Wunderwerken hängt, die Kirche war voll Menschen die in schöner Ordnung knieten, was durch die gleichförmige Kleidung, da es lauter Bauren waren, recht erbaulich ließ, ich ging gleich nach dem Altar, in welchem das wundertätige Kelchtuch hinter Lichtern, Gold und Glas aufgestellt ist, und welches einem Alten Lümpchen ähnlich sieht, da von dem Blut nichts mehr zu sehen ist, besonders ging ich hin, um nach einem Opfer zu sehen, welches ich und † Sophie vor ungefähr 10 Jahren bei der Emigration mit dem Papa nach Boxberg einem kleinen artigen Hölzernen Engel getan hatten, es war ein Kranz von weißen gemachten Rosen von Sophie und einige Ähren die ich auf dem Wege gebrochen, und ich fand es unter den ⟨den⟩ vielen Opfern durch den ungewöhnlichen Ort des Engels, welchem ich es mit einem lichthörnchen aufgesetzt hatte, noch vorhanden, was mich sehr rührte. Da ich die Kirche verließ, kaufte ich bei einer nahe wohnenden Frau, deren Sohn ein Maler ist, beiliegende Bilderchen und Büchelchen, um sie Dir zu schicken, diese erzählte recht intressant von den Wundern, die bei der Vorigjährigen gegen 20 000 tausend Menschen starken Wallfahrt geschehen, und wie bei ihr zwei von ihren Eltern hingebrachte, vom Teufel beseßne Bauernmädchen vom Überrhein gewohnt hätten, um sich von den Mönchen exorziren zu lassen, sie waren beide sehr schön und reicher Leut Kinder, die eine 20 die andere 24 Jahr alt, und sehr gut, während sie im Ort waren drei Tage, hatten sie keine Anfälle, aber sie weinten sehr, da sie von den Mönchen ausgefragt wurden und den Anfall als fürchterlich schmerzlich beschrieben, von den Mönchen aber nicht übernommen wurden und wieder ungeheilt zurückgeführt wurden. Den Mönchen ist nehmlich dieses Teufel austreiben längst verboten, seit die Ärzte, der Weidemann besonders, es mit Senf kann, und sie waren hier also wo nicht unfähiger, doch begieriger als der Docktor Loos, ihren Senf zu diesem Fleisch zu geben, seit die Klöster überhaubt, vielleicht seit die Männer überhaubt durchaus durch Alter und Impotenz auf das Aussterben reduzirt sind, gibt es keine beseßne, aber lauter histerische (zu wenig beseßne) Weiber, denn was nutzt das ewige beseßen sein und nicht beritten werden, ⟨ihr⟩ gottloses Fleisch habt ihr Weiber nun einmal, daß ihr ohne Senf nicht zu genießen seid. Zu Würzburg kam ich Abends um 8 Uhr an, es ist ohngefähr drei mal so groß als Leipzig, Winklicht und voll doch schönerer und prächtigerer Kirchen als Erfurt, gewährt aber zum Wohnen eine traurige Wirkung, da keine Wohnung Aussicht hat. So weit schrieb ich in Neustadt und fahre nun heute Abend zu Schmalkalden im Hessischen acht Stund von Gotha fort. Alles war heute schlecht wie Sachsen und Hessen, wie Dinte, Feder und das Feder bett auf dem ich liege, so daß ich kaum schreiben mögte, wenn ich nicht wüßte, daß Du so allein wärst, also – die Niethammer traf ich am folgenden Morgen frisch und gesund an, sie gefallen sich recht gut in Würzburg, und ich finde sie seit ich sie sah unverändert, Mit ihm geriet ich in ein Gespräch von Universitäten Wesen und Friedrich Schlegel, wo er mir vom erstern sprach wie alle, nur daß er unzähliche Niedrichkeiten vom Eichstädt wußte, und vom letztern sagte er mir, daß Vermehren auf 800 Taler für ihn in Dresden gutgesprochen hätte, die nun für die Kinder verloren seien, auch daß Schlegel die Veit in Kölln gelassen hat und nun zur Stael ist, um zu sehen, ob er auch an ihren Hof kommen kann. Die Ebert heuratet nächstens den Voigt, und die Niethammer zuckt die Achseln. Niethammer ging aus zum essen und ich sprach noch mit ihr lang von Dir, sie erzählte mir, der Ruf gehe, ich halte Dich so streng, in Heidelberg habe Dich jemand besuchen wollen (den

Namen wollte sie nicht nennen) und ich hätte ihn nicht zu Dir gelassen, auch mißhandle ich die Hulda, ich geriet dadurch in Wärme, und sprach viel mit ihr über den manichfachen Verdruß, und Kummer, den wir gehabt, und daß wir jetzt ruhig seien und Du mich liebtest, sehr wunderten sie sich, daß ich es über Dich vermogt, Dich nicht mehr zu schminken, und glaubten wunders was das für eine Heldentat sei, das tat mir leid und kam mir schlecht vor, ich aß im Wirtshaus, machte nach Tisch meine Geldgeschäfte, lief durch die Stadt, welche ein Wunder schönes Schloß und Promenaden hat, und der Kopf ward mir so toll über den großen Kirchen, Heiligenbildern und der neuen Aufklärung, daß ich beinahe Tränen vergoß, dann ging ich in das große Julius Hospital, das prächtigste und größte seiner Art, und guckte es an, Abends war ich bei Niethammer zu Gast, wir waren allein, und ich mußte reden von allem was ich wußte, also langweilte ich mich, von dort schrieb ich Dir. Die Hufeland liegt im Kindbett, die Schelling geht mit Niemand mehr um, und der Gott Kama ist von mir in seiner himmelblauen Uniform im Isenburgischen Hotel im Hof stehend erblickt worden, er ist schon ein halbes Jahr mit seinem Zögling in Würzburg und lebt beständig unter der höchsten Noblesse, auch sagte mir Medicus, wie er bereits mehreren Damen als ein sehr tieffühlender junger Mann erschienen sei, über die Herrschsucht der Hufeland wußte mir Medicus nicht genug zu klagen, übrigens ist die Niethammer und Paulus und Madame Siebold genau mit ihr liirt. Kilian habe ich auf der Straße gesehen, er erwartet hier den Schluß seines Prozesses. Markus hat vom Bamberger Gericht bereits das Urteil der Cassation und ist jetzt in München, seine Künste aufzubieten, der Paulus macht Markus keine Ehre, der mir von allen Menschen als ein schmutziger, sehr häßlicher feiner Jude beschrieben ist. Von Würzburg reiste ich in Franken bis Neustadt an der Saale allein, wo ich im Wirtshaus die Frau des Hofrat von Herlein antraf, der bei der Mutter Frizze ihrem Mann ist, und mir viel von ihr erzählte. Apropos zu Würzburg an der Table dhote saß ein häßlicher Mensch, der, als er meinen Namen hörte, mich fragte, ob ich Verwandt mit jenem sei, der die Mereau geheuratet, ich sagte nein, hierauf zog er etwas über mich los, ich fragte ihn um jenen Brentano und ob er ihn kenne, ob ich ihn kenne, sagte er mir ins Gesicht, und wie kenne ich ihn, dann wollte er auch ziemlich kek von Dir anfangen – still, sagte ich ihm, ich bitte Sie, von meiner Frau zu schweigen, denn mit ihr bin ich sehr nahe Verwand, mit Brentano aber nicht, denn ich bin er selbst, da saß der arme Teufel, und läßt Dich grüßen, er heißt Rousseaux von Gotha und ist Schlichtegrolls Schwager. Der junge Hof, holländischer Soldat, hat sich zum Fähnrich geschwungen. – Glücklich preise Dich in Deiner Pfalz, immer elender wird das Land und das Volk, ich habe es recht erfahren, und welche schwere Reise steht mir bevor, in dem schrecklichen Regen, Weg und Land. allein Sieben Carolin kostet es mich nun bis hier her, keinen Mitreisenden habe ich gefunden, und werde mich vielleicht zum Postwagen entschließen müssen, Geislern habe ich unter seinen Kindern getroffen, so gefiel mir seine Frau sehr gut, sie war Todkrank, ihr jüngstes Kind ist gestorben, ich will heute zu ihm ziehn und ein paar Tage Wetter und Umstände abwarten, wenn Du diesen Brief erhältst, bin ich hoffentlich schon in Berlin, denn die Post geht erst bis Sonntag, und läuft wohl 5 Tage, und heute ist Freitag. Ich bin aus Liebe zu Dir im Wirtshaus Stadt Altenburg eingekehrt und habe wunderliche Stuben Nachbarn gehabt, jed Wort zur linken und Rechten konnt ich hören, links wohnte eine Judenfamilie, die Zahn weh hatte, Awei mer gings die ganze Nacht, was Kosts ausreiße, – a klane Taler, sagt die Frau, Schmerza kosts sagte der Sohn – au wei mer a klane Taler a paar baamwolle Strimp will ich ihm geba, au wei mer a klane Taler. Rechts wohnte ein Edelmann von Posen, der von Paris kam, er ist jung und hat hier in der Gegend in seiner Studirzeit ein Kind gemacht, um Vier Uhr wollte er weg, und sieh da, er Verschläft es, und erscheinen Mutter, Kind und Großmutter bei ihm, ich hörte jedes Wort, die Großmutter schickte er einstweilen weg, mit der Mutter setzte es Tränen, das Kind wurde geküßt, die Mutter beschlafen, Handschriften ausgestellt, Adressen gegeben, Geld gegeben, weiteres Stillschweigen befohlen, geweint, gedankt bis Mutter und Kind wegging, da weinte der gute Mann Rotz und Wasser, nun kam die Großmutter wieder, und er erzählte ihr seine ganze Vermögenslage, und versprach goldne Berge, wenn sie ferner die Sache geheim halte, daß seine jetzige Frau nichts erfahre, und so kam endlich der arme Teufel mit viel Geld und vier Pferden Extrapost aus der Klemme. Das war mir seit lang die artigste begebenheit. –

Freitag Abend. Heute nun schon den ganzen Tag genieße ich die angenehme Empfindung eines wohl habenden, wohl eingerichteten Hauses, und sehr gütiger lieber Menschen, besonders Geißler wird mir mit jedem Augenblick lieber, auch seine Kinder sind die angenehmsten und liebsten, die ich bis jetzt gesehen habe. Ich war heute Morgen bei Schlichtegroll und auf der Bibliothek, wo für mich mit die vortrefflichsten Sachen sind, besonders schöne Manuskripte, die Leute selbsten verstehen sie nicht zu achten und haben deswegen noch nichts davon bekannt gemacht, auch schienen sie ihnen selbst unbekannt. Ich gehe morgen wieder hinauf, zu Mittag aß Schlichtegroll und seine Frau bei Geißler, welche mir beide nicht sehr gefallen, er hat was Justiwachlerisches. Wenn Geißler wegzieht, so wird er vermutlich nach Dresden ziehen, der Jude Hekscher, der – sage sie mir nichts von der Vestris – steht im Handel mit ihm. Geißler erweist mir wirklich so viel Liebe, daß ich ganz beschämt von ihm bin. Seit drei Tage regnet es nun, und ich fürchte mich sehr meiner Reise halben. Unzählichemal hat mich die Reise nun schon gereut, und in diesem Augenblick bin ich sehr bewegt, daß ich Dir nicht rufen kann, auch schmerzt es mich noch keinen Brief zu haben, Du hättest mir doch zuvorkommen sollen. Ich habe heute eine Beschreibung von Berlin gelesen, nach welcher mir die Stadt sehr angst und bang macht mit ihrer leeren Größe. Ich will nun von hier nach Leipzig auf dem Postwagen reisen, der bedeckt ist, und dann mein Weiteres Geschick abwarten. Im Reisen liegt für mich etwas leeres, Zeitverderbendes.

Lebewohl habe mich lieb, ehe ich weiter gehe mehr

Gotha den 4ten [November] 1804

Clemens.

An Clemens

Heidelberg d. 2ten Novbr.

Ich empfing Deinen Brief mit vieler Freude, ward traurig, als ich ihn las, und lächelte als ich ihn gelesen hatte. Ich muß Dir doch manches über Dich und Deine Lage sagen, ob ich gleich weiß, daß Du wenigstens ebenso gescheid bist, wie ich, und alles eben so gut wissen kannst. Ich verwundere mich immer, daß es Dich traurig macht, wenn Du unter fremde Menschen trittst, da dies doch Dein eigentlicher Beruf, Deine Amtsgeschäfte auf Erden sind, und ich kann es gar nicht leiden, wenn Du davon oft so klein und unbürgerlich denkst. Wie dieser Decrete ausfertigt und jener auf dem Rednerstuhl tritt, so bist Du bestimmt, durch Dein Leben, durch Deine Reden, Deinen Witz, Eifer, Deine Experimentenlust, die Menschen zu wecken, in den dunklen Cammern eine Kerze anzuzünden, manches Neue alt, und manches Alte neu zu machen – und daß es Dir so Ernst damit ist, daß Du nicht wie die *meisten gebildeten Menschen gegen das Leben, gegen Geschäfte, Künste, ja gegen Vergnügungen nur mit einer Art von Selbstverteidigung zu Werke gehst, und lebst, wie man ein Pack Zeitungen liest, nur damit man sie loswerde* – das macht Dir viel Ehre, nur bisweilen überfällt Dich eine seltsame Blödsinnigkeit, daß Dir die Tage unnütz vorkommen, und Du meinst, es wäre nichts, und käme zu nichts, weil das, was durch Dich entstanden, nicht wie ein beschriebner Bogen Papier vor Dir liegt – Ah! Die Entfernung ist doch auch zu loben; wärest Du bei mir gewesen, so hättest Du mich das alles nicht sagen lassen, und doch ist mir ganz leicht darnach, nur das füge ich noch hinzu, daß der Lebensbalsam, den Du für andre hast, einen feinen geistigen Öl in einem verschloßnen Gefäß gleich ist. Nur mäßig verbreitet erquickt und belebt es, ganz geöffnet, betäubt, tödtet es und verzehrt sich selbst.

Was Deine Vermögensumstände betrifft, so scheinen sie mir selbst bedenklich genug, obgleich ich nun ein für allemal, darüber nicht ängstlich werden kann. Auf jeden Fall kannst Du Deine Reise mit frohem Mut und leichten Herzen fortsetzen und Deinen Aufenthalt froh genießen, denn, kömmt es nicht so

schlimm als man fürchtet, so kannst Du dies Geld leicht verschmerzen, und kömmt es wirklich, so kannst Du froh sein, dies wenigstens noch genossen zu haben. Ich höre von so vielen Leuten von Krieg sprechen, daß mir selbst, der Verlust Deiner Einkünfte wirklich wahrscheinlich wird, und deshalb wiederhole ich Dir sehr ernstlich den Rat, den ich Dir schon mehrmals gegeben. Nehmlich: in kurzer Zeit die Summe von 10-20 000 fl. Dir auszahlen zu lassen, und dies irgendwo anders auf eine sichere Art, die ich wohl auffinden wollte, gegen 4 bis 5 procent auszuleihen. Ich bitte Dich, dies zu bedenken; es ist die vernünftigste, die einzige Art, der Gefahr auszuweichen.
Ich habe den Hfr. Jung in Gesellschaft gesehen, und er hat meine ganze Aufmerksamkeit an sich gebunden. Der Mann hat etwas liebes, man sieht daß sein Leben aus *einem* Guß ist, daß sich von seiner Jugend bis ins Alter eine grade Linie zieht, und er mehr die Umstände bestimmt hat als sich von ihnen bestimmen [zu] lassen. Selbst seine breite Eitelkeit, mit der er unaufhörlich Fürsten und Prinzen bei den Haaren herbeizieht, indem er sich ihren Namen von seiner Frau soufliren läßt, hat etwas treuherziges und beleidigt nicht. Auch Heise und Bätz habe ich gesehen; sie sind mehrmals bei mir gewesen, der erste hat mich gebeten, mir seine Frau bringen zu dürfen, der zweite erinnert mich sehr an Majer, ich weiß selbst nicht warum.
Es ist jetzt so kalt, daß ich zittre, wenn ich denke, daß Du unterwegs sein könntest. Es reut mich sehr, daß Du Dir nicht noch einen Mantel hast machen lassen, so wie ich jetzt viele sehe, mit so breiten Kragen, daß sie ganz wie ein Mantel und ein Mäntelchen aussehen. Ich friere nun doppelt, einmal ohne Dich und einmal mit Dir, das heißt, wenn ich, wie jetzt, will schlafen gehen, denn am Tage wollt ich gern die Wärme mit Dir teilen, weil sich mein Zimmer unbegreiflich gut heizt. Deine Bücher sind wohlverwahrt und hat sie noch niemand zu sehen bekommen. Mein Schlafzimmer habe ich sehr zierlich mit Bildern aufgeputzt und es sieht sehr appetitlich aus. Arnims Bild ist immer ganz verhüllt, nur an ganz trüben Tagen wird der Vorhang weggezogen, weil es da nicht trüber wird und mir die trüben Tage hell macht.

Creuzer steht in Unterhandlungen mit Würzburg, und so bald man ihm annehmliche Vorschläge tut, geht er bestimmt, und so bald als möglich hin. Er hat hier viel Feinde, und wünscht sich sehr weg, und würde sogleich reisen und seine Frau einstweilen zurücklassen. Die Beiden gefallen mir nicht mehr zusammen, die Würdigkeit ihres Verhältnisses ist nicht wieder herzustellen; sie geben nur das ewig wiederholte Schauspiel einer verunglückten Ehe. D. Loos hat mich auch besucht; er ist doch ein guter Mann, sein Besuch macht einem alle Zeitungen und Wochenblätter entbehrlich.

[10. November]

Ich habe Deinen zweiten, bunten Brief erhalten. Wie kannst Du nur zweifeln, daß Du zum Reisen geboren bist? wem auf der Welt als Dir, könnten nur so schnell eine Menge lustiger und seltsamer kleiner Abentheuer begegnen? wer hat Dein Auge, sie zu sehen, Deine Feder, sie zu erzählen? – ich hätte diesen Brief schon nach Berlin geschickt, aber ich wußte Deine Adresse nicht und mußte erst nach Frankfurt schreiben, sie zu erhalten. – Deine Beschreibung von Waldthüren hat mich fest bestimmt, bei der nächsten Walfahrt hinzureisen. Ich sehne mich schon so lange ein katholisches Fest zu sehn! als jetzt Allerheiligen war, war es mir sehr intressant um Deinetwillen. Ich ging mit Creuzer in die Kirche, aber es war ein Fest ohne alle Festlichkeit.

Manches was Dir die Niethammer sagte, wunderte mich und ärgerte mich, ich kanns nicht leugnen. Ich denke dann manchmal, was andern so scheint, könnte ja auch so sein. Und wie kannst Du Dich wundern daß Niethammers das was Du über mich vermocht, als Heldentat ansehen, da Du es selbst so betrachten mußt, denn sonst würdest Du nicht so oft davon sprechen? Mir gefällt das nicht von Dir, es ist kleinlich, prahlerisch und Deiner unwert. – Daß Majer in Würzburg ist, ist comisch; er wird nun wohl noch zehnmal dicker geworden sein, und so ist es ihm leicht, wie eine leere Blase auf dem Strom der Welt zu schwimmen. Daß es Dir bei Geißlers wohl ist, freut mich sehr. Doch verweile nur nicht so lange, damit

nicht irgend ein häßlicher Irrtum Dich um die Wahrheit betrügt. – Es ist heute so trüb, so trüb wie nirgends in der Welt, man möchte sich vor lauter Trübsinn verlieben. Die Nebel nehmen hier die seltsamsten Gestalten an, und der Regen fällt zuweilen auf kleinen Stellen, nicht tropfenweis, sondern aus einem Guß herab. Diese Trübheit macht mir Kopfweh, weil ich überhaupt jetzt nichts so sehr als Deutlichkeit und Klarheit liebe, so reizend mir sonst öfters Dunkelheit, Verworrenheit und Undeutlichkeit dünkte. – Keine andre Wohnung habe ich noch nicht finden können; alle sind häßlich und teuer, und die andern sind mit ihren Wohnungen noch weit unzufriedner, wie zum Beispiel Heise und die M. Kalm, die ich habe kennen lernen. Sie hat in ihrem Gesicht, einen Zug von Gemeinheit und von großer Festigkeit, zeichnet schön und spricht sehr gebildet und sicher. Ihr Kind ist lieb. Alle sind nach meiner Wohnung lüstern, vorzüglich Schwarz, der schon Pläne macht, eine Küche anzubringen. Schick mir eine Anweisung auf 50 fl. an Loos, damit ich die Fr. Registratorn bezahlen kann; doch will ich mir das Geld, wenn sie es nicht verlangt, erst zu Weinachten von Loos auszahlen lassen. Hier ein Brief von dem köllner Bücherwurm, ich kannte die Hand und öffnete den Brief, wenn vielleicht etwas eiliges darin gewesen wäre. Auch kam ein groß Packt Bücher an Dich adressirt, dessen Fracht ich bezahlt habe. Leb wohl, ich liebe Dich, nicht wie immer, sondern anders. Wie freu ich mich auf Deine Briefe!
Von Hulda sehr herzliche Grüße, sie hat Dich sehr lieb.

An Sophie

7. 9bre Abend 11 Uhr 1804. Gotha.

Liebes Weib! Morgen früh um fünf Uhr fahre ich aus dem Hause Deiner und nun auch meiner gütigen Freunde nach Leipzig ohne nach Weimar oder Jena zu kommen, ich habe unsägliche Liebe bei Geißler genossen, er war den ganzen Tag mit mir zusammen, ja er bediente mich beinahe wie ein Diener, es rührt mich sehr, daß er mich zu lieben scheint. Nie habe ich Menschen gesehen, denen ihr Überfluß so überflüssig ist. Sein Unglück ist unstreitig, daß er ohne Enthusiasmus, und eigentlichen wissenschaftlichen Sinn ist, die Langeweile plagt ihn. Er will nun den Winter auf mein Anraten den Tristan studiren, vielleicht freut es ihn und er hilft, daß die Gothaer poetische Manuskripte gedruckt werden. Er hat immer noch großen Lust nach Heidelb[erg] zu ziehen, und besonders nach Neuenheim, auch sie wünscht es, es wäre dies für uns sehr vorteilhaft und ihm, wenn ich ihn zu irgend einer Unternehmung bewegen könnte, wornach er sich sehr sehnt, auch sehr wohltätig. Alles kömmt darauf an ob er sein Haus gut los wird. Ich bitte Dich in der Stille, ihm auch zu zu reden. Geißler[s] Kinder sind allerliebst, und die Frau gefällt mir von Herzen in ihrer Umgebung, Du hast sie eigentlich viel zu wenig gegen mich verteidigt in Heidelberg. Ich habe überhaupt in Gotha recht glücklich gelebt, täglich war ich auf der Bibliothek, wo ich bin wie zu Hause, so ungenirt genießt man die Bücher, so gefällig sind die Leute. Ich habe eine seltne gedruckte Geschichte, die nicht sehr groß ist, drauf gefunden. Geißler läßt sie Dir abschreiben, und schickt sie Dir, ich glaube Du kannst sie gut unter Deine Aufsätze bearbeiten. Sieh, wie ich immer an Dich denke. Arnim hat mir geschrieben, wenige worte. schreibe mir nach Berlin bei Baron Ludw. Achim Arnim hinter dem neuen Packhof. Halte mich lieb, schreibe mir oft, sonst bin ich in ewiger Unruhe, denn ich liebe Dich herzlich, sieh drauf, daß Hulda was lernt, denke, wie sie Talente so nötig hat, schone Deinen Leib, und mein Kind, Sophie liebe mich, sei treu, und trage Deine Seele über die Eitelkeit empor, ach liebes Weib, das Leben ist so kurz, und doch kann man so gut drinne sein, den ewigen Himmel zu verdienen. Besonders bedenke unsre Armut. Dein

treuer Clemens.

An Sophie

Leipzig am 9ten November. Abends 11 Uhr. 1804.
Mein geliebtes teures Weib! gestern Morgen ehe ich Gotha verließ schickte ich Dir einen Brief, heute Abend, da ich in

Leipzig ankomme, schreibe ich Dir noch, damit es der Kutscher wieder bis Gotha zurück nehme, weil die Post erst Montag abgeht. Viel werde ich Dir nicht schreiben können, es ist schon 11, aber daß ich Dich liebe, ist ja so viel, und Du für Dich doch oft so wenig. Du glaubst nicht Sophie wie leid es mir tut, von Dir hinweg gegangen zu sein, es war eine Torheit, zu der Du mich gezwungen hast, in einer ewigen Unruhe bin ich Deinethalben, Eifersucht, Sehnsucht, alles plagt mich, lange bleibe ich nicht hinweg, ich fühle es schon, und es wäre auch sehr unsinnig, ich war heute den ganzen Tag so tief bewegt und traurig, das ist nun der Vierte Brief, den Du erhältst, und ich armer Schelm werde auf wenige Zeilen lange noch harren, nicht rufen nicht verlangen wirst Du mich, nein Du wirst mir etwa Glück wünschen, daß ich in Berlin bin, wirst Dich etwa auch in eine leere Fremde sehnen, o Sophie, wie selig ist der, nach dem man sich sehnt, nach dem man verlangt, lange habe ich nicht die innige Zaubernde Begierde nach Dir empfunden, die so wie Muttermilch um das Herz leppert, ich kanns nicht anders ausdrücken, nehme es wie Du willst. Ach liebes Kind, Du warst so auf Guten Wegen, als ich Dich verließ, o laß Dich so wiederfinden, sanft, arbeitsam, gefällig, und um eins noch bitte ich Dich, mäßige Deine Begierde nach Jette, ich weiß nicht, warum ich vor einer Zusammenkunft zwischen euch zittere, ich fürchte immer, sie könnte manches, was mich an Dir zu verändern so viele bittere Tränen gekostet hat, wieder erschaffen, verzeih Sophie, aber ich kann nicht anders, ich meine Du tätest besser Dir die Zerstreuung zu machen, wenn Du kannst nach Wirzburg zu gehn, es würde auch weniger kosten; ich bin fest entschlossen in höchstens drei Monaten wieder in Deinen Armen zu liegen, denn ich fühle mich arm und elend ohne Dich. O schreibe mir viel und weitläufig, ich werde nicht eher glauben, daß Du mich liebst, als bis Du wahre volle Briefe schreibst. In keinem Falle werde ich Deine Ordre abwarten, zurückzukommen, ich will Dir die Freiheit nicht gestatten, an mir eine kalte Tirannin zu werden, ich werde kommen, wenn mein Herz es mich heißt, ach und in diesem Augenblick möchte ich schon umkehren, aber ich würde mich vor Arnim schämen, ich schwöre Dir Sophie, Du kannst nicht so Dich sehnen, nicht so lieben, wie ich, ich armer innerlich entzündeter Junge, heute schon den ganzen Weg zerreißt mich die Erinnerung an Deine verfluchte Berliner Reise mit Schmid, bei jedem Gegenstand denke ich an Dich, und daß er unter wegs in einer Stube mit Dir schlief, dann ergreift mich eine innere zerreißende Wut, es ist, als könntest Du mich betriegen, als hättest Du mich weggesandt, frei zu sein, ach Sophie! Du bist nicht deutlich, Dein Herz Dein Sinn ist nicht deutlich, wie konntest Du nur von mir fordern zu glauben, Du habest mit Schmid so vor nichts und wieder nichts gereist und geschlafen, sieh das zerreißt, nie, nie hätte ich diesen Weg gehen sollen, der meinen alten Schmerz über Deinen Leichtsinn, Deinen bösen Ruf erweckt, o Sophie verzeihe, sieh ich ringe die Hände, in dem ich dieses schreibe, ich liebe Dich, ich bin behext, aber ich bin auch sehr unglücklich, daß Du nicht aufrichtig bist gegen mich. Es ist bereits zwei Uhr, die Augen wollen mir zufallen, bis Dienstag bin ich in Berlin, 71 Meilen von Dir, aber lange nicht, ehe Du Dich versiehst, gehe ich zurück, ich bin sogar fest entschlossen, Dir vorher nicht zu schreiben, ich will sehen, ob Du vor Freuden weinen kannst, mich plötzlich wieder zusehen, halte Dich gut, liebe mich, gedenke mein, o teueres Weib, die ich so innig liebe.

Clemens.

N. S. ohne Wert.
Ich bin durch Weimar gekommen und ohngefähr 2 Stunden dort gewesen, Vogt und s. Frau waren nicht zu Haus, natürlich um die Möbel im Schloße zu sehen, Tiek kam zu mir, seine Schwester ist noch in W., ich sah sie nicht, auch die Alberti ist dort nach Hamburg zurück zu kehren, Möller nebst Frau sind nach Münster zu dem Katholischen Stollberg, bei der Ahlefeld solls die alte Leier sein, sie klagt von Dir nichts zu wissen, als ich durch Weimar fuhr, war alles voll Ankommender zu dem Ankunftsfest, bei dem Schloße war ein Triumpfbogen für 3000 Rth. gebaut, und bis Auerstedt noch 4 andere von Tannenholz, alle Soldaten, alle Förster sind beisammen,

ich begegnete sie bei Naumburg. ich Schrieb Dir dieses weil ich weiß daß Neuigkeiten Dich freuen, der Rat Beker aus Gotha von Wien [kom]mend, begegnete mir in Weißenfels, er hatte einige [male] mit Franz und Tonie gegessen und grüßt, [Ti]eck sieht noch elender aus als sonst, war aber himlisch freundlich und froh, mich zu sehn, er wohnt jetzt im ehemaligen Quartir der Imhof. Der Herzog von Gotha hat jetzt den Maler Grassi bei sich, der ihm alle die Personen zu einem Roman malen muß, an welchem er noch arbeitet. grüße alles schreibe mir auch alles was Du weißt, und vergiß das Datum nicht. Sophie, o wäre ich bei Dir, o könnte ich Dich umarmen. Ach auf Erden ist keine vollkomne Erwiederung, drum wirst Du im Himmel erst recht mein sein müssen.

An Sophie

Berlin, [den 14.] November 1804

Geliebtes Weib!

Dienstag den [13.][1] Nov. also gestern Morgen bin ich in Berlin angekommen. Mein und Arnims Wiedersehen war rührend für beide, ich kann nicht sagen wie mir zu Mute, er ist immer noch derselbe, nur durch seine Krankheit wenig magrer. Er hat zu meiner Ankunft expreß ein weiteres Quartier gemietet, vier Stuben im Levischen Hause parterre hinter dem neuen Packhofe, er hat alles Geräte für mich eingekauft, wie für eine Frau, wir haben uns recht lieb, nichts betrübt mich manchmal, als daß ich mich nicht recht herzlich freuen kann, weil ich immer denke, daß Du so allein bist. Arnim mögte gar gerne Du kämst auch noch zu uns und zögst mit uns zusammen, auch ich freute mich, aber die Ausführbarkeit ist so schwer, und es könnte unsre Umstände verwirren, doch ist der Plan noch nicht aufgegeben und es ist sehr möglich, daß wir plötzlich kommen und Dich entführen, es ziemte sich nicht, in den ersten paar Tagen darüber deutlich zu reden, kurz Arnim zweifelt sehr

[1] Datum von Clemens ausgelassen.

dran, wozu er auch ein großes Recht hat, daß ich auf längere Zeit von Dir entfernt, frölich sein könnte. Denn ich muß wenigstens nächster Tage kommen und fühlen, ob mein Kind unter Deinem Herzen hüpft, ich muß gewiß bald wiederkommen, denn Du wirst mir nicht genugsam schreiben. Was meine poetischen Wünsche angeht, so ist Arnim zu Allem sehr geneigt, wenn ihn nur nicht das unendliche Quellen eigner Produktion daran stören mag. Die Zahl seiner auf seinen Reisen geschriebenen originellen seltsamen lieder macht, (es klingt lächerlich aber bloß, weil es wahr ist) einen Tisch hohen Stoß Papier. man erschrickt, wenn man nur ihre Menge sieht, und fürchtet, daß er sie herausgeben möge, um auf hundert Jahre Verse genug zu liefern. Seine Persöhnliche Lage ist so, ohne Eltern teilt er sich mit seinem Bruder in die Güter, die, wenn gleich groß und bedeutend, doch wieder sehr verschuldet sind. Er will mich nächstens mit auf eines nehmen, wenn er Gerichtstag hält, es liegt bei Dresden, daß heißt ohngefähr 10 Meilen davon. Ich habe den Onkel Carl hier aufgesucht, bei dem ich in Schönebeck war, er haust hier und war nebst seiner lieben Frau recht gütig gegen mich, er hat mir seinen Tisch angeboten, wovon ich dann und wann Gebrauch machen werde, er ist auf die Großmutter nicht alzu gut zu sprechen. Eine Frau Schwester, die er bei sich hat, und von der ich immer viel Gutes gehört, ist ein sehr karacktervolles freundliches Mädchen, die einen sehr geselligen Eindruck macht, sie ist ohngefähr 25 Jahre alt, und ist eine neue Tante, die ich noch nicht kannte. Übrigens sehe ich hier recht, wie unnütz vieles Reisen sein würde, denn ich habe auch gar keine Freude an dieser so zu sagen schönen Stadt, man verliert nur mehr Zeit durch die Gassen zu gehen, und der Wind weht einem An, das Brandenburger Tor ist sehr schön, aber es ist mir, als halte es die Stadt nicht recht warm, und der Wind weht herein, auch ist es zu hoch für die hiesigen Grenadier, und zu niedrig für die Vögel aller Welt. Es ist alles sehr teuer hier, man fürchtet eine Hungersnot. Seltsam ist es, daß ich niemand besuchen mag, selbst zum Theater habe ich keinen Lusten, ich lese Arnim den Schelmufski und den Tristant vor, die ihn entzücken, er will den Tristant bearbeiten, und ich hoffe beinahe vortrefflich, A. W. Schlegel hat ihn auch schon begonnen, aber sehr süß und geschniegelt, wie ich höre. Ziebingen wo Tieck bei Burgsdorf wohnt, ist ohngefähr dreizehn Meilen von hier, wir wollen ihn nächstens besuchen, Alles das kömmt Dir wohl recht beneidenswert vor für mich, aber ich will Dir nicht verhelen, daß mein Herz sich ohne Dich und jene Einsamkeit, nach derem Ideal ich strebe, in Sehnsucht kranckt, ich schäme mich nicht, es Dir zu sagen, daß ich es nicht der Mühe Wert fühle, Menschen kennen zu lernen, wenn man welche kennt und liebt, und ich kenne Dich und liebe Dich, wenn auch manche Narbe in Deiner Seele ihre volle Anmut beschränkt, so bist Du mir doch, und wirst mir ewig bleiben die höchste Annäherung an jenes Weib, das ich in Dir gesehen, wie (um in der Ferne meine Begierde wenigstens wörtlich zu erfüllen) eine gewisse Narbe in Deinem Leib alle seine Anmut umschränkt, welche mir ist, und ewig sein wird die süßeste Annäherung an jenes Weib, das ich in Dir geküßt.

[17. November]

Heute ist schon Sonnabend, ich habe aus Unwissenheit eine Post versäumt, wahrhaftig es ist keine Vergessenheit, stündlich denke ich und Arnim Deiner, der überhaubt mein ganzes Berlin ist. Wir sitzen viel bei einander und sinnen über guten Plänen, aber es ist schwer etwas auszuführen. Im Mondschein hat Berlin etwas sehr reizendes, die Architektur wird dann so herrschend über das Nützliche in ihr. Gestern hat mich Laroche mit in das Haus des Geheim. Finanz Rat Rosenstiel genommen, der über die Porzelainfabrique ist, er ist ein alter Freund von der Larochischen Familie, ich habe dort zu Nacht gegessen, dieses Haus soll, wie ich nachher gehört habe, den wahren Superfeinen Berliner Ton haben, ich habe nichts davon gemerkt, als eine wunderliche Unbefangne Geschwätzigkeit im feinen Stil, von seiten der Töchter, die mich Etwas anekelte, alle diese Leute können doch bei der Gundel in die Schule gehn. Ich habe wieder in dieser Gesellschaft eine Rechte Freude an der oben erwähnten Schwägerin Larochens gehabt, ich habe wenige Frauenzimmer gesehen, die so durchaus wohltätig in der Gesellschaft erscheinen, sie hat in ihrem ganzen etwas ähnliches mit Claudine, nur ohne die Schwäche dieser, auch hat sie mehr sogenannten Verstand, und in Claudine ist das Kindische überwiegend, ich glaube Du könntest sie recht lieb gewinnen. Was die Unverschämte, sich gewisser maßen gar nicht über sich selbst verwundrende Unzucht dieser Stadt betrifft, nur folgendes Beispiel, neben beiliegender Artiger Satire auf Merkel, der hier in allgemeiner Verachtung lebt, hing an dem Fenster eines ordentlichen Buchhändlers öffentlich ausgehängt, die Abbildung der Nackichten Madame Baranius, jetzigen Ritz, in Bunten Farben schön gestochen, die die Beine auseinander reißt, und die geheimsten Teile in schändlicher Deutlichkeit Zeigt, mit der Unterschrift, die göttliche B. Die Frau des Buchhändlers legte sie mir nebst andren Blättern ohne sich zu schämen hin, und ich begab mich indignirt von dannen. Von Merkel folgende wahre Anekdote. Einige Gendarmes Offizier hatten sich vorgenommen, ihn bei der table d'hote so lange allerlei Wortspiele Merkel Ferkel hören zu lassen, bis er grob würde, und ihn dann zu prüglen, der Wirt, der es erfuhr, warnte Merkeln deswegen, und dieser begab sich deswegen sogleich zum Stadtkomandanten von Götz, der sehr grob ist. Mein Herr Commandant, einige Herrn Gendarmes wollen mich prüglen – haben Sie die Prügel schon? – nein morgen solls geschehen – so, dann kommen Sie wieder, wenn Sie geprügelt sind, und ich will Ihnen Satisfaction schaffen. – Die Sache ist wörtlich wahr und lustig, Docktor Loos wird nicht verfehlen, sie an le Pique und Wedekind zu melden. Bei Hufelands war ich noch nicht, will aber nächstens hingehn. Apropos, was Deine Unternehmung bei Willmans angeht, wünscht Arnim Dir dann und wann einige Beiträge schicken zu dürfen, er hat eine Menge kleiner Erzählungen und Lieder, die Dir recht willkommen sein könnten, und es erleichtert Dir Deinen Gewinn und ziert Dein Buch, er will, wenn Du es begehrst, seinen Namen dazu setzen, überhaubt kann es so eine Zeitschrift gewissermaßen werden, ich denke, das wird Dir lieb sein und ich bitte Dich Deine Einwilligung bald zu schreiben, wie überhaubt zu schreiben, dies ist nun mein 5ter Brief und keine Zeile, bedenke doch meine Sorge, ob Du nicht krank bist, o Sophie erkalte die schöne freundliche Gesinnung, die Du mir in den letzten Tagen so wohltätig bewiest, nicht in Dir. Sollte dann und wann meiner Feder etwas entfließen, was Dich schmerzte, so verzeihe mirs, sei meiner unendlichen Liebe versichert, die schriftlich in ihrer Begierde sich ganz zu entwicklen oft undeutlich und sich selbst schädlich erscheinen mag. Schreibe mir ja sobald Du Leben unterm Herzen fühlst, o ihr glücklichen Weiber, die ihr doppelt leben könnt. Teures, geliebtes Weib, werde, sei eine Gute Mutter, sei meine gute Gattin, Zwinge mich den Moment zu benedeien, der mich Dir vereinte, ich weiß nichts mehr von allem Schmerz, nur die Liebende Erinnerung ist mir geblieben, Du sollst mich wiedersehen, wie einen neuen feurig liebenden Jungen, o lasse Dein treues Herz eine Wohnung treuer Sehnsucht nach mir werden, wie es das Meinige zu Dir ist, laß Deinen Schoß eine Wiege meines Kindes sein, und einen dürstenden Becher nach meiner Umarmung, o könnte ich Dich izt umfassen, könntest Du in mein Aug sehn, mein Herz fühlen, die Lippen, den Leib dem Meinigen verbinden, o Sophie sehne Dich in treuer keuscher Liebe, verschenke mir keine Rede, keinen Blick, und glaube, daß ich es verdiene, es ist süß, ja wohllüstig, treu zu sein, und es zu fühlen. Schreibe mir auch bald von Deiner Wohnung, Deinem Auskommen, o lasse mich nicht länger so ausgestoßen sein aus Deiner Nähe. Hast Du das Geld, die 4 Carolins von Würzburg erhalten. Grüße Hulda, sorge für ihren Unterricht, bedenke, daß sie arm ist und von ihren Talenten ein großer Teil ihres Glücks, und Deiner Ruhe abhängt. Ich lebe im ganzen hier, wie in Heidelberg, so einfach, alle Woche sollst Du einen Brief von mir haben, mache es auch so wie ich, schreibe mir täglich einige Zeilen, sieh jeder Tag, an dem ich nicht etwas für Dich getan habe, ist mir ein Gewissensbiß, Du hast ja Zeit, schenke meinem Andenken täglich einige Minuten, da ich Dir Stunden schenke.

An Clemens

[Heidelberg] den 12ten 9br.

Ich träume oft von Dir, ohne gerade an Dich zu denken; doch ist dies wohl das eigentlichste, tiefste Denken. Aber fast immer seh ich Dich mit schönen Frauen, mit denen Du sehr intressante, kleine Romane spielst. Zwei waren besonders lebhaft. Die Eine hieß Jeannette und war eine Abentheurerin, eine schöne Sünderin wie Du sie liebst. Sie war bei Dir unter mancherlei Verkleidungen, und Du machtest mir ein Geheimnis daraus, bis ich es endlich erfuhr, und aus dem Haus lief, Deiner Falschheit wegen. Die Zweite war eine schöne, coquette Frau aus meiner frühern Bekanntschaft, sie war sehr zärtlich gegen Dich, Du fuhrst die ganze Nacht mit ihr spazieren, und am Morgen frühstücktet ihr in einem schönen Garten, wo mir ein kleines Mädchen euren Aufenthalt verriet und mich heimlich hinführte. Ich sah euch sitzen, Du schienst kalt und zerstreut, doch wußte ich nicht was Du dachtest, welches mich sehr ärgerte, da ich doch bei diesem Spiel, Spieler und Zuschauer zugleich war. Genug von Träumen! Ich geh sehr oft spazieren, und die Gegend gefällt mir jetzt besser als jemals. Alles sieht so ehrlich aus; die Berge haben ihren täuschenden grünen Schmuck abgelegt und zeigen ihre wahren Gesichter, alle Felsen heben frei ihre braunen Häupter empor, und nur der gediegne Epheu saugt seine geheimnisvolle Milch aus ihren steinernen Brüsten. Zwischen durch laufen die frischen, kindischen Wässerchen, und breiten, so weit sie nur mit ihren Ärmchen reichen können, einen wundergrünen, jungen Teppich aus. – Meine Arbeiten rücken fort, und ich arbeite fast immer mit vieler Lust. Die Erzählung ist zu Ende, ich habe sie Kreuzer vorgelesen, und sie schien ihm sehr zu gefallen. Er sagte, er sei sehr überrascht, sie so sehr schön zu finden, er habe das nicht erwartet. – Wenn ich alles recht gut mache, so weiß ich auch, daß mir Dein strenges Gewissen noch den Tristrant zugesteht. Es hat ihn doch keiner so lieb wie ich, und – versteht ihn auch niemand so gut.

Sag mir, hast Du denn die Fastnachtsspiele und den Sternwald mitgenommen?

d. 13ten

Ich habe Deinen letzten Brief aus Gotha; die Nachricht, daß Geißlers noch herzukommen gedenken, hat mich sehr erfreut. Er selbst hat mir deshalb geschrieben. Verlaß Dich drauf, daß ich alles, was in meinen Kräften steht, zur Ausführung dieses Entschlusses beitragen werde. Es wär mir gar zu lieb! Mit Neuenheim ist es nichts. Ich habe Nachrichten eingezogen; alle Häuser sind schlecht eingerichtet, von Hols gebaut, ohne Grundstücke, und selbst die Lage, des Wassers wegen, der Gesundheit nicht zuträglich, auch ist jetzt keines verkäuflich. Doch sind wohl andre schöne und nah gelegne Güter zu kaufen, ich werde deshalb Nachrichten einziehen, aber mein Wille ist, Geißler zu bewegen, auf jedem Fall hieher zu ziehen, und sich dann anzukaufen; für eine gute Wohnung will ich ihm schon sorgen. Ich selbst habe noch keine andre Wohnung, doch hat mir die Fries noch Hoffnung gemacht. Sie war einigemal bei mir, es ist ein muntres, freundliches Weib, die oft ein recht holdes Wesen, nur leider, ein paar Duzend Ideen zu wenig hat. Indessen bin ich jetzt recht froh, in diesem Haus zu wohnen, das seinen stillen, ehrbaren Ansehens wegen sehr für mich paßt, und mir vorzüglich seiner dicken, wirtlichen Mauern und seiner sichern stets verschloßnen Türen wegen, sehr gefällt. Die ersten schützen mich vor Winden, die zweiten vor Dieben, von denen man hier häufig hört. Der Rudolphi sind mehrere hundert fl. gestohlen worden. Auch ist unsre ehrliche Wirtin noch gefälliger gegen mich als sonst. – Schreib mir doch von dem Befinden Deines schätzbaren Beines. Du weißt nicht, wie es mich intressirt und was für Folgerungen ich aus seinem Gut oder Übelbefinden zu ziehen wissen werde.

d. 17ten.

Soll ich weinend oder lachend auf Deinen letzten Brief antworten? – einen größern Don Quichote wie Dich, trug gewiß nie die prosaische Erde! Zuhause sitzt sein treues Weib, liebt ihn, lebt eingezogen arbeitsam, trägt ihn in und unter dem Herzen, und ist ganz zufrieden – er reist ganz lustig durch die Welt, zu einem geliebten, wunderholden einzigen Freund, er könnte ganz ruhig und glücklich sein, aber weil er nun gar nichts weiß, ihm gar nichts fehlt, so kämpft er gegen Windmühlen, und trägt sich mit den unwesentlichsten Grillen! – Ich bitte Dich, nimm doch das Gute wahr, das Dein ist, es nicht genießen, ist auch Sünde, und bekämpfe diesen unbeschreiblichen Hang, stets nach dem Fernen Dich zu sehnen. Diese ewige Sehnsucht gehört nur Gott. – Meine Liebe, meine ich, müßte Dich umgeben wie ein warmes, weiches Kleid, das Du überall mit Dir trägst und in dem Du Dich wohl befindest, aber es scheint, als bedürfe Dein Gefühl, um zu fühlen, öfters einen Reiz, der, wie spanische Fliegen, Blasen zieht. *Du* bist es, nicht ich, der ewig nach der Fremde trachtet. Deine Begierde *nach* mir ist eben das, was Du oft *bei* mir empfunden, was Dich jetzt zu mir zieht, zog Dich oft von mir weg, es ist ein allgemeines Gefühl, ein stetes Sehnen nach dem entferntem, das mich eigentlich ins besondre gar nichts angeht. Ich bitte Dich, lieber Fremdling, kom doch endlich einmal nachhause, Du bist stets nicht bei Dir, und es ist so hüpsch bei Dir; versuch es nur, und kom zu Dir selbst, Du wirst die Heimat finden, sie lieben, und dann immer mit Dir tragen! –

Es ist wahr, ein Gefühl ist in mir, ein einziges, welches nicht Dein gehört. Es ist das Gefühl der Freiheit. Was es ist, weiß ich nicht; es ist mir angeboren, und Du verletzest es zuweilen. Verteidigen kann ich es nicht, denn wer sich verteidigen muß, ist nicht frei; betrügen kann ich nicht, denn Betrug ist Zwang, kannst Du es also mehr schonen, wie bisher, so bin ich zufriedner. Von meinen Leben kann ich Dir nichts schreiben, es ist einfach und arbeitsam; es wär unmöglich, daß ich so viel arbeiten könnte, wenn Du hier wärest. Hulda war einige Tage und Nächte sehr krank an heftigen Husten. D. Loos, der täglich zu mir kömmt, hat sie sehr gut behandelt und sie ist jetzt fast ganz hergestellt. Er ist auch jetzt Arzt im Hause der Rudolphi. Er grüßt Dich, wie auch Creuzer.

Wegen Jette folgendes. Es ist jetzt mein wichtigstes Geschäft auf der Welt, für das neue, zarte Leben in mir, die größte Sorge zu tragen. Ich bin fest entschlossen es, die ganze erste Zeit über, bei Tag und Nacht, in keine fremde Hände zu geben

– denn ich weiß, was mich noch jetzt für Vermutungen wegen des armen Ariels, an den ich jetzt oft denke, quälen, und wie schlecht ich jede erkaufte Pflege, auch die bezahlteste, gefunden habe. Ich selbst möchte von keinem Mietling Dienste empfangen, und Jette ist die einzige treue Seele für mich auf der Welt, die mir das alles gern leistet, von der ich es gern annehme. Kann ich also von meinen Erwerb ihre Reise bestreiten, so laß ich sie kommen, wenn sie kommen kann, und ich weiß, Du wirst es billig finden, und diese mir so nötige Einrichtung auf keine Weise stören. Doch habe ich ihr noch nicht deshalb geschrieben.

Nun lebe wohl, mein Kind,
Dein Sinn sei leicht wie Wind,
Dein Lieb sei schwer wie Gold,
so bin ich stets Dir hold!

An Sophie

[Berlin, den 20. November 1804]

Teures Weib, ich habe gestern den 19 November Deinen geliebten Brief vom 2ten erhalten, stelle Dir vor, wie langsam die Post geht, und dafür mußte ich 14 Ggr. Porto zahlen, vorgestern den 18ten schickte ich Dir einen Brief, frankirt bis Duderstadt, wofür ich 6 Ggr. gezahlt, und diesen heutigen will ich sehen über Erfurt zu senden, indem ich ihn an Geißler einschlage, daß die Briefe so lange unterwegs bleiben, macht mir sehr bange, stelle Dir vor, Du würdest krank, so könnte ich gar nicht schnell zu Dir kommen, dieser Gedanke quält mich sehr, besonders, da man stark vom gelben Fieber redet, das bereits an einigen deutschen Orten sein soll, wenn nun bei irgend einer solchen Vermutung eine Briefsperrung oder ein wirklicher Cordon sollte gezogen werden, was auch sehr leicht bei irgend einem ausbrechenden Krieg geschehen könnte, so wäre es leicht möglich, daß ich ganz von Dir getrennt würde, ich habe daher eine stäte wunderbare Angst in mir und sehne mich immer nach Deiner Nähe. Ich schwöre Dir, daß ich seit meiner Abwesenheit von Dir noch keine Stunde zugebracht habe, ohne an Dich zu denken, Du weißt selbst, wie einig wir in der letzten Zeit gewesen, mir war, als hättest Du Dich mir genähert, Du warst freundlich, und tätig um mich, und weiter habe ich ja nie mehr gewünscht. Heut nun gar ist gar keine Rast in meinem Herzen, ich sitze zu Haus, und möchte Dich immer rufen, und umarmen, das Beste gefällt mir nicht, denn Dein Brief hat mich weinen gemacht, Du schließest, ich liebe Dich nicht wie immer, sondern anders, das ängstet mich sehr, ach wie liebst Du mich denn, wie anders, wie hast Du mich denn geliebt? ich werde ganz verzweifelt, wenn ich solche worte höre, die mir wie Musik tönen, denn sie kommen aus geliebtem Munde, aus Deinem süßen, küßigten Munde, aber ich weiß nicht wie es Dir dabei ums Herz ist, weiß nicht, ob Du still nach mir verlangen kannst, ob ich von Dir unsichtbar gezogen, zu Dir zurückkehren werde, oder ob es der ewige Wahn ist, der mich treibt. Sage wie ist dies nun, beglücktes Weib, denn zu Dir ist viel Liebe in meinem Herzen, wie ist es? daß ich hier nicht glücklich bin, nicht in Jauchzen und Freude, wo ich einen frölichen muntern Gesellen habe, geistreich und Lieder voll, wie es keiner ist, daß ich nur nach Dir mich sehne, als hätte ich Tristants Liebetranck getrunken, o Sophie! diesen Bann zu Dir hin, mit allem seinen Kampf, mit seiner ganzen bittern Süßigkeit, ich muß ihn ehren, es ist die höchste Gottesgewalt, die mich je ergriffen, sage, warum ist mir nicht auch ein solcher Liebreiz gegeben, daß Du meiner verlangen könntest. Warum muß ich nur sehnen, und bin unersehnt. O Laß dieser meiner großen traurigen Liebe zu Dir eine Ruhestätte in Deinem Herzen, die nie kein fremder Gedancke betrat, Gönne ihr ein reines einziges vertrautes Kammerlein in Deinem Gemüt, durch meine Liebe dieser Liebe erbaut. Zürne keiner Rede, keiner Härte, keiner Wankelmut, die Treue wohnt tief in meiner Brust, was ich fühle, was mich brennt, und drängt, Du magst es kühnlich Zauber nennen, Zauber zu Dir hin, Begierde nach Dir, ewiges Verlangen, Deine Seele in mir in Liebe neu zu gebären, und ob es gelingen mag? will ich nicht fragen, sollst Du nicht fragen – was mag gelingen? an allen Gränzen steht der Tod, o lasse in Deinen Armen, treuen Armen mit frommer Gesinnung mich entleiben, ich weiß auf

Erden keine Rettung als in Liebe, ich weiß keine Liebe für mich, als in Dir, wer mag nochmals durch tausend Mißverständnisse mit mir wandeln, wem mag von neuem mit neuer Qual ich alle Worte sagen, o Sophie, laß alle Liebe, alle schwere Herzensarbeit nicht verloren sein, sieh ich bin ja unerschöpflich an Milde, in Härte schöpfe ich nur Atem zu neuer Liebeslust, drum sei gütig, könne nach mir verlangen, könne mir verzeihen und mich herzlich lieben. – Arnim läßt Dich nochmals herzlich bitten, in Deine Sammlungen dann und wann einiges von ihm aufzunehmen, er hat so unendlichen Vorrat, und weiß es ohnedies nicht unterzubringen, auch hat er selbst nie Honorar von dem Buchhändler empfangen, und freut sich auf diese Art, einen kleinen Beitrag wo nicht mit zu dem Intresse Deines Buches, doch zu dem unsers Hausstandes zu machen. Ich dächte Du nähmst es freundlich an, und schriebst mir nächstens, ob und wie viel Du wohl brauchen kannst. Wir könnten leicht, wenn Du nicht unzufrieden damit wärst, das Ganze in ein Journal hinüberspielen, ich wollte dann auch mit arbeiten, aber nur in Deiner Nähe, denn bei Gott, hier nun gar ist keine Zeile zu dichten, zu sehnen, nur nach Dir ewig zu sehnen ist, den ganzen Tag möchte ich Dir schreiben, nur Dich möchte ich sehen, Dich nur haben, Dich nur küssen. Wenn Du wiederschreibst, schreibe auf recht dünnes Papier, recht eng und klein, damit der Brief fein dünn wird, und schicke ihn per Einschlag an Geißler, der ihn gleich zu bestellen hat, denn sonst läuft er erst durch ganz Preußen. Arnim und ich arbeiten jetzt, den Ponce zusammen zu ziehen und ihn wo möglich aufs Theater zu bringen, auch haben wir einen Plan, unsre Lieder zusammen herauszugeben, den ich Dir nächstens mitteile. Reichardt habe ich gestern nebst Arnim besucht, er wird die Lieder in dem Ponce komponiren, wenn es dazu kommt. Vor allem schreibe mir ausführlich, was in dem angekommenen Bücherpackt für Sachen sind, und woher sie sind. Wenn Briefe drin sind, brich sie auf und melde den Inhalt, gibt auch Acht, ob Bücher doppelt eingebunden sind, und melde alle Titel

Deinem treuen Clemens.

ich schriebe gewiß die andre Seite voll, wenn die Post nicht abginge, die Anweisung nächsten Sonntag.

An Sophie

[Berlin] 24. Novemb. 1804.

– – – wieder zu – – – mich den ganzen Tag zurück mitten – – –[1] oft ein drückendes Heimweh, und gestern Abend hat mich bei – – – Bangigkeit überfallen, daß ich weggehen mußte, Alles das hängt aber mit einer gewalttätigen Sehnsucht nach Liebe, nach Deiner Liebe zusammen, die mich von Morgen bis zur Nacht zerreißt. Aufrichtig und ohne alles Vorurteil geredet, konntest Du nicht koquetter sein, als mich von Dir wegzujagen, denn so fühle ich erst recht, wie lieb ich Dich habe, und wie alle meine Sinne nach Dir streben, obschon ich auch hier schon manche unangenehme Berührung Deinethalben gehabt habe. Gestern erst redete der Litterator Koch, ein Prediger hier, der Dich und Mereau kennt, auf eine ziemlich gemeine, mir in Hinsicht Deiner sehr drückende Art von Dir, ich hatte ihn seiner großen Kenntnisse und Büchersammlung wegen besucht, es waren außer Arnim noch andre junge Leute zugegen, und nachdem er lange und Breit auseinander gesetzt, wie roh Mereau gewesen, wie Du Dich aber schadlos gehalten (dies ist sein Ausdruck), sagte er mir, daß er Dir nicht verzeihen könnte, daß Du ihn nicht besucht hättest, als Du vor sechs Jahren einem Liebhaber wegen Dich hier aufgehalten, Du kannst denken wie drückend mir alles das war, ich kam vor Unmut fast zu Tränen, Du kannst Dir denken, wie ich mich vor den Leuten beschämt fand. Verzeihe mir liebes Weib, daß ich Dir diese Schlechtigkeit wiederholt, aber warum sollst Du nicht wissen, daß Dir meine tiefe herzliche Liebe auch als Gegensatz vieler Feinde, die Du hast, etwas sein darf, wenn ich so Etwas höre, ach dann zerreißt es mich immer, daß ich nicht

[1] Briefteil abgerissen, s. die Anmerkung.

hinfliehen kann zu Dir und Dich herzlich an mein treues, liebes Herz drücken. – Berlin langweilt mich von oben, bis unten, dreckigt, unendlich schlecht beleuchtet, mit einer verfluchten vornehmen –

Doch laß mich davon abbrechen, und Dir nochmals sagen, daß ich schwerlich noch vier Wochen hier bleibe, ich habe mich bereits für eine Zeit von Hundert Jahren zerstreut, ich fühle nur eins, von Morgen bis in die Nacht, das ist eine unsägliche Begierde nach Dir, es ist dieses mit allen Qualen einer schmerzlichen Ahndung verbunden, es ist mir, als würde ich unglücklich ohne Dich, es ist mir, als könne ich nicht leben, von morgen zur Nacht verzehrt mich eine unendliche Begierde und Angst um Dich, ich kann nichts denken nichts tun, aus den poetischen Plänen mit Arnim wird wohl nichts werden, er scheut jede größere Arbeit, und so bleibt für Tristant keine Hoffnung als durch mich oder Dich. Arnim selbst empfindet seltsam über meine große Sehnsucht nach Dir, er hat eine Achtung vor dieser innern Angst, o Sophie, warum so ferne, warum je ein anderes Wesen als Dich sehen? Ach daß mich Gott segne, daß uns Liebe, Ruhe und Friede werde in einander, daß die große Liebe in mir zu Dir von Dir deutlicher verstanden, empfangen und wieder geboren werde, o Sophie! in welcher unsäglichen Angst lebe ich jetzt so weit, so weit von Dir, wie langsam gehn die Briefe und Posten, o wär ich dieser Brief, so wäre dieser Brief besser, so wäre ich glücklicher, ich wäre bei Dir. Zu dieser Sehnsucht zurück vermute nicht etwa eine Veranlassung in einer Täuschung von meiner Seite in Arnim, nein er ist vortrefflich, liebenswürdig, durchaus voll Talent und Ideen, aber Du fehlst mir, Deine Liebe fehlt mir, Dein Kuß, ja etwas Unnennbares, was mir Deine Nähe gewährt, mehr als irgend die Nähe eines Menschen, eines Gedankens, einer Begebenheit, es ist wahr, es ist Unruhe und Sorge in mir, aber ich vergesse sie doch auch oft, aber fern von Dir plagt mich wirklich ewige Angst, ich laufe manchmal durch alle Gassen der Stadt, um mir die verdammte peinigende Sehnsucht zu vertreiben, und umsonst, im Theater kann ich gar nicht aushalten, weil ich stille stehen muß, halbe Stunden blicke ich ebenso auf der Karte nach Heidelberg zu, als wir damals hierher sahen, o Sophie! Fühlst Du nichts von allem dem, ist mir vielleicht Dein Teil der Angst und Liebe auch übertragen worden. Fühlst Du Wohl, lieber Engel, daß mein wunderlicher Widerwill gegen diese Reise gegründet war. Ich fühlte, daß es eine zu teure Zerstreuung war, daß statt mich zerstreuen zu wollen, Du Dich hättest sammeln müssen, und ich wäre noch bei Dir, läge dann und wann an Deinem Herzen, indes so das Leben hingeht und die Schönsten Liebesstunden einsam sterben. Ich glaube, daß ich auch wieder dichten kann, denn ich will, und will nicht eitel mit dem meinigen zufrieden sein. Irgend etwas zu lernen habe ich hier gar keine Gelegenheit, sondern in allem das Gegenteil, nur eines nicht geliebtes Weib, Dich zu lieben kann ich nicht verlernen, mit neuen Flammen steigt die Begierde in mir empor, ja oft wünsche ich Dein Anbeter Dein fußfälliger Anbeter zu sein, warum das alles, wage ich nicht zu untersuchen, mit einer großen Scheu denke ich an diese wundersame Gewalt, die Dir über mich verliehen ist, ich ehre sie, weil sie so unbegreiflich ist, weil ich die Macht Gottes, des Schicksals Hand unmittelbar in dieser Liebe finde, o geliebtes Weib, vergiß mein nicht, nur wenig, wenig Neigung für die Viele schmerzende heiße Liebe um Dich. Ich schließe nur, weil die Post geht, nicht weil ich aufhöre zu schreiben, denn wenn dieser Brief geschlossen ist, beginne ich einen andern an Dich, und wenn Du diesen erhältst, bin ich Dir schon näher, wenigstens meiner Rückkehr näher, o Wiedersehen, süßes Wiedersehen, Küssen Umarmen, Tränen, Alles Alles nur Du, nur bei Dir.

Clemens.

An Clemens

[Heidelberg, Endet November 1804]

Deine zwei Briefe aus Berlin, die ich zu gleicher Zeit erhielt, haben mich sehr erfüllt, ich habe weinen müssen, ob aus Freude oder Schmerz, weiß ich selbst nicht recht. Wahrscheinlich aus Freude, denn ich finde es weit süßer und würdiger,

wenn Du Dich *nach* mir sehnst, als *von* mir. Übrigens bitte ich Dich herzlich, laß diese Sehnsucht nur einen grauen, wehmütigen Hintergrund sein, auf welchen die lebendigen Regenbogenfarben der Gegenwart nur desto heller glänzen. Alle Deine Wünsche sind erfüllt, Du bist bei dem einzigen, schönsten und geistreichsten Freund, den es in der Welt gibt, alle Deine Umgebungen sind wünschenswert, die Erde hat kein vollkommeneres Glück. Wegen meiner Gesundheit sei unbesorgt, ich bin ganz gesund, und weiß auch gewiß, daß ich nicht krank werden werde; selbst mein Zustand ist, etwas Müdigkeit abgerechnet, ganz ohne Beschwerden, und mehr sichtbar als fühlbar. Was begehrst Du, einsiedlerisches Gemüt, denn noch mehr vom Leben? In lustigen Augenblicken vergleiche ich Dich mit dem scharfsinnigen Edlen Don Quichote von la Mancha. Gleich diesem kämpfst Du oft mit rührenden Ernst gegen Windmühlen, fühlst Dich durch einen wunderlichen Beruf oft aus der Wirklichkeit hinweggezogen, und sehnst Dich nach einer schönen, hohen und strengen Prinzessin, der Herrin aller Deiner Wünsche und Gedanken, die eigentlich nur eine etwas veredelte Dulcinea von Tolosa ist.
Ich habe nun mehrere Wohnungen in Vorschlag und werde also zu Ostern auf jedem Fall ausziehen. Die Eine ist auf dem Paradeplatz, neben dem Closter. Sie ist reinlich und zierlich, aber etwas eng, hat aber dafür die heiterste, geselligste Aussicht von der Welt, einen sehr zierlichen Hof und allerliebsten Garten und stille, ehrbare Bürgersleute zu Wirten. Der Preis ist 150 fl. Die zweite ist vor dem Mitteltor in einem ganz neu gebauten Haus, das erst zu Ostern ganz eingerichtet wird. Die Zimmer sind alle angenehm, aber der Hof schlecht und meist voller Lohkuchen und Tierhäute, und sonst kein Spielraum als auf der Straße. Die dritte ist nicht weit von unsrer jetzigen, nach dem Tor zu. Drei Zimmer parterre, 2 oben nebst Küche und Gebrauch des Gartens. Aber die untren Zimmer scheinen feucht und der Wirt ist ein allzu gefälliger und geschwätziger Mann, Dru, jetzt getrennter Ehemann der berüchtigten bösen Frau. Eines von diesen dreien werde ich nun mieten, doch bin ich für keines entschieden.

Von Arnims Lieder[n] und Erzählungen laß Dir für mich so viel geben, als sein guter Wille es gestattet. Ich freue mich kindisch darauf, sie zu lesen, was aber das Einrücken in mein Buch betrifft, so muß ich erst sehen, ob sie nicht zu gut dazu sind, was wahrscheinlich ist. Wenn das ist, behalte ich sie für mich selbst. – Wilmanns, der mir einen förmlichen Contrackt geschickt hat, bittet sehr dringend um einen Tittel; mein gegebener war ihm zu einfach. Nun ist mir auf der Welt nichts verhaßter wie Tittel und Büttel. – Creuzer hat mich gebeten, ich sollte es *Isis* nennen, ich selbst möchte es beinah *Namenloses* nennen. Was meinst Du? wollt ihr beide vielleicht Taufpaten sein?

Die Calm war gestern bei mir, und wir haben ein seltsames Gespräch geführt. Diese Frau hat wirklich sehr viel Verstand, aber das unglücklichste Gemüt von der Welt; auch hat sie, wie sie selbst sagt, in ihrem ganzen Leben keine glückliche Zeit gehabt. Wir sprachen von gelben Fieber, Tod, jüngsten Tag und Leben nach dem Tod und ihre Idee war folgende. Wir Menschen sind verhältnismäßig gegen Gott, was die Kinder gegen uns. So wie wir weit mehr Sorgen haben wie diese, so hat Gott mehr wie wir; wahrscheinlich sind wir verbunden nach dem Tod, Teil an seinen großen Regierungsgeschäften zu nehmen, und unsre Sorgen wachsen folglich unendlich, um so mehr da der Krieg mit dem bösen Prinzip, welches doch einmal nicht geleugnet werden kann, immer fortdauert, und sein Ausgang zweifelhaft ist. Diese finstre, unpoetische Idee hat sie mit großem Ernst und Consequenz durchgeführt und versichert daß ihr diese Gedanken manche schlaflose Nacht machten.

Eben ward ich durch Heise und seine Frau unterbrochen, die mir einen [kurzen] Besuch machten, weil sie bis jetzt krank gewesen. Sie ist munter, anspruchslos, [und] behaglich wie eine Hamburgerin, und beide scheinen sich sehr zu lieben.

Hulda ist jetzt ziemlich wieder hergestellt. Sie hat mir viel Sorge gemacht, denn ihr Husten war gefährlich. Übrigens ist sie brav. Sie hat der Mutter ein paar Strumpfbänder von violet und weißen Band geneht, die diese trägt und hat sich vor einigen Tagen all ihre Wäsche selbst gebügelt.

Ich bin heute den ganzen Tag in sehr lieber Gesellschaft gewesen, rate, in welcher? – ich habe Arnims Bild nicht weit von Deiner Büste aufgestellt, und so durch beide mich erheitert, denn ich war heute sehr auf dem Weg, üble Laune zu haben. Es ist gelungen, der Abend ist da und die freundliche Nacht wird alles wieder gut machen. O möchte sie alle Wunden heilen, alle Augen eröffnen, alle Herzen vereinigen! Gute Nacht, Clemens, ich bin ernst, und will für Dich beten und für mich, denn was uns fehlt, weiß nur Gott allein!

An Sophie

Berlin den 26ten 9bre 1804

Liebe Seele!

Weniger, um meinem Versprechen am Schluße meines Vorigen Briefes, Dir gleich wieder zu schreiben, das heißt in der selben Stunde, getreu zu sein, als durch eine unsichtbare Macht gezwungen sitze ich schon wieder Dir gegen über, ohne Dich zu sehen, rede ich mit Dir ohne Dich zu hören, ich sollte heute Abend mit aller Gewalt auf einen Ball fahren, der ganz gute Mann der mich abholte, hat mich auf mein flehentliches Bitten zurückgelassen, ich hatte diesen Einlader auf dem Comtoir von Unger getroffen, er hat mich vor 9 Jahren in Frankfurt gekannt, ich erinnerte mich seiner nicht mehr deutlich, er aber war sehr erfreut und embrasirte mich herzlich, nun quälte er mich, mit ihm auf einen Resoursenball zu gehen, was ich ihm auch zusagte, welchen ich ihm heute Abend aber doch wieder abgebettelt habe, gleich setze ich mich nun hin. und denke mich zu Dir, von was habe ich Dir heute Alles erzählt, von Mademoiselle Levi, nun ja, von dieser soll ich wohl fortfahren, aber ich glaube, ich habe die Sache bereits erschöpft, wenn ich sage, daß es dort langweilig ist, da wirst Du mir aber wie gewöhnlich vorwerfen, ich suche Etwas, was nicht existire, dies ist aber falsch, denn es muß eine Gesellschaft existiren, wo mit freier Würde so gesprochen wird, daß ich eine Wollust empfinde zu schweigen und zu hören, wenn alte würdige Männer reden, oder brave Bürger über Kunst, oder Gewerb, wenn fromme Menschen reden ohne Bisarrerie, dann langweile ich mich nicht, wenn Du neben mir sitzest, mich küßest, oder mich Deinen lieben Jungen nennst, wenn Du ein solcher freundlicher liebevoller Engel bist, wie Du es in den letzten Wochen gegen mich warst, dann langweile ich mich nicht, wenn ich den Leu lese, oder den Tristant. Und das sind doch nur lauter mögliche Dinge, und sehr einfache Dinge, kannst Du geliebtes Weib wohl einen neuen Mut fassen, kannst Du alles vergessen, kannst Du mich erwarten, wie einen Bräutigam, neu alles neu, kein Unwill, keine Erinnerung, neuer Lebens und Liebesmut, nur Ariel unser geliebtes süßes Schmerzenskind, wie ein Engel über uns schwebend, o Sophie ich kann es, nahe, nahe lege ich mich an Dein Herz und sehe Dir in die Augen, und bitte und weine, vergiß, vergib, sei hold, sei mein, keine Vergangenheit, keine schnöde Erfahrung, neue Liebe, neues Vertrauen, soll Gott nicht seine Menschen segnen, wenn sie wie Kinder sind, so segnet er sie nie, und er wird uns segnen, wenn Du gut bist, ich will es sein, von Herzen, was Du an mir nicht liebst, vieles was Du mit recht tadelst, will ich unterlassen, ich will es dahin bringen, daß Du mich recht ehrst und liebst, daß Du nicht ohne mich sein magst, daß Dir es schrecklich zu Mute ist ohne mich, wie mir jetzt, da mir das Herz schlägt, als wolle es springen ohne Dich, o Sophie, lasse mir die süße die einzige Hoffnung, daß ich in Deiner Nähe allein froh und glücklich werden werde, rede nichts ein, erwarte mich, bitte mich zu kommen, lasse mich kein Wort hören von längerm Außenbleiben, Von verlorner Zeit, verlornem Geld, keine Zeit ist verloren als die Minute, die ich nicht mit Dir teile, kein Pfennig, als der, den Du nicht mit genießest. Es ist Gottes wille, daß ich bei Dir sei, ich fühle es in allen meinen Gliedern, daß sie die Deinigen Berühren müssen, um zu leben, auch fürchte ich mich sehr hier krank zu werden, und dann ohne Dich zu sein. Mein Fuß ist zwar recht artig und tut nur bei Veränderung des Wetters sehr weh, aber ich leide an einer ewigen unsäglichen Herzensangst nach Dir, und ich glaube, es ist eine Ahndung, daß ich zu Dir soll, Du hast so oft gewünscht daß ich tun möge, wornach mir gelüstet, willst Du mir nicht erlauben zu tun, was mein ganzes Wesen, wie ein verpflanzter Baum, welkend zu ersehnen scheint. O Sophie, nur eine Minute Dir dieses Liebesgift durch die Adern und Du würdest verstehen, Du würdest ein Mitleid mit mir haben, daß mich heilen sollte von dem Schmerz, und nur die Lust sollte zurück bleiben. Was wirst Du nicht alles denken, wenn Du liest, wie ich so heftig nach Haus verlange, wirst Du mir nicht Vorwürfe machen, wirst Du nicht kalt und weise sein, wirst Du nicht eine Menge guter Lehren haben, o Sophie, versäume in Deinem Briefe nicht liebevolle freundliche Worte, um mich zu belehren, was ich alles unter fremden Leuten empfinden soll, wie Du es etwas in Deinem letzten getan hast, für dessen Dir nicht ganz gewöhnlichen Umfang ich Dir übrigens herzlich danke. In einigen Tagen denke ich nach Ziebingen mit Arnim zu reisen, und von da gehe ich vermutlich gerade nach Gotha, und sodann nach Heidelberg zu Dir, denn ich kann nicht ohne Dich leben, mein ganzes Blut kocht bei dem Gedanken an Dich, und steht stille und gerinnt, wenn ich ferne von Dir bin. Arnim wird uns das Frühjahr besuchen, hier kann ich nichts mit ihm beginnen, denn ich bin von Sinnen ohne Dich und bringe meine Tage in tiefer Trauer zu. Daß ich zu Haus werde arbeiten können, daran zweifle ich nicht, aber daß ich hier nach Allen Umständen keine Zeile hervorbringen werde, weiß ich gewiß. Und ist es denn auch so unumgänglich notwendig, daß ich dichte, ich habe noch viel zu lernen, aber ich werde gewiß fleißig sein. Bei Hufeland bin ich noch nicht gewesen, und werde auch nicht hingehen, es ist mir innerlich ängstigend, sie zu sehen, die ich öfters neben Dir sah, ich fürchte mich davor, denn weiß Gott, wenig braucht es, daß ich erkranke aus bitterm Heimweh, selbst Dir zu schreiben jagt mein Blut durch alle Adern, und ich muß oft absetzen, vor wunderlicher innerlicher Pein. In diesem Augenblick erhalte ich Deinen Brief vom zwölften, dessen Weisheit meine Unruhe unendlich vermehrt. Ich muß zu Dir, ich fühle es mit einer Gewalt, die ich nie empfunden habe, keine Ermahnung, keine Überredung, keine Kälte kann mich zurückhalten, alles, alles verschwindet vor dieser unbeschreiblichen Angst, die mich besitzt. Willst Du, daß ich erkranke in der Fremde, ich habe bereits allen Apetit verloren, Nachts kann ich nicht schlafen vor Sehnsucht nach Dir, und alle Menschen finden, daß ich krank und elend aussehe. O Sophie, in diesen Schmerzen liegt mir ein freudiger Gedanke, Wiedersehen, Wiedersehen, und dann das feste innige Gefühl, daß ich ohne Dich nicht leben kann. Sieh ich bin hier durchaus ohne Ursache zu klagen, man liebt mich in allen Gesellschaften, Arnim liebt mich, ich ihn, wir werden uns unter Tränen trennen, alles habe ich in ihm gefunden, wie es mich erfreuen konnte, aber ohne Dich, ich fühle es, kann ich nicht leben, und ich schwöre es Dir, bei allem, was Uns heilig ist, bei unserm seligen Kind und bei jenem, das uns beseligen wird, auch Du wirst mich lieben, auch Du wirst in meiner Nähe frei und glücklich werden, ich fühle es in dem unendlichen Maß von Liebe, das ich zu Dir trage, es ist wie ein Meer, aus dem eine schönere Welt hervorsteigen wird. Bei Gott Sophie, dieses Geschenk, Dich Verlassen zu haben, ich wollte es mit Schmerzen, mit aller Trauer Dir machen, aber es ist unmöglich, ich fühle, daß ich mich verzehre, daß ich sterbe, daß ich Dich nie, nie wiedersehe, wenn ich noch lange von Dir bleibe, die ganze Lebensart selbst ist mir hier zerstörend, ich kann nicht lesen nicht denken nicht essen nicht schlafen, und Sophie, in der ersten Stunde des Wiedersehens, nicht wahr in dieser ersten Stunde, um die ich jetzt gern sterben wollte, wenn sie nicht auf Erden noch gefeiert werden müßte, wirst Du doch auch freudig sein, wirst Du mir doch keine Vorwürfe machen. Für die Zukunft wird Gott sorgen, durch meine Liebe und meine Freundlichkeit. Dein letzter Brief, der viele Liebe und Weisheit hat, beginnt von Träumen von mir, die Du das tiefste Denken nennst, und von dem Geständnis, daß Du selten an mich denkst, was Du von mir denkst, liebe Frau, ist nicht ganz richtig gedacht, was Du von mir träumst, trifft auch nicht ein; ich sehe wohl vielerlei Weiber, aber Du trittst allen ins Licht, ich erkenne keine Seele vor der Deinigen, die Begierde, Dich zu küssen, an mein Herz zu drücken, ist so unendlich groß, daß ich nichts sehe, doch will ich Alles tun, meine Abreise zu verzögern, ich will nach Ziebingen gehn und dort ein paar Tage verweilen, will auch bei Geißler wieder einige Tage bleiben, wenn mir es möglich ist, denn meine Liebe reibt mich auf, was Du von einem Manne begehrst, ist zu viel, solche Pretensionen gehören in die Verkehrte Welt, lieben soll ich wichtig wie Gold, dabei einen Sinn haben wie Wind, und dafür willst Du mir des Reims halber nur hold sein, ich werde tun, was ich muß, ich habe um Dich gerungen, Dich haben, Dich sehen, Dich ans Herz drükken, Dir nahe sein, von Dir gequält und erfreut werden, o Du peinigst oft süßer, als Du küssest, Sophie, ich will zu Dir, ehe alle Sonnen untergehen, bedenke, daß Europa von allen Seiten mit Pest und gelben Fiebern bedroht ist, ich will nicht sterben in der Fremde, in Halle sind schon ein paar Leute dran gestorben, es sind wunderliche Zeiten, ich will bei Dir sein, ich muß bei Dir sein, Du hast es mir heilig versprochen, Du wollst mich lieben, und mein Gehülfe sein, und wäre dies auch nicht, so muß ich, mein ganzes Blut schreit nach Dir, Du hast mich ja nicht von Dir gelassen wie in eine kalte rauhe Winternacht, daß ich verderben müßte, Du hast mich weg gewiesen Atem zu holen, und einen Freund zu grüßen, ich habe es getan, aber ich muß wieder hin zu Dir, Dich sehen, Dir freundlich sein, denn ich verderbe hier, ich werde krank, ich fühle es in allen Gliedern, und innig traurig bin ich schon. Nicht in Betracht zu ziehen, daß mein längerer Aufenthalt mit großen Kosten verbunden sein würde, da ich nur die Wohnung frei habe, würde ich mir hier auch eine Menge teurer Kleider anschaffen müssen, da ich in Heidelberg lange Zureiche, und auch Etwas verdienen kann, was hier gänzlich wegfällt, denn mit Arnim Etwas zu versuchen, ist nichts mehr als eine Schöne Versuchung auf dem Sopha gewesen, die sich nach und nach in Scherz bei ihm auflöst, noch eins geliebtes Kind, selbst den Tristant, den er nicht zu unternehmen wagt, will ich Dir überlassen, willst Du mich einlassen, wenn ich Dich mit dem Tristant besteche, willst Du mir einen Kuß, eine Umarmung erlauben, wenn ich sie mit meiner strengen Gewissenhaftigkeit erkaufe.

Gestern Abend war ich bei einem ehemalichen Universitätsfreund Pistor von Halle, bei dem ich öfters bin, er hat ⟨ein⟩ eine Henzler, eine Stieftochter Reichardts, der hier ist, einige Opern anzuordnen, die junge Frau hat eine unendliche Ähnlichkeit mit der Ahlefeld, und er mit dem Ahlefeld, sie hat ein Kind von 8 Wochen, das mich immer sehr rührt, und man befindet sich wohl da, es war Reichardts Geburtstag, und die Menschen waren recht frölich, ich wartete bei Tisch auf, denn ich war zu trüb, und zu sehr mit dem Gedanken an Dich erfüllt und Ariel, um mit zu essen, nach Tisch spielten Reichardts Bediente aus eignen Gedanken einige Waldhornlieder vor der Türe, bald darauf kam die Rede vom Singen, und Arnim redete mit Reichardt zugleich von dem Lied – Semelisberg – Arnim wußte, daß ich es kannte, und ich mußte es singen, da vergaß ich die Menschen, und dachte an Dich, und sang mit wahrer Stimme, wie ich lange nicht gesungen habe.

Es ist kein Mensch uf Erde
Heiligeberg
Als Seppeli uf die Freudeberg
Als Kindeli unter die Träneberg
Kein Bleibens ist all hie.

Und will mir nit bald werde,
Heiligeberg,
Mein Seppeli uf die Freudeberg
Dann Kindeli unter die Träneberg,
Dann muß ich bi der si.

Ich würde Dir dieses nicht geschrieben haben, wenn es Dir nicht auch sagte, wie mir es ist ohne Dich. Und wie ich allen ein Trauerbild bin, wenn ich Dich nicht sehe, süßes Freudenbild, ich kann nicht bestehen mehr, ohne dann und wann Deinen Atem einzusaugen, o Sophie, Du bist nie einem Manne gewesen, was Du mir bist, ich fühle es ruhig und mit Überzeugung, daß ich auch Dir alles sein werde. Um Dir eine kleine Freude aus der Ferne nach meinen Umständen zu machen, schicke ich Dir in diesem Brief Sechs Körner türckisches Rauchwerk, ein Jude von hier, der mein Universitäts Freund war, hat sie aus der Türkei mit gebracht, sie sind sehr köstlich, und nur im Serail gebräuchlich, er erhielt sie von einem Arzt, man benetzt sie im Munde und legt sie auf Kohlen, wenn man sie verbrennen will, sonst gewähren sie auch ohne das einen sehr angenehmen Geruch, ich hoffe Dir eine Freude mit zu machen. Der Tristant ist also für Dich, Deine Liebe berechtigt Dich zu ihm, und meinen Rat wirst Du dabei nicht verschmähen. Morgen reise ich nach Ziebingen mit Arnim, es ist 2 Meilen hinter Frankfurt an der Oder, auf Postkarten kannst Du es als Station sehen, und wissen, wo ich bin oder war, ich mute Dir es nicht zu, aber ich sage es nur, weil mir es so ist, ich lese oft halbe Tage in Reiserouten und Postbüchern, und sehe immer nach Heidelberg auf der Karte. Daß Du so mutig arbeitest und Dir die Erzählung so wohl gelungen, freut mich innig, Deine Muse wird gewiß wieder neue schönere Zweige treiben als je, denn wer solchen Sinn für das Vortreffliche in der Kunst hat, den wird auch das Vortreffliche wieder lieben. Teures Weib, meine Liebe ist so ernst, so treu, o fasse Mut, liebe wieder, Heimweh ist eine schwere, tödliche Krankheit, ich habe sie nie gehabt, jetzt habe ich sie, ich sehe krank aus und trüb, nur der Gedanke an Wiedersehen erhält mich, lege eine unerbittlichere Schranke als Deinen Willen zwischen uns, und Du siehst mich nie, nie mehr, und mich trinkt der trockne Boden dieses Landes, dann kannst Du in andrem Sinne singen

Unsre Samen, unsre Toden
ruhen in dem leichten Sand.

Aber so soll es nicht werden, ich will Dir zu Liebe ausharren, so lange ich vermag, und dann zurückkehren Dich zu sehen, weil ich muß, ich rate Dir deswegen in jedem Falle auf ein hinreichend geräumiges Quartier zu denken, im Falle Du es nicht für besser hältst, wohnen zu bleiben, da Arnim uns in jedem Falle im Frühjahr besucht, und wir leicht Raum zu wenig haben könnten, also behalte die Wohnung, wenn Du sie noch nicht vergeben. Was Jetten angeht, bleibt Alles Deinen Wünschen überlassen, und wenn Du willst, will ich sie gleich mit zu Dir hinbringen, ich will deswegen über Jena reisen, und sehen, ob Du ihr schon geschrieben, wenn mich Deine Antwort auf diesen Brief hier nicht treffen sollte, was doch auch wohl möglich ist. Hulda grüße herzlich, ich hoffe sie besser noch wiederzufinden, als ich sie verließ, ich will sie noch recht liebgewinnen wie mein Kind, sollte es nicht schon sein, was ich nicht weiß, halte sie so fern als möglich von Eitelkeit, sie kostet späte Tränen, und unterrichte sie fleißig, Arnim grüßt Dich herzlich, die Fastnachtspiele und Sternbald habe ich nicht, sie sind gewiß zu Haus, ach wäre ich bei ihnen, bei Dir, lebe wohl mein Engel.

Dein treuer treuer Clemens.

An Clemens

[Heidelberg, Anfang Dezember 1804]

Ich kann Dir nichts anders schreiben, als daß sich mein ganzes Herz nach Briefen von Dir sehnt – es ist Liebe und Neugier im schönsten Verein. Billig werde ich aber bestraft, denn fast waren mir anfänglich Deine Briefe zu *viel*, freilich aus den edelsten Gründen, weil ich nehmlich weiß, daß es Dir fast immer weh zu Mute ist, wenn Du Briefe schreibst, jetzt aber ist es mir zu *wenig*, o! bitte, bitte, laß es Dir doch ein wenig weh zu Mute sein! Und so ist dies wieder ein neuer Beweis von meiner Mittelmäßigkeit, die ich aber nicht mit gemein oder armselig zu vermengen bitte, denn nichts ist heut zu Tage seltner als klarer Sinn für das richtige Maß im Leben, und nichts ist schöner und reicher als dieses Maß.
Ich schicke Dir hier einen fatalen Brief, den mir ein fataler Mann überbrachte, und bitte Dich mir bald wissen zu lassen, was ich tun soll, denn ich habe ihn jetzt noch nicht bezahlt, weil ich des Ganzen unkundig war.
Vor einigen Tagen kam die Schwester der Pr. Gatterer zu mir, um mir zu sagen, wie die arme Caroline Engelhardt in äußerster Verlegenheit über mein Schweigen ist, und sehr fürchte, ihr Brief sei verloren gegangen. Unnötige Furcht! denn da ein Unding Nichts ist, und Nichts nicht gefunden werden, also

auch nicht verloren gehen kann, so konnte auch ihr Brief nicht verloren sein. Die Frau sah, wenigsten an diesem Tag, sehr reizend, obgleich ein wenig zu militärisch aus. Ich werde sie nächstens besuchen.
Auch war ich bei der Calm, die mich bitten lassen. Es war alles sehr reinlich und anständig bei ihr. Ihr Kind gefällt mir; es hängt unzertrennlich an ihr, wie eine gesunde, süße Frucht, die noch nicht reif ist. Doch wünsche ich ihr, daß es ihr Ernst sei, mit dem was sie tut, denn sie wird vielleicht viel davon zu leiden haben. – Heute kommen Heisens, Pätz, Kreuzer und Loos zu mir, ob wir vergnügt sein werden, werde ich am Abend wissen. Übrigens geht mein Leben seinen einfachen, stillen Gang. Hulda ist noch immer krank, obgleich besser. Leb wohl! ich weiß nichts mehr, ich bin so liebenswürdig dumm, daß es schade wär, wenn ich gescheidt werden wollte. Viele Grüße von allen Seiten! von mir nur einen Kuß auf eine Seite.

Deine Sophie.

An Sophie

Berlin den 17 December 1804
1 Tag vor meiner Abreise

Geliebtes Weib!
Gestern Abend bin ich von Arnims Ländchen Bärwalde zurückgekommen, wo hin wir uns von Ziebingen begaben, wo wir vierzehn Tage mit der Finkensteinischen recht angenehm zugebracht haben, ich könnte Dir eine Menge intressanter Dinge davon schreiben, aber da ich morgen zu Dir zurückreise, so bleibe es mir aufbehalten, Dir Alles das mit Küssen unterbrochen zu erzählen. Zwei Briefe von Dir fand ich vor, ohne Datum, der eine begehrt einen Titel zu Deinem Buch, uns scheint keiner besser als *Bunte Reihe*, der andre klagt über mein Schweigen und ich habe doch viel geschrieben, nur seit Vierzehn Tagen nicht, wo ich immer hin und her fuhr. Doch bitte ich Dich herzlich darüber um Verzeihung. Du wirst wohl ohnlängst mehrere Briefe von mir haben; Wie mir es

geht? gut, besser kann es niemand gehn, alle Leute lieben mich, sind mir gefällig, ich genieße die beste Gesellschaft, Arnim liebt mich treulich, aber ich muß fort, denn ohne Dich ist mir keine Freude, Dich sehen, Dich ans Herz drücken, das ist mein einziger Gedanke, Arnim kömmt zu uns nach Heidelberg, das Frühjahr, hier ist Weihnachtsmarckt, ich bin den ganzen Tag herumgelaufen, Dir was zu kaufen, auch habe ich etwas, aber wenn es nur nicht zerbricht. heute ist Montag, bis Mittewoch frühe steige ich auf den Postwagen, wenn Du diesen Brief hast, bin ich schon auf dem Wege nach Würzburg, schwerlich noch in Gotha, die Gewalt, die mich zu Dir zieht, ist allmächtig, ich muß, ich bin ganz krank vor Heimweh, o Sophie, so ein Herz voll Liebe ist in mir, ich möchte zerspringen, ich verspreche mich nicht, wenn ich sage, daß selbst Kummer an Deiner Seite mir Wollust ist, aber es wird keinen Mehr geben, ich weiß es, lebe wohl, bald sehe ich Dich, küsse Dich, decke mir ein Bett neben dem Deinigen in dem Deinigen in Deinem Herzen in dem Himmel, in Gott!

Clemens.

Wegen der Anweisung, die Dir gebracht wurde, hat es seine Richtigkeit, zahle sie, oder schreibe nach Frankfurt, man solle für mich an den Kunsthändler Reinheimer in der Sandgasse 29 fl. zahlen.

An Clemens

[Heidelberg, etwa 13. April 1805]

Guten Morgen, Lieber! ich schicke Dir hier einige Bücher und Briefe, die ich erhielt – ich denke, es macht Dir doch vielleicht Freude, sie zu haben. Daß einer der letzten erbrochen ist, macht die Aufschrift, die mich verwundert hat, obgleich es mir recht schmeichelhaft ist, daß man uns so sehr für Eins hält, um die Adresse gleichgültig zu finden. Die Strümpfe hatte ich vergessen, und wenn Dir es deshalb so kalt gewesen ist, wie mir heiß, so hast Du, Armer, sehr gefroren. – Der kleine Spanier war bei mir, um wie ein ächter Grande mit zierlicher Grandezza nach meinem Befinden zu fragen. Er geht aufs Land zum Pfarrer Wundt, doch gedenkt er nur kurze Zeit zu bleiben. Er läßt Dich grüßen; auch Bätz. Die Fries ließ mich bitten, auch Creuzers, die wieder eine *Gesellschaft* gaben; aber ich ging nicht, denn so lieb ich sie habe, finde ich doch, daß sie wie die Rosenkreuzer für die Einsamkeit gehören, und das Ordenskreuz nur tragen, wenn sie allein sind, das Hauskreuz aber bei Besuch. Gestern kam ein kleiner, wohlgekleideter freundlicher Franzos zu mir, der mich sehr angenehm um einiges Reisegeld für seinen papa bat. Er überreichte mir einen schönen weißen Bogen Papier, worauf 2 Briefe, einer deutsch, der andre französisch standen. Ich schrieb den ersten geschwind, auf das genauste, ab, um Dir ihn hier als Beitrag zum Deutsch-Franzosen zu schicken. Der französische war nicht besser. – Als Neuigkeit kann ich Dir schreiben, daß Savigny einen Ruf nach Jena erhalten hat. – Nun leb wohl! ich wünsche Dir alle die Freude, die ich entbehre, und das ist viel, denn Du bist es ja selbst. Ich weiß nicht, ist es der Frühling oder die Liebe selbst, oder die Entfernung, daß ich recht oft mit süßer Lust und Wärme an Dich denke. Wenn Du da bist, kann ich oft vor Dir selbst nicht dazu kommen, Dich recht zu lieben. Leb wohl. Die Hulda ruft: Ach! Mutter schreib ihm! ein Gruß von mir!

An Sophie

[Frankfurt, etwa 15. April 1805]

Liebe Frau!

Wenn ich so hier im Haus gar keine Zuflucht habe, wie es denn in jedem Augenblick der Fall ist, denke ich an Dich und meine Heimat. Der Lerm, das Geräusch, das Geschwätz sind wo möglich größer als vorher, und die armen Kinder sind sammt und sonders elend und Krank, wie auch die arme Klodine ⟨in⟩ in ewigen Krämpfen liegt, es ist keine Lektüre, kein Gespräch mehr zusammen zu bringen; alles das ist abscheulich, und ich könnte wie jeder verdammter dieser Hölle mich an mir selbst freuen und die andern ruhig krepiren sehen, aber ich will nicht, alle diese Menschen werden mich ewig zum Mitleid bewegen. – Gestern kam ein Brief von Savigny an Betine eine Stunde nach der Gundels Niederkunft mit einer Tochter, Betine soll sie zur Taufe heben, zum Knaben war Christ[ian] gebeten. – Als ich durch Darmstadt kam, brachte ich den Abend bei Lichtenberg zu, er war so eben von Sav. nach Paris eingeladen worden, ich habe mich recht an diesem lieben Jungen und seinem ähnlichen Vater erfreut. Auch bin ich darhinter gekommen, woher Eichstädt die Frage hat, ob Du nach Jena zurückkehrtest. Ein miserabler Professor Schaumann von Gießen schreibt an Lichtenberg, ob er nichts näheres wisse, daß die geliebte Sophie sich von ihrem Manne trenne und nach Jena zurückkehre, Eichstädt sehne sich sehr nach ihr, und dergleichen. Ich bin heute in der ganzen Messe herumgelaufen, Dir einen Hut zu kaufen, aber meinst Du nicht, daß *acht* Gulden zu viel ist für einen gelben Strohhut, die Toni will mir einen Modernen Tafthut vor 4 fl. besorgen, ich habe bereits ein Dutzend sehr schöner Gläser gekauft für 4 fl. 30. für das Gesandte danke herzlich doch sende mir nur Briefe, auch bitte ich Dich mir recht bestimmt zu sagen, was ich wegen der Engelhard zu tun habe, ich weiß gar nicht, woran ich bin. Die Günterrode, die vertraute Betinens, welche einige mir unbekannte Liebesverhältnisse hier hat, hat dieser den Winter Geschichte gelehrt, ihr Mahomet wird jetzt bei Wilmans gedruckt, und sie ist nichts weniger als unglücklich oder

traurig, sie ist recht ernsthaft, und hat an bestimmtheit gewonnen, ich sah sie einmal, sie geht ungern in unser Haus. Christian, der mit mir in einer schlechten Kammer wohnt, ist so liebenswürdig, daß er schwört er könne sich nicht räuspern (Nasenreinigend) ohne Achim zu sagen, und weil mich diese Beschimpfung kränkt, fängt er schon in aller Frühe damit an. –
Was Du noch Wünschest gekauft zu haben, schreibe mir, denn freiwillig darf ich nicht, ich kaufte sonst alles für Dich, drum schreibe, damit ich etwas kaufe. Dein

Clemens.

An Clemens

Heidelberg, d. 17ten April.

Lieber Clemens!
Ich schicke Dir hier einige Briefe. Aus dem von Wilmans wirst Du sehen, daß ich erst zu Ende dieses Monats Geld von ihm erhalte; und doch habe ich, in der sichern Erwartung, es gleich jetzt zu bekommen, Hausmiete und allerlei Rechnungen berichtigt und also fast alles Geld ausgegeben. Ich bitte Dich daher, *kurz zuvor* ehe Du abreisest, Dir 8 Carolins von Wilmans auszahlen zu lassen, mir aber dies Geld *sogleich* zu schikken. Ich erwarte es von Dir bis künftigen Sonntag den 21sten und es würde mich sehr in Verlegenheit setzen, wenn ich es da nicht erhielt. Daß meine Gedanken schon ausgezogen sind, wirst Du wohl an diesem Brief merken; morgen folge ich selbst nach. – Den Brief von W. zeig niemand, es könnte ihn mit Recht beleidigen, weil es Unrecht wäre. Viel schönes von Daub und Creuzer. O! wie vergnügt wirst Du jetzt sein! Leb wohl.

Deine Sophie.

An Sophie

[Frankfurt, den 19. April 1805]

Liebe

Es wundert mich daß Du von meinem letzten Brief nichts sagst, da der Deinige doch auf der Briefpost an mich kam, so daß Du mir von Heidelberg einen Frankfurter Catalog nach Frankfurt schickst, welchen ich schon zweimal in Heidelberg habe, und für den ich der Post hier *24 Bazzen* zahlen mußte. Daß Du kein Geld mehr hast, ist nicht gut, und recht gut, das erste weil Du wieder brauchst, und das zweite weil ich nun abgeschreckt bin, viele schöne Sachen zu kaufen, welches letztere recht weislich ist, ich schicke Dir hier eine Anweisung auf Loos von den Acht Carolins, schicke mir eine Auf Wilmans umgehend, ich will sie den Brüdern geben. Ich wünsche herzlich, daß Du mir irgend etwas wegen der Engelhard schreibst, wegen welcher ich nicht hot und nicht her weiß, ich sehne mich sehr nach Haus, von der Gesinnung Betinens zu mir ist auch kein [Fünk]chen mehr übrig. Es geht mir Hundeübel hier, ich wollte die Eng[elhard käme] und ich könnte fort, wenn ich sie nur hier hätte, es sind täglich – – –[1] Kutschen da, ich wollte ich wäre bei Dir, ich gehöre Dir doch an, ganz an

Clemens.

Wenn Loos das Geld nicht gibt, woran nicht zu zweiflen, so lasse Dir es von Fries zahlen, und gib diesem die Anweisung auf Wilmans, alsdann aber zerreiße beiliegende auf Loos. Fries gibt Dir das Geld gewiß gern, und es ist keineswegs eine so große Gefälligkeit, daß Du ihn darum ansprechen solltest. Grüße Hulda.

Dem Daub sage, daß ich das Buch der Hanauer Auktion, welches mir sein Vater hat entgehen, und einen Juden von hier hat kaufen lassen, von diesem Juden hier um 28 fl. habe kaufen müssen.

---

[1] Verwischte Stellen.

Schicke mir keine Päckchen mehr nur Briefe, doch danke ich Dir für Deinen liebevollen Willen. –
Hast Du den Bassermann bezahlt? hoffentlich –

An Clemens

[Heidelberg, den 21. April 1805]

O weh! Das war ein böser Brief, Dein letzter! ich hoffe Du selbst wirst desto freundlicher sein! Schade auf die schönen Sachen, die Du nun nicht mitbringst, ich bin ohne sie glücklich genug! nur das einzige bitte ich Dich, versorg Dich selbst so schön als möglich, und mir bring einen Hut mit, wenn Du kannst. – Die Engelhardt hat mir geschrieben. Sie kömmt zu Ende künftiger Woche mit der Erxleben nach Frankfurt. Um diese Zeit wird auch Bätz von hier aus hin kommen, und so ist diese ganze Sache auf das einfachste in Richtigkeit gebracht. Es gefällt mir sehr wohl in meiner neuen Heimat und hoffentlich soll es Dir auch nicht unheimlich darin sein. Der beschwerliche Tag des Ausziehens ist still und glücklich vorübergegangen. Hier die Anweisung an Wilmans; doch bitte ich Dich, seinetwegen, sie erst kurz vor Deiner Abreise abzugeben, und mir seinen Brief wieder mitzubringen.
Gute Nacht! Vivat Heidelberg! –
Denk, mein Wirt ist so artig, daß er mir jeden Morgen die mannheimer Zeitung, *sich* s e l b s t aber gar nicht sehen läßt, eine Aufmerksamkeit, die mich entzückt!
Hulda schreit, ich soll Dich grüßen und Du sollst sie lieb haben.

An Sophie

[Frankfurt, den 23. April 1805]

Gott grüß Dich im neuen Haus liebes Weib und gebe Dir fröhliche Stunden, mit großer Freude kehre ich zu Dir zurück, aus dieser Pfütze manichfaltiger göttlicher Eigenschaften. Der Lichtenberg ist schon seit vier Tagen hier und den ganzen Tag in unserm Haus, er ist sehr liebenswürdig. Betine ist jetzt ganz dem Christian ergeben, und dies freut mich gewissermaßen, weil er ihr sehr wohltätig, mit seiner Mischung von Geist und Ernst und Güte und Gassenbuberei ist. Ich intressire sie gar nicht mehr, und mein Anblick macht sie selbst nicht verlegen, Savigny hat nebst Gundel ans ganze Haus geschrieben, sie sind ganz ersoffen in Glück. Tonys Caracter, der sich immer mehr als der eines kalten verläumderischen Weibes entwickelt, und die jetzt von allen gleich geachtet wird, zeigt sich von neuem darin, daß sie mir hönisch beiliegenden schönen liebevollen Brief Melinens an Sie schenkte, als ich sie bat, ihn mir zur Abschrift für Dich zu leihen, denn ich hoffe, daß er Dir *Mut* und Freude bereitet. Wenn die guten Menschen immer wüßten, daß der Überfluß ihres Herzens immer so aufgenommen würde, die Menschheit wäre eine Gesellschaft von Wahnsinnigen und Canaillen, Gott sei gepfiffen und getrommelt, so gehört dieser Liebe volle Brief dann uns, so ist er doch an die rechten Leute gekommen, so geht doch nichts unter. Hebe ihn gut auf, er erfreut mich recht von Herzen, es ist doch gut, daß Du zu mir gekommen bist, die Brentanos Herzen sind doch gute Herzen. ich habe Dir einen schönen seidnen braunen Hut zu 4 fl. machen lassen, er ist sehr hübsch, ein Strohhut ganz roh kostet 6 fl., und das Band dazu kostet auf drei Gulden, also der Hut 9 fl. und dauert kaum einen Sommer, da im Gegenteil dieser, der viel hübscher aussieht, nur 4 kostet. Alle Briefe, die Du mir gesendet, schicke ich Dir zurück, den Coll betreffend teile Heisen mit, soweit es Dir schicklich scheint. Die Lustigen Musikanten in Warschau werden Dir Spaß machen. Deine Anweisung werde ich zur gehörigen Zeit geltend machen. Der gute Mut Deines Briefs erfreut mich, rührt mich, ich bringe auch der Hulda etwas mit. Lebe wohl habe mich lieb. Schaden könnte es nichts, wenn einstweilen eine Partie meiner Bücher zu Dir getragen würden; etwa von der Magd Korbweise die Folianten, und festgebundnen, doch es ist alleins. Ich hoffe daß die Engelhard bald kömmt, und daß die Erxleben im Wirtshaus bleibt, denn beinahe wird selbst die Engelhard in diesem tollen Hause keine Aufnahme haben. Wenn Du noch Briefe für mich erhältst, so schicke sie mir doch erbrochen, ich kann es nicht leiden, daß Du gar nicht neugierig bist.

Dein Clemens.

An Sophie

[Frankfurt] Mittwoch Abend [24. April 1805]

Liebe Sophie!

Morgen früh geht der Bätz zurück, seine Reise hierher ist mir unangenehm gewesen, denn nun muß ich vielleicht auf Retour warten, ich wollte die Engelhard käme, ich kann es hier gar nicht mehr aushalten, es ist eine solche matte Wut in allen Menschen, Orgeln, und Juden, daß ich ganz Krank bin, ich gebe dem Bätz, der in einem Tag nach Heidelberg, also für Dich heute ankömmt, eine Schachtel mit, sie enthält ein Dutzend Trinkgläser, eine Senfbüchse von Buchsholz, einen Hut für Dich, ein Puppenkind und ein Mooskörbchen für Hulda, die ich herzlich grüße, wenn Du wüßtest, wie miserabel mir es hier zumute ist, Du wünschtest mich zurück, das sage ich Dir, wenn die Engelhard den Sonnabend nicht da ist, so gehe ich meiner Wege, ich will lieber unter dem lichten Galgen leben, als hier im Hause. – Teures Weib ich wollte wir wären wieder beieinander, ich habe Dich so lieb so lieb, nun wir wissen es ja, und das Kind unterm Herzen weiß auch davon, sei mir gut, ich bin so unruhig und verstört, ich kann nur eines sagen, was mir das Wahrste, bestimmteste ist, daß ich Dich herzlich, innig liebe,

Dein Clemens.

An Clemens

[Heidelberg, den 10. August 1805]

Guten Morgen, Lieber! wie geht es Dir? wüßte ich nur, daß Dir wohl wäre, wie ich es wünsche, so wär ich glücklich. Deine Stimmung am Abend vor Deiner Reise war mir sehr traurig, o! warum ward es nicht von Gott in meine Gewalt gegeben,

Dein Herz zu erleichtern! – ich bitte Dich, schreib mir gleich, ich muß notwendig Nachricht von Dir haben. – Die Erscheinung der Tonie, die mit ihrer Reisegesellschaft bei mir war, hat mich sehr überrascht. Georg fand ich zu meiner Freude sehr gesund und stark aussehend. Sie versprachen auf ihrer Rückreise länger zu bleiben. – Auch war die D. Jacobi, die Tochter von Claudius bei mir, ein liebes Weib! so munter und leicht geschürzt wie eine Wandsbecker Bötin. – Gestern waren wir auf dem Schloß, wo ein neuer schöner Weg entstanden ist, auf welchen man nicht die Musik, sondern nur den Widerhall derselben aus den Ruinen hört. Es macht einen wunderlichen Eindruck, aus den hohlen Fenstern des Schlosses die wilden Tänze so kräftig schallen zu hören, daß die Geister erwachen müssen und wacker darnach tanzen. Als wir zurückgingen, begegnete uns ein Mann, der eine Puppe auf dem Arm trug, und unbekümmert um andre, zu seinen eignen Vergnügen, die Bauchsprache mit ihr redete. Wir beklagten daß Du nicht bei uns warest. Grüß die Sonne von uns. Ob sie noch immer so herrlich strahlt? wir stehen recht im Schatten, seit sie fern ist.
Willst Du mit Wilmans reden wegen dem Geld, oder soll ich hier mit Fries? Diese Woche ist hier Messe und ich brauche mancherlei Küchegeräte. Pr. Heise hat kein Geld geschickt.
Die Eigentümerin des Betts von Frohreich verlangt ihre Miete; soll ich es bezahlen? –
Leb wohl! Liebe die Liebe und lebe dem Leben.

An Sophie

[Frankfurt, den 13./14. August 1805]

Liebe Sophie!
Heute Morgen habe ich dem Willmans ein Billet geschrieben und von ihm den Rest des Geldes begehrt, den Du zu fordern hast, worauf er mir geantwortet, er habe bereits vorgestern Alles nach Heidelberg berichtet, Ist das wahr? oder nicht, Du mußt ihm im letztern Falle einmal vor allemal bündig schreiben. Ich habe mir meine Rechnungen hier noch nicht an-

gesehen, will es aber heute noch und dann Dir morgen berichten, wie sie stehen, dann wird sich erweisen, ob ich nach Wiesbaden gehen kann oder nicht? In jedem Falle mußt Du Geld haben, sobald Du es brauchst und Willmans nicht gezahlt hat. Heise und Bätz werden Dich wohl bezahlen, an den ersten schicke beiliegendes Briefchen; das Kind von Georg ist unbegreiflich gesund und liebenswürdig, so daß es sein Vater mit sein muß. Die Heirat Lulus mißfällt mir höchlich, er ist ein sehr gemeiner Patron. Übrigens ist mir es eben so schwühl zu Mute als meistens, ich bin eben nicht sehr traurig, noch weniger sehr lustig, mancherlei Sorgen, Deine eignen Launen, die häufige Erfahrung, die Erinnerung, daß Du mich Minutenlang sehr betrüben kannst, machen mich oft unglücklicher, als es sollte, die Trauer am letzten Abend war so eine allgemeine, wenn man einen Schrank rückt, findet man viel Staub und Spinnweb, auch oft verlornes Gut, so machte mich die Veränderung traurig, ich gedachte so vieles Betrübte. Übrigens wünsche ich mich nicht von Dir, ich glaube auch dann würde ich leiden um Dich, nur sei freundlich, und gut, mache mich nicht irre, gib mir Ordnung, Reinlichkeit, gute Nahrung, Treue, doch ich begehre wieder Alles, ich schreibe Dir nächstens, Du wirst wohl ein Kistchen von Cölln erhalten, es ist ein zweites Kistchen drin, ich weiß nicht wie es aussieht, ich hatte es bestellt, Dir es zum Wochenbett zu schenken, hoffentlich ists nicht garstig, nimm Vorlieb mit, und schreib mir, wie es ist. Ich werde in Zukunft um zur Ordnung zu kommen, selbst Buch führen und alles Geld besorgen müssen, denn zu einer ordentlichen Ordnung hast Du doch kein Recht Geschick. Habe guten Mut, halte sparsam Haus, und bedenke, daß ich mir hier Alles zu versagen suche, ich gehe nicht ins Theater, kaufe nichts, lasse nichts machen, und Wiesbaden steht im weiten Feld, wenn es meine Rechnung nicht erlaubt. Krank im Innern bin ich wohl ein wenig, aber es steht Alles in Gottes Hand.

Christian kömmt bestimmt nach Heidelberg, erkundige Dich wegen dem Häuschen, das er Wünscht, reicht Besses hin, kann er Horstigs haben? Habe mich lieb, und gebe Dir Mühe um mein Glück, um Deine Ruhe, und sage mir niemehr Du wollest kein Kind – hätte ich eins, ich wäre ruhiger.

Dein Clemens.

Ich habe gestern diesen Brief weg zu senden nicht mehr Zeit gehabt, und daher meine Partie im Buch besehen. meine Einnahme macht dieses Jahr 2000 fl. und 1700 sind nun ausgegeben, wenn wir daher Haushalten, und Dienemann und Mohr bezahlen, so können wir vielleicht aus, ohne das Capital anzugreifen, ich habe heute an Vigelius geschrieben und werde so bald er mir antwortet, nach Wiesbaden gehn. Was Wilmans Dir geschrieben, und Du geantwortet hast, Melde mir umgehend, damit ich weiß, wie viel Geld Du brauchst, nicht wahr von der Hausmiete ist auch noch nichts bezahlt? Wir wollen von dem nächsten Jahre an recht ordentlich sein, damit wir Ruhe erhalten. Christian und Bang haben mir aber mal über Schäffer geschrieben, und nach ihren Äußerungen ist Creuzers Urteil freilich durchaus schief, Bang ist ganz wütend über Creuzer deswegen. Sollte das Liederbuch *Orlando di Lasso* genannt von Freisingen kommen, so sende es uns gleich, auch bittet Arnim Dich sehr, das Marienkäfer Lied von der Rudolphi aufzutreiben, und uns zu senden, wenn die Engelhard etwas kriegt, soll sie ja nicht zaudern. Habe guten Mut, sei auf Hulda bedacht, ohne ihrem kränklichen Gemüte zu schaden, habe mich lieb, wenn uns Gott ein Kind erhält, werden wir glücklich sein, ohne Kind ist die Ehe unbegreiflich, mit diesem Segen aber ist sie Gottes Segen selbst.

Nimm kein Wort dieses Briefes traurig auf, sei besonnen und liebevoll, adieu meine Liebe. Schreibe mir umgehend.

An Clemens

[Heidelberg, den 14. August 1805]

Warum schreibst Du gar nicht? es verwirrt und betrübt mich. Es sind Briefe von Docen und Nehrlich angekommen mit Beilagen, soll ich Dir schicken? soll ich Dir Wäsche schicken? Schreib nur zwei Worte, ob Du gesund bist, aber gleich!

Deine Sophie.

An Sophie

16. August 1805

Liebe Frau!

Heute empfing ich mit Verwunderung Deine Kurze Klage, daß ich gar nicht schreibe, da ich Dir doch am Mittwoch einen hinlänglichen freundlichen Brief mit mancherlei Bestellungen, Nachrichten, Liebe, Trost, Ernst u.s.w. gesendet, welchen ich heute in Deinem Brief erwidert hoffte. ich kann nicht begreifen, wo er geblieben ist, drum schreibe mir gleich ob Du ihn erhieltst. Hier geschieht nichts, der Druck geht sehr langsam, ich harre täglich auf Nachricht von Vigelius um nach Wiesbaden zu gehen, gestern Donnerstag ist Franz mit dem Maxchen nach Weinheim, wo Toni schon wieder hin ist, und wird heute Freitag zurückerwartet. Was macht Hulda! Sieh ja auf sie. Georg sein Töchterchen ist das gesundeste kindischste Kind, das mich je ergötzt hat, ach Du lieber Gott, wenn ich denke, daß mir schon zweimal ein solcher Schatz untergegangen. Savigny ist von Paris nach Havre, den Seehafen zu sehen, gereist, in Paris hat er sehr reich gelebt, ein Wiski und Pferd und der Domesticken gehalten, seine Wohnung, sein Tisch soll köstlich gewesen sein, und eine Unsumme hat er für Bücher ausgegeben, sein Glück durch sein Kind schildert er Betinen unbeschreiblich, er schreibt, wenn es ihn anlächle, müsse er immer vor Freude weinen! – Betine hat bis jetzt mit unsäglich manichfachem zerstreutem unterbrochenen Fleiß Griechische Geschichte studirt, die Günterode hat sie auch Etwas zur Philosofie angerüttelt gehabt, es hat aber nicht weiter gefangen, als daß sie ein paar schlechte platonische Gespräche geschrieben, über die sie jetzt lacht. Sie hat eine große Leichtigkeit zu dichten, und hat mir versprochen, mir dann und wann Lieder zu senden. Die Günterode, welche ich nicht gesehen, ist vorgestern auf das Gut einer Freundin der Doctor von Nees ins Wirzburgische gereist; von der Fleck habe ich hier die Thekla in der beinahe undenkbar schlechten Darstellung Wallensteins sehr schön spielen sehen. Du mußt sie doch einmal wo möglich als Thekla, oder Braut v. Messina in Mannheim sehen, sie hat eine sehr rührende Stimme, aber die Unzelmann ist mir lieber.

Kästner, der sich sehr an mich und Arnim schmiegt, ist mit Georg und Bethmann seit Monaten gänzlich broullirt, er kömmt dennoch nach wie vor seine Tasse Tee trinken, und läßt sich scheel ansehen. Hat der zärtliche Kries noch nichts von sich hören lassen, und ist das ideale Herz noch nicht zu rühren. Lebe wohl liebe Frau, ich weiß heute nichts mehr, schreibe mir doch über das Einzle meines Vorigen und sei meiner treuen Liebe versichert, grüße Fries und sein Weib.

Dein Clemens.

Ich habe die Umrisse der Riepenhausen zu Tiecks Genovefa hier bei Varrentrap, wo sie herauskommen, gesehen, Schöneres, rührenders feiner gedacht und vollendet habe ich nie ein neues Kunstwerk gesehen, sobald sie fertig sind, sende ich Dir Sie.

An Clemens

d. 18ten August

Ich habe jetzt Deine beiden Briefe erhalten. Was Du mir von Savigny schreibst, rührt mich am meisten. Ich fühle einen Schmerz im Herzen, wenn ich es lese, es kränkt mich, daß Du nicht so glücklich wie Savigny bist, das ist es wohl, was ich eigentlich fühle. – Das Kästchen habe ich, 2 Minuten vor Deinen ersten Brief, erhalten; es ist sehr niedlich, hat die Form eines Sarkophags und an den 4 Seiten und oben kleine, blasse, sehr fein gemalte Landschaften, wo immer ein zärtliches Paar in alter, fremder Tracht sich zeigt. Inwendig scheint es sehr gebraucht, auch das Schloß ist schadhaft. – Geld brauche ich nicht; ich habe von Wilmans; auch Heise hat bezahlt. Ich freue mich daß Du nach Wißbad reisest. Sei nur pünktlich und vorsichtig beim Gebrauch des Bades und laß dort alle Deine Sorgen zu Wasser werden. – Wegen dem Häuschen habe ich mit Besse gesprochen; es ist bis Ostern vermietet, doch ist ein kleines, aber angenehmes Stübchen darin frei. Dies will ich unterdessen mieten. Wenn es Dir für Christian nicht gut genug scheint, behalte ich es für Karl. – Übrigens geht es hier wie immer. Eine Menge Fremde halten Durchzüge. Paulussens waren bei mir; Lindemeier, heute auch ein Herr aus Carlsruh mit Primavesi, der noch immer vom Almanach träumt. Bei der Rudolphi bin ich sehr oft, und eben war sie da, um mir zwei Lieder zu bringen, die sie mit vielen Grüßen an Arnim und Dich begleitet. Bätz geht von Heidelberg weg nach Göttingen, was allen Menschen sehr leid tut, dagegen erwartet man zu Michael 7 Professoren und 400 Studenten. – Ich schicke Dir hier drei Chemisetts, die ich in der Eil gemacht habe, weil Du sie vielleicht nötig hast, und ein kleines Tuch, welches Georg Brentano hier vergessen hat. – Auch habe ich ein kleines Tirolerliedchen, welches mir ein Tiroler, der hier fast zu viel Aufsehen gemacht hat, abgeschrieben, aber ich schicke es nicht, weil es mit Bleistift geschrieben, sich leicht verwischt. – Kries hat mir geschrieben – aber das Herz des Engels bleibt so hart wie ihre Hände weich. Schreib mir von Arnim, ich will gar zu gern etwas von ihm wissen – und Betine bitte, daß sie mir schreibt; es macht mir so viel Freude! – Du selbst schreib immer, ich bin unglücklich wenn ich keinen Brief von Dir habe.

An Sophie

Wiesbaden Donnerstag den [22.] Augt 1805

Liebe Frau!

Vorgestern eine Stunde nach dem Empfange Deines Briefes bin ich von Frankfurt hierher gereist, Arnim ist noch zurückgeblieben. Ich habe erst heute ein Logis und ein Bad gefunden, wenn es gleich gar nicht mehr sehr voll ist. Heute habe ich zum erstenmal gebadet, das Wetter ist übrigens ungünstig, der Ort ungemein traurig, für die Gäste ist wenig getan, da das Wasser und sein Ruf die Leute doch her lockt, das Beste, was ich hier habe, ist das Gefühl unter den Badegästen wohl der Gesundeste zu sein, das Wasser ist Gelb, und schmeckt wie schlechte Kalbfleischbrühe ohne Salz. Eine ekliche Reisegesellschaft hatte ich hier her, einen Leipziger Alten Buchhändler mit einem lahmen Fuß, der eine junge Frau und einen zweiten Buchhändler zum Schwager hatte, so eingesaxst sind meine Ohren nie worden, als da diese steifen, leeren, breiten, anmaßenden Kleinstädter den Rhein erblickten. Interressante Kurgäste sind keine hier, der Maler Keßler von Marburg ausgenommen, wenn mir das Bad nicht hilft, so hilft die Langeweile auch nicht, das erste Bad hat mich sehr ermattet. Ich erwarte den Lichtenberg hierher, er hat mir es versprochen. Übrigens will ich mich zum Zeitvertreib⟨t⟩ wieder an die Novellen, vielleicht auch an meine Romanzen machen. Hast Du keine Nachricht von Dienemann. Von Hulda schreibst Du mir kein Wort, das finde ich sehr flatterhaft von Dir, Toni sagte mir sie habe euch beide, besonders aber die Hulda sehr übelaussehend gefunden, hast Du denn den Husten noch, leidet Hulda noch auf der Brust. Ich gedenke wenigstens Vierzehn Tage hier zu bleiben, es ist sehr teuer. Liebe Frau laß mich nicht ohne Deine Briefe, aber schreibe mir immer vom Herzen, keine Redensart, ach du lieber Gott, wie gern möchte ich Dich küssen.

Dein ewig treuer

Clemens.

An Clemens

Heidelberg d. 28sten August.

O, Lieber, wie lang hab ich nicht mit Dir geredet, wie sehne ich mich, einmal wieder ein herzliches Wort von Dir zu hören! wenn Dir nur das Bad wohl tut, schreibe mir ja, und auch bestimmt wenn Du zurück kömmst, – ich habe seit Deiner Abwesenheit manche helle, gute Stunde gehabt, allein, auf dem Altan, bei unbeschreiblich milden, herrlichen Abendhimmel. Mit der Rudolfi habe ich einige sehr hohe, erhabne Spaziergänge getan. Warum schreibst Du mir nicht über ihr: schön Hannchen? ich hätte ihr gern ein Wort darüber gesagt. Die Fries grüßt Dich. Die Arme hat neuerlich wieder fürchterlich gelitten an Schmerzen in den Wangenknochen. Ich geh heut zu ihr, meiner Liebe zu ihr sind wieder neue Flügel gewachsen. – Dein Vorwurf der Flatterhaftigkeit wegen Hulda hat mich Gottlob! gar nicht getroffen. Ich schwieg von ihr, weil ich Dich mit ihrer Gesundheit überraschen wollte. Sie hat keine Spur von Husten, oder Brustschmerzen mehr, ißt, trinkt und schläft und ist sehr vergnügt. Ich selbst hatte einigermaßen dabei gelitten, wahrscheinlich durch das nächtliche Aufstehen. Mein Husten war sehr heftig, aber alles ist schon wieder vorüber, ich bin wieder ganz gesund. – Von Dienemann habe ich noch keinen Brief; ich will noch einmal schreiben. In der Fiametta bin ich ziemlich fortgerückt; doch könnte sie Zimmer, mit dem ich davon sprach, und der mit Schriften von Voß, Creuzer und Daub u.s.w. überschüttet ist, nicht ehr drucken bis Michael übers Jahr und dies ist zu spät. An Cotta mag ich nicht schreiben, denn als ich ihm vor einiger Zeit wegen Madam Engelhardt schrieb, wies er es, als schon zu sehr mit Arbeit überhäuft, ganz ab. Was rätst Du mir? wer weiß es, ob nicht Dein lahmer Reisegefährte? – überleg es und antworte mir sogleich darüber. – Für Christian weiß ich doch noch immer keine Wohnung. Das Zimmerchen, wovon ich Dir schrieb, ist, näher betrachtet, ganz abscheulich und durchaus nicht für ihn. Horstigs denken nicht daran auszuziehen – und so bleibt nichts als die Wohnung von Fries. Leb wohl! was macht der gute Keßler? – schreibe ja gleich, sonst komme ich zu Dir, Ich wünschte, ich könnte mich in der Quelle auflösen, und Dir mit neuer Gesundheit, neuer Kraft, neuer Freude durch alle Adern rinnen.

Hier noch etwas von der Engelhardt. Sie wohnt jetzt bei ihrer Tante.

O weh, o weh! eben kommt eine große Kiste und die Fracht kostet 20 fl. Das hat meinen Beutel so in Schrecken gesetzt, daß er ohnmächtig darnieder liegt, und ich an seinen Aufkommen zweifle. Tu nun, was Du willst, ihn zu retten. Es sind Bücher und kommen von Paris.

An Sophie

[Wiesbaden, den 28./29. August 1805]

Liebe Sophie!

Heute bin ich acht Tage hier, und habe noch keine Zeile von Dir, nur viele und herzliche Briefe könnten den Nebel, der über dieser Stadt und meinem Herzen liegt, zerteilen. Ich habe nun sieben Bäder genommen, und weiß noch nicht, ob sichs bessert, die Wirkung, die ich allein fühle, ist eine unsägliche Müdigkeit durch alle Glieder und vor allem den Fuß, der mir sehr häufig einschläft, so daß ich mit Mühe die kleinsten Spaziergänge mache, ich gehe meistens um halb neune zu Bett, und schreibe Dir in diesem Augenblicke im Bett, denn heute gegen Abend befand ich mich besonders übel, so daß dieser Brief wohl nicht so groß werden wird, als ich es wünsche, und Dir es gönne, die Augen sinken mir bereits. Guten Morgen! ich habe eine schlechte Nacht gehabt, Fieber und Schmerz und keinen Schlaf. Vielleicht wirds auf das Bad besser. Ich will heute wieder mit dem Arzt sprechen, man ist sehr verlassen an einem solchen Ort, alle Einrichtungen scheinen bloß gemacht, einen ums Geld zu bringen. Liebe Frau, wenn Du recht gut wärst, so bedächtest Du meine traurige kranke Einsamkeit und schriebst mir täglich, um mich ein wenig aufzurichten. Es ist um 8 des Morgens, ich gehe baden, und sehe einem traurigen Tag entgegen. Dein kranker

Clemens.

An Clemens

Heidelberg d. 30sten August

Ist es denn wirklich wahr, daß Du krank bist? Dein Brief, der so unendlich müde ist, hat mich so aufgejagt, so in Unruhe versetzt! – Wäre es nur nicht gegen die Vernunft und gegen Deinen Willen, ich reiste gleich zu Dir, aber wenn ich nicht bald Nachricht von Besserung erhalte, so komme ich doch! Das kann ich Dir indessen sagen, daß alle, die dies Bad brauchen, in den ersten 14 Tagen gleiche Wirkung empfinden; nur dann erst äußert sich die wohltätige Kraft und sie

fühlen sich neu belebt. – Auch wir haben hier einen unbeschreiblich trüben Himmel, nur Dämmerung, keine Tage, das alles sind Folgen des Erdbebens – doch schenkt uns die Sonne, ehe sie schlafen geht, noch immer einige wunderbar, ewig neue, herrliche Augenblicke.
– Ich bin so voll Sorgen, ich kann nun gar nichts denken, als wie es um Dich steht. Und warum sollte ich denn nicht kommen, lieber Engel? bin ich nicht allein darum auf der Welt, um Dir, wo möglich, einige Beschwerden zu mildern? – oder neue zu schaffen! – wie, sagtest *Du* das? Das war nicht recht, o, glaub mir, liebes, goldnes Herz, ich bete alle Tage, daß Gott mich klüger mache, um Dir gefällig und nüzlich zu sein. Was kann ich für mein armes, voriges Leben? glaub mir, ich fange an, es herzlich zu hassen, weil es Dich oft quält.
Du schreibst mir gar nicht von Arnim, wo ist er? kömmt er zu Dir, ich erwarte mit größter Sehnsucht einen Brief von Dir.
Ist denn Vigelius nicht in Wisbaden.

An Sophie

1. September [1805]

Liebe Frau!
Wenn Du mir gleich keine Zeile schreibst, und mich das recht sehr betrübt, weil ich es nicht verdiene, da niemand so nach einem wahren Familienvertrauen und ehlicher Teilnahme sich sehnt als ich, will ich Dir doch nicht vergelten. Ich schreibe aus jener inneren Treue, die allen gerechten Menschen eingewurzelt ist, die ihres Leibes und ihrer Seele Schicksal sich anvertraut haben, und so müßtest Du auch empfinden, ich bin doch von Dir entfernt, Du kennst mich doch, Du sagst doch öfters, daß Du mich liebst, warum schreibst Du nun nicht? Ich kann Dich nicht begreifen, glaubst Du vielleicht, es sei mir wohl ohne Dich – o Sophie es ist mir nicht wohl ohne das meinige, ohne mein Weib, ohne meine Qual und meine Freude. – Verzeihe meine liebe, der Brief ist um einen Tag verspätet, um einen Tag erfährst

Du später, daß ich Dich herzlich liebe, daß ich mich herzlich nach Dir sehne, Lichtenberg ist heute hier angekommen, und Franz, Toni und Betine mit dem H. v. Escherich kamen über hier von einer kleinen Reise an den Rhein zurück. Arnim ist noch in Frankfurt, Korekturbogen, Getümmel und manichfache Diners und Soupers bei Bethmann fesseln seinen lebendigen Mut. Georgs liebe gute Frau hat eine fausse couche gemacht, wie mir Betine gesagt hat, ich war bei der Veranlassung zugegen, wir gingen Abends von einem Kirchweihe bei Frfurt zurück, ein Pferd hatte sich mit der Schere eines Wiskis losgerissen und sprengte unversehens bei der halbschwangeren Frau vorüber, sie sank beinahe ohnmächtig in meine Arme, acht Tage darauf trennte sich das Todte Kind von ihr! –

Ich sehne mich unsäglich nach Haus, ich fühle mich doch in jeder Entfernung verlassen. Ach ich fühle, daß ich liebevoll genug bin, selbst manchen zerreißenden Kummer mit Liebe umfangen zu können, Ich habe Dich doch eigentlich unendlich geliebt von jeher, und liebe Dich noch, aber eins zerreißt mir das Herz, daß Du mich so lange mit Deinem Verhältnis zu Kipp betrogen hast, liebe Sophie, das hatte ich nicht verdient, das war schrecklich treulos, falsch, ja alles Vertrauen, alle Ehre, alles Glück in Ewigkeit störend, dies treulose Schweigen gegen alle unwiderbringlich goldne verschwundene Bitten und Fragen liebender Jugend kannst Du nie vor Dir selbst rechtfertigen, weniger als die Tat, Sophie, Sophie, jenes Stillschweigen hat mich verzweiflen gelehrt an meinem Weib, und wahrlich ich könnte mich dem Teufel ergeben wenn Du nichts taugtest.

Aber ruhe armes Herz! Sophie, mein Weib, die mir ihren Leib hinreicht, die mir gern Kinder gebiert (die Gott erhalten möge) lebt, sie lebt, o das ist schon göttlich genug, das ist schon unendlich viel für einen lebenden, und so bin ich dann glücklich von Herzen, und alles sei Vergessen, was schmerzt, und eine wahre gesunde Pflanze der Wahrheit und Liebe sei in unsren Herzen.

In diesem Augenblick erhalte ich Deinen freundlichen Brief,

der mich an mich erinnert, und ich fange also an, von mir zu sprechen: Ob mir das Bad nutzt, kann ich nicht sagen, denn wenn ich gleich weniger heftig als einige Zeit vorher an meinem Fuß leide, so kann ich dies ebenso gut der in diesen Tagen ziemlich steten warmen Witterung zuschreiben, außerdem leide ich an einen heftigen Husten, und Katharr. Auch greift das Bad mich überhaupt ziemlich an. Lange werde ich keineswegs hierbleiben, da es schrecklich teuer ist, an den Rhein werde ich für mein Teil auch nicht reisen, da ich sehr befürchte, mir durch die dortige Zugluft und Stromkälte, und die Leichtsinnige Art zu reisen, Klettern und steigen das Bißchen, was mir vielleicht das Bad genutzt, noch viel ärger zu machen. Gegen Abend befinde ich mich sehr unpaß. Du kannst Dir einen Begriff von der Prellerei hier machen, wenn ich Dir sage, daß ich für die Portion schlechten Caffe 26 Xr und für Schoppen wein Mittags (hier im Weinlande) 30 X zahlen muß. Die gute Nachricht von Hulda freut mich sehr, wenn es nur mit rechten Augen angesehen ist, übrigens mag es dabei bleiben, daß Du mir aus Leichtsinn nicht von ihr geschrieben, denn um mich mit ihrer Gesundheit zu überraschen, hast Du es gewiß nicht getan, ich wollte mein Leben drum lassen, daß dies nur eine Phrase war. Ich wünschte Dir von meiner Gesundheit bald ähnliche Nachrichten geben zu können; ich denke noch ohngefähr acht Tage hier zu baden, und so dann wieder einige Tage in Ffrt zuzubringen, und zu Dir zurückzukehren. Christian hat mir gestern wieder geschrieben wegen dem Quartier, es ist eine wunderliche Sache, sich ein kleines Häuschen bei einem zu bestellen, da es sehr vielerlei Häuschen gibt, Ich bitte Dich aber herzlich ihm sogleich zu schreiben, was Du eigentlich für Häuschen für ihn weißt, denn durch mich ist es ein Umweg, und es pressirt sehr. Die 20 fl. Porto, das ist etwas enorm, so was konnte Dich allerdings erschrecken. Ich weiß übrigens kein Mittel, Dir zu helfen, als Geld, und das wirst Du Dir von Fries müssen geben lassen, es braucht nicht grade meines Scheins, er wird Dir wohl auch auf Deinen Namen etwas zahlen, ich erwarte, daß Du keine unnötige Ausgaben machst. Wegen der Fiametta weiß ich Dir nicht zu raten, es muß sehr schlimm mit Dir aussehen, die Du sonst die Buchhändler nur so aus der Tasche ziehst, da Du Dich an mich wendest, noch wunderlicher kömmt es mir vor, daß Du mich an meinen krummen Reisegefährten erinnerst, den ich zwei Stunden und nicht wieder gesehen habe, und dessen Namen ich nicht einmal kenne, das heiße ich auch wieder einmal vom Zaune abgebrochen, meine Liebe. Buchhändler, denen Du es übrigens antragen könntest, wären etwa Rein in Leipzig, Dienemann, die Realschulbuchhandlung, deren Besitzer ein sehr honetter Mann, ein gewisser Räumer ist, Arnim kennt ihn gut, und wenn Du ihm schreibst, wird er Dich ohne Zweifel mit ihm bekannt machen, sollten Schwan und Götz es nicht gern drucken? Frage Daub. Für Dienemann ist es eigentlich ein Artikel, in so weit ich seine Verlags Art beurteilen kann, auch für Wilmans ist es ein Artikel, aber er wird es nicht beurteilen können. Was macht der gute Keßler? schreibst Du in Deinem Brief, bist Du denn nicht gescheid? mein Kind, und mußt Du dann so zusammenkehren, einen Brief an mich auszufüllen? Grüße die liebe Fries, sage ihr, daß ich sie herzlich lieb habe, und ihrer oft freundlich gedenke. Wenn Du mir einen Gefallen tun willst, so lasse aus den zwei großen Dielen und was sonst von brauchbaren Kisten Vorhanden ist, ein Bücherbrett zusammen setzen, und stelle die Bücher, die [in] Frohreichs Stube an der Erde liegen, darin auf, nimm dazu den Schreiner Batt, Batts Bruder er wohnt bei Professor Weis. Wenn Du noch keine Antwort hast, wegen Deinem Cid von Lindner, so hast Du eine gute Gelegenheit durch den Herrn von Escherich, der noch in Fft ist, aber auf dem Punkte steht, abzureisen, er kennt Lindner und sieht ihn oft, Du kannst diesem grade schreiben, was es für eine Bewandnüß mit der Sache hat, denn er ist ein Mensch wie ein Bedienter, Du kannst den Brief per Einschlag an die Toni schicken, und ich zweifle nicht, daß Dir wird geholfen werden. Übrigens lasse Dir diese Lindneriade für Deinen abenteuerlichen Manuskripten Handel künftig eine Warnung sein. Ich danke der Engelhard für die Lieder, es ist doch einiges hübsche dabei. Doch ich muß jetzt in das Bad, lebe wohl, schreibe mir bald, gleich wie ich es tue, nehme diese Blätter nicht gleichgültig in die Hand, lege sie nicht gleichgültig von Dir, sie haben meine Augen lange auf sich geheftet, meine Hände haben sie berührt, ich liebe Dich, ich schließe mit bewegter Seele, denn sie gehen zu Dir,

Dein

treuer Clemens.

Denke, daß den achten mein Geburtstag ist, wenn Hulda gesund ist, so laß sie fleißig fort lesen und schreiben, und denke, daß sie bald Religionsunterricht erhalte. ich wohne in der Rose.

An Clemens

[Heidelberg, den 4. September 1805]

Ich bin so unruhig um Dich, und kann es gar nicht erwarten, bis ich Nachricht von Dir habe. Wäre nicht die wunderliche Hexerei des Geldes in der Welt, oder vielmehr verstünde ich sie nur besser, so brauchte ich nicht lang zu warten, sondern ginge gleich, sie selbst zu holen. Sehr bang hat mir nun noch die Fr. v. Eberstein gemacht, die mir sehr viel ängstliches von den Wirkungen dieses Bades erzählte. Diese Frau ist übrigens sehr angenehm und vergnüglich, ohne die vielen vortrefflichen Eigenschaften zu rechnen, die sie als Hausfrau, Mutter und Gattin besitzen soll; ihr Mann, der auch sehr vortrefflich sein soll, sieht aus wie Pierer, nur etwas älter. Ich habe mich jetzt, im Vorbeigehen, ein wenig in dieser mir noch unbekannten Region umgesehen. Wenn ich von Menschen oft sprechen höre, und kenne sie nicht, so sind sie mir wie Gespenster; habe ich sie aber nur einmal gesehen und gesprochen, so weiß ich genug und bin weit eher geneigt, sie für Körper ohne Geist als umgekehrt zu halten. – Kennst Du nicht einen Baron von Benghem in Frankfurt? er hat mir geschrieben wegen eines pariser Leseinstituts, welches ich schon kenne, und das in seiner Art recht vortrefflich ist. Er schreibt, in Heidelberg bilde sich jetzt ein südliches Athen, und dgl. Dinge mehr. – Alles dies habe ich bloß hingeschrieben, um nur nicht immer zu schreiben, wie besorgt ich Deinetwegen bin, und wie herzlich lieb ich Dich habe; wenn ich aber sagte, daß ich etwas anders gedacht hätte, so wär es Lüge. Ich begreife auch gar nicht, wie ich jemals etwas anders denken kann. Ach! schreib mir nur, und habe mich auch lieb! als ich gestern spazieren ging, hörte ich ein kleines Vögelchen singen, recht als sänge es für mich. Ich konnte es verstehen und das war mir der größte Beweis, daß ich liebte, Dich liebte. Leb wohl.

Eben da ich den Brief fortschicken wollte, erhalte ich den Deinigen, und muß nun noch mehr schreiben. Was Du zu Anfang Deines Briefs, mich tadelnd, berührst – ach! Lieber! dies, dies allein ist ja die Qual meines Lebens! wenn Du wüßtest, wie ich mir oft die schwärzesten Vorwürfe über dies Verschweigen mache, wie ich oft bis zum Wahnsinn nachsinne, wie diese Schuld zu büßen sei, wie ich mit ausschweifender Phantasie dann auch jede Deiner trüben Launen auf meine Rechnung schreibe – schreiben kann ich es nicht, aber fragen will ich Dich in einer einsamen, ernsten Stunde: kannst Du wirklich verzeihen? – oder was soll ich tun? – Gott möge mich leiten und mir das rechte zeigen! –

Lese ich Deinen Brief weiter, so finde ich, daß er mir manches Unrecht tut. Zuerst wegen Hulda – es war nicht Phrase was ich schrieb, vielleicht war es Eitelkeit, genug, ich wünschte mir diesen kleinen Triumph über Deinen schwachen Glauben. Übrigens dauert ihr Wohlbefinden noch fort. – An Christian will ich heute noch schreiben, die Wohnung von Fries wird am Ende wohl die einzige für ihn sein. Sehr ärgerlich ist mirs, daß Karl nicht schreibt, und noch weit ärger wenn er gar nicht käme. Ich versprach mir vielen Nutzen für ihn und Freude für mich! – Geld habe ich mir von Fries nicht geben lassen, der überdies verreist ist. Ich will sehen wie lang ich noch auskommen kann. Das Bücherbrett ist seit 14 Tagen aufgeschlagen, und die Bücher aufgestellt, Dein Bett ist durchaus neu gemacht, für Hulda habe ich eine Matraze angeschafft, einiges Steingut gekauft und verschied-

nes andres Geräte. Ich habe alles aufgeschrieben, ich hoffe Du wirst nicht unzufrieden sein. Es schmerzt mich immer, wenn ich Dich von Geld sprechen höre, es ist das einzige in meinen Augen, was auf Dein liebes, liebes Bild einen häßlichen Schatten wirft. – Wegen dem Verleger will ich nun schon sorgen. Es war ein Einfall, ein Wurf, ich habe fast immer auf diese Art gewählt, selten nach eigentlichen Gründen, und am Ende kommt es ziemlich auf Eins hinaus. – Schreib mir Arnims Adresse in Frankfurt, ich erhielt heute einen Brief von ihm und will ihm auch schreiben. Meine Frage wegen dem guten Keßler war eigentlich sehr bös, Du hast sie aber so arg mißverstanden, daß ich genug davor bestraft bin. Es war mir so lächerlich, wenn ich mir den Menschen mit seinen gepuderten steifen Locken, gleich einem zeitzer Infanteristen, dachte, daß Du mit *diesen* gerade im Bade zusammentreffen und gleichsam sein College werden mußtest, daß ich mirs nicht versagen konnte, Dich ein wenig damit zu necken.
Übrigens hat mich Dein Brief von meiner großen Ängstlichkeit wegen Deiner Genesung genesen lassen. Es ist mir noch einmal so leicht, Dein letzter Brief ist tausendmal gesünder, als Dein vorhergehender. Ach! ich käm Dir so gern bis Weinheim entgegen! wenn Du nur nicht böse würdest! auf jedem Fall schreib mir bestimmt den Tag Deiner Reise, vielleicht wird mir die Freude, daß ich kommen kann. Leb wohl, Du denkst jetzt nicht an mich. Es ist mir in diesem Augenblick als wär ich ganz, ganz allein in der Welt.

An Sophie

7ten 7bre
Morgen ist mein Geburtstag.

Liebe Sophie!
Ich schicke Dir hierbei eine Anweisung auf 100 Gulden, auf Fries oder Loos, wenn ersterer nicht da ist, den Namen kannst Du ausfüllen, dieses Geld kassiere sogleich ein, und reise zu mir hierher, Du kannst den Weg recht bequem in einem Tag machen und brauchst nicht über Frankfurt, ich will Dir die

Reiseroute sogleich schreiben, Es muß aber dieses sehr schnell, gewissermaßen den Tag nach dem Empfang dieses Briefs geschehn, höchstens einen später, wenn es mir angenehm und nützlich sein soll, ich erwarte es von Deiner Liebe zu mir, die ich gern Deine Pflicht nenne, zeige nun, ob Du aus Liebe zu mir eine angenehme Reise in den schönsten Teil Deutschlands schnell und ohne ungeschickte Verschwendung ausführen kannst. Ich bleibe wohl nicht mehr lange hier, und erwarte Dich, weil Du mir sehr nötig bist, ob ich gesund bin oder krank, wirst Du sehen, eile um es zu sehen, vor allem ist es nötig, daß Du Hulda auf ohngefähr vierzehn Tage unterbringst, ich fürchte, daß sie uns hier hindern und wir ihrer Kränklichkeit zu viel zumuten könnten. Schwarz, Creuzer, oder Fries, oder Rudolphi, und ganz gewiß die *Engelhard* nimmt sie. Du selbst aber schreibst an demselben Tag, als Du diesen Brief empfängst, an mich hierher zurück, daß Du kömmst, daß Du gleich kömmst, und bestimmst den Tag Deiner Ankunft, kömmst aber hoffentlich noch eher, als dieser Brief. Nimm wenig Bagage mit Dir, so viel Weißzeug und Kleider als Du auf ein paar Wochen brauchst um eine Bürgerfrau zu sein, einen Hut, einen Schleier, und Dein Liebevolles Herz, um es dicht, dicht an das meinige zu drücken und mich ans Leben fest zu halten, Sophie, wenn Du ein Engel wärst, ich hätte in dem Augenblick Liebe genug, Dich dem lieben Gott abspenstig zu machen, komme, mein ganzes Glück hängt davon ab, befolge meinen Brief, ich schwöre Dir, diese Reise sollst Du nie vergessen. Von den 100 fl. bringst Du so viel mit als möglich, Du wirst ja in Heidelberg nichts zu bezahlen brauchen, bis Du wiederkehrst, die Reise wird Dich *höchstens sage höchstens* Vier Carolins kosten, es ist nur drei Stunden Weiter als Frankfurt. Du mußt, um nicht über Nacht zu bleiben, welches mit Schicklichkeit, Ökonomie, und Deiner Begierde zu mir zu kommen sehr zusammen hängt, folgendermaßen reisen. Du fährst des Morgens um Vier von Heidelberg ab, und akkordirst den Kutscher bis Gehrau, das ist drei Stunden weiter als Darmstadt gegen Mainz zu, er kann auch schon von Hoppenheim ab nach

Gehrau fahren, wenn er den Weg weiß, dann fährt er um eine Stunde näher, zu Gerau nimmst Du sogleich Extrapost nach Wisbaden, welches 6 Stunden sind, oder anderthalb Stationen, und bist dann, wenn Du früh ausfährst, der Heidelberger gut fährt, worauf Du allerdings männlich treiben mußt, Abends um 9 Uhr bei mir in der Rose zu Wisbaden. Der Kutscher muß eine leichte Kutsche nehmen, und Du nimmst außer Deinen Kleidern noch *sechs Krüge Roten Wein mit* für mich, man darf hier seinen eignen Wein haben, und wenn ich das Weingeld spare, kostet mich Dein kleiner Aufenthalt hier sehr wenig mehr. Vor allem lasse alles, im Hause wohlverschlossen, zurück, besonders an dem Keller versiegle das Schloß, ebenso bewahre das Holz. Die Magd kann im Hause bleiben, Du kannst sie der Besse ganz übergeben und empfehlen. Ich erwarte sicher, daß Du gleich kömmst, und augenblicklich antwortest, welchen Tag Du abreisest. Dienstag könntest Du schon hier sein.
Den Namen in der Anweisung mußt Du ausfüllen.
Wenn Du nicht so schnell als möglich kömmst, triffst Du mich hier nicht mehr.

An Sophie

[Trages, Mitte Oktober 1805]

Liebe Frau!
Den Tag nach meiner Abreise bin ich in Trages Abends um 10 Uhr angekommen, und habe alle diese Leute angetroffen, als wenn sie nie in Paris gewesen wären, sie sind bis auf das Kind, welches dazu gekommen, nach wie vor gut und lieb, und selbst um kein Kleidungsstück verändert, ja es ist so arg, daß man sogar nie nach Etwas von Paris zu fragen Lust hat. Das Kind ist dick und stark, die Gundel säugt es noch, es sieht aus wie ein dicker kleiner schöner Savoyarde; und ist recht froh und ernsthaft. Wir tun hier nichts als den ganzen Tag auf dem Felde mit der Flinte hin und her gehn und gar nichts schießen, die Unterhaltung besteht darin, daß man sich

lieb hat. Ich schlafe wieder in dem kleinen Häuschen. Unter allen Jägern ist Arnim der unermüdlichste, er läuft nach einem Vogel 6-7 Stunden. Ich melde Dir weiter, Savigny geht den Winter nach Marburg, weil es dort ruhig ist, und er in seiner Bibliothek arbeiten kann, also kehrt auch Christian zurück dahin, vorher aber kömmt Savigny allein nach Heidelberg auf ein paar Tage. Im Vertrauen sage ich Dir, daß er die *Studien* für sehr schlecht hält und besonders *Kreuz*[ers] [und] *Heises* Aufsatz, und wie natürlich die Poeten. in höchstens 2 Tagen werde ich kommen und Dir vorher schreiben, vielleicht mit Arnim und Savigny. Hier ist Bostel Arn[im] Krist[ian] Bet[ine] Mel[ine.]

Dein Klemens.

Grüß Hulda, liebe mich, sei ruhig, stärke Dein Herz, ich liebe Dich herzlich.

[Nachschrift Arnims:]

Mit blutendem Herzen diese letzten Zeilen. Der arme Vogel, wird der Doktor sagen! Leben Sie recht wohl ich befinde mich auch recht wohl, so leben wir alle beyde wohl und sehen uns wieder am Dienstag um halberneun.

Der Jäger.

An Sophie

[Trages] Freitag [Mitte Oktober 1805]

Liebes Weib!

Diese Nachricht ist hinten widerrufen.[1]

Den Dienstagabend, höchstens Mittwoch kommen wir nach Heidelberg, Arnim, Savigny und ich. Ich schreibe Dir das aus herzlicher Liebe, und nicht um Dich zu benachrichtigen, denn ich weiß ja nicht, ob ich diesen Brief fortschicken kann, ich muß Dir schreiben, wie ich an Dich denken muß, in der einfachen rauschenden Frölichkeit, die mich auch hier mit sich hingerissen hat. Ich war nicht ein einziges Mal betrübt, und das würde ich auch nie bei Dir gewesen sein, wenn Du Es früher hättest klar zwischen uns sein lassen, oder wenn

---

[1] Von Clemens nachträglich eingefügt.

Dir so im Herzen gegen mich wäre, wie es mir gegen Dich ist – wenn Du mir nur einmal geschrieben hättest, ich hätte gern alle meinen hiesigen Spaß drum gegeben, aber ich will Dir keine Vorwürfe machen, es reut Dich gewiß, wenn Du denkst, daß Du mir weh durch dies Schweigen getan, die wenigen Zeilen, die ich Dir gleich nach meiner Ankunft geschrieben, hast Du doch wohl erhalten? Ach Sophie, was ist Dir ein Brief von mir? O wäre er das, was er mir ist, wenn ich schreibe, wenn ich denke, wie Du bist, daß ich Dich so treulich lieben muß, lieben über alle Weiber, Du bist doch das Beste, Liebste, wie Du jetzt bist, wie Du immer mehr wirst. Es gibt eine Reflektion, die Du hier wie auch zu andern Gelegenheiten vielleicht hast und mit der man allem Guten den Hals brechen kann, nehmlich, ich hätte die Wut zu bekehren. Liebe Sophie, ich freue mich nicht, daß ich oder vielmehr Dein Geschick in Deiner Verbindung mit mir vielem ein Ziel gesteckt, was Deine höhere Natur hätte gänzlich unter die Füße eines gemeinen Schimmer Lebens hätte werfen können, des freue ich mich nicht, wenn ich denke, daß ich Dich liebte, und Dich liebe, nein, dann freue ich mich nur, daß auch die Liebe den Staub von den Füßen schütteln kann, und sich auf Erden rechtfertigen ihres göttlichen Ursprungs, dann freue ich mich, daß ich Dich lieben kann und will und muß ohne Verderben, ohne Sünde, ohne Betrug, daß es recht ist vor Gott und der Welt und vor dem Gewissen. Ich freue mich, daß diese Liebe frei ist, das heißt, daß sie garantirt ist von der Natur, von der Religion, und von der Gesellschaft, diese beiden gehören in die Natur, denn sie sind ihre höchsten Werke. Also carissima Giovane, lasse Dir Deine herzempfindliche Freude an meiner tiefempfunden[en] Liebesbeteuerung nicht zertreten von jener Idee, ich wolle einen Bekehrer, einen eitlen Bekehrer spielen, denn gute Seele, ich weiß ja nicht, ob Du besser bist, ich weiß nur, daß ich Dich vom Grund meines Herzens tief ewig hervorquellend liebe, und daß ich diesen Quell höre in meiner Brust mit unsäglicher Freude und Wehmut, wie er immer quillt und sich Dir entgegenströmen möchte, und wie ich so oft leide, und traure, es ist nur, daß

Du oft sein Bett verschüttest oder ihn hemmst, bis er übertritt in Tränen, oder alles zerreißt, und uns beide rächend verdirbt, ach es ist nur Liebe und geht wieder bald ruhig zu Deinen Füßen, ein Spiegel, ein treuer Spiegel, der versiegen möchte, wenn Du über ihn zürnst, daß er ein *treuer Spiegel* ist.

Während ich hier schreibe ändern sich die Umstände, und ich muß Dir sagen, daß ich erst einige Tage später komme, da Savigny so eben plötzlich nach Marburg abreist um zu sehen, ob er dort wohnen kann. Er kommt in zwei Tagen wieder und bat mich, bei der Gundel zu bleiben, bis er wiederkömmt, dies tut mir zwar leid, denn ich verlange nach Dir herzlich, ich kann es ihm aber nicht abschlagen. Wir haben Hoffnung, vielleicht Savigny noch in unsre Nähe zu bekommen, schreibe mir nach Frft.

Dein Clemens,

grüße mir Hulda. Lieb Weib, lieb Weib, ach Gott, habe mich lieb, und sage mir es.

VIII. DAS LETZTE JAHR
1806

An Clemens

[Heidelberg den 18. Juni 1806]

Diesmal hab' ich Dirs also doch abgewonnen, und komme Dir mit einem Brief zuvor, so üble Nach oder Vorreden Du auch meiner Brieffertigkeit gehalten hast. Und daß ich Dir eigentlich wegen unbedeutender Dinge schreibe kann Dich überzeugen, wie gern ichs tue. Ein Herr Müller aus Luzern hat Dir geschrieben; ein alter, ehrlicher Bekannter wie es scheint. Er macht Dir ein Geschenk mit 42 fliegenden Blättern. 1 Bändchen *Lieder* im *helvetischen Volkston* vom Pfarrer *Häfliger* und 1 Band *Volkslieder und Gedichte von Kuhn*. Es sind meist Schweizerlieder, durch Sprache und Geist den allemannischen sehr ähnlich, einige sogar Eins mit ihnen. Ich glaube daß Du mehreres tauglich finden wirst, obgleich das Drammatische sich auch hier vermissen läßt, auf jeden Fall scheint es mir doch des Portos von einigen Gulden wert. Ferner schickt Dir die wieserische Buchhandlung aus Nürnberg einige Cataloge nebst einem Zettelchen, das ich beilege. Die Innlagen, auch Cataloge, sind an Heise, Creuzer und Pätz. Ich habe sie noch nicht abgegeben, und will warten bis Du mir geschrieben. Du könntest sie vielleicht zurück schicken wollen, doch scheint mir dies eben so wenig zweckmäßig als honnett. Übrigens war ich bei Voß, wo er in der Freude seines Herzens über sein neu angekommenes Clavier mir, mit heisrer Stimme, eine Menge noch ungedruckter Lieder von Schulz vorgesungen hat. Sie, die immer gleich Liebe, hat mir eine hollsteinische Weise, Zuckererbsen zu bereiten mitgeteilt, deren Güte ich bei Deiner Rückkunft zuerst an Dir erproben will. Auch sah ich Weinbrenner da. Er ist ein Mann, an Art, Gestalt und Rede seinem Kunstverwandten Genz sehr ähnlich. Starke, behagliche, humoristische Gesichtszüge, feste, fleischige Gestalt und im Gespräch höchst aneckdotenvoll, besonders italienischer. Beim Frieschen war ich auch und ging mit beiden spazieren. Man sieht sie gern, das ist alles was sich von ihr sagen läßt. Die Krappfries hat mich auf ein neues süßes Gericht eingeladen; sie hat einen Hut aus Straßburg bekommen, aus dem sie gar liebreizend heraussieht. Das derbe Bräutchen, das mir – wohlverstanden im guten Sinn – immer wie eine Bauernbraut vorkömmt, hat sich viel niedliche Sachen in Mannheim gekauft. Die Hochzeit wird bald sein. Gestern brachte mir Zimmer das übrige Geld. Ich wollte ihm einen Schein geben, er sagte aber, das sei unter euch beiden nicht üblich; auch erbot er sich, mir zum Leben zu geben, was ich wollte; er ist doch die liebenswürdigste honnette Buchhändler Natur, die es gibt. – Das Geld hebe ich Dir auf. Vergiß nicht diesen Brief der Jordis zu geben. Ihre Einladung hat mich recht erfreut, obgleich ich keinen Gebrauch davon machen kann. Leb wohl! ich wünschte, es wäre Dir so zu Mute, daß Du dichten müßtest, traurig oder froh, nichts schöneres kann ich Dir wünschen. Leb wohl, mein Geliebter!

Deine Sophie.

An Sophie

[Frankfurt, den 18. Juni 1806]

Liebe Sophie!
Ich hätte Dir gewiß gleich den folgenden Tag geschrieben, wenn ich je dazu hätte kommen können, das beständige Treiben im Haus, und die ganz von den meinigen verschiedenen Tagzeiten, haben mir keine Zeit gelassen. – Luise hat Dir glaube ich angeboten, einige Tage bei ihr auf dem Land eine Viertelstunde von Fft zuzubringen, ich glaube daß es Dir sehr angenehm werden kann, Du kannst die Hulda mitnehmen, es ist ein stilles Haus im Walde, am Ende eines reizenden Dorfs, die Lulu ist ganz allein, Abends kömmt Jordis hinaus, und ich komme dann auch manchmal im Tag, es ist merkwürdig, was alle Geschwister hier ruhig und an einander ausgetobt sind, und sich lieb haben. Gall ist der einzige Gegenstand des Gesprächs, Georg hat einen Schedel vor sich, Christian ist leidenschaftlich für Gall, welcher morgen wie-

der herkömt, er ist zur Serviere ins Rheingau gereist, und fängt montag seine Vorlesungen wieder an, ich werde ihn nicht hören, weil ich ihn bei uns im Hause, wo er immer liegt, kennen lerne, er soll gar amüsant, und toll bei uns sein, er hat zwei Affen bei sich, und einen Wachs Pousirer. Er wird in Heidelberg lesen, und sollte er es umsonst tun, um Akermann zu überführen, fürchtet aber, daß dieser ihn vermeiden werde, tut er es nicht, so schwört er darauf, daß er ganz gewiß sein bester Freund wird. Ich bleibe nur noch länger hier, weil ich diesen wunderbaren Mann auf diese Weise so genau werde kennen lernen, und mir wäre es auch lieb, sehr lieb, wenn Du so die bekanntschaft machtest, begehre daher von Zimmer das ganze Geld ⟨geben⟩, und fahre Mittwoch morgens von Heidelberg so bist Du bei guter Zeit in Darmstadt, den folgenden Morgen um 6 Uhr geht von dort ein Diligence sehr bequem hierher, mit welcher mit Dir zugleich eine Freundin von Lulu, die immer bei ihr den Haushammel macht, und die Dich erwartet, hier her fährt, Du wirst also bloß eine Kutsche bis Darmstadt nehmen, und Dich nicht viel über 18 bis 20 fl. kosten, von der Du gewiß viel Freude hast, wenn Du mir gleich schreibst, also am Samstag, und ich es Sonntag weiß, daß Du es wünschest, so komme ich Dir nach Darmstadt entgegen, daß Du mich Abends dort triffst, Du wirst auf diese Art viele Freude hier haben, Betine und Meline sind hier, Toni wohnt im mietgarten, dem wunderbarsten, den ich in meinem Leben gesehen, und der seiner unendlich tollen Puppenhaften Anlagen wegen der Hulda besonders viel Spaß machen wird, tu mir die Freude, und komme, alles was Dich stören könnte, ist nicht mehr, ich bin recht verwundert über diese Veränderungen. Die Merkwürdigsten Geschichten, die Du hören wirst, sind, daß! Christian! und Betine!!! beinah gar keine Verehrung mehr für Savigny haben, ersterer hält so gar nichts auf seine Gelehrsamkeit, sein Urteil, letztere findet ihn langweilig ect, weiter ein ganz seltsamer gräßlicher Roman und Briefwexel eines vor einigen Wochen aus Liebe zu Meline in *unserm* Hause wahnsinnig und rasend gewordenen

Vetters aus Mainz, der jetzt an Ketten liegt, es ist ein wunderliches trauriges und wegen der entsetzlichen Leeren Dumheit des Menschen lächerliches Ereignis. Weiter ist Clodinens Schwester Luise hier angekommen, sie wird nach Paris gehen und dame d'honneur bei Talleyrand, jetzigen Fürsten von Benevent werden, es ist ihr leid nicht von Arnims Wunsch gewußt zu haben sonst würde sie lieber zur Schliz gegangen sein. Savigny wohnt in Nürnberg in einem ungeheuren prächtigen Garten, wo eine Menge Bade und Lusthäuser drin sind, eine Anlage, die ein Mann wie der Graf *Hodig* für sich und seine Maitresse gemacht, und drinn gestorben ist. Gundel klagt sehr, daß in ganz Nürnberg kein Accoucheur ist. Liebe Frau, komme ja, der Weg ist gut, und Du kannst die Schöne Bergstraße durch die 10 Stunden ja Langsam in einem Tage mit Hulda fahren, mir bringe dann noch einige Wäsche mit, kömmst Du nicht, was mir recht sehr leid wäre, so komme ich gleich zurück, schreibe in jedem Fall gleich und keine abschlägige Antwort und *die Hulda bringe ja mit.* Gall allein schon wird Dir viele Freude machen. Kuß und Gruß, komme ganz gewiß, wenn Du mich lieb hast, aber bestimmt den Mittwoch Abend bist Du in Darmstadt, dann laß Du nach Mlle. Ferdinande Baumann Tochter der Pfarrer Wittwe Baumann fragen, sie ist ein gar gutes Mädchen und wartet auf Dich mit Dir am Donnerstage zurück zu reisen, und ist Dirs lieb und schreibst mirs, so bin ich auch dort, Du steigst in Darmstadt im Wirtshaus ab wo Du schon warst, der Wirt heißt Wiesner, ich glaube im Ffter Hof, auch Lasse Dir *Abends den Lichtenberg holen* zur Unterhaltung bei Tisch, weil vielleicht Franzosen dasind. Schreibe aber ganz gewiß Augenblicklich – lieber, guter, meiner

Dein

Clemens.

An Clemens

[Heidelberg, den 20. Juni 1806]

Ich kann Dir es nicht leugnen, Clemens, daß mich Dein Brief ganz unendlich gerührt hat. Eine heilige Flut von glauben, hoffen und lieben drang so gewaltig in mein Herz, daß ich in süßer Wehmut vergehn zu müssen glaubte. Ich weiß nicht, wie ich das nennen soll, was zuweilen aus Dir spricht, mit wunderbarer Stimme aus Dir heraus schreit, aber es mag wohl etwas göttli[ches][1] sein, weil es so viel Gewalt hat, und man so viele Schmerzen darum [ver]gessen kann. Und wenn es auch in der Erscheinung vorüber gehend ist, so weiß ich doch so gewiß daß es wahr, und eigentlich unvergänglich ist, daß ich darauf sterben wollte. – Ich gönne Dir es recht herzlich daß Dir so friedlich zu Mute ist, und Du dort mit den Deinigen lebst, wie die seligen Götter, denen irrdische Sorge und Schmerz nicht nahen darf. Teile diesen Zustand, so lange es Dir möglich ist, denn er ist selten und stärkt auf lange. Ich habe Dich herzlich lieb, und freue mich recht Dich wieder zu sehen. Dann will ich Dir sagen, daß ich in Deiner Abwesenheit noch oft habe weinen müssen, aber auch, was für neue Hoffnung ich habe. Hulda ist wohl und grüßt Dich.

Sophie.

An Sophie

Sonntag [20. Juni 1806]

Herzlich erfreut hat mich Dein liebreicher Brief, Du wirst gewiß ein recht gutes fröliches Herz unter dem Deinigen tragen, weil Du während dieser Schwangerschaft so gütig und munter bist, ich habe Dich auch recht aus Herzensgrund lieb, mein teures Weib. – Heute hatte ich freilich einen Brief von Dir erwartet, weil ich am Freitag schrieb, an welchem Du mir auch geschrieben, Du hast also nichts zum Voraus, dessen Du Dich rühmst, und ich habe das zum Voraus, daß

---

[1] Fehlstellen durch das abgerissene Siegel.

ich Dich um Verzeihung bitte nicht früher geschrieben zu haben, und Du ein wenig triumfirst. – Wegen Deinem Herkommen bleibt es ganz Deinen Wünschen überlassen, und Deiner Überlegung, das ungerne Fahren ist ein großer Grund, tue was Dir am angenehmsten, es soll mir das liebste sein, ich werde im Falle Du keinen großen Lust hast, und den Donnerstag nicht kömmst, gleich zurückkommen, weil ich hier nichts mehr zu tun habe, als adieu zu sagen. Wenn Du also nicht kömmst, so schicke auch keine Wäsche, weil ich dann sogleich zurück komme. Gestern hat Gall bei uns gegessen, und nach Tisch lange mit mir über Akermann gesprochen, nein nicht gesprochen, gewütet, er hat laut gesagt, Akermann sei ein Lügner ein rasender und schlechter Mensch, und er werde ihn auf ewig vernichten, seine Schrift gegen Akermann, *in welcher Akermanns Schrift ganz wörtlich abgedruckt* ist, wird in wenigen Tagen bei Bertuch erscheinen, Gall ist ein Mann wie ein Chatolischer Geistlicher Professor, oder besser wie ein ausgesprungener Mönch aussehend. Seine Zusammenkunft mit Akermann wird für Akermann gewiß schlecht ausfallen, denn dieser hat sich ganz was anders gedacht, wahrscheinlich wird er in Heidelberg umsonst lesen, er wird dort Akermann sogleich besuchen, und auffordern ihm zu zu hören und will es dieser nicht, es öffentlich bekannt machen. – Gern möchte ich Dir noch viel schreiben, aber in diesem Augenblick fährt Franz mit mir nach Bergen, wo die Marie ist. Die Toni, und Marie sind schwanger wie Du, nur mit der Lulu hält es hart. – Liebes Weib, schone Dich für mich und das Kind, ich liebe Dich sehr, und bin recht zufrieden. Die Günterrode hat kurz und überraschend ohne allen Verstand Betinen die Freundschaft aufgesagt.

Dein Clemens.

Alles was Du von mir mitgebracht wünschest, melde, gelt! einen Hut!–?

An Sophie

Frankfurt, den 24. September 1806

Liebe Frau!

Gestern am Dienstag Morgen ist Tieck und Rumor abgereist, sie waren beide die ganze Zeit von Morgen bis in die Nacht in unserm Haus. Tieck riß alle Herzen hin, er hat drei Stücke aus dem Schäkespeare gelesen, Betine hat sich in ihn, er in Sie verliebt und beinah weit übers Ärgernis hinaus, Rumor verliebte sich in Meline und war der Spielball des Hauses. Stelle Dir vor die Engelhard habe ich noch hier gefunden[1], und zwar bei der Jordis eingenistelt, da man sie bei uns nicht beherbergen konnte, daß dieses Geschöpf mit Affecktation, Blödsinn, Sinnlichkeit und Eitelkeit je sich so lächerlich machen könne, als Sie es hier getan, habe ich nicht geglaubt, ich war nicht mehr gegenwärtig, aber ich habe Horreurs gehört, und wenn ich auch nichts glauben wollte, so muß ich doch glauben, daß diese neugierige Klatsche von uns erzählt, ich sei bei weitem nicht so kalt, als ich scheine, und Du auch nicht, denn sie habe neben uns geschlafen, und Du hättest Deine eheliche Zärtlichkeit so öffentlich und kräftig mit mir gewechselt, daß das ganze Haus darüber gepispert und gezittert hätte; dies hat die Gans Louisen gesagt, ihre Gedichte hat sie wohl 12 Mal abgeschrieben und herumgereicht. Geweint, Coquettirt, gelogen, sich vom Bethmann in den Busen greifen lassen – doch ich erzähle Dir mündlich mehr, alles was sie tolles und närrisches getrieben, wäre mir ganz unglaublich gewesen, wenn nicht Claudine und Meline es beteuerten. – Die Marie war seit fünf Tagen mit einem Mädchen in den Wochen, da ich ankam, sie ist bereits aus dem Bett, und so gesund, als ich es selbst nie sein kann mitten in dem Getümmel. Betine ist täglich bestimmt zwei Stunden bei der Göthe, ohne die sie und die ohne sie nicht leben kann, sie hat ein großes Buch dort liegen und schreibt aus dem Mund der Mutter die Geschichte der Mutter und des Sohnes in der bekannten kräftigen Manier auf. –

---

[1] Sie ist gestern weg. [Randbemerkung von C. B.]

Arnims Brief, den Du mir gesendet, hat mir keine Freude gemacht, nicht wegen der wenigen Hoffnung ihn zu sehn, nicht wegen der Vaterlandsliebe, sondern wegen der Sauereien. Der Verfasser des Cevennenkriegs war bei mir, ein durchaus ekelhafter Mensch, den ich nicht wieder sehen will. – Wir waren in den letzten Tagen in großer Angst, der kleine Georg, der in Offenbach in einem Erziehungsinstitut ist, ward tödlich krank, die Toni ist noch dort, Franz fuhr täglich zweimal hin, beide waren selbst beinahe wahnsinnig vor Schmerz, jetzt bessert es sich. Das kleine Claudingen ist wie ein Engel, und entzückt alle Welt. Von Claudinens Schwester in Paris bei Talleyrand habe ich ein großes Tagebuch gelesen, das einen hellen Blick in das traurigste große Leben gibt. Sonst bin ich froh und glücklich, und wir lieben uns alle. Georg hat Tieken sehr gefallen, und dieser ist jetzt auch so klar, einfach und liebenswürdig, daß er alle Herzen nimmt. Betinens Gesang hat Tiecken entzückt, er sagt nun habe er eine Idee über die Entstehung des Gesangs, er setzt ihn noch über die Kirchenmusik, der alte Clasificator, doch hier ist er zum Aussprechen seiner Ansichten nicht gekommen, ich bin den Sonntag gewiß schon bei Dir – Dein

Clemens.

Grüße Carl und Hulda.

ANHANG

1. ANMERKUNGEN

Seite 75 »Das Wort: Güte« – Sophie Mereau bezieht sich auf den Namen Clemens = lat. sanft, gut, clementia = die Güte. Das bisher unveröffentlichte Billett befindet sich in der Universitätsbibliothek Mainz.

77 [22. Mai 1799]: »von A- zurück« bedeutet Altenburg in Thüringen, Geburtsort von Sophie Mereau, wohin sie Clemens zu ihrer Schwägerin Henriette Pierer und deren Schwestern Minna und Julie geschickt hatte. Den drei Schwestern widmete Clemens seinen Roman »Godwi«.

85 [Ende November 1799]: »Der Freund ist krank«: laut Tagebuch von S. M. ist damit der gemeinsame Freund Friedrich Majer gemeint.

86 [Juli 1800]: »die niedlichen Hände«: am 12. Juli 1800 besuchte C. B. erneut die Schwestern Reichenbach in Altenburg. – Umarmen Sie mir Karl«: damit ist wohl die Gestalt aus C. B.s Erzählung »Der Sänger« gemeint. Karl hieß auch Sophies Bruder. –

88 [1. Dezember 1801]: »mein letzter Brief ... möchte verloren gegangen sein«: tatsächlich hatte Friedrich Schlegel, wie er selber am 29. 4. 1802 gestand, einen Brief von S. M. an C. B. nicht weiterbefördert. Darum beginnt sie (S. 93): »Hätten Sie meinen Brief erhalten«.

99 [12. 12. 1802:] »Ich erhielt ... einige Lieder«: C. B. hatte S. M. durch den gemeinsamen Freund August Winkelmann für den Göttinger Musen-Almanach 1803 Gedichte zugesandt, die sie jedoch nicht veröffentlichte. Er äußert sich dazu in seinem Brief vom 10. Januar 1803.

127 [Anfang Mai 1803] Bisher unveröffentlichter Brief, er befindet sich im Goethe- und Schiller-Archiv in Weimar. »Eine mir sehr liebe Frau«: wohl Charlotte von Ahlefeld, die die Verbindung von S. M. und C. B. unterstützte.

131 Gedicht *»Am Sophientag«*: die Handschrift befindet sich im Varnhagen-Nachlaß, ein vollständiger Entwurf im Freien Deutschen Hochstift, Frankfurt (s. Werke I, 162). – Zur Datierung: die Festlegung auf den 27. Mai (Amelung) stimmt nicht, der Sophientag ist der 15. Mai. An diesem Tag wird das Gedicht auch entstanden sein. Viele Forscher übernahmen das falsche Da-

tum vermutlich deshalb, weil sie es mit dem Geburtstag von S. M. verwechselten, dem 27. März 1770 (ADB).

150-153 Die drei Gedichte wurden zuerst veröffentlicht von Bettine von Arnim in ihrem Briefwechsel mit C. B. »Frühlingskranz«, 1844, S. 437 f. – Das Gedicht »Willst du mir Trost verleihen« wird auf den 10. August 1803 datiert (s. Werke I, 63).

155 Gedicht »Durch Wälder und Felder«: eine andere, leicht veränderte Fassung dieses Gedichts in Sophie Mereaus Handschrift befindet sich im Goethe- und Schiller-Archiv in Weimar.

157 Die Briefe von S. M. »Die Nacht war« und »Der Weg von« werden hier zum erstenmal veröffentlicht. Ich entdeckte sie in einem Handschriftenkonvolut, deren Kopien mir freundlicherweise vom Goethe- und Schiller-Archiv in Weimar zur Verfügung gestellt wurden. Die Briefe entstanden auf der Reise von S. M. mit Charlotte von Ahlefeld von Weimar nach Dresden August 1803.

296 [17. Jan. 1804]: »Als ich gestern früh von Dir wegfuhr«: C. B. leistete am 19. 1. 1804 in Frankfurt/Main den Bürgereid; bis Gießen hatte ihn S. M. auf seiner Fahrt dorthin begleitet.

303 [5. Aug. 1804] Den Brief schrieb C. B. in Heidelberg, wohin er mit S. M. von Marburg aus umzog, die Adresse auf dem Umschlag lautet: »Madame Sophie Brentano née Schubert a la tête d'or, Frankfort.« – »Der Componist der Lustigen Musikanten« war Ritter aus Mannheim.

328 [24. Nov. 1804] Teile dieses Briefes wurden von Varnhagen abgerissen und vernichtet, vermutlich weil C. B. sich darin ungünstig über Varnhagens spätere Frau Rahel Levin äußert.

348 [23. April 1805]: »Die Lustigen Musikanten in Warschau«: Brentanos Singspiel war von E. T. A. Hoffmann vertont und in Warschau aufgeführt worden.

372 [18. Juni 1806]: »Luise hat Dir ... angeboten«: unter den nachgelassenen Papieren von S. M. befand sich dieser bisher unveröffentlichte Einladungsbrief von Lulu Jordis, Clemens' jüngerer Schwester, an Sophie Mereau:

Frankfurt 17ten [Juni 1806]

Liebe Sophie! Gestern besuchte uns Clemens auf dem Lande und da er äußerte, es würde Dir bei uns gefallen, so mache ich mir eine Freude daraus, Dir ein kleines Zimmerchen anzubieten. Ich weiß zwar nicht ob Du der Mühe wert finden wirst, 18 Stunden zu machen um auf dem Lande zu wohnen, und Dich au pied de lettre von Eiern und Milch zu ernähren (...) Du kennst uns und wirst wissen, ob Du ein paar vergnügte Tage mit uns zubringen kannst. Im Fall Du uns die Freude machen willst zu kommen, meint Clemens könntest Du bis Darmstadt mit einer Chaise fahren, und dann mit der Diligence hierher kommen, in diesem Fall wird Dich eine Freundin von mir begleiten die gegenwärtig in D. ist. Lebe wohl, Liebe.

Deine Louise Jordis.

2. ZU DIESER AUSGABE

Der Text des Briefwechsels stützt sich auf die Originalhandschriften von Clemens Brentano und Sophie Mereau, die mir, soweit ich sie nicht im Original in Krakau einsah, durch Mikrofilme und Fotokopien zugänglich gemacht wurden. Die Briefe wurden ferner durchgehend verglichen mit der Erstveröffentlichung des Briefwechsels durch Heinz Amelung im Jahre 1908 (2 Bände, Insel-Verlag).

Der Hauptteil der Handschriften, die nach Clemens Brentanos Tod durch seine Schwester Bettine von Arnim in den Besitz Varnhagens kamen und durch ihn wiederum in die Königliche Bibliothek zu Berlin gelangten, befindet sich seit Kriegsende in der Biblioteka Jagiellońska in Krakau. Bei dieser Gelegenheit möchte ich dem Direktor der Biblioteka Jagiellońska und seinen Mitarbeitern für die Hilfe und Bereitschaft bei der Durchsicht der Briefe von Clemens Brentano, Sophie Mereau und ihrer Korrespondenten danken.

Ebenfalls zu danken habe ich dem Freien Deutschen Hochstift in Frankfurt/Main, dessen Mitarbeiter in der Brentano-Redaktion, Prof. Dr. Hartwig Schultz, mir mit vielen Hinweisen freundlich zur Seite stand. Für ihre Unterstützung dankbar bin ich ferner den Handschriften-Abteilungen der Universitäten Mainz, Heidelberg, Bonn und Hamburg, der Staatsbibliothek in Berlin, der Herzog August Bibliothek in Wolfenbüttel, dem Goethe-Museum in Düsseldorf, dem Goethe- und Schiller-Archiv in Weimar sowie dem Schiller-Nationalmuseum in Marbach. –

3. ZUR TEXTGESTALT

Es ging darum, einen lebendigen, unverfälschten Eindruck von der Schreibweise und dem Schreibstil der beiden Briefpartner zu geben. Es sollte andererseits eine gute und verständnisvolle Lesbarkeit für den heutigen Leser gewährleistet sein. Auch erschien es wünschenswert, die Herausgabe der Briefe im Einklang mit der Textgestalt der in den letzten Jahren erschienenen Werke von Clemens Brentano vorzunehmen. Es wurden darum die gravierendsten Abweichungen in der Orthographie, die die Lesbarkeit erschwert, ja das Verständnis zuweilen unmöglich gemacht hätten, berücksichtigt. Die Angleichung an die heutige Schreibweise betrifft das alterthümliche th statt t (Theil, thut, Miethe) und ß statt ss (Roße, Naße, waß, biß, reiße), z und zz statt tz (Blizstral, Plaz, besizzen, Schazz), ferner die Schreibweise von einfachem Konsonanten statt verdoppeltem (schift, ofenbar, hofen, trefen, schafen, Wafen, drüken, Glük, häslich, Walfart) und doppeltem Vokal statt einfachem (baar, Looß, Maasregel, seelig). Nicht mehr üblich und heute störend wirken das Dehnungs-H und -E (wehrt, Mahler, Trähne, hieng, fieng, gieng, wiederlich, Wiederwill) sowie das doppelte Endungs-N (Freundinn, Sünderinn, darinn).

Unverändert bewahrt wurde in dieser Briefausgabe die besonders bei Clemens Brentano sehr eigenwillige Groß- und Kleinschreibung, wobei er sich an keine Regeln hält, sondern meist ihm wichtige Worte durch Großschreibung betont (in Jenem Moment, unter Freundlichen Menschen). Auch in allen anderen Fällen heute üblicher Großschreibung blieb die originale Schreibweise unangetastet (etwas wesentliches, Du liebe, solches Herrliche zusammentreffen). – Ferner wurden getrennt geschriebene Worte nicht gebunden (zu Grunde, wie Viele, hier von) und Fremdwörter sowie eingedeutschte französische Ausdrücke in der originalen Schreibweise belassen (religieus, Sopha, resignirt).

Der Lautstand wurde zumeist erhalten und altmodische Wendungen übernommen, wobei die damalige Schreibweise einen Einblick in die Aussprache oder den Dialekt des Briefschreibers gewährt (Verehligung, Heurat, Brod, neichen, kömmt, Ahndung, nachteilich, Pöpel, Simbol, manichfaltig). Verschiedene Schreibweisen des gleichen Wortes, oft auf einer Seite, blieben unverändert nebeneinander bestehen: frölich und fröhlich; nemlich, nehmlich und nämlich; erzehlt und erzählt; Ernde, Erndte und Ärnde (statt Ernte);

ehemalich, manichfaltich und manigfaltig; hüpsch, überhaubt; Musick und Musik; Allmanach und Almanach; kranck und krank; Carackter und Charakter und zahlreiche andere Beispiele. Das gleiche gilt für Orts- und Eigennamen: es findet sich Gehrau neben Gerau in einem Satz, Wießbad, Wiesbaden und Wisbaden, ferner Wilmans neben Willmanns, Sapho und Sappho, Psiche und Psyche. Alle derartigen Eigenheiten der Schreibweise wurden in ihrer ursprünglichen Form bewahrt.
Von der heutigen Grammatik abweichende Flexionsformen bei Subjekten, Adjektiven und Eigennamen (auf jedem Fall; Julien, Jetten, Hulden) wurden unverändert beibehalten und die individuelle Schreibweise von Personennamen nicht verbessert (Betine, Tiek, Schakespär), die richtige Schreibweise findet sich im Personenregister geklärt. – Das in den Briefen von Sophie Mereau durchgehend verwandte Kürzel für »und« wurde aufgelöst. –

Zur Interpunktion

Die Interpunktion wurde zumeist so beibehalten, wie sie sich in den Handschriften fand (sie entspricht also ebensowenig wie die modernisierte Orthographie der stark geänderten Fassung der Neuausgabe des Briefwechsels von 1939). – Eine rigorose Angleichung der Interpunktion an heutige Regeln hätte einen Eingriff in das syntaktische Gefüge der Texte, vor allem bei Brentanos Briefen eine Veränderung von Rhythmus und Musikalität seiner Sprache bedeutet. Das Verständnis der Texte ist auch bei heute unüblicher Zeichensetzung gewährleistet; lediglich dort, wo der Briefinhalt entstellt schien oder unklar blieb, wurde eine Korrektur vorgenommen.

Zeichenerklärung

In eckigen Klammern [ ] steht das Datum dann, wenn der Brief nicht datiert war und das Datum erst aus dem Kontext und der Lebenschronik erschlossen werden mußte. Steht das Datum ohne Klammern, so war der Brief vom Absender selber handschriftlich datiert. – Im Brieftext bedeuten eckige Klammern, daß ein Wort fehlte oder unleserlich wurde, etwa durch das Abreißen des Siegels.

In spitzen Klammern ⟨ ⟩ steht ein im Brief versehentlich falsch eingesetztes oder überflüssiges (doppeltes) Wort.
Die kursiv gedruckten Worte sind im Original durch Unterstreichungen hervorgehoben oder stehen im Brieftext in lateinischer Schrift. –

4. ZUR HERKUNFT UND DATIERUNG

Der größte Teil des Brief-Konvoluts befindet sich in der Sammlung Varnhagens von Ense (Staatsbibliothek Berlin, z. Zt. Biblioteka Jagiellońska in Krakau). Im folgenden werden diejenigen Briefe aufgeführt, die sich außerhalb dieser Sammlung in anderen Archiven fanden.

Seite 75 Der in dieser Ausgabe an erster Stelle gedruckte, bisher unveröffentlichte Brief von S. M. an C. B. fand sich in der Universitätsbibliothek Mainz. Die Datierung ergibt sich aus dem Inhalt. Mit dem »weiblichen Ideal« meint S. M. vermutlich jenes Porträt von Clemens' Mutter, das sie ihm mit dem Brief vom 12. Dezember 1802 zurückschickt. – Ende November 1798 hatte C. B. die »Dichterin Professor Mereau« mit seiner Mutter verglichen (s. Einleitung S. 15). Zu jener Zeit wird sie ihm dieses hier erstveröffentlichte Billett geschrieben und er ihr das Bild der Mutter, sein »weibliches Ideal«, gesandt haben.

127 Der Brief von S. M. »Ihr letzter Brief« wird hier zum erstenmal veröffentlicht. Das Original befindet sich im Goethe- und Schiller-Archiv in Weimar. Die Datierung auf Anfang Mai 1803 ergibt sich aus dem Inhalt.

79, 156 und 300 Die Briefe von S. M. an C. B. »Wenn ich Ihre gestrige«, »Ich schreibe Dir schon« und »Ich vergaß Dir«, erstmals veröffentlicht und datiert bei Adelheid Hang, 1934, befinden sich in der Universitätsbibliothek Mainz.

157 Die Briefe von S. M. »Die Nacht war« und »Der Weg von« werden hier zum erstenmal veröffentlicht. Sie fanden sich unter Briefen von S. M. an verschiedene Freunde im Goethe- und Schiller-Archiv in Weimar. Ihre zeitliche Einordnung in den Briefwechsel ergibt sich aus den Ortsangaben: S. M. befindet sich auf der Reise von Weimar nach Dresden im August 1803.

131 Der Brief von C. B. »Ich danke Dir«, in der Sammlung Varnhagen ohne Datierung von Amelung in A II (im Anhang) veröffentlicht, wird kurz nach Mitte Mai 1803 (Eisheiligen) entstanden sein.

277 und 368 Die Briefe von C. B. »Mein letzter Brief« und »Diese Nachricht ist« (Erstveröffentlichung in A 1939, 291 u. 403) befinden sich im Freien Deutschen Hochstift in Frankfurt/Main.

5. ZUR NEUDATIERUNG

Seite 131 Das Gedicht »Am Sophientag« wurde bisher auf den 27. Mai datiert. Der Namenstag von Sophie Mereau jedoch – nicht zu verwechseln mit ihrem Geburtstag – ist der 15. Mai.

134 u. 135 Die beiden Briefe von C. B. »Carl ist schon« und »Sie haben mir« (A I, 85) entstanden Anfang Juni 1803 (s. UL 303).

136 Der Brief von C. B. »Binde doch meine« (A I, 104) entstand nicht im August, sondern am 8. Juni 1803 (s. UL 307).

138 Der Brief von C. B. »Hier die Puppe« (A I, 89) wird Mitte Juni (nicht Juli) entstanden sein, da C. B. die Hochzeit seines Bruders erwähnt: Georg Brentano heiratete Marie Schröder am 26. 6. 1803.

138 Der Brief von C. B. »Erschrick nicht, daß« (A I, 89) wird im Juni (nicht Juli) geschrieben sein, da er in dieser Zeit mit der Lektüre von »Der arme Heinrich« beschäftigt ist (vgl. den Brief »Binde doch meine« vom 8. Juni 1803).

143 Das Billett von C. B. »Geben Sie mir« (A I, 95) ist nach den darin erwähnten Briefen von Savigny und Sophie von La Roche auf den 21. Juli 1803 zu datieren (s. UL 316).

148 Der Brief von C. B. »Dieser Zettel ist«, in welchem er seine Veränderung und sein Glück beschreibt, wird später entstanden sein als die klagenden Briefe »Ich habe nicht geschlafen« und »Ich bin ein wenig krank« (A I, 98, 99) und ist auf das Ende des Monats Juli 1803 zu datieren. Das gleiche gilt für den vertraulichen Brief »Liebes, gütiges Weib«, der nach dem betrübten Brief »Trinke Dir keinen Rausch« (A I, 103) geschrieben sein wird. – Die in Clemens' Briefen sich abzeichnende Entwicklung von anfänglicher Zurückhaltung zu gegenseitiger Vertrautheit, die auch im Wechsel vom »Sie« zum »Du« sich ausdrückt, wird bei der Anordnung der Briefe innerhalb des Monats Juli 1803 berücksichtigt.

167 Der Brief von C. B. »Mein Herz schlägt« steht in A II im Anhang (S. 202). Er wird am 2. September 1803 geschrieben worden sein und der hier folgende Brief einen Tag später; die in A 1939 vorgenommene Reihenfolge wird aus inhaltlichen Gründen – es geht um die Miete der Marburger Wohnung – geändert.

247 Der Brief von S.M. »Ei Clemens, guten Morgen!« kann als

Antwort auf den Brief von C. B. vom 7. Oktober 1803 gelten und wird (entgegen A II, 25) hier vorgezogen (s. A 1939, 253).

303 Zum Brief von C. B. »Liebe Herzens Frau!« liegt im Nachlaß-Konvolut der Varnhagen-Sammlung ein handschriftlicher Zettel: »Der Brief ›Sonntags‹ [12. Aug. 1804] ist auf den 5. Aug. anzusetzen, s. Schneider, Beiträge zur Geschichte der Heidelberger Romantik in: Neue Heidelberger Jahrbücher XVIII, S. 66. Dr. Schneider.«

371-376 Zur Datierung des Briefwechsels vom Juni 1806 (entgegen Juli bei A II und A 1939): vgl. C. B.s Brief an A. v. Arnim (Steig I, 180) und Feilchenfeldt, Brentano-Chronik, S. 50. – In dieser Zeit erhielt S. M. einen Einladungsbrief von Lulu Jordis vom 17. [Juni 1806], der hier zum erstenmal veröffentlicht wird (s. Anmerkung zu S. 372).

6. ABKÜRZUNGEN

ADB	Allgemeine Deutsche Biographie
A I, II	Amelung, Heinz (Hg.), Briefwechsel zwischen Clemens Brentano und Sophie Mereau, 2 Bände, Leipzig 1908
A 1939	Amelung, Heinz (Hg.), Briefwechsel zwischen Clemens Brentano und Sophie Mereau, Potsdam 1939
C. B.	Clemens Brentano
G. S.	Gesammelte Schriften in 9 Bänden, hg. von Christian Brentano, Frankfurt/Main 1852-1855
A. Hang	Hang, Adelheid, Sophie Mereau in ihren Beziehungen zur Romantik, Frankfurt 1934 (Diss.)
S. M.	Sophie Mereau
Steig I	Steig, Reinhold (Hg.), Achim von Arnim und die ihm nahe standen. Bd. I: Achim von Arnim und Clemens Brentano, Stuttgart 1894
UL	Das unsterbliche Leben. Unbekannte Briefe von Clemens Brentano. Hg. von Wilhelm Schellberg und Friedrich Fuchs, Jena 1939
Werke	Clemens Brentano, Werke. Bd. I-IV, hg. von Friedhelm Kemp, München 1963 ff.

7. BIBLIOGRAPHISCHE HINWEISE

Clemens Brentano

I. Einzelausgaben bis 1806

Satiren und poetische Spiele von Maria. Erstes Bändchen. Gustav Wasa. Leipzig 1800, bei Wilhelm Rein.

Godwi oder Das steinerne Bild der Mutter. Ein verwilderter Roman von Maria. Erster Teil 1801, zweiter Teil 1802. Bremen, bei Friedrich Wilmans.

Die lustigen Musikanten. Singspiel von Clemens Brentano. Frankfurt am Main 1803, bei Bernhard Körner.

Claudia. Am Geburtstage einer Freundin. Von Clemens Brentano. Den 19. März (1803).

Ponce de Leon. Ein Lustspiel von Clemens Brentano. Göttingen, bey Heinrich Dieterich. 1804.

Des Knaben Wunderhorn. Alte deutsche Lieder gesammelt von L. A. von Arnim und Clemens Brentano. Heidelberg, bey Mohr und Zimmer. Frankfurt bey J. C. B. Mohr, 1806 (Band I).

II. Werke und Briefe

Clemens Brentanos Gesammelte Schriften. Hg. von Christian Brentano. 9 Bände. Frankfurt/Main 1852-1855. (Neudruck Bde. 8 u. 9 Bern 1970)

Clemens Brentano, Werke. Bd. I hg. von Wolfgang Frühwald, Bernhard Gajek und Friedhelm Kemp, Bde. II-IV hg. von Friedhelm Kemp, München 1963 ff.

Frankfurter Brentano-Ausgabe. Clemens Brentano, Historisch-kritische Ausgabe sämtlicher Werke und Briefe, hg. von Jürgen Behrens, Wolfgang Frühwald, Detlev Lüders. Stuttgart 1975 ff.

Clemens Brentanos Frühlingskranz, aus Jugendbriefen ihm geflochten, wie er selbst schriftlich verlangte. Erster Band, Charlottenburg 1844 (herausgegeben von Bettina von Arnim).

Briefwechsel zwischen Clemens Brentano und Sophie Mereau. Nach den in der Königlichen Bibliothek zu Berlin befindlichen Handschriften zum ersten Mal herausgegeben von Heinz Amelung. Zwei Bände, Leipzig (Insel) 1908. – Neue Ausgabe Potsdam 1939. –

Clemens Brentano. Briefe. Hg. von Friedrich Seebaß. Zwei Bände, Nürnberg (1951).

Achim von Arnim und die ihm nahe standen. Hg. von Reinhold Steig und Herman Grimm. Bd. 1: Achim von Arnim und Clemens Brentano. Stuttgart 1894 (Neudruck Bern 1970).

Das unsterbliche Leben. Unbekannte Briefe von Clemens Brentano. Hg. von Wilhelm Schellberg † und Friedrich Fuchs, Jena 1939. (Neudruck Bern 1970)

III. Literatur über Clemens Brentano
(in Beziehung zu Sophie Mereau)

Böhm, Elisabeth, Die Frauengestalten in Brentanos Dichtungen, Wien 1940 (Masch. Diss.)

Clemens Brentano's Liebesleben. Eine Ansicht von Lujo Brentano. Frankfurt/Main 1921.

Feilchenfeldt, Konrad, Brentano-Chronik. Daten zu Leben und Werk. München 1978.

Fortmüller, Heinz-Joachim, Clemens Brentano als Briefschreiber. Frankfurt 1977 (Diss.)

Gajek, Bernhard, Homo Poeta. Zur Kontinuität der Problematik bei Clemens Brentano. Frankfurt/Main 1971 (mit ausführlicher Bibliographie).

Hoffmann, Werner, Clemens Brentano. Leben und Werk. München 1966.

Jäger, Hans, Clemens Brentano's Frühlyrik. Chronologie und Entwicklung. Frankfurt/Main 1926 (Neudruck Bern 1968).

Mallon, Otto, Brentano-Bibliographie (Clemens Brentano, 1778 bis 1842). Berlin 1926 (Reprographischer Nachdruck Hildesheim 1965).

Nägele, Rolf, Die Muttersymbolik bei Clemens Brentano. Winterthur 1959 (Diss.).

Puntsch, Eberhard, Das Verhältnis von Dichtung und Existenz in der ersten Schaffensperiode von Clemens Brentano, München 1956 (Masch. Diss.).

Schaub, Gerhard, Le Génie Enfant. Die Kategorie des Kindlichen bei Clemens Brentano. Berlin 1973.

Der junge Savigny. Kinderjahre, Marburger und Landshuter Zeit Friedrich Karl von Savignys. Zugleich ein Beitrag zur Geschichte der Romantik. Hg. von Adolf Stoll, Berlin 1927.

Sudhof, Siegfried, Brentano in Weimar (1803), in: Zeitschrift für deutsche Philologie 87, 1968.

I. Einzelausgaben bis 1806

Das Blüthenalter der Empfindung (von Sophie Mereau). Gotha, bey Justus Perthes 1794.

Gedichte, von Sophie Mereau. Erstes Bändchen 1800, zweites Bändchen 1802, Berlin bey Johann Friedrich Unger.

Kalathiskos, von Sophie Mereau. Erstes Bändchen Berlin 1801, zweites Bändchen Berlin 1802, bei Heinrich Frölich.

Amanda und Eduard. Ein Roman in Briefen. Herausgegeben von Sophie Mereau. In zwei Theilen. Frankfurt a. Main 1803 bei Friedrich Wilmans.

Die Margarethenhöhle oder die Nonnenerzählung. Sammlung neuer Romane. Aus dem Englischen. Herausgegeben von Sophie Mereau. Berlin, bei Johann Friedrich Unger. 1803.

Spanische und Italienische Novellen herausgegeben von Sophie Brentano. Die lehrreichen Erzählungen und Liebesgeschichten der Donna Maria de Zayas und Sotomayor. Erster (und) zweiter Band, Penig 1804 (und) 1806, bey F. Dienemann und Comp.

Bunte Reihe kleiner Schriften von Sophie Brentano, Frankfurt a. Main bei Friedrich Wilmans. 1805.

Sapho und Phaon oder der Sturz von Leukate. Ein Roman (von Sophie Brentano). Aschaffenburg bey C. Ch. Etlinger. 1806.

Fiametta. Aus dem Italien. des Boccaccio übers. von Sophie Brentano. Berlin. In der Realschulbuchhandlung. 1806.

II. Briefe

Schillers Briefe an eine junge Dichterin, in: Zeitung für Einsiedler. In Gemeinschaft mit Clemens Brentano hrsg. von Ludwig Achim von Arnim, bei Mohr und Zimmer, Heidelberg 1808 (Nachdruck Stuttgart 1962).

Sophie Mereau's Briefe von und an Schiller, in: Schillers Werke, Nationalausgabe, Bde. 27-36 II, Weimar 1958-1976.

Briefwechsel zwischen Clemens Brentano und Sophie Mereau. Nach den in der Königlichen Bibliothek zu Berlin befindlichen Handschriften zum ersten Mal herausgegeben von Heinz Amelung. Zwei Bände, Leipzig (Insel) 1908. – Neue Ausgabe Potsdam 1939.

Briefe Friedrich Schlegels an Clemens Brentano und an Sophie Mereau. Mitgeteilt von Heinz Amelung in Berlin. In: Zeitschrift für Bücherfreunde, N. F. 5, 1913, 1. Hälfte, S. 183-192.

Walther Migge, Briefwechsel zwischen Achim von Arnim und Sophie Mereau. Ein Beitrag zur Charakteristik Clemens Brentanos. In: Festgabe für Eduard Berend zum 75. Geburtstag am 5. 12. 1958, Weimar 1959.

III. Literatur über Sophie Mereau

Amelung, Heinz, Die Geschichte einer Cid-Übersetzung, in: Preußische Jahrbücher, 81. Band, Berlin 1920.

Hang, Adelheid, Sophie Mereau in ihren Beziehungen zur Romantik. Frankfurt 1934 (Diss.).

Steig, Reinhold, Sophie Mereau's Bild in Clemens Brentano's Dichtung. In: Beilage zur Münchner Allgemeinen Zeitung vom 30. 6. 1894.

Steig, Reinhold, Über den Göttingischen Musen-Almanach für das Jahr 1803. In: Euphorion 1895, Bd. 2, S. 312 ff.

Schindel, Karl Wilhelm Otto August von, Die deutschen Schriftstellerinnen des 19. Jahrhunderts, Leipzig 1823-1825.

Schulz, Günter, Schillers Horen. Politik und Erziehung. Analyse einer deutschen Zeitschrift. Heidelberg 1960 (Sophie Mereau S. 187-191).

Touaillon, Christine, Der deutsche Frauenroman des 18. Jahrhunderts. Wien und Leipzig 1919 (Nachdruck Bern 1980).

Walzel, Oskar, Vom Geistesleben des 18. und 19. Jahrhunderts, Leipzig 1911.

8. VERZEICHNIS DER ABBILDUNGEN

Frontispiz links: Sophie Mereau. Bleistiftzeichnung. Freies Deutsches Hochstift, Frankfurt a. M.

Frontispiz rechts: Clemens Brentano. Bleistiftzeichnung. Staatliche Museen Preußischer Kulturbesitz, Nationalgalerie Berlin/Foto Jörg P. Anders.

1. Clemens Brentano. Büste von Friedrich Tieck. Freies Deutsches Hochstift, Frankfurt a. M.
2. Sophie Mereau. Silhouette. Freies Deutsches Hochstift, Frankfurt a. M.
3. Clemens Brentano. Silhouette. Freies Deutsches Hochstift, Frankfurt a. M.
4. Peter Anton Brentano. Aquarell. Freies Deutsches Hochstift, Frankfurt a. M.
5. Maximiliane Brentano. Aquarell. Freies Deutsches Hochstift, Frankfurt a. M.
6. Gunda von Savigny. Radierung. Archiv für Kunst und Geschichte, Berlin.
7. Friedrich Carl von Savigny. Radierung. Archiv für Kunst und Geschichte, Berlin.
8. Achim von Arnim. Gemälde. Archiv für Kunst und Geschichte, Berlin.
9. Bettine von Arnim. Jugendbildnis. Bildarchiv Preußischer Kulturbesitz, Berlin.
10. Wohnungsskizze von Clemens Brentano. Sammlung Varnhagen.
11. Achim von Arnim. Bleistiftskizze. Sammlung Varnhagen.
12. Clemens Brentano. Radierung. Archiv für Kunst und Geschichte, Berlin.

9. WERKVERZEICHNIS

Clemens Brentano

Sophie Mereau

10. PERSONENVERZEICHNIS

INHALT

Einleitung

Der Briefwechsel von
Clemens Brentano und Sophie Mereau

Anhang